令和七年

2025年版

高島易断開運本暦

高島易断蔵版

令和7年略暦

西暦2025年・皇紀2685年

平年　乙巳

小	大
二月 戊寅	一月 丁丑
四月 庚辰	三月 己卯
六月 壬午	五月 辛巳
九月 乙酉	七月 癸未
十一月 丁亥	八月 甲申
	十月 丙戌
	十二月 戊子

国民の祝日

元日	一月一日
成人の日	一月十三日
建国記念の日	二月十一日
天皇誕生日	二月廿三日
春分の日	三月廿日
昭和の日	四月廿九日
憲法記念日	五月三日
みどりの日	五月四日
こどもの日	五月五日
海の日	七月廿一日
山の日	八月十一日
敬老の日	九月十五日
秋分の日	九月廿三日
スポーツの日	十月十三日
文化の日	十一月三日
勤労感謝の日	十一月廿三日

民俗行事

旧元日	一月廿九日
初午	二月六日
ひな祭り	三月三日
花まつり	四月八日
メーデー	五月一日
端午	五月五日
七夕	七月七日
ぼん	七月十五日
十五夜	十月六日
十三夜	十一月二日
七五三	十一月十五日

甲子

二月廿四日　四月廿五日　六月廿四日　八月廿三日　十月廿二日　十二月廿一日

天赦

三月十日　五月廿五日　七月廿四日　八月七日　十月六日　十二月廿一日

八専

二月十二日　四月十三日　六月十二日　八月十一日　十月十日　十二月九日

庚申

二月廿日　四月廿一日　六月廿日　八月十九日　十月十八日　十二月十七日

土用

一月十七日　四月十七日　七月十九日　十月廿日

十方暮れ

一月十五日　三月十六日　五月十五日　七月十四日　九月十二日　十一月十一日

己巳

三月一日　四月卅日　六月廿九日　八月廿八日　十月廿七日　十二月廿六日

彼岸

三月廿日　九月廿三日

社日

三月廿日　九月廿六日

天一天上

一月廿四日　三月廿五日　五月廿四日　七月廿三日　九月廿一日　十一月廿日

三伏日

初伏　七月廿日
中伏　七月卅日
末伏　八月九日

二十四節気

小寒	一月五日
大寒	一月廿日
立春	二月三日
雨水	二月十八日
啓蟄	三月五日
春分	三月廿日
清明	四月四日
穀雨	四月廿日
立夏	五月五日
小満	五月廿一日
芒種	六月五日
夏至	六月廿一日
小暑	七月七日
大暑	七月廿二日
立秋	八月七日
処暑	八月廿三日
白露	九月七日
秋分	九月廿三日
寒露	十月八日
霜降	十月廿三日
立冬	十一月七日
小雪	十一月廿二日
大雪	十二月七日
冬至	十二月廿二日

日曜表

一月	五日、十二日、十九日、廿六日
二月	二日、九日、十六日、廿三日
三月	二日、九日、十六日、廿三日、卅日
四月	六日、十三日、廿日、廿七日
五月	四日、十一日、十八日、廿五日
六月	一日、八日、十五日、廿二日、廿九日
七月	六日、十三日、廿日、廿七日
八月	三日、十日、十七日、廿四日、卅一日
九月	七日、十四日、廿一日、廿八日
十月	五日、十二日、十九日、廿六日
十一月	二日、九日、十六日、廿三日、卅日
十二月	七日、十四日、廿一日、廿八日

雑節

節分	二月二日
八十八夜	五月一日
入梅	六月十一日
半夏生	七月一日
二百十日	八月卅一日

2025年版

令和7年　高島易断開運本暦

幸せと繁栄の手引書

この暦を活用して幸運を手に入れましょう。

- ■今年のあなたの運勢がわかります
- ■日本と世界の動きや景気がわかります
- ■方位の吉凶、吉日がわかります
- ■人相・手相・家相がわかります
- ■幸せを呼ぶ命名法
- ■厄年の知識
- ■魔除けのお呪《まじな》い
- ■冠婚葬祭の常識がわかります
- ■その他にも役立つ知識を満載

高島易断蔵版

※本書は2024年6月に製作しました。掲載の祝日は「国民の祝日に関する法律」により変更される場合があることをご了承ください。

目次

暦の基礎知識 3

本年の方位の吉凶と、暦の見方や基本的な用語について詳しく解説しています。

行事・祭事 47

行事、旧暦、六輝、暦注、東京・大阪の日出入、満干潮の時刻などを掲載しています。

九星別運勢と方位の吉凶 73

九星別の年運・月運・日運、方位の吉凶を掲載しています。生まれた年から自分の九星を調べ（74〜75ページ参照）、毎日の生活の指針にしてください。

実用百科 221

人相や手相の見方、家相、冠婚葬祭の常識など、実用的な情報が満載です。また、効果の見込めるお呪いや護符を多種類にわたって収録しています。ぜひお役立てください。

高島易断開運本暦

暦の基礎知識

令和7年・年盤座相

西暦2025年

乙巳《きのとみ》　二黒土星《じこくどせい》

覆燈火《ふくとうひ》　柳宿《りゅうしゅく》

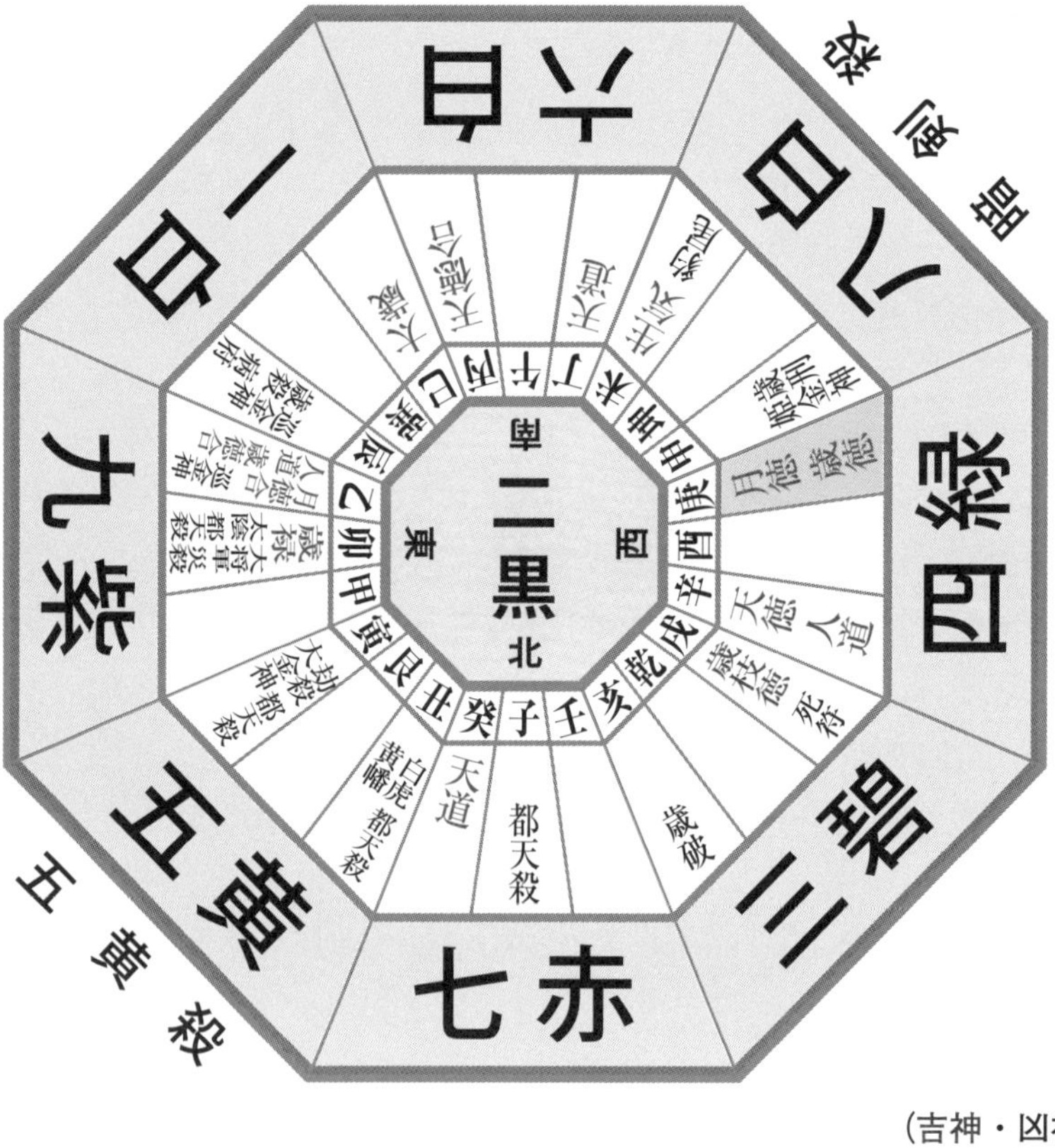

(吉神・凶神)

本年の方位吉凶の説明

令和七年は、乙巳《きのとみ》二黒土星中宮《じこくどせいちゅうぐう》で、納音《なっちん》は覆燈火《ふくとうひ》、二十八宿は柳宿《りゅうしゅく》にあたります。前ページの令和七年の年盤座相のように二黒が中央に配され、北に七赤、東北に五黄、東に九紫、東南に一白、南に六白、西南に八白、西に四緑、西北に三碧がそれぞれ配されます。

従って今年の五黄殺《ごおうさつ》は東北、暗剣殺《あんけんさつ》は西南です。歳破《さいは》は亥《い》の方位になります。

これによって、本年二月立春から翌年の節分までの方災は次のようになります。東北、西南、亥の方位に向かっての普請、動土、造作、改築、土木工事、長期旅行、移転などをすることは、どなたにも大凶となります。各人の本命星が回座しているところを本命殺、その反対側を本命的殺と称し、五黄殺、暗剣殺、歳破と共に大凶方となります。これらの方位を犯しますと、すべてに厳しい方災《ほうさい》が生じます。

なお、神殺《しんさつ》と称して十干と十二支により、子方《ねのかた》に都天《とてん》殺《さつ》、丑方《うしのかた》に白虎《びゃっこ》、都天殺《とてんさつ》、黄幡《おうばん》、寅方《とらのかた》に劫殺《ごうさつ》、都天殺《とてんさつ》、大金神《だいこんじん》、卯方《うのかた》に大将軍《だいしょうぐん》、太陰《たいいん》、災殺《さいさつ》、都天殺《とてんさつ》、乙方《きのとのかた》に巡金神《めぐりこんじん》、辰方《たつのかた》に巡金神《めぐりこんじん》、歳殺《さいさつ》、病符《びょうふ》、未方《ひつじのかた》に豹尾《ひょうび》、申方《さるのかた》に姫金神《ひめこんじん》、歳刑《さいぎょう》、戌方《いぬのかた》に死符《しふ》、亥方《いのかた》に歳破《さいは》などが回《かい》座《ざ》しています。

これらの主な神殺については、9ページからの凶神と凶方作用の説明をご参照ください。

本年の吉神処在方

本年は西方のうち、庚方《かのえのかた》が歳徳《としとく》にあたり、恵方《あきのかた》となります。庚方《かのえのかた》に歳徳《としとく》、月徳《げっとく》、卯方《うのかた》に歳禄《さいろく》、乙方《きのとのかた》に月徳合《げっとくごう》、人《じん》道《どう》、歳徳合《としとくごう》、巳方《みのかた》に太歳《たいさい》、丙方《ひのえのかた》に天《てん》道《どう》、丁方《ひのとのかた》に天徳合《てんとくごう》、未方《ひつじのかた》に生気《せいき》、辛方《かのとのかた》に天《てん》徳《とく》、人道《じんどう》、戌方《いぬのかた》に歳枝徳《さいしとく》、癸方《みずのとのかた》に天道《てんどう》が回座しています。

二十四山の同じ方位に吉神、凶神が回座する場合は、吉神が凶神を制化することが原則です。ただし五黄殺、暗剣殺、歳破が回座する方位は制化できません。

本年の八将神、金神の処在方

八将神の処在方

太歳神《たいさいじん》 **巳方《みのかた》**
この方位に向かっての、樹木の伐採、掛け合い、談判などは凶。

大将軍《だいしょうぐん》 **卯方《うのかた》**
この方位に向かっての、動土、普請、移転、旅行などは凶。

太陰神《だいおんじん》 **卯方《うのかた》**
この方位に向かっての、出産、結婚など女性に関することは凶。

歳刑神《さいぎょうじん》 **申方《さるのかた》**
この方位に向かっての、種まき、樹木の伐採、動土は凶。

歳破神《さいはじん》 **亥方《いのかた》**
この方位に向かっての、普請、造作、移転、旅行などは凶。

歳殺神《さいさつじん》 **辰方《たつのかた》**
この方位に向かっての、結婚、出産、移転、旅行などは凶。

黄幡神《おうばんじん》 **丑方《うしのかた》**
この方位に向かっての、建築、移転、結婚などは凶。

豹尾神《ひょうびじん》 **未方《ひつじのかた》**
この方位に向かっての、従業員の採用、家畜を求めることなどは凶。

金神の処在方

動土、普請、移転、婚礼などを忌む。

大金神《だいこんじん》……寅方《とらのかた》
姫金神《ひめこんじん》……申方《さるのかた》
巡金神《めぐりこんじん》……乙方《きのとのかた》、辰方《たつのかた》

凶方神の遊行日

大将軍は三年塞がりの大凶方ですが、遊行日を利用すれば障りはありません。金神も同様ですが、九紫火星か天道、天徳、月徳を用いると障りがありません。

○**大将軍の遊行日**

春…甲子《きのえね》より五日間は東方　夏…丙子《ひのえね》より五日間は南方
秋…庚子《かのえね》より五日間は西方　冬…壬子《みずのえね》より五日間は北方
土用…戊子《つちのえね》より五日間は中央

○**金神遊行日**

甲寅《きのえとら》より五日間は南方　丙寅《ひのえとら》より五日間は西方
戊寅《つちのえとら》より五日間は中央　庚寅《かのえとら》より五日間は北方
壬寅《みずのえとら》より五日間は東方

○**金神四季遊行日**

春…乙卯《きのとう》より五日間は東方　夏…丙午《ひのえうま》より五日間は南方
秋…辛酉《かのととり》より五日間は西方　冬…壬子《みずのえね》より五日間は北方

方位盤の見方

暦をご覧になる方のほとんどが、まずいちばんに関心を抱かれるのがご自分の運勢、次いで方位の吉凶に関することのようです。暦を正しく理解し、活用していただくために、ぜひ心得ていただきたい方位の見方の予備知識について説明しましょう。

■方位盤

暦に掲げてある八角形の方位盤は、円周三百六十度を八等分して四十五度ずつにしてあります。そして東・西・南・北の四正《しせい》と、東南（巽）、西南（坤）、西北（乾）、東北（艮）の四隅《しぐう》をそれぞれ配置して、八方位にしてあります。通常地図に用いられている方位は常に北が上部になって、南が下部になっていますが、暦上の方位盤は南が上部になっているのが特徴ですから、間違いのないように注意してください。

■二十四山と八宮の名称

○**二十四山**《にじゅうしざん》　方位盤の八方位には毎年、毎月回座する九星が配置してあります。そしてこの一角ずつをさらに十五度ずつ三つに分割して三山とし、全八角に二十四山が配当されています。

○**坎宮**《かんきゅう》　北方の四十五度の一角を坎宮《かんきゅう》と称して、壬《みずのえ》、子《ね》、癸《みずのと》に三等分してあります。

○**艮宮**《ごんきゅう》　北方と東方の中間の四十五度一角を艮宮《ごんきゅう》と称して、丑《うし》、艮《ごん》、寅《とら》に三等分してあります。

○**震宮**《しんきゅう》　東方の四十五度の一角を震宮《しんきゅう》と称して、甲《きのえ》、卯《う》、乙《きのと》に三等分してあります。

○**巽宮**《そんきゅう》　東方と南方の中間四十五度の一角を巽宮《そんきゅう》と称して、辰《たつ》、巽《そん》、巳《み》に三等分してあります。

○**離宮**《りきゅう》　南方の四十五度の一角を離宮《りきゅう》と称して、丙《ひのえ》、午《うま》、丁《ひのと》に三等分してあります。

○**坤宮**《こんきゅう》　南方と西方の中間四十五度の一角を坤宮《こんきゅう》と称して、未《ひつじ》、坤《こん》、申《さる》に三等分してあります。

○**兌宮**《だきゅう》　西方の四十五度の一角を兌宮《だきゅう》と称して、庚《かのえ》、酉《とり》、辛《かのと》に三等分してあります。

○**乾宮**《けんきゅう》　西方と北方の中間四十五度の一角を乾宮《けんきゅう》と称して、戌《いぬ》、乾《けん》、亥《い》に三等分してあります。

■方位

○**鬼門**《きもん》　俗に鬼門といわれている凶方位は、艮宮（丑、艮、寅）の方位です。

○**裏鬼門**《うらきもん》　鬼門の真向かい側にあたる凶方位が裏鬼門で、坤宮（未、坤、申）の方位です。

吉神と吉方作用の説明

■歳徳神《としとくじん》 この吉神は「歳中（歳徳）の徳神」で、飛泊《ひはく》（とどまる）する方位を「あきのかた」「恵方」といいます。その年一年の大吉方として、この方位に新居を求めたり、勤務・開業すれば、天徳を受け幸福の神力を賜ります。さらに、その人の本命星と相生の星が同座している時は万事大吉となります。

また、知能を啓発し、神秘的な効験作用を得ることができ、入学試験や商事大業の成功の地として喜恵ありとされています。ただし、月の凶神と会う時は、凶災を受けることがあるので注意します。

○歳徳神の飛泊する方位

甲《きのえ》、己《つちのと》年＝甲《きのえ》方　乙《きのと》、庚《かのえ》年＝庚《かのえ》方

丙《ひのえ》、辛《かのと》、戊《つちのえ》、癸《みずのと》年＝丙《ひのえ》方　丁《ひのと》、壬《みずのえ》年＝壬《みずのえ》方

■太歳神《たいさいじん》 歳星（木星）の精といわれ、天地の間に降り、万物を観察し、八方に臨見します。森羅万象の発育繁茂をつかさどる歳神で、健康増進、事業発展、植樹などに効ありとされます。

この方位に向かって伐木、取り壊しなどをすることは災いがあるとされていますが、諸吉神同泊すれば上吉となります（飛泊方位はその年の十二支の方位です）。

■歳禄神《さいろくじん》 その年の天干守座の方とされ、十干に従う十二支在泊の方位に一年間の富福、方徳余慶を授けるとされています。

この方位に向かう旅行、転居、造作、耕作、婚姻、取引などはすべて成就するとされています。

○歳禄神の飛泊する方位

甲《きのえ》年＝寅《とら》方　乙《きのと》年＝卯《う》方　丙《ひのえ》年＝巳《み》方　丁《ひのと》年＝午《うま》方

戊《つちのえ》年＝巳《み》方　己《つちのと》年＝午《うま》方　庚《かのえ》年＝申《さる》方　辛《かのと》年＝酉《とり》方

壬《みずのえ》年＝亥《い》方　癸《みずのと》年＝子《ね》方

■歳徳合《さいとくごう》…歳徳神と並んで最も上吉となります。また、徳の力が重なればさらによくなるため、万殺これに害をなさず、万事大吉であるとされています。

■歳枝徳《さいしとく》…「歳中の徳神」で、この方位に向けて建築、修築などをすることは吉とされています。天徳、天福があり、万徳をつかさどるため、入学試験、出産などにも効があるとされています。

※その他の年の吉方として五徳（天徳、天道、月徳、天徳合、月徳合）、人道などがあり、何をするにも吉とされています。

■**天徳**《てんとく》…火の神で陽神、天道は陽明を簡単に見つけられるようになり、自然の流れに則します。

■**月徳**《げっとく》…月の神で陰神、徳力及び財力を発揮し、凶神、凶殺を解殺します。

また、商売、事業などで効力を発揮し、万事発達の顕現作用を得られる方位でもあります。したがって、修造、移転、入院、求医、旅行、入学、結婚などは自身の本命星吉方となる方位であれば、人事関係にも功を奏する吉神となります。天地万物と自身に大智大道を与え、神を通して、先見の明が得られるようになります。

■**生気**《せいき》…生気は五行相生（木火土金水の相互協力のできる気の全体量）であり、万物成育の徳を備えています。道を開き、造栄を得る喜びとなります。また、治療などに用いて験があります。よって、建築、移転、入院などは天徳の恵みを受けて心眼が開くといわれます。月の生気は天道と相対して、特にその力が旺盛になります。

■**人道**《じんどう》…人道は二方位があり、それらは相対の位置にあることで凶殺を消し、吉福を招きます。二方位とも同位であり、上吉とされています。治療面に効力を発揮し、子供を育てるために、これを用いると功をなします。病人は人道方位に入院すると、よい助けがあるといわれます。

凶神と凶方作用の説明

年々の凶方には神殺と方殺とがあり、その作用いかんによっては一生に作用することもあるので注意を要します。神殺とは、八将神と金神、その他凶神飛泊の方位をいい、方殺とは、一般的に六大凶殺といわれる本命殺、本命的殺、五黄殺、暗剣殺、歳破、月破の六種を指します。

神殺とは

■**太歳神**《たいさいじん》　本来は、天地の恵みを作出し、「苦しい時の神頼み」をする人を救う吉神です。しかし、この方位に向かって争いや伐木などをすると、殺気強烈の凶神となることがあります。

■**大将軍**《だいしょうぐん》　三年間同じ方位にとどまり、ほかには移動しないので「三年塞がり」といわれています。もとは太白星の精で、金気、万物を殺伐する大凶方です。この方位に向かっての動土、移転は方災を被ります。子《ね》、丑《うし》、亥《い》年は酉《とり》方、寅《とら》、卯《う》、辰《たつ》年は子《ね》方、巳《み》、午《うま》、未《ひつじ》年は卯《う》方、申《さる》、酉《とり》、戌《いぬ》年は午《うま》方に飛泊します。

■太陰神《だいおんじん》　太歳神の皇妃でもあり、その年の陰事をつかさどります。この方位に向かっての縁談、出産といった女性に関することは、すべて忌むべきとされています。出産のための入院・通院を避け、婚姻などはとどめたほうがよいでしょう。

○太陰神の飛泊する方位

子《ね》年＝戌《いぬ》方　丑《うし》年＝亥《い》方　寅《とら》年＝子《ね》方　卯《う》年＝丑《うし》方
辰《たつ》年＝寅《とら》方　巳《み》年＝卯《う》方　午《うま》年＝辰《たつ》方　未《ひつじ》年＝巳《み》方
申《さる》年＝午《うま》方　酉《とり》年＝未《ひつじ》方　戌《いぬ》年＝申《さる》方　亥《い》年＝酉方《とりのかた》

■歳刑神《さいぎょうじん》　水星の精で、刑罰をつかさどる凶神とされます。この飛泊方位に向かって動土、種まき、伐木などをすると災いを招くといわれています。

■歳破神《さいはじん》　八将神の一つで、太歳神の反対側を回ることになっており、歳陰といわれます。物を滅ぼす神ともいわれ、その年の十二支と向かい合う方位に飛泊します。移転、普請、旅行などに凶とされています。

■歳殺神《さいさつじん》　金星の精で、殺気が最も強く、この方位に向かっての移転、婚礼、出産は厳に忌むとされています。

■黄幡神《おうばんじん》　羅睺星《らこうせい》の精で、戦いの神であり、武術には吉神となります。しかし、蔵を造作して財産を貯めると凶となります。動土を忌み犯せば必ず損失があるので、造作、婚礼、出産、建築などは避けることです。やむを得ない時は、天徳、月徳などを用いて解消するとよいとされます。

■豹尾神《ひょうびじん》　豹尾神は常に黄幡神の対冲、百八十度反対側におり、従業員や家畜を求めるには凶となります。蜘蛛の巣に掛かった虫類の如く、身の自由を束縛され、破産するとされるので注意を要します。どうしても使う場合には、天がすべてを赦す天赦星を用います。

■大金神《だいこんじん》　金気の精で、万物を殺伐する恐るべき凶方です。庚申《かのえさる》、辛酉《かのととり》の年はその殺気がますます激烈となります。この方位に向かっての建築、動土、移転、入婚は避けます。

■姫金神《ひめこんじん》　大金神と同等で、女性にとっては特に慎むべき方位です。婚礼、新築、改修なども忌む方位で、犯せば宝財、財産を損失する困難を生じます。「金神西に回れば水害、飢饉、天災あり」の言い伝えがあります。

■巡金神《めぐりこんじん》　大金神、姫金神と同等で、四季の土用はその災い、殺気が強まります。時としては、人命にも関わりますが、天道、天徳、月徳の諸吉神や九紫火星に会う時は解消するといわれます。

方殺とは

■**五黄殺**《ごおうさつ》　その年の方位盤と毎月の方位盤の五黄土星が飛泊する方位をいいます。本来、五黄土星は中央を定位置として徳を備えていますが、殺伐の気も強烈で、すべてのものを包み込む作用があるとされます。

　これを犯す時は事業の不調、失業、長期にわたる疾患、盗難、死亡などの凶現象が現れ、どのような吉神の徳も効果がないので、厳に避けなければなりません。

■**暗剣殺**《あんけんさつ》　五黄殺の正反対側になり、中央に座す（中宮）星の定位置です。すべてを統括する五黄以外の位のないものが中央に入るため、定位は暗剣の作用を受けることになります。多くの場合は本業以外で悪いことが起こりがちになり、色情問題や他人の保証で迷惑をこうむったり、肉親縁者のことでトラブルが起こり損害や迷惑を受けるので、この方位への移転は厳に慎みます。

■**本命殺**《ほんめいさつ》　年、月共に自分の本命星の座所の方位を指します。この方位を犯すと、多くの場合、健康に影響します。修理、移転、婚礼なども不可です。

■**本命的殺**《ほんめいてきさつ》　自分の本命星の位置する方位の反対側の方位を指します。この方位を犯すと、精神的な悩みを誘発することがあります。

■**歳破**《さいは》**（月破**《げっぱ》**）**　年（月）の十二支の対冲にあたり、破の文字が示すように物事に破れの作用を現すものです。相談事の不調、縁談などの不成立、対人的不和、争論などの災いがあります。

■**定位対冲**《ていいたいちゅう》…定位対冲とは、各九星がその本来の定位置の反対側に座した時の方位をいいます。この方位を犯すと凶現象を示すとされますが、事情によってはわざわざこの方位を用いさせ、吉兆を得ることがあります。

■**都天殺**《とてんさつ》…五黄殺に匹敵する力を持つといわれ、この方位に向かって何事をするにも凶とされます。

■**白虎**《びゃっこ》…非常に殺伐の気が盛んとされます。この方位に向かっての普請、動土は慎むこととされています。

■**病符**《びょうふ》…前年の太歳神の跡に位置し、病気に注意を要する方位で、これを犯すと一年後に発病します。健康に自信のない人は特に注意してください。

■**死符**《しふ》…前年の歳破神の跡に位置し、墓地を買ったり墓を作ったりする時に用いてはならない方位です。これを犯すと、五年にして主人の死に遭うとされています。

■**劫殺**《ごうさつ》**・災殺**《さいさつ》…二神とも歳殺神に次ぐ凶方とされ、歳殺神と合わせ「三殺」の意になります。この方位に向かって普請、動土、修築、造作をすると、盗難、病難を招くといわれています。

吉日を選ぶ方法

暦によって吉日を選ぶにはどうすればよいでしょうか。大安や仏滅、二十八宿や各種の暦注を見ていくと、一年三百六十五日のうち、すべてがそろってよい日はほとんどないということになってしまいます。

一般的には、本命星（生まれ年の九星）、月命星と干支に重点を置いて、二十八宿、中段という順でよい日を見ます。48ページからの「行事・祭事」欄の上から四段目に九星が載っていますので、自分の本命星と相性のよい日を選びます。同様に、三段目に干支が載っていますので、自分の生まれ年の干支と相性のよい日を探します。

本命星、干支と相性がよい日であれば、ほかが多少気に入らない日であっても吉日として差し支えありません。ただし、三りんぼうや不成就日などにあたる日は避けたほうがよいでしょう。

◆九星による吉日

一白生まれ…六白、七赤、三碧、四緑、一白の日
二黒生まれ…九紫、六白、七赤、八白、五黄の日
三碧生まれ…一白、九紫、四緑の日
四緑生まれ…一白、九紫、三碧の日
五黄生まれ…九紫、六白、七赤、二黒、八白の日
六白生まれ…二黒、五黄、八白、一白、七赤の日
七赤生まれ…二黒、五黄、八白、一白、六白の日
八白生まれ…九紫、六白、七赤、二黒、五黄の日
九紫生まれ…三碧、四緑、二黒、五黄、八白、九紫の日

◆十干による吉日

甲（きのえ）・乙（きのと）生まれの人は丙・丁・壬・癸の日。
丙（ひのえ）・丁（ひのと）生まれの人は甲・乙・戊・己の日。
戊（つちのえ）・己（つちのと）生まれの人は丙・丁・庚・辛の日。
庚（かのえ）・辛（かのと）生まれの人は戊・己・壬・癸の日。
壬（みずのえ）・癸（みずのと）生まれの人は庚・辛・甲・乙の日。

◆十二支による吉日

子（ね）年生まれの人は子・寅・卯・申・酉・亥の日。
丑（うし）年生まれの人は丑・巳・午・申・酉の日。
寅（とら）年生まれの人は子・卯・巳・午・亥の日。
卯（う）年生まれの人は子・寅・卯・巳・午・亥の日。
辰（たつ）年生まれの人は丑・辰・巳・午・申・酉・戌の日。
巳（み）年生まれの人は丑・寅・卯・辰・巳・午・未・戌の日。
午（うま）年生まれの人は丑・寅・卯・辰・巳・午・未・戌の日。
未（ひつじ）年生まれの人は丑・辰・巳・午・未・酉・戌の日。
申（さる）年生まれの人は子・丑・辰・未・申・酉・戌・亥の日。
酉（とり）年生まれの人は子・丑・辰・未・申・酉・戌・亥の日。
戌（いぬ）年生まれの人は丑・辰・巳・午・未・申・酉・戌の日。
亥（い）年生まれの人は子・寅・卯・申・酉・亥の日。

干支が意味するもの

干支は六十干支とも呼ばれるように、十干と十二支との組み合わせで、六十通りになります。

十干とは「甲乙丙丁戊己庚辛壬癸」のことです。

甲（きのえ）丙（ひのえ）戊（つちのえ）庚（かのえ）壬（みずのえ）　兄（え）　陽
乙（きのと）丁（ひのと）己（つちのと）辛（かのと）癸（みずのと）　弟（と）　陰

干支を組み合わせる時は、必ず上に十干を置くところから、天干とも呼ばれています。一方、十二支というのは地支とも呼ばれ、もともと月を数えるための序数に使われた文字で、旧暦の十一月から十月までを意味するものであったと伝えられています。

旧	十一月	十二月	一月	二月	三月	四月	五月	六月	七月	八月	九月	十月
	子	丑	寅	卯	辰	巳	午	未	申	酉	戌	亥

このように十二支は、一年の生活を表したものですが、十干の干が木の幹であるのに対し、十二支の支は幹から出た枝であり、いわば十干の補強的役割を持つものと思われます。

陰陽論は、剛と柔、男と女などのように、対立的発想ですが、十干の陰陽を兄弟という対立にして、「兄《え》」「弟《と》」と記し、五行の「木火土金水」をそれぞれ訓読みにし、「きのえ」「きのと」「ひのえ」「ひのと」……としたものです。「えと」とはつまり兄弟に由来しており、陰と陽に分類した十干の総称といえます。

「十二支」にしても、さまざまな解釈がありますが、やはり農耕生活を反映する自然暦の発想をもとに、植物の芽生えから、生長、成熟、収穫へと移って、再び大地にかえる経過が、あたかも人間の生から土へというドラマに似ているところから、太古の昔から現在まで幅広く親しまれ、発育成長の過程を占い、吉凶の判断の元として、暦に使用されているものと思われます。

六十干支と納音《なっちん》の吉凶判断

六十干支を五行「木火土金水」に配し、さらにその五行を六種別に配した納音は、性と質を知り、この五行の物象により、人の一生の運命を知ることができます。表紙裏の年齢早見表参照。

海中金《かいちゅうきん》

甲子…根気のある努力家だが、功を急ぐと結果悪し。経済の切り回しで大成功。

乙丑…強情でわがままな性格を慎み、家庭、社交、事業に専心することが成功の道。

炉中火《ろちゅうひ》

丙寅…火の性でも、元気旺盛の火。周囲からは好かれるが、軽挙妄動を慎むこと。

丁卯…温和で円満な性質が大いに役立つが、異性問題で身を滅ぼすので要注意。

大林木《だいりんき》

戊辰…生来、賢明だが、短気を慎み温和を心掛け、実直に働けば、晩年安泰。

己巳…聡明で一業一芸に秀でる反面、短絡的な欠点に注意し、努力が成功の鍵。

路傍土《ろぼうつち》

庚午…物質的に恵まれる反面、気迷い、煩悶など波乱多いが、晩年には幸福。

辛未…人のために尽くすタイプだが、変転の多い一生。勇気と根性で晩年安泰。

剱鋒金《けんぼうきん》

壬申…才知あり器用だが、短気で争いを好むのが欠点。自重と物事の締め括りが大切。

癸酉…円満、活発で好かれるが、怠惰が欠点。真剣に対応すれば晩年大成。

山頭火《さんとうか》

甲戌…清廉直行のタイプ。頭領の風格があるので、自重と寛容の精神が大成の元。

乙亥…正直者だが、実行力と協調性に欠ける。短所を慎めば、福祉関係で大成。

澗下水《かんかみず》

丙子…気分にむらがあり、内容が伴わないのが欠点。実行力と信用を得ること。

丁丑…協調性に乏しいので、自我を捨て社交性を心掛け、努力すれば将来安定。

城頭土《じょうとうつち》

戊寅…プライドが高く、わがままで対人関係が下手なのが欠点。融和を図れば大成。

己卯…意地っ張りだが、自意識過剰。他人の協力を得て努力するのが成功の鍵。

白鑞金《はくろうきん》

庚辰…わがままで自尊心が強く、ケンカ早く、人に受け入れられ難い。和を心掛けよ。

辛巳…何事も誠意と円満を心掛け他人に接すれば、無難に推移する。

楊柳木《ようりゅうき》

壬午…可もなく不可もなし。大特技もないが、無能でも平凡に終わる人。

癸未…消極的なため、発展が遅れる。明朗、活発、勇敢に実行すれば成功する。

井泉水《せいせんみず》

甲申…才知あり、清廉で金運もよいが、狡猾さと虚言を慎め。協調性が大切。

乙酉…円満で八方美人的。重宝がられる反面、高慢さで信用と親友を失う。

屋上土《おくじょうつち》

丙戌…明朗快活で信用と好感を得られるが、大成を望むより守りのほうが安泰。

丁亥…努力家だが交際下手で損をする。自覚し、人との和を図れば長となる。

霹靂火《へきれきひ》

戊子…強情でわがままなため、立身の機会を失うことあり。頑固より温情が必要。

己丑…明朗性に乏しく、陰気で社交性に欠ける。周囲と協調の精神を持て。

松柏木《しょうはくき》

庚寅…人の和と信用を得るが、気移り多いため、とかく失敗が多い。

辛卯…苦労性で疑い深いので、幸運を逃がす。自戒して努力すれば、晩年は大成。

長流水《ちょうりゅうみず》

壬辰…社交的だが高慢なため争いやすい。周囲とは円満主義に徹すれば大成する。
癸巳…表面のんきなようだが、短気な面がある。真面目に努力すれば、晩年安泰。

沙中金《さちゅうきん》

甲午…頭領の天分があるが、短気と強情を慎まないと、大失敗をするので注意。
乙未…怠け癖、取り越し苦労、迷い等多く、能率の上がらないタイプ。情熱を持て。

山下火《さんかひ》

丙申…やる気があってもチャンスに恵まれない。天恵を得るよう努力すること。
丁酉…野心もあり努力家。人のために尽くす心で努力すれば、成功の途が開ける。

平地木《へいちき》

戊戌…地味で勤勉家だが、独断偏見強く、協調性に欠ける。寛大な心が成功を呼ぶ。
己亥…直行努力型。豪放磊落、才知あるが強情。自己を捨て、人に尽くせば大成功。

壁上土《へきじょうつち》

庚子…勤勉だが、人の和を乱すので失敗。この欠点を改めないと成功しない。
辛丑…内面的で細かいことにこだわり過ぎて、失敗する。小を捨てて努力すれば成功。

金箔金《きんぱくきん》

壬寅…正義感旺盛だが、度を過ぎると失敗する。ほどほどになお、晩年女難の相あり。
癸卯…智謀兼備、人の和もあるが、独断専行が失敗につながる。欠点を自覚せよ。

覆燈火《ふくとうひ》

甲辰…落ち着いた人柄で努力家だが、生一本な性格が災いする。目標を一つに。
乙巳…温和な人物。機敏性と積極性に乏しい。目標を一つにすれば晩年安泰。

天河水《てんかみず》

丙午…明朗快活な性格が人に好かれ、大器晩成型。散財には十分注意のこと。
丁未…人情に厚く勤勉家。反面、放漫な傾向があるので、緻密さを欠くと失敗。

大駅土《だいえきつち》

戊申…器用で才知に富み、福運もあるが、高慢、短気、非常識さが人に嫌われる。
己酉…快活で才知もあり人に好かれるが、大言壮語や他人への軽蔑が失敗の原因。

釵釧金《さいせんきん》

庚戌…真面目で不器用だが仕事熱心。突然変異的に悪の道へ走る人もいる。
辛亥…学問好きで努力家だが、陰鬱かつ閉鎖的。独自の分野を開拓し成功する。

桑柘木《そうしゃき》

壬子…商才に富み、移り気な人が多い。協力者に恵まれれば、五十歳過ぎに成功。
癸丑…素直な人柄で、口数少なく、非常識な行動が誤解される。自戒努力が成功。

大渓水《だいけいみず》

甲寅…負けず嫌いが諸事円満を欠き、損をする。小細工をしなければ成功。
乙卯…温和だが、強靱な面あり。勝負事、色情を慎まないと、身の破滅を招く。

沙中土《さちゅうつち》

丙辰…気位高く、放言と高慢心が災いの元。調和の気持ちが、成功への近道。
丁巳…芸術家肌で個性強く、円滑を欠き、失敗しがち。慎重に努力すれば成功。

天上火《てんじょうひ》

戊午…活発な行動派。わがままで独善的なため損をする。短気と傲慢心を慎むこと。
己未…思慮分別あり、慎重な性格。諸事順調にこなすが、義理人情で失敗する。

柘榴木《しゃりゅうき》

庚申…神経質で感情の起伏が激しい性格。平気で人を裏切る。協調の精神が成功。
辛酉…個性が強過ぎ、仕事の鬼タイプ。義理人情を重んじ努力すれば大成する。

大海水《たいかいみず》

壬戌…高潔で慈善心に富むが、自己暗示や狂言的な傾向あり。色情に注意。
癸亥…才気煥発で善人だが、自己中心的な行動が失敗の元。反省があれば大成する。

十二支一代の運気と守り本尊

※二月一日から立春の前日までに生まれた人は、前年の十二支になります。

子《ね》年生まれ

千手観音《せんじゅかんのん》／縁日十七日

性格と運気　子年生まれの人は派手さと質素さを併せ持ち、実直で約束を守る人とのんびり屋の人、また、倹約して貯蓄に回す人と宵越しの金は持たない人とに分かれます。

人情の機微には人一倍強く、相手の気持ちを察することは驚くほど早いでしょう。怒りやすい面もありますが、平素は落ち着いた態度で物事を処理します。激怒しても尾を引かずに忘れて、表面は和解したように見えますが、気持ちの奥には許せない想いを抱えます。気持ちを端的に表さず、陰徳を重ねることです。

中年期に苦労したり、晩年家庭運がない人がありますが、いずれも十代の良否が分かれ道です。

一白水星子年の人は特に十代を大切にして、二十代後半から三十代初めの運を逃さないようにしましょう。

四緑木星子年の人は初年の運気がよければ晩年もよいのですが、家庭に少々難があるようです。

七赤金星子年の人は、早い時期に運気をつかまえないと晩年に苦労します。

家庭を大切にし、こつこつと日々を生きることで、晩年の運気も徐々に高まっていきます。

丑《うし》年生まれ

虚空蔵菩薩《こくうぞうぼさつ》／縁日十三日

性格と運気　丑年生まれの人は、粘り強く、どっしりとした優しい性格に見えますが、内心は人に負けるのが嫌いで、何事も自分の思いのままに進めていきます。家庭はあまり顧みず、円満を欠き、わかっていてもなかなか素直になれません。心の隅では悪いと思っていても、言葉に出して説明するのが苦手なため、思うことの半分も表すことができない人です。根が実直なので、正しいことには素直に立ち向かい、曲がったことには怒り心頭に発するようです。人受けがよいので、よき人との出会いがあると幸福になれますが、一歩間違えると苦労が続きます。

三碧木星丑年の人は初年運と中年運とがあり、初年運のよい人は中年後に苦労し、初年運が悪い人は後々に再婚によって良運となることもあります。六白金星丑年の人は、自己啓発によって運気を取り入れます。九紫火星丑年の人は三十六、七歳で難に遭い、失敗する可能性が大です。家庭を豊かにすれば、幸運が訪れます。

寅《とら》年生まれ

虚空蔵菩薩《こくうぞうぼさつ》／縁日十三日

性格と運気　寅年生まれの人は、情義に厚く、進取の気性に富んでおり、成功する人もありますが、短兵急は運気を逃すことになるでしょう。若いうちから学問などに専念し運を豊富に持ち合わせ、その才能を生かして、理性と智の戦いに打ち勝っていくとよいでしょう。

しかし、あまりに急速過ぎると方向違いに進んでしまう傾向があります。冷静な判断で、目上の人の意見なども聞き、希望が輝く道へ進めるように注意していきます。どっしりと構えた処し方、自己の信念を開発する力を大いに発揮して、功を生む運気と世間の信頼を得るとよいでしょう。

二黒土星寅年の人は成功運が早きにあり、子孫の成長と共に熟年まで続きます。五黄土星寅年の人は、初年を上手に越えれば、三十代、四十代と幸運に恵まれるようです。八白土星寅年の人は、壮年期にしっかりとした土台を築き、晩年に備えましょう。色情を慎み、一家を盛り立てることです。

卯《う》年生まれ

文殊菩薩《もんじゅぼさつ》／縁日廿五日

性格と運気 卯年生まれの人は、柔らかな性格で、穏やかに世間との交際を広めていくことが得意な人です。そのままの意気を続けていくとよいのですが、家庭を持つと、苦労のために途中で重責に堪えられなくなる時もあるでしょう。しかし、その責務を果たすと、幸運が舞い降りてくるようです。口を慎み、望外の出世を望まず、熱意を傾けてひたむきな努力をしていくことが、幸運をつかむことになるのです。

春のさわやかな風のように、人には温かく和やかに接して、中年以降の良運をしっかり築き上げると、幸運が一足飛びに手に入るでしょう。

一白水星卯年の人は、早い運気に有頂天になると、良運を手放すようになることが多いので気を付けましょう。四緑木星卯年の人は、中年の運気を大事に温存し、色情の迷いを慎み、晩年に備えます。七赤金星卯年の人は、飲食に注意して、家庭環境に留意し、還暦以降の運の訪れを迎え入れることで晩年幸福になります。

辰《たつ》年生まれ

普賢菩薩《ふげんぼさつ》／縁日廿四日

性格と運気 辰年生まれの人は、気が短く、にぎやかなことが好きで、極端に心情を表に出します。苦しいことや難事によく耐え、愚痴一つこぼさずに頑張りますが、時々耐えきれずに爆発してしまいます。こうした荒っぽさが、幸運をも吹き飛ばしてしまうので気を付けましょう。事ある時には落ち着いた行動で一大運を呼び寄せ、大成させていきましょう。家庭の礎をしっかりと定め、慈悲の心をすべてのものに施し、失敗のないよう防御策を立て、生涯の安定を図るとよいでしょう。

三碧木星辰年の人は、気位が高いのを改め、低位な行動で実年以降の良運を迎えることです。六白金星辰年の人は、特に子年の運気が盛んになります。その運を逃さないようにしましょう。九紫火星辰年の人は、運気が訪れるのが早いか遅いかです。早い運を温めて、晩年に備えると良好になるでしょう。

巳《み》年生まれ

普賢菩薩《ふげんぼさつ》／縁日廿四日

性格と運気 巳年生まれの人は、一見温厚そうですが、内実はことのほか努力家で剛気な性格です。難関を切り抜けた人には力が授けられますから、中年期の弱気や苦しみを切り開きましょう。家庭をおろそかにすると壊滅し、自己の猜疑心のみが残ることになります。一個人の力では何もできないことを常に脳裏に刻み、約束したことは力一杯守りきることが、三十代、四十代に大幸運を得ることになります。

二黒土星巳年の人は運気が早く、仲介によって成功の糸をつかみます。五黄土星巳年の人は三十代に運気があり、人に尽くした後に良運となります。八白土星巳年の人は、中年に家人の助けによる運気があります。増長せず、信心に道を開くことです。

午年《うま》生まれ

勢至菩薩《せいしぼさつ》／縁日廿三日

性格と運気　午年生まれの人は、人の世話事も苦にせず、身を粉にしてやり通すことがあります。重宝がられて懸命に尽くし、人から尊敬されますが、よかれと思って動いたことを、仇《あだ》で返されることもあります。無念さを味わうことにもなりますから、人柄をよく見て交際するとよいでしょう。親分肌・姉御肌の行動は、成功した後にするもので、途中は自己保身のみを考えて進みましょう。自然の流れに即した生き方が大切です。時勢を先取りして、成功への道を選び出しましょう。

一白水星午年の人は、時勢を反映させた動き方で青年期を乗り切ることです。四緑木星午年の人は良妻を得ます。家庭を大事にし、酒に溺れないように気を付けましょう。七赤金星午年の人は、還暦近くに幸運が訪れる天運があります。

未年《ひつじ》生まれ

大日如来《だいにちにょらい》／縁日八日

性格と運気　未年生まれの人は、一本気の性格で、計画的に物事を判断したり、区分けが上手にできる人です。言動がはっきりしているので敵も多くなりますが、正直で篤実な性格のため、上位の引き立てを受け、同輩からも慕われるでしょう。言葉の使い分けが巧みで、人の気をよく見抜けるので評判はよいのですが、臆病な部分もあるので、優柔不断になって幸運を逃す人もあります。普段から心身を鍛えることが、苦労から救われることにつながります。信仰心が厚く、幼少より神仏に縁のある行動がみられ、人によっては早い運気もあります。

三碧木星未年の人は、中年頃に損害を受けることがあるようです。信念を強く持って難局に立ち向かい、突破することを心掛けましょう。六白金星未年の人は、中年の苦労で晩年に大きな運気に恵まれます。九紫火星未年の人は、交際を上手にすることで良運を受けることになり、力量を発揮します。

申年《さる》生まれ

大日如来《だいにちにょらい》／縁日八日

性格と運気　申年生まれの人は、順応性のある、打てば響く性質です。反応が抜群で、即座に事を進めて結果を求めます。物事を追究してやまず、他の人にはない感性を有しているのが特徴で、その知識を買われて素晴らしい生き方をします。しかし、そのために大きな失敗や行き過ぎがあり、人との調和に事欠く場合もあります。自分本位になることがあるので十分に注意しましょう。世話好きなので、よい意味で良運を逃さず取り入れれば、安泰に保持していけるでしょう。

二黒土星申年の人は、初年苦労しますが、十代後半から運気が出てきます。家庭との調和を心掛けましょう。五黄土星申年の人は、才能はあるので、短気を起こさず、協調性を保っていけば晩年平安に過ごせます。八白土星申年の人は、五十代、六十代までに運をつかみ取るようにします。逃すとしばらくは遠のいてしまうので、周囲の意見をよく聞くようにしましょう。

酉年《とり》生まれ

不動明王《ふどうみょうおう》／縁日廿八日

性格と運気　酉年生まれの人は、思慮分別があり、先を見るのが上手です。そのため、自信過剰になり、自己の力に頼り過ぎて失敗することが多いでしょう。また、一つの事を長く続けていくことができないため転々とすることもあります。態度はもの静かで、争い事は好まず、頼まれた事には忠実に動きます。しかし、自尊心が強く、体裁を気にして派手な活動をします。根気よく、一つの事に力を入れれば好運を得られるのですが、強気ではチャンスを逃すこととなります。広い視野で知識を吸収すれば、良好に道が開かれます。

一白水星酉年の人は、目先の利きがよいため、一発的なものは良好です。晩年の運気に期待しましょう。四緑木星酉年の人は、物腰が静かで判断力が優れています。気の迷いを防いで、情熱を燃やしていきましょう。七赤金星酉年の人は、肉親の縁が薄いですが、運気が早く、見聞を広めていくと好調な面があるでしょう。

戌年《いぬ》生まれ

阿弥陀如来《あみだにょらい》／縁日十五日

性格と運気　戌年生まれの人は、とかく高ぶったり、人とは違った点に着目して、目を見張るような品を作ることもあり、人から重宝がられます。しかし、自分本位が邪魔をして特定の人としか交流せず、また人を信用することが下手なので、孤立することがあるようです。他人より上位に座しているという考えが念頭にあるので、損をする場合が多いようです。反感を持たれることもありますから、注意しましょう。

三碧木星戌年の人は、年少の頃から生家を離れ苦労しますが、三十代に良運に恵まれるでしょう。六白金星戌年の人は、負けず嫌いや自己本位で片意地を張ることを直し、度量を大きく、人の助言も聞き、酒を慎みます。五十代の運気を上手に生かしましょう。九紫火星戌年の人は、言葉遣いに注意します。計算高い考えを変えて、よき忠言を聞き入れ、晩年を安泰に暮らしましょう。

亥年《い》生まれ

阿弥陀如来《あみだにょらい》／縁日十五日

性格と運気　亥年生まれの人は、正直で困難によく耐え、向上心に燃え、何事も成し遂げねばならないと思っています。しかし、正しい道を求むあまりに頑固になり、人情の機微は理解しても、多少柔軟性に欠けるため、しばしば運気を逃してしまうこともあります。家庭での重荷もたびたびあり、苦労の連続になることもあります。しかし、その苦労が後々有利に展開することにもなるのです。生家を離れて早く独立するのが、成功の早道になることもあります。晩年の運気を納めるとよいでしょう。

二黒土星亥年の人は、十代の苦労に短気を起こさずに慎んで、二十代に現れる運を逃さぬようにします。五黄土星亥年の人は、生来慎重で思慮深いのですが、時にする失敗に注意します。三十ないし四十代初めに大きな失意に遭いますが、六十過ぎの運を大切にしましょう。八白土星亥年の人は、青竹を割ったような気性で、淡泊で短気なため、他人との調和を欠く場合があります。よき心掛けで、熟年に来る幸運を取り入れるようにしましょう。

九星の説明

数千年の昔、中国で洪水を防ぐための治水工事をした時に、洛水という黄河の支流から現れた亀の甲羅に一から九までの模様があったといわれています。

これは中央に五を配し、縦、横、斜めのどこを足しても十五になる不思議なものでした。これが九星のもとになっています。

これら一から九までの各数字に、白、黒、碧、緑、黄、赤、紫の七色と木、火、土、金、水の五行があてはめられ、さらに易の八卦との対応により、各星に定位置が与えられました。これにより、各星の配置によって人の運命が影響されると考えられるようになり、それを深く掘り下げたのが、九星判断法です。

また、各年（年家九星）、月（月家九星）、日（日家九星）にも九星が配当され、吉凶を占うのに用いられるようになりました。

もともとは、戦争の勝利法として、自分自身を一つの星に置き換えて将来を予測する方法として使われていましたが、その後、戦国の時代も終わりを告げ、やがて平和の時代へと移り変わったため、さらに九星気学へと発展したのです。

江戸時代までの暦には九星は掲載されていませんでしたが、明治以降、暦本に占いとして掲載されるようになり、その後急速に九星術が盛んになりました。

九星は魔方陣の上を定められた法則に従い循環しています。その時々の各星の力のバランスを考え、自分の行動の指針として活用することが、運気を向上させる方法となります。九星術を活用することができれば、人生のよき羅針盤となるでしょう。

九星図

相性を判断する

九星による相性は、一白水星から九紫火星までの九星の五行、木・火・土・金・水の相生・相剋によって決められます。すなわち、

木とは三碧木星、四緑木星、
火とは九紫火星、
土とは二黒土星、五黄土星、八白土星、
金とは六白金星、七赤金星、
水とは一白水星のことをいいます。

また十二支にも相性の吉凶があります。したがって九星、十二支双方から見ての相性が吉であれば申し分ありません。

日常生活でも、男女の間でも、「なんとなく気が合う」とか「合わない」とかいうことがよくありますが、人と人とは以心伝心、自分が持った感情がすぐ相手に伝わります。そのうえで、九星の相性と十二支の相性が自分でわかると、このうえなく便利です。

相性は生涯の幸、不幸を決める場合もありますので、結婚の相性などは専門家による鑑定も考慮に入れておいてください。さまざまな人との相性を正確に活用することで、ぜひ幸運な人生を送りましょう。

相生五行図

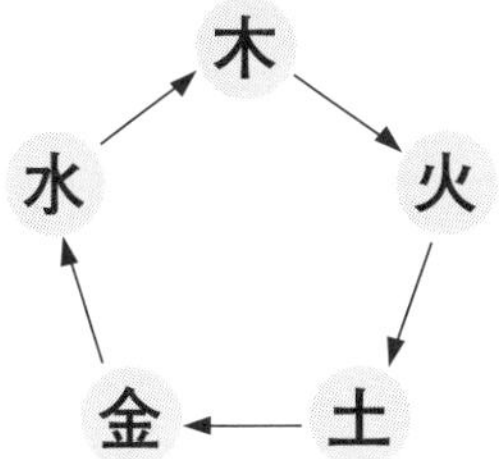

- 木は火を生じ
- 火は土を生じ
- 土は金を生じ
- 金は水を生じ
- 水は木を生じます

相剋五行図

- 木は土を剋し
- 火は金を剋し
- 土は水を剋し
- 金は木を剋し
- 水は火を剋します

比和五行図

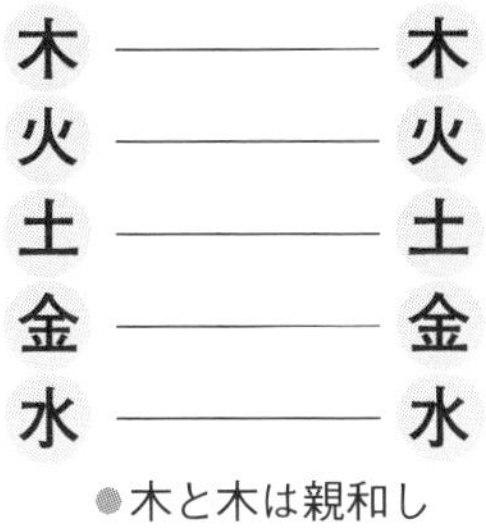

- 木と木は親和し
- 火と火は親和し
- 土と土は親和し
- 金と金は親和し
- 水と水は親和します

●九星による女性から見た大・中吉の男性

	大吉	中吉
一白生まれ	六白・七赤	一白・三碧・四緑
二黒生まれ	九紫	五黄・八白・六白・七赤・二黒
三碧生まれ	一白	九紫・四緑・三碧
四緑生まれ	一白	九紫・三碧・四緑
五黄生まれ	九紫	六白・七赤・八白・二黒・五黄
六白生まれ	二黒・五黄・八白	一白・七赤・六白
七赤生まれ	二黒・五黄・八白	一白・七赤・六白
八白生まれ	九紫	二黒・五黄・六白・七赤・八白
九紫生まれ	三碧・四緑	二黒・五黄・八白・九紫

●九星による男性から見た大・中吉の女性

	大吉	中吉
一白生まれ	三碧・四緑	六白・七赤・一白
二黒生まれ	六白・七赤	二黒・五黄・八白・九紫
三碧生まれ	九紫	一白・四緑・三碧
四緑生まれ	九紫	一白・三碧・四緑
五黄生まれ	六白・七赤	二黒・八白・九紫・五黄
六白生まれ	一白	二黒・五黄・八白・七赤・六白
七赤生まれ	一白	二黒・五黄・八白・六白・七赤
八白生まれ	六白・七赤	二黒・五黄・九紫・八白
九紫生まれ	二黒・五黄・八白	三碧・四緑・九紫

●十二支による男女の相性

子年生まれ	申・辰・丑年の人が吉
丑年生まれ	巳・酉・子年の人が吉
寅年生まれ	午・戌・亥年の人が吉
卯年生まれ	亥・未・戌年の人が吉
辰年生まれ	申・子・酉年の人が吉
巳年生まれ	酉・丑・申年の人が吉
午年生まれ	寅・戌・未年の人が吉
未年生まれ	亥・卯・午年の人が吉
申年生まれ	子・辰・巳年の人が吉
酉年生まれ	巳・丑・辰年の人が吉
戌年生まれ	寅・午・卯年の人が吉
亥年生まれ	卯・未・寅年の人が吉

六輝の説明

中国宋時代に誕生し、室町時代に伝来した六輝星は別名を孔明六曜星とも呼ばれ、中国の三国志で有名な名将諸葛孔明が発明したとの説もありますが、史実ではなくあくまでも伝説です。

江戸時代はほとんど人気がなく、載せていない暦もかなりあったようですが、明治の改暦で他の人気暦注が消えた後、装いも新たに再び登場して、戦後になると爆発的な人気を博し現在に至っています。

伝来した当初は、泰安《たいあん》、留連《りゅうれん》、速喜《そっき》、赤口《しゃっく》、将吉《しょうきち》、空亡《くうぼう》の順でしたが、江戸末期頃より、今日のような名称に変わり、日の吉凶を知るのに暦、カレンダーはもとより、手帳などにも載っています。

また六輝は、悪い日が三日であとは吉日、善日、幸日が交互に配列されていますが、これは陰陽の原則に基づいていると考えられます。

ただ、暦により解釈は多少異なっているものがあるようです。六輝が生まれた中国では現在、大安も仏滅も友引もなく、日本でだけの人気です。

◐先勝　せんかち・せんしょう　先勝日《にち》の略。急用や訴訟などに吉の日とされています。ただし午後は凶となります。旧暦の一月朔日《ついたち》、七月朔日に配されています。

⊤友引　ともびき　友引日《にち》の略。午前中と夕刻と夜は相引きで勝負なしの吉の日。ただし昼は凶。この日葬儀をすると、他人の死を招く恐れがあるといわれています。旧暦の二月朔日、八月朔日に配されています。

◑先負　せんまけ・せんぷ　先負日《にち》の略。静かにしているのがよい日とされ、特に公事や急用を避ける日。午後大吉。旧暦三月朔日、九月朔日に配されています。

●仏滅　ぶつめつ　仏滅日《にち》の略。この日に開店、移転など、新規に事を起こすのはもちろんのこと、陰陽道で何事をするのも忌むべき日とされています。旧暦四月朔日、十月朔日に配されています。

○大安　たいあん・だいあん　大安日《にち》の略。陰陽道でこの日、結婚、旅行、建築、開店など、何事をなすのにも吉日とされています。旧暦五月朔日、十一月朔日に配されています。

◍赤口　しゃっく・しゃっこう　赤口日《にち》の略。赤口神《しゃっこうじん》が衆生を悩まし、新規の事始めはもちろんのこと、何事をするのも忌むべき日とされています。ただし正午のみ吉。旧暦六月朔日、十二月朔日に配されています。

中段(十二直)の説明

たつ(建)	この日は建の意で最高吉日。神仏の祭祀、結婚、開店等すべて大吉。動土蔵開き凶。
のぞく(除)	この日は不浄を払い百凶を除き去り、医師かかり始め、種まき吉。結婚、動土は凶。
みつ(満)	この日は満の意で万象万物すべて満たされる良日。建築、移転、結婚、祝い事吉。
たいら(平)	この日は平の意で、物事の平等分配を図るので、地固め、種まき、結婚、祝い事吉。
さだん(定)	良悪が定まる意で、建築、移転、結婚、開店、開業等、祝い事吉。樹木の植え替え凶。
とる(執)	この日は執の意で、万事活動育成を促す日。祝い事等吉で財産整理等には凶。
やぶる(破)	この日は破の意で、訴訟等には吉。結婚その他約束事、神仏の祭祀等は凶。
あやぶ(危)	この日は万事に危惧を含み、何事も控えめに慎んで吉。旅行、登山、船乗り等は凶。
なる(成)	この日は成就の意で、建築、開店、種まき等の新規事はすべて吉。訴訟事等は大凶。
おさん(納)	この日は別名天倉といい、万物を納めるのに吉。神仏祭祀、結婚、見合い等は凶。
ひらく(開)	険を開き通じる意で、建築、結婚、開業等吉。ただし葬儀、その他の不浄事凶。
とづ(閉)	この日は諸事閉止する意で、金銭の収納、建墓は吉。棟上げ、結婚、開店等は凶。

中段(十二直)の由来

別名を中段という十二直は、十二建とも十二客とも呼ばれていました。江戸時代の「かな暦」の中段に載っていたもので、日常生活に深く関わり、かなり重要視されていました。

現在では日の吉凶は、大安、友引などで知られる、六曜六輝のほうが断然主役になっていますが、平安時代から江戸、明治、大正、昭和の初期あたりまでは、六輝より十二直によって婚礼の日取りなどを選んでいました。さらに、移転、建築、造作、養蚕、治療、事業、法事、衣服の裁断、旅行、井戸掘りなど、日常生活のあらゆる吉凶を、この十二直によって判断していました。十二直の直の字が、アタルという意味で信じられていたようです。

十二直は、十二支と関係があり、もともとは中国の北斗七星信仰に由来したものです。中心は建で六輝の大安と同じです。

二十八宿の説明

東方七宿	角《かく》	婚礼普請着初吉葬儀凶
東方七宿	亢《こう》	種播結納吉家造りは凶
東方七宿	氐《てい》	婚礼酒造種播吉普請凶
東方七宿	房《ぼう》	新規事婚礼棟上等大吉
東方七宿	心《しん》	神祭移転旅行吉他は凶
東方七宿	尾《び》	開店婚礼造作吉衣裁凶
東方七宿	箕《き》	普請動土池掘吉葬儀凶
北方七宿	斗《と》	新規事倉庫建築動土吉
北方七宿	牛《ぎゅう》	何事に用いても吉祥日
北方七宿	女《じょ》	稽古事始吉訴訟婚葬凶
北方七宿	虚《きょ》	学問吉積極的行動は凶
北方七宿	危《き》	壁塗酒造旅行吉仕立凶
北方七宿	室《しつ》	祝事婚礼造作祭祀等吉
北方七宿	壁《へき》	旅行婚礼万事大吉南凶
西方七宿	奎《けい》	柱立棟上神仏祭事等吉
西方七宿	婁《ろう》	普請造作庭造契約事吉
西方七宿	胃《い》	世話事普請造作公事吉
西方七宿	昴《ぼう》	参詣祝事新規事婚礼吉
西方七宿	畢《ひつ》	祭祀婚礼棟上取引始吉
西方七宿	觜《し》	稽古事始吉造作着初凶
西方七宿	参《しん》	婚礼旅行は吉葬儀は凶
南方七宿	井《せい》	参詣動土種播吉衣裁凶
南方七宿	鬼《き》	婚礼のみ凶他全て大吉
南方七宿	柳《りゅう》	造作婚礼葬儀などは凶
南方七宿	星《せい》	祭祀治療吉婚礼葬儀凶
南方七宿	張《ちょう》	見合い神仏祈願祝宴吉
南方七宿	翼《よく》	耕作始め樹木植替え吉
南方七宿	軫《しん》	地鎮祭就職婚姻祭祀吉

二十八宿の由来

二十八宿とは、季節を定める方法として、古代中国で考え出されたものです。夕暮、西の空に細い三日月が見えますが、この三日月は朔から数えて三日目の月という意味です。

朔の日の月を新月と呼びますが、新月と二日の月は見えません。三日でようやく見えて、この三日月の位置から見えなかった新月と二日の月を推定し、月、星、太陽などの位置がある程度正確に計算できたものと思われます。

そこで月の通る道に沿って、目立つ星を目標に二十八の星座を決め、これを二十八宿と称して日、月に配当して、古来吉凶を占うのに用いられています。

各星宿は天空を西から東へと数え、黄道帯を、東方青龍、北方玄武、西方白虎、南方朱雀の四宮とし、これをさらに七分割して配当されています。

節気　循環する自然の移ろい

●立春《りっしゅん》　旧暦正月寅月の正節で、新暦二月四日頃、節分の翌日となります。暦上では春となり、この日が一年の初めとされました。この頃から気温は上昇に向かい始め、どことなく春の気配が感じられる時期です。

●雨水《うすい》　旧暦正月寅月の中気で、新暦では二月十八日頃になります。この頃から雨水がぬるみ始め、草木が芽生える兆しがあります。

●啓蟄《けいちつ》　旧暦二月卯月の正節で、新暦では三月五日頃になります。冬ごもりをしていたいろいろな虫が、地下から地上にはい出してくる頃といわれています。

●春分《しゅんぶん》　旧暦二月卯月の中気で、新暦では三月二十一日頃になります。太陽は真東から昇り真西に沈み、昼と夜の長さがほぼ等しくなる日で、この日から徐々に昼が長くなり、夜が短くなります。春の彼岸の中日となっています。

●清明《せいめい》　旧暦三月辰月の正節で、新暦では四月四日頃になります。春の気が明るく美しく輝き、草木の花が咲き、清新の時となります。

●穀雨《こくう》　旧暦三月辰月の中気で、新暦では四月二十日頃になります。春雨が降る日が多く、冬の間乾いていた大地や田畑を湿らせ、天からの恵みとなる季節です。

●立夏《りっか》　旧暦四月巳月の正節で、新暦では五月五日頃になります。新緑が鮮やかになり、山野に生気が走り、皐月風の匂いが立ち始める頃となります。

●小満《しょうまん》　旧暦四月巳月の中気で、新暦では五月二十一日頃になります。山野の植物が花に埋もれ、実を結びます。田植えの準備で人も忙しく、月もおぼろに輝く時です。

●芒種《ぼうしゅ》　旧暦五月午月の正節で、新暦では六月五日頃になります。雨が長い日数降りしきり、農家は稲を植える準備などで多忙を極めます。

●夏至《げし》　旧暦五月午月の中気で、新暦では六月二十一日頃になります。この日、北半球では昼が最も長く、反対に夜が最も短くなります。梅雨真っ盛りの時期で長雨が降り続きます。

●小暑《しょうしょ》　旧暦六月未月の正節で、新暦では七月七日頃になります。日脚は徐々に短くなりますが、暑さは日ごとに増していきます。

●大暑《たいしょ》　旧暦六月未月の中気で、新暦では七月二十三日頃になります。暑さがますます加わり、一年で最も気温の高い時期です。

●**立秋**《りっしゅう》　旧暦七月申月の正節で、新暦では八月七日頃になります。暦の上では秋になります。残暑はなお厳しいですが、風や雲に秋の気配が感じられるようになってきます。

●**処暑**《しょしょ》　旧暦七月申月の中気で、新暦では八月二十三日頃になります。暑さもそろそろおさまり、秋風の吹く頃となります。収穫の秋も目前となります。

●**白露**《はくろ》　旧暦八月酉月の正節で、新暦では九月七日頃になります。白露とは「しらつゆ」の意味で、野の草などに付いたつゆの光が、秋の趣を感じさせます。

●**秋分**《しゅうぶん》　旧暦八月酉月の中気で、新暦では九月二十三日頃になります。春分同様、昼夜の長さがほぼ等しくなります。秋の彼岸の中日で、祖先の霊を敬い亡き人の霊を偲ぶ日となっています。

●**寒露**《かんろ》　旧暦九月戌月の正節で、新暦では十月八日頃になります。寒露とは、晩秋から初冬の頃に野草に付く露のことです。紅葉は鮮やかに映え、冷気を肌に感じ始める季節となります。

●**霜降**《そうこう》　旧暦九月戌月の中気で、新暦では十月二十三日頃になります。早朝に霜の降りるのを見るようになり、冬が間近にせまっている時です。

●**立冬**《りっとう》　旧暦十月亥月の正節で、新暦では十一月七日頃になります。陽の光もなんとなく弱くなり、日没も早くなります。木の葉も落ち、冬枯れの始まりです。

●**小雪**《しょうせつ》　旧暦十月亥月の中気で、新暦では十一月二十二日頃になります。高い山には真っ白な雪が見られます。木枯らしが吹き、物寂しい冬が近いのを感じます。

●**大雪**《たいせつ》　旧暦十一月子月の正節で、新暦では十二月七日頃になります。山の峰は積雪によって綿で覆われたようになり、平地も北風が身にしみる候になります。

●**冬至**《とうじ》　旧暦十一月子月の中気で、新暦では十二月二十二日頃になります。北半球では、一年で昼が最も短く、夜が最も長くなります。この日を境に一陽来復、日脚は少しずつ伸びていきます。この日にかぼちゃを食べ、柚子《ゆず》湯に入り、一年の健康を願う習慣があります。

●**小寒**《しょうかん》　旧暦十二月丑月の正節で、新暦では一月五日頃になります。この日から「寒の入り」とします。本格的な冬で、降雪と寒風にさいなまれます。

●**大寒**《だいかん》　旧暦十二月丑月の中気で、新暦では一月二十日頃になります。冬将軍がますます活躍し、寒さの絶頂期ですが、その極寒を切り抜けてこそ、春の日ざしの暖かさを天恵として感じるのです。

特殊日吉凶の説明

暦日上には古くから伝わる吉凶を示した特殊な日がありますが、私達が日常、吉祥であれかしと縁起をかつぐ人情は、古今、洋の東西を問わず、いつの世も不変のことでしょう。その意味で、暦日上の特殊な日の吉凶について述べてみます。

一粒万倍日　いちりゅうまんばいび

一粒の種が万倍に増える吉日です。そのために諸事成功を願って事始めに用いられ、古くから、特に商売始め、開店、金銭を出すのによいとされています。反面、増えて多くなる意味から、人から物を借りたり、借金したりするのには凶の日です。

八専　はっせん

八専とは、陰暦壬子《みずのえね》の日から癸亥《みずのとい》の日までの十二日間のうち、これに五行を配した時、干と支が専一となる壬子《みずのえね》、甲寅《きのえとら》、乙卯《きのとう》、丁巳《ひのとみ》、己未《つちのとひつじ》、庚申《かのえさる》、辛酉《かのととり》、癸亥《みずのとい》の八日のことで、一年に六回あります。この日は法事・供養などの仏事、嫁取り、建て替えにあたっての取り壊しなどの破壊的なことなどには悪い日とされています。ただし、十二日間のうち、干支が専一とならない癸丑《みずのとうし》、丙辰《ひのえたつ》、戊午《つちのえうま》、壬戌《みずのえいぬ》の四日間は間日となり、障りはありません。

不成就日　ふじょうじゅび

障りがあって物事が成就せず、悪い結果を招く凶日とされています。

特に結婚、開店、柱立て、命名、移転、契約事などには不向きで、この日に急に何事かを思い立ったり、願い事をすることすら避けるべきだとされています。

三りんぼう　さんりんぼう

昔から普請始め、柱立て、棟上げなどには大凶日とされ、この日を用いて後日災禍が起きると、近所隣をも亡ぼすとされています。

参考までにこの日の見方を掲げます。

旧正月、旧四月、旧七月、旧十月は亥の日。

旧二月、旧五月、旧八月、旧十一月は寅の日。
旧三月、旧六月、旧九月、旧十二月は午の日。
（注・旧暦の変わり日は各月の節入日からです）

天一天上　てんいちてんじょう

天一天上とは、人事の吉凶禍福をつかさどる天一神が天上する日です。天一神は癸巳《みずのとみ》の日に天上するので、それから戊申《つちのえさる》の日までの十六日間は、天一神の障りはなく、いずれの方角へ行っても自由であるとされています。

天一神は、天上から降りた後、次のように、下界で八方を巡って過ごすといわれています（天一神遊行）。この間は、それぞれの方位に向かってのお産、交渉事などは凶とされています。

天一神の遊行日

己酉《つちのととり》の日から六日間…東北の方位
乙卯《きのとう》の日から五日間…東の方位
庚申《かのえさる》の日から六日間…東南の方位
丙寅《ひのえとら》の日から五日間…南の方位
辛未《かのとひつじ》の日から六日間…西南の方位
丁丑《ひのとうし》の日から五日間…西の方位
壬午《みずのえうま》の日から六日間…西北の方位
戊子《つちのえね》の日から五日間…北の方位

天赦　てんしゃ

この日は干支相生、相剋の中を得る大吉日で、天の恩恵により何の障害も起きない日とされ、特に結婚、開店、事業、創立、拡張などには最良の日とされています。

土用　どよう

一年の春・夏・秋・冬にはそれぞれの四季の土用があり、その期間は十八日前後です。この期間中は、特に動土、土木工事に着手することは大凶とされています。

冬の土用　一月十七日頃から二月立春の前日まで。
春の土用　四月十七日頃から五月立夏の前日まで。
夏の土用　七月二十日頃から八月立秋の前日まで。
秋の土用　十月二十日頃から十一月立冬の前日まで。

ただし、土用中でも間日は障りありません。その間日は、春は巳《み》、午《うま》、酉《とり》の日。夏は卯《う》、辰《たつ》、申《さる》の日。秋は未《ひつじ》、酉《とり》、亥《い》の日。冬は寅《とら》、卯《う》、巳《み》の日となります。

十方暮れ　じっぽうぐれ

干支相剋の凶日（ただし相剋しない日も含む）で、甲申《きのえさる》の日から入って癸巳《みずのとみ》の日までの十日間です。この日は労多くして功少ない日とされ、新規に事を起こすと失敗損失を招きます。なお、旅立ちにも凶日とされています。

三伏日　さんぷくび

旧暦五月、新暦六月の夏至後三回目の庚《かのえ》の日を初伏《しょふく》、四回目の庚の日を中伏《ちゅうふく》、立秋後一回目の庚の日を末伏《まっぷく》とし、それらを総称して三伏日といいます。

庚は金の兄で、金性ですが、夏の季節は火性が最も強くなります。庚の金は夏の火に負けることから、凶日とされます。

三伏日は、種まき、旅行、結婚、その他和合には用いないほうがよいとされています。

大つち、小つち　おおつち、こつち

六十干支のうち、庚午《かのえうま》の日から丙子《ひのえね》の日までの七日間を大つち（大犯土）といいます。大つちの終わりの日から一日置いて、戊寅《つちのえとら》の日から甲申《きのえさる》の日までの七日間を小つち（小犯土）といっています。

大つち、小つちの期間は、穴掘り、井戸掘りや建墓、種まきなど、土を崩すようなことはすべて慎まなければならないとされています。

いろいろな説がありますが、この期間中は土を動かすことなく休ませる意味といえるでしょう。

大つちから小つちへの変わり目の、丁丑《ひのとうし》の日は間日とされ、障りのない日となります。

臘日　ろうじつ

狩りを行なって獲物を捕らえ、先祖の霊に捧げる臘祭という中国の古い行事が元になっています。臘とは狩りのことです。

現在は、大寒に近い辰《たつ》の日を臘日としていますが、これには諸説があります。かまどの神を祭り、また禊《みそぎ》を行なって穢《けが》れを除くといった風習がありました。

また、神事、結婚には凶日とされています。

庚申　こうしん

古代中国では道教の伝説により、人間の体内には三尸《さんし》の虫がいて、その人の悪行を監視し、庚申の日の夜、眠っている間に体の外に抜け出し天に昇り、天界にその罪を報告するとされていました。

これをさせないため、庚申の日の夜は神々を祭り酒盛りなどをして夜を徹しました。これを庚申待《こうしんまち》、宵庚申《よいごうしん》などといいます。

日本にもこれが伝わり、江戸時代には民間で盛んに行なわれるようになりました。現在でも各地に庚申塔が多く残されています。

仏教では青面金剛《しょうめんこんごう》、神道では猿田彦神《さるたひこのかみ》を祭り信仰するようになり、道祖神信仰と結びつけられた面もあります。

甲子　きのえね

甲子は六十干支の最初にあたり、干支の五行も相生となっていることから、その年、日は吉とされました。

また、庚申待と同じように、甲子の日の夜、大黒天《だいこくてん》を祭って子《ね》の刻まで起きている、甲子待《きのえねまち》の行事も各地で行なわれています。

大黒天は頭に頭巾をかぶり、手に小槌を持ち、米俵に乗る神像で親しまれています。大黒が大国に通じることから、日本神話の大国主命《おおくにぬしのみこと》と同一視され（神仏習合）、七福神の一体として、民俗信仰の対象になったものです。

己巳　つちのとみ

巳待《みまち》ともいいます。福徳賦与の神、弁財天《べんざいてん》を祭る日となっています。蛇（巳）は弁財天の使者と考えられていたことから、己巳の日に弁財天を祭るようになりました。

弁財天は、もともとインドの神で、妙音天、美音天、弁天とも呼ばれています。人の穢れを払い、音楽、弁才、財福、知恵をつかさどる技芸の神です。

また、雄弁と知恵の守護神ともいわれ、福徳を増し、長寿と財宝を与える神ともされています。

事柄別の良い日取り

結婚に関する良い日取り

お見合い

お互いが顔見知りである間柄なら問題ありませんが、初めてというお見合いの場合は、まず本人お互いの本命星の吉方が合う方角の場所を選んでください（本書に九星別に各月の吉方位が載っています）。次に、日は暦の各月の六輝の欄の大安、友引がよく、中段では、「たつ、みつ、たいら、とる、なる、ひらく」の日を選びます。

結納

結納の日取りは、嫁ぐ人から見て嫁ぎ先の方角が吉方位になる日か、暦の中段の、「なる、みつ、たいら、さだん」の日や六輝の大安、友引がよく、先勝の日でしたら午前中に行ないます。

婚礼

結婚式の日取りは、嫁ぐ人にとって嫁ぎ先の家の方角が吉方位となる年、月、日を選ぶことが大切です。気学及び九星学に基づいてこの吉方位を決めることになりますと、普通の人ではなかなか難しいのですが、古くから世間一般的には、暦の中段の「なる、たいら、たつ、さだん」、または六輝の大安日を選びます。

腹帯の吉日

古《いにしえ》より俗に岩田帯といわれている妊娠腹帯は犬のお産が概して安産であるということにあやかって、五ヵ月目の戌《いぬ》の日にするものとされています。

古文書には甲子《きのえね》、甲戌《きのえいぬ》、乙丑《きのとうし》、丙午《ひのえうま》、丙戌《ひのえいぬ》、戊戌《つちのえいぬ》、庚戌《かのえいぬ》、庚子《かのえね》、辛酉《かのとどり》の日がよいとも記されています。また一般的には、暦の中段の「なる、みつ、たつ」の日を吉日としています。

胞衣《えな》を納める方位

胞衣を納めるには、その年の五黄殺、暗剣殺、本命殺、本命的殺、歳破の五大凶殺方位を避けて、生児の本命星と相生する星の回座している吉方の方角か、またはその年の歳徳神の位置する「あきのかた」の方角に納めるのがよいとされています。

事業に関する良い日取り

商談

商談を進めようとする相手の方位をまず調べます。そしてその方位が自分の本命星と現在、相生か相剋かを見て、相生であれば暦の中段の「たつ、みつ、たいら、さだん、とる、なる、ひらく」の吉日を、また六輝の大安、先勝の午前、友引の日を選んで話を進めればよいでしょう。

開店

業種により開店の時期はいろいろと考えられますが、自分の本命星が、方位盤の西南、東、東南に入る年、月で決めます。日を決めるには暦の中段の、「たつ、みつ、たいら、さだん、なる、ひらく」がよく、六輝では大安、先勝（午前中）、友引がよいとされています。

新築・改築に関する良い日取り

地鎮祭

土木工事や建築の基礎工事に着手する前に、その土地の神を祭って、工事の無事と、厄災を払うことを祈願するのが地鎮祭です。建築主と相性のよい土地を選んで行なうとよいでしょう。

■地鎮祭の吉日……甲子《きのえね》、甲寅《きのえとら》、甲辰《きのえたつ》、乙酉《きのととり》、戊申《つちのえさる》、庚《かのえ》子《ね》、庚戌《かのえいぬ》、壬子《みずのえね》、壬寅《みずのえとら》（ただし寅の日の三りんぼうは凶です）。これらのうちでも、土用は避けてください。

柱立て

柱立てによい日とされている吉日は、甲子《きのえね》、甲寅《きのえとら》、甲《きのえ》辰《たつ》、乙酉《きのととり》、戊申《つちのえさる》、庚子《かのえね》、庚午《かのえうま》、庚戌《かのえいぬ》、壬子《みずのえね》、壬寅《みずのえとら》の日です。ただし、寅の日の三りんぼうにあたる日は凶日となりますから、注意してください。

■柱立ての順序

春は南から立てはじめ東、西、北の順
夏は北から立てはじめ南、西、東の順
秋は東から立てはじめ西、北、南の順
冬は西から立てはじめ東、南、北の順
以上の順に立てます。

棟上げ

甲子《きのえね》、甲辰《きのえたつ》、乙酉《きのととり》、乙亥《きのとい》、庚子《かのえね》、庚辰《かのえたつ》、庚戌《かのえいぬ》、癸巳《みずのとみ》、癸酉《みずのととり》。

右の日が棟上げに吉日とされています。

勝負事、交渉事に勝つ

昔から、諸事必勝法としてこれを行なえば、負けずに勝つという秘法が伝えられています。それは、左図・表を使って、破軍星というものを求め、それを必ず背にして勝負事、交渉事にあたるという方法です。

例えば、九月のある日、午前九時から十時の間に事に掛かるとします。図1を見ると、その時刻は「巳」の刻となります。次に図2を見てください。九月の欄には「一つ目」とあります（月は旧暦を使います）。先ほど調べた図1の「巳」から、一つ分、時計回りに進んだところを見ると「午」になります。この午の方位が破軍星の方位です。この方位を背にして進むには、図1で見て反対側「子」の方位に進めばよいのです。

【図1】

【図2】

正月 五つ目	四月 八つ目	七月 十一目	十月 二つ目
二月 六つ目	五月 九つ目	八月 十二目	十一月 三つ目
三月 七つ目	六月 十目	九月 一つ目	十二月 四つ目

種まきの適期

水稲	四月下旬〜五月中旬	大豆	五月上旬〜六月中旬
陸稲	五月上旬〜五月下旬	小豆	六月上旬〜六月中旬
大麦	十月中旬〜十一月中旬	にんじん	六月中旬〜七月中旬
小麦	十月中旬〜十一月下旬	白菜	八月上旬〜八月下旬
裸麦	十月中旬〜十一月中旬	大根	八月下旬〜九月上旬
粟	五月下旬〜七月上旬	そらまめ	九月中旬〜十月中旬
きび	五月上旬〜六月中旬	さつまいも	五月中旬〜六月中旬
とうもろこし	四月上旬〜五月下旬	じゃがいも	三月中旬〜三月下旬
いんげん	四月中旬〜五月上旬	ごぼう	四月下旬〜五月上旬、九月下旬〜十月上旬
そば	四月下旬〜六月上旬、八月上旬〜八月下旬	ねぎ	三月中旬〜三月下旬、九月中旬〜九月下旬
里芋	四月中旬〜四月下旬	かぶ	八月下旬〜九月下旬、二月下旬〜五月下旬
なす	四月下旬〜五月中旬	ほうれんそう	八月下旬〜九月中旬、十月上旬〜十月下旬
トマト	四月下旬〜五月中旬		
きゅうり	四月下旬〜五月中旬		
かぼちゃ	四月下旬〜五月中旬		

丙寅《ひのえとら》、丁卯《ひのとう》、庚辰《かのえたつ》、辛巳《かのとみ》、戊子《つちのえね》、戊午《つちのえうま》、己丑《つちのとうし》、己未《つちのとひつじ》、甲午《きのえうま》、乙巳《きのとみ》、乙未《きのとひつじ》の日は、種まきを忌むべき日とされています。

まいた種が火の勢いや土の力で押しつぶされたり、根を切られたりすることがあるので、忌日とされています。

土公神の吉凶

土公神は土を守る神で、季節によって移動します。その居場所を掘り起こすと祟《たた》りがあるといわれています。その性質は荒々しく、荒神ともいわれます。

春（二月～四月）＝かまど　夏（五月～七月）＝門
秋（八月～十月）＝井戸　冬（十一月～翌一月）＝庭

井戸掘り、井戸さらいの吉凶

全国的に水道施設が発達して、井戸は徐々に減少しています。しかし、井戸にはいろいろな利用法があり、捨てがたいものです。水と火は、日常生活の中でも最も必要性が高く、また家相の観点からも庭内の吉方位に設置しなければなりません。最近ではマンションの受水槽などの位置などにも注意を施したいものです。

■井戸を掘る位置（土地、家屋の中心から見て）
甲《きのえ》、乙《きのと》、丙《ひのえ》、丁《ひのと》、庚《かのえ》、辛《かのと》、壬《みずのえ》、癸《みずのと》、巳《み》、亥《い》の方位

■井戸掘りの吉日
甲子《きのえね》、乙亥《きのとい》、庚子《かのえね》、辛亥《かのとい》、壬子《みずのえね》、壬申《みずのえさる》、癸酉《みずのととり》、癸亥《みずのとい》の日

■井戸さらいの吉日
春…甲子《きのえね》、壬子《みずのえね》、癸亥《みずのとい》の日
秋…庚子《かのえね》、辛亥《かのとい》、壬寅《みずのえとら》、甲寅《きのえとら》の日

なお、夏土用中は井戸さらいは凶とされています。マンションの受水槽の清掃などもこれにならいます。

鍼灸の吉日

左記の日は鍼《はり》、灸《きゅう》によい日となっていますが、暦の中段、二十八宿の凶日と重なる時は差し控えます。

甲辰《きのえたつ》の日　甲申《きのえさる》の日
丙子《ひのえね》の日（ただし夏は凶）
丙申《ひのえさる》の日　丙戌《ひのえいぬ》の日
丁亥《ひのとい》の日（ただし夏は凶）
己亥《つちのとい》の日（ただし女は凶）
庚午《かのえうま》の日　辛丑《かのとうし》の日
壬午《みずのえうま》の日　壬戌《みずのえいぬ》の日
甲戌《きのえいぬ》の日　乙巳《きのとみ》の日
丙辰《ひのえたつ》の日
丁丑《ひのとうし》の日　丁卯《ひのとう》の日
戊申《つちのえさる》の日（ただし男は凶）
庚子《かのえね》の日（ただし秋は凶）
辛卯《かのとう》の日　壬辰《みずのえたつ》の日
癸丑《みずのとうし》の日

本年の年忌一覧

一周忌	令和六年死亡	**二十七回忌**	平成十一年死亡
三回忌	令和五年死亡	**三十三回忌**	平成五年死亡
七回忌	平成三十一年／令和元年死亡	**三十七回忌**	昭和六十四年／平成元年死亡
十三回忌	平成二十五年死亡	**五十回忌**	昭和五十一年死亡
十七回忌	平成二十一年死亡	**百回忌**	大正十五年／昭和元年死亡
二十三回忌	平成十五年死亡		

年中行事

正月

一月の異称は、正月、睦月、年初月、初陽、正陽月、月正、太郎月、芳歳、発歳、関歳など、意味のわかるものからわからないものまで、およそ五十近い名称があるそうです。一月は一年の初めで、「元《はじめ》」ともいい、正、陽、首、初、大、上、嘉などのめでたい字が上に付きます。「睦月」というのは一家中が仲良く親しみ合う、ムツビアウ月の意味で、「正月」の正は改める、改まるの意味で、改まった月ということです。

正月は五穀を守るという年神様を迎え、新年のお祝いをする大切な月です。一月一日の神祭りをはじめ、二十日正月と呼ばれる一月二十日までの間に、種々の年初の行事が行なわれます。

◆**門松**…古来、年の初めに年神様が空から降りてくると信じられており、その目印となるのが門松です。門松を立てるのは十二月二十六日から二十八日頃です。なお、二十九日は「九松（苦待つ）」といい、三十一日の場合は一夜飾りとなるので避けられています。

◆**しめ飾り**…玄関にしめ飾りを飾るのは、家の中にある今までの不浄を清め、年神様をお迎えできる清浄な場所であることを表し、併せて種々の災いの侵入を防ぐ意味があります。必ず新ワラを使って作ります。輪飾りは、台所、水道の蛇口、各自の部屋など家の中の要所や、自動車に飾ってその場所を清めます。

◆**しめ縄**…神棚のある家では、新しいワラで作ったしめ縄を飾ります。一般的には前垂れしめ縄、ごぼうじめ、大根じめの三種類となります。新しいワラを左綯《な》いに綯って間に四手を挟みます。左右の太さが違う時には、太いほうが神棚に向かって右にくるようにします。初詣などでいただいたお札を祭る場合は、向かって左側に祭ります。

◆**小正月**…元日を大正月といい、十五日は小正月といいます。この日にあずきがゆを食べて健康を祈ります。また、この日には飾ってあった正月飾りを取り、焼く行事が行なわれます。

節分　二月三日頃

◆**由来**…もともと節分とは、立春、立夏、立秋、立冬のそれぞれの前日をいい、季節の分かれ目となる日のことです。現在、行事として残っているのは立春の前日だけとなります。

◆**風習**…節分には、いわしの頭をひいらぎの枝に刺して戸口や軒下に飾る風習が各地に伝わっています。これは、平安朝の昔に節分の夜になると都に鬼が出没し、女、子供を食べるので、鬼が臭いを嫌うという「いわし」と、トゲが鬼の目を刺すといわれるひいらぎを戸口に飾って、鬼よけにしたことが元とされています。

　また新しい年を前に、邪気を払い、厄を落とそうということから立春前日の追儺《ついな》の行事が始まりました。

ひな祭り　三月三日

女の子の幸せを願う三月三日の「ひな祭り」は他に桃の節句、上巳《じょうし》の節句ともいわれます。古代中国では三月初めの巳《み》の日を上巳といっていました。現在我が国では三月三日をひな祭りの日としています。

　ひな人形を飾って、その子が健やかに成長し、幸福になるようにと願ってお祝いをします。

　桃の節句には、ちらしずしに蛤のお吸い物が一般的です。蛤は二つに離すと他の貝とは絶対に合わないことから、女性の貞操を意味するといわれます。

お彼岸

春　三月十七日頃から一週間
秋　九月二十日頃から一週間

お彼岸は春と秋の年に二回あります。春は春分の日、秋は秋分の日を中日として前後に三日ずつ七日間をお彼岸と呼びます。この日は太陽が真西に没するので、西方に極楽浄土があるという仏教の教えから死者の冥福を祈り、仏供養、墓参りなどをします。各家庭でもこの七日間に家族そろって墓参りをする習慣となっています。また、仏前には故人の好物や季節のものを供えます。

端午の節句　五月五日

五月五日の節句で、桃の節句を女子の節句とするのに対して、これは男子の節句です。別名「菖蒲《しょうぶ》の節句」といわれます。邪気を除くために薬草として用いられた菖蒲を軒にさしたり、菖蒲湯に入ったりします。

　また、男児のいる家では五月人形を飾って出世を願います。現在我が国では、この五月五日を「こどもの日」として国民の祝日としています。

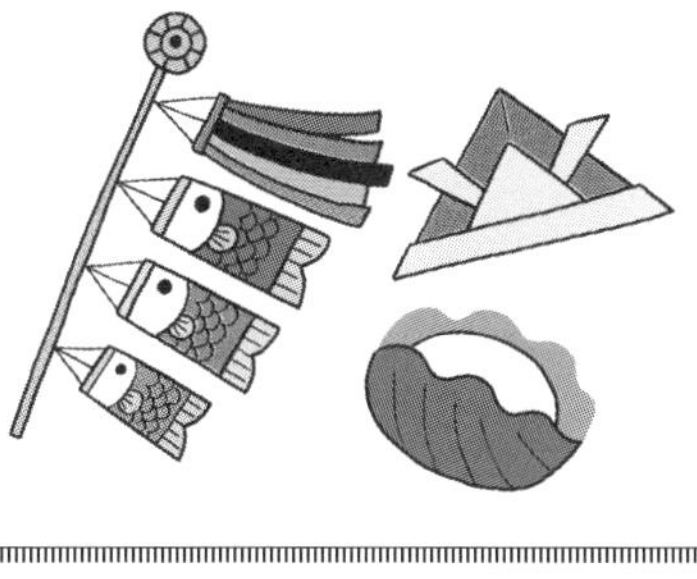

母の日　五月の第二日曜日
父の日　六月の第三日曜日

五月の第二日曜日は母の日とされています。母が健在な人は赤いカーネーションを、亡くなった人は白いカーネーションを胸にさし、母への感謝の気持ちを新たにしています。母の日というのは最初アメリカで起きたもので、クリスチャンであった女性が自分の母の命日に白いカーネーションを信者に配ったのが始まりとされています。日本に定着したのは第二次世界大戦以後です。この日はお母さんに喜んでもらえそうなものを贈って感謝の気持ちを伝えます。

また、六月の第三日曜日は父の日とされています。母の日のカーネーションに対して、父の日はバラが普通です。

七夕　七月七日

七月七日の七夕祭りは牽牛星《けんぎゅうせい》、織女星《しょくじょせい》が天の川で会うという伝説や、神様の衣を織る棚織女《たなばたひめ》への信仰などが元になった行事です。

地方によって、一ヵ月遅れで行なうところもあります。

盂蘭盆会《うらぼんえ》　七月十三日～十六日

※旧暦、月遅れのところもあります

七月十五日を中心として行なわれる仏教上の行事のことで、一般にはお盆といいます。梵語でウランバナといい、お釈迦《しゃか》様が餓鬼道《がきどう》に落ちて苦しんでいる弟子の母を供養して救済した故事が起源とされています。しかし一般には先祖の霊が帰ってくる日として、魂を迎え供養する行事になっています。

お盆入りの日の十三日には仏壇を清め、仏壇の前に盆棚を作り祖霊を迎えます。昔は大がかりなものを作りましたが、今では机を置いて真菰《まこも》を敷いたものを盆棚としています。

お盆の間は盆棚に季節の野菜や果物、そうめん、白玉などを供え、ご先祖様の乗り物として、なすときゅうりで作った牛と馬を並べます。十三日の迎え盆には夕方になったら迎え火を門や玄関の前で焚いて祖霊を迎え、十六日には再び門口で送り火を焚いて祖霊を送り出します。お盆の期間は地方によってさまざまですが、七月十三日に祖霊を迎え十六日の夕に送り出すというところが多く、これを旧暦や月遅れで行なうところもあります。

敬老の日 九月の第三月曜日

「敬老の日」は、「国民の祝日に関する法律」の改正により、平成十五年（二〇〇三年）から、九月の第三月曜日に変更されました。

この日は、長い年月社会に尽くしてきた老人の労をねぎらい、長寿を祝ってさし上げると同時に、老人福祉への関心を深めるために設けられたものです。しかし、この一日だけを敬老の日と考えず、三百六十五日いつも敬老の意識を絶やさず持ちたいものです。

また、敬老の日に忘れてならないのは、老人と同居してその面倒を見てくれている人々への感謝です。老人へ贈り物をする時に、一緒に感謝の気持ちを金品で表したいものです。

月見 旧八月十五日

陰暦では七月を初秋、八月を仲秋、九月を晩秋といいます。中国ではそれぞれの月の満月の日に祝宴をはる習慣がありました。

日本でも旧暦八月十五日の月を一年のうちで最も明るく美しい「中秋の名月」として愛で、供物をしてその姿を眺め、詩歌を詠んだりする風習がありました。月が農業の目安になっていたところから、収穫を月に感謝する意味があったと思われます。

冬至 十二月二十二日頃

旧暦十一月、子《ね》の月の中気で新暦の十二月二十二日頃になります。この日は一年中で太陽の高度が最も低く、昼が短く夜が一番長い日です。この頃から日脚は徐々に伸びてきますが、寒さは本格的になっていきます。この日には風呂の湯に柚子《ゆず》を入れて柚子湯に入る習慣があり、また、冬至まで保存していたかぼちゃを食べると一年間無病息災で暮らせるといわれています。

クリスマス 十二月二十五日

十二月二十五日はクリスマス。キリストの誕生を祝う日として、キリスト教徒にとっては年間最大の行事です。現在日本では、宗教的な意味から離れ、パーティーやプレゼントの交換などをする楽しい行事になっています。

年末

いよいよ新しい年を迎える準備をしましょう。一年の決算をすませた後、一年の穢《けが》れを除くために家の内外を大掃除して清めます。

大みそかの夜、新しい年を迎える深夜零時頃になると、全国各地の寺院で除夜の鐘を鳴らします。人間の持つ百八つの煩悩を消し去り、すがすがしい気持ちで新年を迎えるということです。

令和7年・運気概要時運占断

①日本全体について

本卦《ほんか》䷱火風鼎《かふうてい》の初爻変《しょこうへん》

本卦《ほんか》の象意解《しょういかい》は「鼎鼒調味《ていだいちょうみ》の象《かたち》、微服宋《びふくそう》を過《す》ぎるの意《い》」です。この卦名《かめい》の火風鼎の鼎《てい》は普通の調理器具で、鼒《だい》は大きな調理器具を指します。「微服宋を過ぎる」とは春秋時代に孔子《こうし》が宋の国を過ぎる時に悪人からの危害などの難を逃れるためにあえて粗末な身なりでいたことを表します。鼎は特に生臭いものを調理して上帝に祀《まつ》る三本足の祭器です。また一説には、神にささげる供物を煮る祭器なので国家権力の印《しるし》でもありました。三本の足は安定と共に協調精神を表しています。ですからこの卦象《かしょう》は、順調な進展を示す卦象でもあります。悪い方面では男女の三角関係が顕著になる象意があります。時代の流れで男女関係の心情も変化していくのでしょう。

爻辞《こうじ》に「鼎顛趾《かなえあしをさかしまにす》 利出否《あしきをいだすによろし》」とあります。鼎《かなえ》の趾《あし》を顛《さかしま》にす。否《あしき》を出《いだ》すに利《よろ》しと読めます。器を逆さまにしてたまった悪しきカスを一掃するのが良いのです。人の上に立っていた人の間でも、今まで隠れていた悪い所を明らかにして正すのが良いのです。続いて「得妾以其子《しょうをえてそのこをもってす》。无咎《とがなし》」とあります。妾《しょう》を得《え》て其《そ》の子《こ》を以《もっ》てす。咎无《とがな》しと読めます。貴賤《きせん》を問わずに人材を用いる風潮が広まっていく様子や、そのようなことは咎《とが》められることではないと読み取れます。人を生かすのに出自《しゅつじ》を忖度《そんたく》していては良い社会にならないことを言っています。

之卦《しか》は䷍火天大有《かてんたいゆう》です。象意解《しょういかい》は「窓を穿《うが》って明《めい》を開《ひら》くの象、深谷花《しんこくはな》を発《ひら》くの意」です。

このようなことから本年の日本全体を見ていきますと、日本全体にたまっていた悪い習慣や人物を排して、広く人材を認めようとする人心が芽生《めば》えてくることを表しています。権威主義の否定と共に古き良き日本の文化を見直そうとする動きがあります。

物事の善悪・良否の味わいは日本人全体の心が決めるものです。多くの人の意見を入れて議論されたことは安定感を得るものです。その上で、前記したようにこの卦象《かしょう》は順調な進展を表す卦象《かしょう》ですから、健全な考え方の人たちが底辺から協力関係を保ちながら台頭《たいとう》してくる明るい日本全体の姿が垣間《かいま》見えてきます。

②日本の経済について

本卦《ほんか》䷕山火賁《さんかひ》の三爻変《さんこうへん》

本卦《ほんか》の象意解《しょういかい》は「門内美《もんないび》を競《きそ》うの象《かたち》、明遠《めいとお》きに及《およ》ばざるの意《い》」です。この卦名《かめい》の山火賁の賁《ひ》はカザルの意です。下卦《げか》離火《りか》☲は上卦艮山《じょうかごんさん》☶の下にあり、山の下の樹木は色鮮やかに照らすが遠くまでは届かず表面だけを照らしています。外面だけを飾って内面を見失いがちになります。外面の華《か》美《び》に気を取られ浮足立つことを諫《いさ》めている象意《しょうい》です。また、この卦象《かしょう》の裏卦に沢水困《たくすいこん》という四大難卦《しだいなんか》が隠れていますので、表面華やかに見えるけれど内実は苦しい状況が見て取れます。

爻辞《こうじ》に「賁如《ひじょたり》。濡如《じゅじょたり》。永貞之吉《えいていにしてきちなり》」とあります。賁如《ひじょ》たり。濡如《じゅじょ》たり。永貞《えいてい》にして吉《きち》なりと読めます。賁如たりとは飾り過ぎて実質がない。濡如《じゅじょ》たりとは飾った上にさらにメッキをするようなことを言います。永貞《えいてい》にして吉《きち》なりとはメッキが剥《は》げないようにしなければいけない。実質を重んじなければいけないということを言います。

象《しょう》に曰《いわ》く「永貞之吉《えいていにしてきちなり》。終莫之凌也《ついにこれをしのぐことなきなり》」とあります。永貞《えいてい》にして吉《きち》なり。終《つい》に之《これ》を凌《しの》ぐこと莫《な》き也《なり》と読めます。実質を重んじて、人と諍《いさか》いを起こさないことを言います。上から目線でものを言わないこととも解釈されます。

之卦《しか》は䷚山雷頤《さんらいい》です。象意解《しょういかい》は「壮士《そうし》剣《けん》を執《と》るの象《かたち》、匣中物《こうちゅうもの》を秘《ひ》するの意《い》」です。

このようなことから本年の日本の経済を見ていきますと、日本全体が華やかな雰囲気に包まれます。人心は浮かれ、一見景気が回復したと楽観してしまいます。上に立って経済を統治する人は、浮かれず華美《かび》に流れないように手綱《たづな》を引き締めて国民を導いていかなければいけないでしょう。退廃的《たいはいてき》な消費美を良しとして是認《ぜにん》してはいけない。表面の景気ではなく裏面に潜《ひそ》む国民の苦しさに手を施《ほどこ》すような政策を取らなければ、真の景気浮上はないということを告げています。

③日本の社会について

本卦《ほんか》䷡雷天大壮《らいてんたいそう》の四爻変《よんこうへん》

本卦《ほんか》の象意解《しょういかい》は「猛虎角《もうこつの》を生《しょう》じるの象《かたち》、錦《にしき》を衣《き》て夜行《よるい》くの意《い》」です。

易卦《えきか》は䷡で震雷《しんらい》☳が乾天《けんてん》☰の上にあります。自分の分《ぶ》を弁《わきま》えず目上や上司と衝突して争う危険性を指摘しています。しかしながら今、四爻《よんこう》を得て向かう所敵なしの象《かたち》をしていますので、それを諫《いさ》めている卦象《かしょう》です。やり過ぎてはいけないことを警告しています。動物の角《つの》や牙《きば》は、敵と戦って敵を倒す武器となるものです。しかしながら、天二物《にぶつ》を与えずで、角のある動物には牙はありません。牙のある動物には角はないのです。ですからこの易卦はやり過ぎてはいけないことを諫《いさ》めているのです。

爻辞《こうじ》に「貞吉《ていにしてきち》。悔亡《くいほろぶ》。藩決不羸壮于大輿之輹《はんひらけてくるしまずたいよのふくにそうなり》」とあります。貞《てい》にして吉《きち》。悔《く》い亡《ほろ》ぶ。藩決《はんひら》けて羸《くる》しまず大輿之《たいよの》輹《ふく》に壮《そう》なりと読めます。これは従順にして初志を貫けば良い。悔いはなくなる。堅牢な城を簡単に破り車馬の通行が自由になった。堂々と進めばよいと解釈されます。「藩決《はんひら》けて羸《くる》しまず」というのはどんどん進んでも良いということを言っています。苦しみから脱却《だっきゃく》できることを示唆《しさ》しています。

之卦《しか》は䷊地天泰《ちてんたい》です。象意解は「含弘《がんこう》、斐有《ひあ》るの象《かたち》、品物資《ひんぶつよ》って生《しょう》じるの意《い》」です。

このようなことから本年の日本の社会について見ていきますと、社会全体が活気付いて勢いを得ていることが見て取れます。コロナ禍で沈んだ空気を打ち払う如《ごと》くの勢いが見られます。

社会全体からすると、一部ではありますが勢いのままにイケイケどんどんの風潮が見られます。社会全体の空気がそうなりますと、危険分子の暴走が懸念されます。国同士の争いを引き起こしかねない勢いなのです。しかしながら、日本国民が持っている誠実さと勤勉さを生かしていけば、この活力を善用することができるのです。正しい道を開く人物が期待されます。

④日本の政治について

本卦《ほんか》䷐沢雷随《たくらいずい》の上爻変《じょうこうへん》

本卦《ほんか》の象意解《しょういかい》は「馬《うま》に乗《の》って鹿《しか》を追《お》うの象《かたち》、我動《われうご》いて彼《かれ》説《よろこ》ぶの意《い》」です。

本卦の上卦兌沢《じょうかだたく》☱は少女、下卦震雷《げかしんらい》☳は長男。上卦の少女が誘うと下卦の長男が従うという卦象《かしょう》です。沢雷随は何に従うかが重要であることを問いかけています。

爻辞《こうじ》に「拘係之《これをこうけいす》。乃従維之《すなわちしたがいてこれをつなぐ》。王用亨于西山《おうもちいてせいざんにきょうす》」とあります。之《これ》を拘係《こうけい》す。乃《すなわ》ち従《したが》いて之《これ》を維《つな》ぐ。王用《おうもち》いて西《せい》山《ざん》に亨《きょう》すと読めます。離散《りさん》しようとする人心をつなぎとめなければいけない。昔文王《ぶんおう》は西山で天に祈りを込めて人心をつなぎとめたという故事《こじ》によります。

象《しょう》に曰《いわ》く「拘係之《これをこうけいす》、上窮也《うえきゅうするなり》」とあります。之《これ》を拘係《こうけい》す。上窮《うえきゅう》する也《なり》と読めます。

現在の政治に人心が離れ政治不信に陥《おちい》っている様子が見られます。人心をつなぎとめようとするけれど一度離れた人心は見切りをつけて戻ろうとしない状況です。一国の主が定見のない少女に従うような軟弱さが感じられるので、民心はそっぽを向いています。

之卦《しか》は䷘天雷无妄《てんらいむぼう》です。象意解は「雷《らい》、暑《しょ》に逢《あ》って震《ふる》うの象《かたち》、石中玉《せきちゅうたま》を蘊《つ》むの意《い》」です。

このようなことから本年の日本の政治を見ていきますと、人心は現在の国の政治から離脱しているような状況を呈しています。政府も打つ手がなく万事休している様子が見て取れます。

拘係するというのは現在の政党からの関連者が後を継ぐことを意味します。従いて継ぐとは女性が従順に従い後継者となる可能性を示唆《しさ》しています。日本初の女性総理が誕生する可能性を示しているのも珍しいことでしょう。

⑤日本の外交について

本卦《ほんか》䷜坎為水《かんいすい》の二爻変《にこうへん》

本卦《ほんか》の象意解《しょういかい》は「二人水《ふたりみず》に溺《おぼ》れるの象《かたち》、宝《たから》を載《の》せて船《ふね》を破《やぶ》るの意《い》」です。

本卦の中卦《ちゅうか》に震雷《しんらい》☳があり、これは宝物であり、また船の形でもあります。宝物と船の上下に坎水《かんすい》☵があり、困難に陥《おちい》っている状況です。二爻《にこう》と五爻《ごこう》は共に陽爻《ようこう》で主《しゅ》の位置にあります。しかし共に坎水☵の中にあり、運気は衰えている。坎為水《かんいすい》は易《えき》の中でも四大難卦《しだいなんか》と呼ばれ、次々と難問に陥《おちい》ってしまう卦象《かしょう》です。

彖《たん》に曰《いわ》く「行 有 尚《いけばとおとばれることあり》。往有功也《いきてこうあるなり》」とあります。行《い》けば尚《とおと》ばれること有《あ》り、往《い》きて功有《こうあ》る也《なり》と読めます。困難を排し行なえば尚ばれ功績も上がるということです。

爻辞《こうじ》に「坎有険《あなにけんあり》。求 小得《もとめてすこしくう》」とあります。坎《あな》に険有《けんあ》り。求《もと》めて小《すこ》しく得《う》と読めます。険《けわ》しい危険が伴う時期ではあるけれど、その中でも各国との友好を求めて歩みを進めていけば、得るところはあると読み解けます。

二爻の陽爻を得た日本は主たる同盟国に頼り切りにならず、果断に各国へ働きかけ同盟を築くべき時だと告げています。主たる同盟国も現在は国力衰え、自国のことで手いっぱいの時を迎えているのです。

之卦《しか》は䷇水地比《すいちひ》です。象意解は「衆星《しゅうせい》北に拱《むか》うの象《かたち》、和楽隔《わらくへだ》てなきの意《い》」です。

このようなことから本年の日本の外交を見ていきますと、主たる同盟国の国力が衰え、頼り切りになることはできません。さらに、中国・ロシア・北朝鮮との関係も厳しい局面を迎えています。まことに難しい情勢ではあるけれど、日本が主体性を持った外交を果断に進めるべき時です。実行すればそれなりに認められて功績は上がると告げています。

⑥日本の気象・災害について

本卦《ほんか》䷞沢山咸《たくさんかん》の三爻変《さんこうへん》

本卦《ほんか》の象意解《しょういかい》は「山沢《さんたく》気を通ずるの象《かたち》、鶯吟《うぐいすぎん》じ鳳舞《ほうま》うの意《い》」です。

易卦《えきか》は䷞で柔卦《じゅうか》の兌沢《だたく》☱が上にあり、剛卦《ごうか》の艮山《ごんさん》☶が下にあります。天然自然の理屈で、沢が山の上にあればこそ下に流れて行くのです。二爻三爻四爻《にこうさんこうよんこう》が巽風《そんふう》☴三爻四爻五爻《さんこうよんこうごこう》で乾天《けんてん》☰なので、互卦《ごか》に天風姤《てんぷうこう》䷫があります。五陽《ごよう》の中に一つの陰《いん》が入っている。天の下に風が起こり、かつてない特別な現象が起きることを示唆《しさ》しています。鳳鸞《ほうらん》遇《あ》うのは千年に一度といいます。すなわち、いまだかつてない現象が起きる可能性があるということを言っています。

爻辞《こうじ》に「咸其股《そのももにかんず》。執 其 随 往吝《そのしたがうにとるゆけばりん》」とあります。其《そ》の股《もも》に咸《かん》ず。其《そ》の随《したが》うに執《と》る。往《ゆ》けば吝《りん》と読めます。人間の体でいうところの股は感じやすいが上体に引きずられやすいもので主体性のないものです。天然自然に置き換えると、他の現象により併発される災害が想定されます。山の上の沢は山の動きに引きずられて動きます。風が吹けば木々は倒れ、海難事故を道ずれにします。

象《しょう》に曰《いわ》く「亦不処也《またとどまざるところなり》。志在随人《こころざしはひとにしたがうにあり》。所執下也《とるところげなり》」とあります。また処《とど》まざる処也《ところなり》。志《こころざし》は人に随《したが》うに在り。執る所下也《なり》と読めます。

之卦《しか》は䷬沢地萃《たくちすい》です。象意解は「鯉《こい》、龍門《りゅうもん》に登るの象《かたち》、妓歌衆《ぎかしゅう》に従うの意」です。

このようなことから本年の日本の気象・災害を見ていきますと、災難は山際では土砂崩れが起き、交通インフラの遮断《しゃだん》があり、木々でできた家屋の損壊が多く見られます。沢の水と共に土砂が海岸を襲う恐れがあります。風による海難事故もあります。処置が後手に回り、人災であるとも取れます。

⑦世界の動きについて

本卦《ほんか》䷇水地比《すいちひ》の初《しょ》爻変

本卦《ほんか》の象意解《しょういかい》は「衆星《しゅうせい》、北《きた》に拱《むか》うの象《かたち》、和楽《わらく》、隔《へだ》て无《な》きの意《い》」です。

本卦《ほんか》の上爻《じょうこう》にある一陽《いちよう》は王位にあって、他位にある五つの陰爻《いんこう》に応じています。易卦《えきか》は、他人の援助によって発達し、願望を達する意を有しています。土の上の水は滞《とどこお》りがちになります。従ってこの易卦《えきか》は、恩順《おんじゅん》であるが勇往邁進《ゆうおうまいしん》の気に欠け、成就することが遅いという欠点もあると言っています。

爻辞《こうじ》に「有孚比之《まことありてこれにひす》。无咎《とがなし》。有孚盈缶終来有他吉《まことありてかんにみつればついにきたりてたのきちあり》」とあります。孚《まことあり》有て之《これ》に比《ひ》す。咎无《とがな》し。孚《まことあり》有て缶《かん》に盈《み》つれば終《つい》に来《きた》りて他《た》の吉《きち》ありと読めます。

ここにある易卦の比《ひ》とは親《した》しむことです。他者の親切によって発展・発達を遂げることの意味を有しています。また自国に不敬《ふけい》の振る舞いがあっても動じず誠実を尽くせば相手もそれに応えようとするものです。世界の思惑《おもわく》に惑《まど》わされず自国の志を変えなければ世界各国が誠実の心に満ち溢《あふ》れてくるものです。天地の大道《だいどう》に則《のっと》り至誠《しせい》が各国からあふれ出てくるようになるのです。

之卦《しか》は䷂水雷屯《すいらいちゅん》です。象意解は「龍《りゅう》、水中《すいちゅう》に動《うご》くの象《かたち》、草昧寧《そうまいやす》からざるの意」です。

このようなことから本年の世界の動きを見ていきますと、衆星《しゅうせい》が一点を指すように各国が足並みを揃えるというところにまではいかず、様子を窺《うかが》っていると言えます。各国が人類の平和の方向に向かって動けば良いのですが、他の吉ありとばかりに目先の利得に動いてしまうという状況です。

卦象《かしょう》から判断するに、勇往邁進《ゆうおうまいしん》の気に欠けるので早急にはいかないけれど、のんびりした空気感を思わせる一年となりそうです。

⑧米国の情勢について

本卦《ほんか》☰☳天雷无妄《てんらいむぼう》の四爻変《よんこうへん》

本卦《ほんか》の象意解《しょういかい》は「雷《らい》、暑《しょ》に逢《あ》って震《ふる》うの象《かたち》、石中玉《せきちゅうたま》を蘊《つ》むの意《い》」です。

本卦《ほんか》の上卦乾天《じょうかけんてん》☰は純陽《じゅんよう》で季節は四月です。天道《てんどう》に沿った行ない、すなわち自然の成り行きに沿った行ないが良いとされます。身分相応な行ないをすれば、事は案外願った通りに進むことを春夏秋冬の往来を通じて告げています。

そして下卦震雷《げかしんらい》☳の長男は上卦《じょうか》乾天☰の父に従う卦《か》でありますので、長男が勝手に妄《みだ》りに動いてはいけない時を示しています。四爻《よんこう》を得たので陽爻《ようこう》であるが本来の位置は陰爻《いんこう》が座する所であるから、才に先走ってはいけないと諫《いさ》めている状況です。内に気力が前進しない象意《しょうい》が潜《ひそ》んでいます。妄りに動くと禍《わざわい》が起きることを示唆《しさ》しています。

爻辞《こうじ》に「可貞《ていすべし》。无咎《とがなし》」とあります。貞可《ていすべ》し。咎无《とがな》しと読めます。正道《せいどう》を守れば咎《とが》めはないと言っています。

象《しょう》に曰《いわ》く「可貞《ていすべし》。无咎《とがなし》。固有之也《かたくこれをゆうするなり》」とあります。貞《てい》可《すべ》し。咎无《とがな》し。固《かた》く之《これ》を有《ゆう》する也《なり》と読めます。正道《せいどう》を固く守り抜くならば咎めはないと言っています。

之卦《しか》は☴☳風雷益《ふうらいえき》です。象意解は「風蘆花《かぜろか》を払《はら》うの象《かたち》、耒耜《らいし》、邦《くに》を利《り》するの意《い》」です。

このようなことから米国の情勢を見ていきますと、行き悩む米国の姿が浮かび上がってきます。気持ちが逸《はや》っても実行が伴わない一国一城の主の煩悶《はんもん》と、行動を起こせという世上の風圧とが衝突し、四月に何か大きな出来事が起きるかもしれない様子が見えます。世界の趨勢《すうせい》を踏《ふ》まえた「世界の警察」の復活は難しいと卦象《かしょう》は訴えています。

⑨欧州の情勢について

本卦《ほんか》☳☷雷地予《らいちよ》の五爻変《ごこうへん》

本卦《ほんか》の象意解《しょういかい》は「雷《らい》、地《ち》を出《いで》て震《ふる》うの象《かたち》、行止時《こうしとき》に順《したが》うの意《い》」です。

本卦《ほんか》の予《よ》は楽しむ・おこたる・あらかじめの三つの意が含まれています。坤地《こんち》☷の中にあった震雷《しんらい》☳が外に出てきたので草木生き物すべてが楽しむ象《かたち》となっているのです。「楽しむ」と後に「怠《おこた》り」の気持ちが起きるので「予《あらかじ》め」心の準備をして危難《きなん》に備えるようになります。

爻辞《こうじ》に「貞疾恒不死《ていしつつねにしせず》」とあります。貞疾《ていしつ》恒《つね》に死《し》せずと読めます。実力のない国が各国の主義主張を唱え、まとまりのない状況を呈していると言えます。

象《しょう》に曰《いわ》く「貞疾乗剛也《ていしつごうにのればなり》。恒不死《つねにしせず》。中未亡也《なかいまだにほろびざればなり》」貞疾《ていしつ》剛《ごう》に乗《の》れば也《なり》。恒《つね》に死《し》せず。中未《なかいま》だに亡《ほろ》びざれば也《なり》と読めます。

実力のないものが主導権を取っていてもじっと我慢して見守っている国があります。けれど常道《じょうどう》を守るならばどうにか秩序を守り通すことができるのです。
之卦《しか》は䷬沢地萃《たくちすい》です。象意解は「鯉《こい》、龍門《りゅうもん》に登《のぼ》るの象《かたち》、妓歌衆《ぎかしゅう》に従うの意《い》」です。

このようなことから本年の欧州の情勢を見ていきますと、欧州各国の意思疎通《いしそつう》がうまくいかず、歴史上で実績を積み上げてきた歴史ある国が悶々《もんもん》としている様子が見られます。実権は新興国に握られそうになっていますが、手をこまねいているわけでも完全に死んでしまったわけでもないのです。欧州連合を楽しむ時代が続いた後の怠りが招いた結果なのです。国家間の人種の移動が複雑に絡《から》み合い、新たな国家観ができた状態です。そんな時にこそ世界の新たな秩序が必要になってきたことを表しています。

⑩諸国の情勢について

本卦《ほんか》䷟雷風恒《らいふうこう》の二爻変《にこうへん》

本卦《ほんか》の象意解《しょういかい》は「並行相背《へいこうあいそむ》くの象《かたち》、咎《とが》めもなく誉《ほまれ》もなきの意《い》」です。

本卦《ほんか》の上卦震雷《じょうかしんらい》☳が動くと下卦《げか》の巽風《そんふう》☴も順《したが》って動くことを表しています。本卦の恒《こう》は恒久不変《こうきゅうふへん》で変わらないことを言いますが、「常」とは異なります。春夏秋冬は変化していきますが、その巡《めぐ》りは恒なのです。自己の立場を弁《わきま》え変化しながら世界の恒久を求めるのが雷風恒の卦象《かしょう》です。

爻辞《こうじ》に「悔亡《くいほろぶ》。能久中也《よくちゅうにひさしければなり》」とあります。悔《く》い亡《ほろ》ぶ。能《よ》く中《ちゅう》に久《ひさ》しければ也《なり》と読めます。国家変動があっても良く、自国の繁栄を長く中道を守って進んでいけば、今までの忍耐努力が報《むく》われることを言い表しています。少し物事が安定してくると邪《よこしま》な考えが浮かんでくることを戒《いまし》めているのがこの易卦《えきか》の特徴です。成熟した夫婦間にも他人に心を奪われる危機が訪れることがあります。国家においても久しく中庸《ちゅうよう》の道を突き進んでいけば悔《く》いは残らないのです。
之卦《しか》は䷽雷山小過《らいさんしょうか》です。象意解は「飛鳥山《ひちょうやま》を過《す》ぎるの象《かたち》、門前兵《もんぜんへい》あるの意《い》」です。

このようなことから本年の諸国の情勢を見ていきますと、諸国の状況は一件平安であるように見られます。しかしそんな中でも邪心《じゃしん》を抱《いだ》き自国の利のみを得ようとする国が見られます。その国は平穏《へいおん》を保っているかの如くに見られます。今まで友好を保っていたと思われる国同士でも内面では相容れないものを有しているようです。物質に関係することであるなら歩み寄りはしやすくても、民族や考え方の違いはなかなか難しいものでしょう。半面で、表面上は穏やかにすることを咎めたりすることもないと告げています。

高島易断開運本暦

行事・祭事

2025
令和7年

一月（大）

睦《む》月《つき》

婁宿《ろうしゅく》

（一月五日小寒の節より月命丁丑
三碧木星の月となる。暗剣殺は東の方位）

旧 十二月小 正月大

日	曜	十干・十二支	九星	行事	旧暦	六輝	中段	二十八宿	東京 日出入	東京 満潮	東京 干潮	大阪 日出入	大阪 満潮	大阪 干潮
一日	水	かのえ うま	七赤	●元日、年賀、初詣 鷲宮催馬楽神楽 旧十二月小 大つち（～七日）	2	先勝	やぶる	参	06:50 16:39	06:37 17:05	11:54 –	07:05 16:59	08:35 19:04	01:47 13:39
二日	木	かのと ひつじ	八白	初荷、初夢、書初め 皇居一般参賀	3	友引	あやぶ	井	06:50 16:40	07:10 17:45	00:13 12:32	07:05 16:59	09:08 19:56	02:24 14:22
三日	金	みずのえ さる	九紫	出雲大社吉兆さん、福岡筥崎宮玉せせり 浜松寺野三日堂祭礼ひよんどり	4	先負	なる	鬼	06:50 16:40	07:45 18:27	00:52 13:11	07:05 17:00	09:45 20:47	03:02 15:09
四日	土	みずのと とり	一白		5	仏滅	おさん	柳	06:51 16:41	08:19 19:13	01:29 13:53	07:05 17:01	10:25 21:39	03:41 16:02
五日	日	きのえ いぬ	二黒	小寒（11：33） 初水天宮 不成就日	6	大安	おさん	星	06:51 16:42	08:53 20:10	02:06 14:41	07:06 17:02	11:08 22:39	04:22 17:08
六日	月	きのと い	三碧	官庁御用始め、東京消防庁出初式 キリスト教公現祭 初亥	7	赤口	ひらく	張	06:51 16:43	09:27 21:21	02:43 15:39	07:06 17:03	11:51 23:54	05:04 18:43
七日	火	ひのえ ね	四緑	◐上弦、七草 福岡太宰府天満宮うそ替え―鬼すべ 一粒万倍日 初子	8	先勝	とづ	翼	06:51 16:44	10:01 22:51	03:24 16:55	07:06 17:04	12:34 –	05:49 20:18
八日	水	ひのと うし	五黄	初薬師 東京鳥越神社とんど焼き	9	友引	たつ	軫	06:51 16:45	10:40 –	04:15 18:20	07:06 17:04	01:44 13:17	06:44 21:18
九日	木	つちのえ とら	六白	京都西本願寺御正忌報恩講（～十六日） 前橋初市まつり 小つち（～十五日） 初寅	10	先負	のぞく	角	06:51 16:46	00:59 11:29	05:41 19:32	07:06 17:05	06:17 14:01	08:09 22:12
十日	金	つちのと う	七赤	一一〇番の日 十日えびす、初金毘羅 一粒万倍日 初卯	11	仏滅	みつ	亢	06:51 16:46	03:18 12:37	07:28 20:32	07:05 17:06	07:06 14:54	09:47 23:02
十一日	土	かのえ たつ	八白	鏡開き、蔵開き 愛知熱田神宮踏歌神事 初辰	12	大安	たいら	氐	06:50 16:47	04:18 13:59	08:51 21:25	07:05 17:07	07:36 15:57	11:02 23:47
十二日	日	かのと み	九紫	初巳	13	赤口	さだん	房	06:50 16:48	04:58 15:05	09:54 22:15	07:05 17:08	07:36 17:00	11:46 –
十三日	月	みずのえ うま	一白	●成人の日 長野新野の雪祭り（～十五日） 三りんぼう 不成就日	14	先勝	とる	心	06:50 16:49	05:32 15:56	10:43 23:00	07:05 17:09	07:24 17:55	00:28 12:24
十四日	火	みずのと ひつじ	二黒	○満月、仙台どんど祭 大阪四天王寺どやどや	15	友引	やぶる	尾	06:50 16:50	06:02 16:39	11:23 23:41	07:05 17:10	07:47 18:44	01:07 13:00

行事・祭事の日程は変更される場合があります。お出かけの前には、必ず最新の情報をご確認ください。

十五日	水	きのえ さる	三碧	東京世田谷ボロ市（〜十六日） 小正月、富山利賀の初午	十方暮れ（〜二十四日）	16	先負	あやぶ	箕	06:50 16:51	06:30 17:17	11:59 −	07:05 17:11	08:17 19:27	01:45 13:37
十六日	木	きのと とり	四緑	えんま詣り 藪入り		17	仏滅	なる	斗	06:49 16:52	06:56 17:52	00:18 12:31	07:04 17:12	08:50 20:07	02:21 14:15
十七日	金	ひのえ いぬ	五黄	冬土用（06:16）、秋田三吉梵天祭 防災とボランティアの日		18	大安	おさん	牛	06:49 16:53	07:21 18:27	00:51 13:03	07:04 17:13	09:24 20:46	02:55 14:54
十八日	土	ひのと い	六白	初観音		19	赤口	ひらく	女	06:49 16:54	07:44 19:03	01:21 13:34	07:04 17:14	09:57 21:24	03:27 15:36
十九日	日	つちのえ ね	七赤	福井敦賀西町の綱引き	一粒万倍日	20	先勝	とづ	虚	06:48 16:55	08:08 19:43	01:48 14:08	07:03 17:15	10:27 22:04	03:54 16:26
二十日	月	つちのと うし	八白	**大寒**（05:00）、二十日正月 岩手毛越寺延年の舞、福岡大江の幸若舞		21	友引	たつ	危	06:48 16:56	08:33 20:32	02:13 14:46	07:03 17:16	10:54 22:54	04:16 17:49
二十一日	火	かのえ とら	九紫	初大師	不成就日	22	先負	のぞく	室	06:47 16:57	08:59 21:36	02:39 15:37	07:03 17:17	11:13 −	04:29 20:19
二十二日	水	かのと う	一白	◑下弦	一粒万倍日	23	仏滅	みつ	壁	06:47 16:58	09:30 23:13	03:05 16:58	07:02 17:18	11:27 −	21:16 −
二十三日	木	みずのえ たつ	二黒		臘日	24	大安	たいら	奎	06:46 16:59	10:07 −	03:41 18:34	07:02 17:19	11:37 −	22:08 −
二十四日	金	みずのと み	三碧	初地蔵、東京巣鴨とげぬき地蔵尊大祭 東京亀戸天神うそ替え（〜二十五日）	天一天上（〜二月八日）	25	赤口	さだん	婁	06:46 17:00	03:12 10:57	05:49 19:43	07:01 17:20	09:57 −	22:53 −
二十五日	土	きのえ うま	四緑	初天神、奈良若草山焼き	三りんぼう	26	先勝	とる	胃	06:45 17:01	03:57 12:17	07:43 20:37	07:01 17:21	06:55 −	23:31 −
二十六日	日	きのと ひつじ	五黄	文化財防火デー		27	友引	やぶる	昴	06:45 17:02	04:26 13:51	08:55 21:24	07:00 17:22	07:03 13:54	11:54 −
二十七日	月	ひのえ さる	六白	小田原最乗寺道了尊大祭（〜二十八日）		28	先負	あやぶ	畢	06:44 17:03	04:53 14:55	09:48 22:07	07:00 17:23	07:16 16:04	00:03 11:58
二十八日	火	ひのと とり	七赤	初不動		29	仏滅	なる	觜	06:44 17:04	05:20 15:43	10:30 22:48	06:59 17:24	07:28 17:35	00:31 12:22
二十九日	水	つちのえ いぬ	八白	●新月 旧元日	**旧正月大**	朔	先勝	おさん	参	06:43 17:05	05:48 16:26	11:09 23:28	06:58 17:25	07:43 18:28	01:00 12:53
三十日	木	つちのと い	九紫			2	友引	ひらく	井	06:42 17:07	06:16 17:06	11:45 −	06:58 17:26	08:07 19:15	01:31 13:29
三十一日	金	かのえ ね	一白		一粒万倍日 不成就日	3	先負	とづ	鬼	06:41 17:08	06:43 17:48	00:05 12:21	06:57 17:27	08:35 20:00	02:04 14:08

2025
令和7年

二月（平）

如月《きさらぎ》

胃宿《いしゅく》

（二月三日立春の節より月命戊寅
二黒土星の月となる。暗剣殺は西南の方位）

旧 正月大 二月小

日	曜日	十干・十二支	九星	行事	旧暦	六輝	中段	二十八宿	東京 日出入	東京 満潮	東京 干潮	大阪 日出入	大阪 満潮	大阪 干潮
一日	土	かのと うし	二黒	山形黒川王祇祭（〜二日） 三重尾鷲ヤーヤ祭り（〜五日） 旧正月大	4	仏滅	たつ	柳	06:41 17:09	07:10 18:31	00:40 12:57	06:56 17:28	09:07 20:46	02:38 14:51
二日	日	みずのえ とら	三碧	節分、豆まき 奈良春日大社節分万燈籠	5	大安	のぞく	星	06:40 17:10	07:36 19:17	01:13 13:35	06:55 17:29	09:41 21:34	03:14 15:39
三日	月	みずのと う	四緑	立春（23：10） 福島都々古別神社の御田植祭	6	赤口	のぞく	張	06:39 17:11	08:01 20:08	01:44 14:15	06:55 17:30	10:16 22:28	03:51 16:35
四日	火	きのえ たつ	五黄	松山椿まつり（〜六日）	7	先勝	みつ	翼	06:38 17:12	08:26 21:09	02:13 15:02	06:54 17:31	10:49 23:38	04:25 17:46
五日	水	きのと み	六白	◐上弦	8	友引	たいら	軫	06:37 17:13	08:51 22:31	02:39 16:05	06:53 17:32	11:17 –	04:53 19:14
六日	木	ひのえ うま	七赤	宮城米川水かぶり、京都伏見稲荷初午大祭 初午、和歌山新宮神倉神社お燈祭り 一粒万倍日	9	先負	さだん	角	06:37 17:14	09:19 –	02:59 17:35	06:52 17:33	10:58 –	20:44 –
七日	金	ひのと ひつじ	八白	北方領土の日	10	仏滅	とる	亢	06:36 17:15	09:58 –	19:10 –	06:51 17:34	08:57 –	22:03 –
八日	土	つちのえ さる	九紫	針供養、こと始め 不成就日	11	大安	やぶる	氐	06:35 17:16	04:18 11:37	07:36 20:25	06:51 17:35	07:31 –	22:59 –
九日	日	つちのと とり	一白	石川奥能登あえのこと（送り）	12	赤口	あやぶ	房	06:34 17:17	04:34 14:14	09:24 21:25	06:50 17:36	07:48 16:04	14:37 23:40
十日	月	かのえ いぬ	二黒	福島信夫三山暁まいり（〜十一日） 加賀菅生石部竹割祭り、愛知国府宮はだか祭	13	先勝	なる	心	06:33 17:18	04:55 15:19	10:11 22:13	06:49 17:37	07:48 17:09	11:50 –
十一日	火	かのと い	三碧	⊡建国記念の日、秋田六郷のカマクラ（〜十五日） 奈良橿原神宮紀元祭 三りんぼう	14	友引	おさん	尾	06:32 17:19	05:16 16:04	10:45 22:54	06:48 17:38	06:59 17:57	00:16 12:14
十二日	水	みずのえ ね	四緑	○満月 八専（〜二十三日）	15	先負	ひらく	箕	06:31 17:20	05:38 16:41	11:15 23:29	06:47 17:39	07:18 18:39	00:49 12:45
十三日	木	みずのと うし	五黄	東京板橋の田遊び 一粒万倍日	16	仏滅	とづ	斗	06:30 17:21	05:58 17:15	11:44 –	06:46 17:40	07:45 19:18	01:22 13:19
十四日	金	きのえ とら	六白	奈良長谷寺だだおし バレンタインデー	17	大安	たつ	牛	06:29 17:22	06:18 17:47	00:00 12:11	06:45 17:41	08:13 19:55	01:53 13:54

十五日	土	きのと う	七赤	福井水海の田楽・能舞、京都涌出宮居籠祭（～十六日） 秋田横手のかまくら（～十六日）、岡山西大寺会陽はだか祭り		18	赤口	のぞく	女	06:28 17:23	06:37 18:20	00:28 12:38	06:44 17:42	08:41 20:30	02:22 14:29
十六日	日	ひのえ たつ	八白	秋田横手の梵天（～十七日）	不成就日	19	先勝	みつ	虚	06:27 17:24	06:56 18:54	00:53 13:05	06:43 17:42	09:08 21:07	02:49 15:06
十七日	月	ひのと み	九紫	伊勢神宮祈年祭（～二十三日） 八戸えんぶり（～二十日）		20	友引	たいら	危	06:25 17:25	07:16 19:30	01:16 13:33	06:42 17:43	09:30 21:45	03:12 15:46
十八日	火	つちのえ うま	一白	雨水（19：07） 二の午	一粒万倍日	21	先負	さだん	室	06:24 17:26	07:37 20:11	01:38 14:02	06:40 17:44	09:49 22:31	03:33 16:33
十九日	水	つちのと ひつじ	二黒	千葉茂名の里芋祭（～二十一日）		22	仏滅	とる	壁	06:23 17:27	07:59 21:01	01:59 14:37	06:39 17:45	10:05 23:37	03:50 17:32
二十日	木	かのえ さる	三碧		庚申	23	大安	やぶる	奎	06:22 17:28	08:23 22:14	02:16 15:26	06:38 17:46	10:14 –	01:37 18:46
二十一日	金	かのと とり	四緑	◑下弦		24	赤口	あやぶ	婁	06:21 17:29	08:51 –	02:23 16:58	06:37 17:47	09:04 –	20:52 –
二十二日	土	みずのえ いぬ	五黄			25	先勝	なる	胃	06:20 17:30	09:30 –	18:53 –	06:36 17:48	08:32 –	22:15 –
二十三日	日	みずのと い	六白	⊙天皇誕生日 京都醍醐寺五大力尊仁王会	三りんぼう	26	友引	おさん	昴	06:18 17:31	04:01 11:00	07:35 20:11	06:35 17:49	06:30 –	23:03 –
二十四日	月	きのえ ね	七赤	振替休日 上州白久保のお茶講	不成就日 甲子	27	先負	ひらく	畢	06:17 17:32	04:12 13:41	09:01 21:07	06:34 17:50	06:40 –	23:37 –
二十五日	火	きのと うし	八白	京都北野天満宮梅花祭	一粒万倍日	28	仏滅	とづ	觜	06:16 17:33	04:32 14:52	09:45 21:53	06:32 17:51	06:48 16:47	11:50 –
二十六日	水	ひのえ とら	九紫			29	大安	たつ	参	06:15 17:33	04:54 15:40	10:21 22:34	06:31 17:52	06:52 17:40	00:05 12:07
二十七日	木	ひのと う	一白			30	赤口	のぞく	井	06:13 17:34	05:17 16:23	10:55 23:12	06:30 17:53	07:06 18:24	00:33 12:36
二十八日	金	つちのえ たつ	二黒	●新月	旧二月小	朔	友引	みつ	鬼	06:12 17:35	05:41 17:05	11:28 23:47	06:29 17:53	07:29 19:07	01:04 13:10

日出入、満潮、干潮について

●毎日の日出入、満潮、干潮の時刻は東京（晴海）、大阪における値です。

●資料提供　一般財団法人日本水路協会　情報事業部　電話〇三（五七〇八）七〇七一

2025
令和7年

三月（大）

弥《や》生《よい》

昴《ぼう》宿《しゅく》

（三月五日啓蟄の節より月命己卯
一白水星の月となる。暗剣殺は北の方位）

旧 二月小 三月大

日	曜日	十干・十二支	九星	行事	旧暦	六輝	中段	二十八宿	東京 日出入	東京 満潮	東京 干潮	大阪 日出入	大阪 満潮	大阪 干潮
一日	土	つちのと み	三碧	春季全国火災予防運動（～七日） 越後浦佐毘沙門堂裸押合大祭 旧二月小 不成就日、己巳	2	先負	たいら	柳	06:11 17:36	06:05 17:47	12:02 –	06:27 17:54	07:57 19:51	01:37 13:48
二日	日	かのえ うま	四緑	江戸流しびな 若狭小浜お水送り 一粒万倍日 大つち（～八日）	3	仏滅	さだん	星	06:10 17:37	06:28 18:31	00:21 12:37	06:26 17:55	08:27 20:36	02:11 14:30
三日	月	かのと ひつじ	五黄	耳の日、ひな祭り 鹿児島霧島神宮御田植祭	4	大安	とる	張	06:08 17:38	06:50 19:17	00:52 13:12	06:25 17:56	08:58 21:24	02:46 15:15
四日	火	みずのえ さる	六白		5	赤口	やぶる	翼	06:07 17:39	07:12 20:07	01:20 13:50	06:24 17:57	09:28 22:19	03:20 16:08
五日	水	みずのと とり	七赤	啓蟄（17：07） 一粒万倍日	6	先勝	やぶる	軫	06:06 17:40	07:32 21:05	01:46 14:34	06:22 17:58	09:53 23:36	03:50 17:13
六日	木	きのえ いぬ	八白		7	友引	あやぶ	角	06:04 17:41	07:53 22:34	02:05 15:31	06:21 17:59	09:52 –	03:55 18:33
七日	金	きのと い	九紫	◐上弦 消防記念日	8	先負	なる	亢	06:03 17:42	08:12 –	02:04 17:01	06:20 17:59	07:53 –	20:09 –
八日	土	ひのえ ね	一白	国際女性デー	9	仏滅	おさん	氐	06:01 17:42	08:24 –	18:55 –	06:18 18:00	07:07 –	21:41 –
九日	日	ひのと うし	二黒	茨城鹿島神宮祭頭祭 不成就日	10	大安	ひらく	房	06:00 17:43	04:03 12:40	09:46 20:19	06:17 18:01	07:07 –	22:40 –
十日	月	つちのえ とら	三碧	宮城鹽竈神社帆手まつり 一粒万倍日、三りんぼう 天赦、小つち（～十六日）	11	赤口	とづ	心	05:59 17:44	04:10 14:34	09:41 21:16	06:16 18:02	07:22 16:18	14:01 23:19
十一日	火	つちのと う	四緑	東日本大震災の日	12	先勝	たつ	尾	05:57 17:45	04:25 15:23	10:04 21:59	06:14 18:03	06:26 17:06	11:39 23:52
十二日	水	かのえ たつ	五黄	奈良東大寺二月堂修二会（お水取り）	13	友引	のぞく	箕	05:56 17:46	04:42 16:02	10:29 22:35	06:13 18:04	06:20 17:47	11:57 –
十三日	木	かのと み	六白	京都嵐山虚空蔵法輪寺十三まいり（～五月十三日）	14	先負	みつ	斗	05:55 17:47	04:59 16:36	10:55 23:06	06:12 18:04	06:41 18:25	00:22 12:26
十四日	金	みずのえ うま	七赤	○満月 ホワイトデー	15	仏滅	たいら	牛	05:53 17:48	05:17 17:08	11:21 23:34	06:10 18:05	07:06 19:02	00:52 12:58

日	曜	干支	九星	行事・祭事	旧暦	六曜	十二直	二十八宿						
十五日	土	みずのと ひつじ	八白	京都嵯峨釈迦堂お松明式、長野善光寺春の御会式 近江八幡左義長まつり（～十六日）	16	大安	さだん	女	05:52 17:49	05:35 17:40	11:46 –	06:09 18:06	07:32 19:37	01:20 13:30
十六日	日	きのえ さる	九紫	西宮廣田神社御例祭 十方暮れ（～二十五日）	17	赤口	とる	虚	05:50 17:49	05:52 18:13	00:01 12:11	06:07 18:07	07:56 20:13	01:47 14:03
十七日	月	きのと とり	一白	彼岸入り 一粒万倍日 不成就日	18	先勝	やぶる	危	05:49 17:50	06:10 18:46	00:26 12:36	06:06 18:08	08:18 20:49	02:12 14:37
十八日	火	ひのえ いぬ	二黒	石川氣多大社おいで祭り（～二十三日）	19	友引	あやぶ	室	05:47 17:51	06:29 19:21	00:49 13:01	06:05 18:08	08:37 21:29	02:35 15:13
十九日	水	ひのと い	三碧		20	先負	なる	壁	05:46 17:52	06:49 19:59	01:12 13:28	06:03 18:09	08:54 22:17	02:59 15:53
二十日	木	つちのえ ね	四緑	⊡春分の日（18:01）、会津彼岸獅子 社日、東京上野動物園開園記念日	21	仏滅	おさん	奎	05:45 17:53	07:10 20:45	01:33 13:59	06:02 18:10	09:08 23:26	03:24 16:41
二十一日	金	つちのと うし	五黄		22	大安	ひらく	婁	05:43 17:54	07:32 21:53	01:53 14:39	06:01 18:11	08:57 –	03:42 17:38
二十二日	土	かのえ とら	六白	◑下弦、放送記念日 奈良法隆寺お会式（～二十四日） 一粒万倍日 三りんぼう	23	赤口	とづ	胃	05:42 17:54	07:56 –	02:07 15:48	05:59 18:12	07:46 –	18:48 –
二十三日	日	かのと う	七赤	彼岸明け、世界気象デー 福岡阿蘇神社泥打祭り	24	先勝	たつ	昴	05:40 17:55	08:27 –	17:55 –	05:58 18:12	05:37 –	21:10 –
二十四日	月	みずのえ たつ	八白		25	友引	のぞく	畢	05:39 17:56	03:16 10:24	07:59 19:35	05:56 18:13	05:45 –	22:19 –
二十五日	火	みずのと み	九紫	電気記念日 奈良薬師寺花会式（～三十一日） 天一天上（～四月九日） 不成就日	26	先負	みつ	觜	05:37 17:57	03:30 13:33	08:54 20:39	05:55 18:14	06:00 15:39	13:33 22:57
二十六日	水	きのえ うま	一白		27	仏滅	たいら	参	05:36 17:58	03:50 14:42	09:26 21:27	05:54 18:15	05:59 16:41	11:25 23:28
二十七日	木	きのと ひつじ	二黒	東京品川千躰荒神春季大祭（～二十八日） 神奈川仙石原湯立獅子舞	28	大安	さだん	井	05:35 17:59	04:11 15:32	09:58 22:09	05:52 18:16	06:03 17:28	11:43 –
二十八日	金	ひのえ さる	三碧		29	赤口	とる	鬼	05:33 17:59	04:33 16:17	10:30 22:47	05:51 18:16	06:22 18:11	00:00 12:13
二十九日	土	ひのと とり	四緑	●新月 旧三月大 一粒万倍日、不成就日	朔	先負	やぶる	柳	05:32 18:00	04:56 17:01	11:04 23:24	05:49 18:17	06:47 18:55	00:33 12:48
三十日	日	つちのえ いぬ	五黄		2	仏滅	あやぶ	星	05:30 18:01	05:20 17:46	11:38 23:58	05:48 18:18	07:16 19:39	01:07 13:27
三十一日	月	つちのと い	六白	鳥取もちがせ流しびな 旧ひなまつり	3	大安	なる	張	05:29 18:02	05:43 18:32	12:14 –	05:47 18:19	07:46 20:26	01:42 14:10

2025
令和7年

四月（小）

卯《う》月《づき》

畢《ひつ》宿《しゅく》

（四月四日清明の節より月命庚辰
九紫火星の月となる。暗剣殺は南の方位）

旧 三月大 四月小

日	曜	十干・十二支	九星	行事	旧暦	六輝	中段	二十八宿	東京 日出入	東京 満潮	東京 干潮	大阪 日出入	大阪 満潮	大阪 干潮
一日	火	かのえ ね	七赤	新学年、新財政年度 エイプリルフール 旧三月大	4	赤口	おさん	翼	05:27 18:03	06:06 19:20	00:30 12:51	05:45 18:20	08:16 21:17	02:18 14:56
二日	水	かのと うし	八白	日光輪王寺強飯式	5	先勝	ひらく	軫	05:26 18:04	06:28 20:12	01:00 13:30	05:44 18:20	08:43 22:19	02:52 15:49
三日	木	みずのえ とら	九紫	一粒万倍日 三りんぼう	6	友引	とづ	角	05:25 18:04	06:51 21:15	01:27 14:15	05:43 18:21	08:58 –	03:22 16:52
四日	金	みずのと う	一白	清明（21：49）、秩父神社御田植祭 山梨信玄公祭り（～六日） 一粒万倍日	7	先負	とづ	亢	05:23 18:05	07:12 23:02	01:52 15:12	05:41 18:22	07:10 –	18:05 –
五日	土	きのえ たつ	二黒	◐上弦、佐原香取神宮御田植祭（～六日） 岐阜祭（～六日）、愛知犬山祭り（～六日）	8	仏滅	たつ	氐	05:22 18:06	07:31 –	02:14 16:38	05:40 18:23	06:32 –	19:30 –
六日	日	きのと み	三碧	春の全国交通安全運動（～十五日） 不成就日	9	大安	のぞく	房	05:20 18:07	02:42 –	18:27 –	05:39 18:23	05:58 –	21:01 –
七日	月	ひのえ うま	四緑	世界保健デー 三りんぼう	10	赤口	みつ	心	05:19 18:08	02:58 13:06	08:56 19:50	05:37 18:24	06:15 15:12	13:06 22:04
八日	火	ひのと ひつじ	五黄	花まつり	11	先勝	たいら	尾	05:18 18:08	03:16 14:25	09:11 20:45	05:36 18:25	06:20 16:10	13:11 22:45
九日	水	つちのえ さる	六白	茨城笠間稲荷例大祭 滋賀長浜曳山まつり（～十七日）	12	友引	さだん	箕	05:16 18:09	03:35 15:12	09:35 21:27	05:34 18:26	05:24 16:53	11:24 23:18
十日	木	つちのと とり	七赤	新潟糸魚川けんか祭り 京都平野神社桜花祭	13	先負	とる	斗	05:15 18:10	03:53 15:51	10:00 22:02	05:33 18:27	05:37 17:33	11:38 23:48
十一日	金	かのえ いぬ	八白	メートル法公布記念日	14	仏滅	やぶる	牛	05:14 18:11	04:11 16:26	10:26 22:35	05:32 18:27	05:59 18:10	12:06 –
十二日	土	かのと い	九紫	大津日吉大社山王祭（～十五日）、世界宇宙飛行の日 与論十五夜踊り	15	大安	あやぶ	女	05:12 18:12	04:30 17:00	10:52 23:05	05:31 18:28	06:23 18:47	00:17 12:36
十三日	日	みずのえ ね	一白	○満月、京都今宮神社やすらい祭り 和歌山熊野本宮大社例大祭（～十五日）、日光二荒山神社弥生祭（～十七日） 一粒万倍日、八専（～二十四日）	16	赤口	なる	虚	05:11 18:13	04:48 17:34	11:18 23:33	05:29 18:29	06:46 19:23	00:45 13:07
十四日	月	みずのと うし	二黒	奈良當麻寺練供養会式、春の高山祭り（～十五日） 科学技術週間（～二十日） 不成就日	17	先勝	おさん	危	05:10 18:13	05:08 18:07	11:43 –	05:28 18:30	07:07 19:59	01:11 13:39

十五日	火	きのえ　とら	三碧			18	友引	ひらく	室	05:08 18:14	05:28 18:41	00:00 12:09	05:27 18:31	07:27 20:37	01:37 14:12
十六日	水	きのと　う	四緑		一粒万倍日	19	先負	とづ	壁	05:07 18:15	05:49 19:17	00:26 12:36	05:25 18:31	07:47 21:21	02:04 14:47
十七日	木	ひのえ　たつ	五黄	春土用(03:16)		20	仏滅	たつ	奎	05:06 18:16	06:11 19:56	00:52 13:04	05:24 18:32	08:05 22:14	02:34 15:27
十八日	金	ひのと　み	六白	発明の日 越後一宮彌彦神社大々神楽		21	大安	のぞく	婁	05:04 18:17	06:35 20:45	01:18 13:37	05:23 18:33	08:15 23:38	03:07 16:14
十九日	土	つちのえ　うま	七赤	岐阜古川の起し太鼓(〜二十日)	三りんぼう	22	赤口	みつ	胃	05:03 18:18	07:00 21:54	01:47 14:19	05:22 18:34	07:26 –	03:47 17:08
二十日	日	つちのと　ひつじ	八白	穀雨(04:56)、郵政記念日、復活祭(イースター) 京都伏見稲荷大社神幸祭、京都松尾大社神幸祭		23	先勝	たいら	昴	05:02 18:18	07:30 23:53	02:26 15:21	05:20 18:34	03:28 06:52	05:09 18:12
二十一日	月	かのえ　さる	九紫	◑下弦 靖國神社春季例大祭(〜二十三日)	庚申	24	友引	さだん	畢	05:01 18:19	08:18 –	04:04 17:01	05:19 18:35	04:22 –	19:40 –
二十二日	火	かのと　とり	一白		不成就日	25	先負	とる	觜	04:59 18:20	01:34 10:53	07:14 18:43	05:18 18:36	04:51 –	21:13 –
二十三日	水	みずのえ　いぬ	二黒	サン・ジョルディの日		26	仏滅	やぶる	参	04:58 18:21	02:17 13:10	08:12 19:55	05:17 18:37	04:58 15:26	11:23 22:05
二十四日	木	みずのと　い	三碧			27	大安	あやぶ	井	04:57 18:22	02:47 14:23	08:49 20:49	05:16 18:38	04:54 16:24	10:52 22:46
二十五日	金	きのえ　ね	四緑	奈良興福寺文殊会	一粒万倍日 甲子	28	赤口	なる	鬼	04:56 18:23	03:14 15:19	09:24 21:35	05:15 18:38	05:09 17:12	11:15 23:23
二十六日	土	きのと　うし	五黄	岩手水沢日高火防祭		29	先勝	おさん	柳	04:55 18:23	03:40 16:09	10:00 22:17	05:13 18:39	05:34 17:58	11:49 –
二十七日	日	ひのえ　とら	六白	和歌山道成寺会式 長崎開港記念日		30	友引	ひらく	星	04:53 18:24	04:07 16:58	10:36 22:57	05:12 18:40	06:04 18:44	00:01 12:27
二十八日	月	ひのと　う	七赤	●新月	旧四月小 一粒万倍日	朔	仏滅	とづ	張	04:52 18:25	04:33 17:47	11:14 23:35	05:11 18:41	06:36 19:32	00:39 13:09
二十九日	火	つちのえ　たつ	八白	⊡昭和の日、山形米沢上杉まつり(〜五月三日) 佐賀有田陶器市(〜五月五日)、壬生大念佛狂言(〜五月五日)		2	大安	たつ	翼	04:51 18:26	05:01 18:36	11:53 –	05:10 18:42	07:08 20:23	01:17 13:54
三十日	水	つちのと　み	九紫	東京府中くらやみ祭り(〜五月六日)	己巳	3	赤口	のぞく	軫	04:50 18:27	05:29 19:26	00:11 12:34	05:09 18:43	07:39 21:20	01:55 14:44

2025
令和7年

五月(大)

皐《さ》月《つき》

觜《し》宿《しゅく》

(五月五日立夏の節より月命辛巳 八白土星の月となる。暗剣殺は東北の方位)

旧 四月小 五月小

日	曜	十干・十二支	九星	行事	旧暦	六輝	中段	二十八宿	東京 日出入	東京 満潮	東京 干潮	大阪 日出入	大阪 満潮	大阪 干潮
一日	木	かのえ うま	一白	八十八夜、メーデー、富山高岡御車山祭 旧四月小、不成就日 岩手平泉春の藤原まつり(～五日) 三りんぼう、大つち(～七日)	4	先勝	みつ	角	04:49 18:28	05:58 20:20	00:46 13:17	05:08 18:43	08:06 22:27	02:33 15:38
二日	金	かのと ひつじ	二黒	下関赤間神宮先帝祭(～四日) 奈良東大寺聖武天皇祭	5	友引	たいら	亢	04:48 18:29	06:28 21:22	01:22 14:05	05:07 18:44	08:04 –	03:12 16:38
三日	土	みずのえ さる	三碧	●憲法記念日、博多どんたく(～四日)、石川七尾青柏祭(～五日) 小田原北條五代祭り、横浜開港記念みなと祭り	6	先負	さだん	氐	04:47 18:29	07:01 22:38	02:03 15:01	05:06 18:45	00:26 06:25	03:57 17:39
四日	日	みずのと とり	四緑	●みどりの日 ◐上弦、愛知豊川稲荷春季大祭(～五日)	7	仏滅	とる	房	04:46 18:30	07:43 –	03:05 16:11	05:05 18:46	04:00 –	18:47 –
五日	月	きのえ いぬ	五黄	立夏(14:57)、端午、菖蒲湯 ●こどもの日、児童福祉週間(～十一日)	8	大安	とる	心	04:45 18:31	00:06 09:31	05:27 17:33	05:04 18:47	04:36 –	20:05 –
六日	火	きのと い	六白	振替休日 三りんぼう	9	赤口	やぶる	尾	04:44 18:32	01:12 12:27	07:35 18:50	05:03 18:47	04:51 14:56	12:02 21:12
七日	水	ひのえ ね	七赤		10	先勝	あやぶ	箕	04:43 18:33	01:53 13:54	08:20 19:51	05:02 18:48	04:23 15:56	12:09 21:59
八日	木	ひのと うし	八白	世界赤十字デー	11	友引	なる	斗	04:42 18:34	02:23 14:51	08:53 20:39	05:01 18:49	04:29 16:42	11:12 22:37
九日	金	つちのえ とら	九紫	石川小松お旅まつり(～十二日) 不成就日 小つち(～十五日)	12	先負	おさん	牛	04:41 18:34	02:49 15:36	09:23 21:21	05:00 18:50	04:48 17:23	11:22 23:10
十日	土	つちのと う	一白	岐阜大垣まつり(～十一日) 愛鳥週間(～十六日) 一粒万倍日	13	仏滅	ひらく	女	04:40 18:35	03:14 16:17	09:52 21:58	04:59 18:51	05:11 18:03	11:48 23:40
十一日	日	かのえ たつ	二黒	母の日、岐阜長良川鵜飼開き 京都松尾大社還幸祭 一粒万倍日	14	大安	とづ	虚	04:39 18:36	03:38 16:54	10:20 22:33	04:58 18:51	05:33 18:41	12:17 –
十二日	月	かのと み	三碧	看護の日	15	赤口	たつ	危	04:38 18:37	04:02 17:30	10:49 23:06	04:58 18:52	05:54 19:19	00:09 12:48
十三日	火	みずのえ うま	四緑	○満月	16	先勝	のぞく	室	04:37 18:38	04:27 18:05	11:17 23:37	04:57 18:53	06:16 19:57	00:38 13:20
十四日	水	みずのと ひつじ	五黄	島根出雲大社大祭礼(～十六日)	17	友引	みつ	壁	04:37 18:38	04:52 18:40	11:47 –	04:56 18:54	06:39 20:38	01:08 13:55

十五日	木	きのえ　さる	六白	沖縄本土復帰記念日 神田明神神田祭、京都葵祭 十方暮れ（～二十四日）	18	先負	たいら	奎	04:36 18:39	05:19 19:17	00:08 12:18	04:55 18:54	07:04 21:23	01:42 14:33
十六日	金	きのと　とり	七赤	東京浅草三社祭（～十八日）、下田黒船祭り（～十八日） 奈良興福寺薪御能（～十七日）	19	仏滅	さだん	婁	04:35 18:40	05:47 19:58	00:39 12:52	04:55 18:55	07:27 22:16	02:19 15:15
十七日	土	ひのえ　いぬ	八白	日光東照宮春季例大祭（～十八日） 仙台青葉まつり（～十八日） 不成就日	20	大安	とる	胃	04:34 18:41	06:17 20:46	01:13 13:30	04:54 18:56	07:35 23:21	03:03 16:01
十八日	日	ひのと　い	九紫	三りんぼう	21	赤口	やぶる	昴	04:34 18:42	06:52 21:44	01:52 14:14	04:53 18:57	06:54 －	04:03 16:52
十九日	月	つちのえ　ね	一白	山形酒田まつり（～二十一日） 奈良唐招提寺うちわまき、福井三国祭（～二十一日）	22	先勝	あやぶ	畢	04:33 18:42	07:37 22:49	02:44 15:08	04:52 18:57	01:50 －	17:46 －
二十日	火	つちのと　うし	二黒	◑下弦	23	友引	なる	觜	04:32 18:43	08:52 23:51	04:06 16:18	04:52 18:58	03:08 －	18:50
二十一日	水	かのえ　とら	三碧	小満（03:55）	24	先負	おさん	参	04:32 18:44	10:49 －	05:59 17:41	04:51 18:59	03:28 13:30	10:40 20:05
二十二日	木	かのと　う	四緑	一粒万倍日	25	仏滅	ひらく	井	04:31 18:45	00:44 12:37	07:14 18:58	04:51 19:00	03:27 15:03	10:07 21:11
二十三日	金	みずのえ　たつ	五黄	一粒万倍日	26	大安	とづ	鬼	04:30 18:45	01:27 14:00	08:04 20:02	04:50 19:00	03:46 16:07	10:17 22:03
二十四日	土	みずのと　み	六白	神戸湊川神社楠公祭（～二十六日）　天一天上（～六月八日）	27	赤口	たつ	柳	04:30 18:46	02:05 15:09	08:47 20:57	04:49 19:01	04:14 17:02	10:49 22:49
二十五日	日	きのえ　うま	七赤	山形鶴岡天神祭 天赦 不成就日	28	先勝	のぞく	星	04:29 18:47	02:41 16:08	09:29 21:46	04:49 19:02	04:47 17:53	11:28 23:33
二十六日	月	きのと　ひつじ	八白		29	友引	みつ	張	04:29 18:48	03:17 17:02	10:11 22:33	04:48 19:02	05:22 18:45	12:11 －
二十七日	火	ひのえ　さる	九紫	●新月 旧五月小	朔	大安	たいら	翼	04:28 18:48	03:54 17:52	10:54 23:17	04:48 19:03	05:59 19:36	00:16 12:58
二十八日	水	ひのと　とり	一白		2	赤口	さだん	軫	04:28 18:49	04:31 18:41	11:39 －	04:48 19:04	06:37 20:28	00:59 13:47
二十九日	木	つちのえ　いぬ	二黒		3	先勝	とる	角	04:27 18:50	05:08 19:29	00:00 12:24	04:47 19:04	07:15 21:20	01:42 14:37
三十日	金	つちのと　い	三碧	沖縄糸満ハーレー 消費者の日 三りんぼう	4	友引	やぶる	亢	04:27 18:50	05:47 20:15	00:42 13:10	04:47 19:05	07:52 22:14	02:26 15:27
三十一日	土	かのえ　ね	四緑	世界禁煙デー 旧端午 不成就日	5	先負	あやぶ	氐	04:27 18:51	06:28 21:01	01:24 13:57	04:46 19:06	08:28 23:13	03:14 16:18

2025 令和7年

六月（小）

水《み》無《な》月《づき》

参《しん》宿《しゅく》

（六月五日芒種の節より月命壬午
七赤金星の月となる。暗剣殺は西の方位）

旧 五月小 六月大

日	曜	十干・十二支	九星	行事	旧暦	六輝	中段	二十八宿
一日	日	かのと うし	五黄	気象記念日、電波の日 写真の日 旧五月小	6	仏滅	なる	房
二日	月	みずのえ とら	六白	横浜開港記念日	7	大安	おさん	心
三日	火	みずのと う	七赤	◐上弦 一粒万倍日	8	赤口	ひらく	尾
四日	水	きのえ たつ	八白	歯と口の健康週間（～十日） YOSAKOIソーラン祭り（～八日） 一粒万倍日	9	先勝	とづ	箕
五日	木	きのと み	九紫	芒種（18:57）、環境の日 名古屋熱田まつり 一粒万倍日	10	友引	とづ	斗
六日	金	ひのえ うま	一白	広島とうかさん大祭（～八日） 一粒万倍日	11	先負	たつ	牛
七日	土	ひのと ひつじ	二黒	東京鳥越神社例大祭（～八日）	12	仏滅	のぞく	女
八日	日	つちのえ さる	三碧	不成就日	13	大安	みつ	虚
九日	月	つちのと とり	四緑		14	赤口	たいら	危
十日	火	かのえ いぬ	五黄	滋賀近江神宮漏刻祭 時の記念日	15	先勝	さだん	室
十一日	水	かのと い	六白	○満月 入梅（00:24）	16	友引	とる	壁
十二日	木	みずのえ ね	七赤	八専（～二十三日）	17	先負	やぶる	奎
十三日	金	みずのと うし	八白		18	仏滅	あやぶ	婁
十四日	土	きのえ とら	九紫	大阪住吉大社御田植神事、岩手チャグチャグ馬コ 北海道神宮例祭（～十六日） 三りんぼう	19	大安	なる	胃

日	東京 日出入	東京 満潮	東京 干潮	大阪 日出入	大阪 満潮	大阪 干潮
一日	04:26 18:52	07:12 21:46	02:10 14:43	04:46 19:06	06:16 –	04:12 17:07
二日	04:26 18:52	08:09 22:30	03:04 15:32	04:46 19:07	00:31 –	17:58 –
三日	04:26 18:53	09:32 23:14	04:19 16:26	04:46 19:08	02:36 12:08	10:20 18:52
四日	04:25 18:53	11:20 23:58	05:57 17:30	04:45 19:08	02:46 14:31	10:42 19:55
五日	04:25 18:54	13:02 –	07:12 18:37	04:45 19:09	03:02 15:57	10:49 20:54
六日	04:25 18:55	00:42 14:24	08:01 19:40	04:45 19:09	03:22 17:04	10:51 21:44
七日	04:25 18:55	01:24 15:25	08:40 20:34	04:45 19:10	03:43 17:56	11:09 22:27
八日	04:25 18:56	02:05 16:12	09:15 21:21	04:45 19:10	04:02 18:32	11:36 23:05
九日	04:24 18:56	02:43 16:52	09:49 22:04	04:44 19:11	04:23 19:04	12:07 23:41
十日	04:24 18:57	03:20 17:28	10:23 22:43	04:44 19:11	04:51 19:34	12:39 –
十一日	04:24 18:57	03:54 18:03	10:57 23:20	04:44 19:12	05:24 20:05	00:17 13:13
十二日	04:24 18:57	04:28 18:38	11:33 23:56	04:44 19:12	06:01 20:39	00:53 13:48
十三日	04:24 18:58	05:03 19:14	12:09 –	04:44 19:12	06:41 21:16	01:32 14:25
十四日	04:24 18:58	05:38 19:51	00:32 12:47	04:44 19:13	07:23 21:57	02:15 15:05

十五日	日	きのと　う	一白	父の日 伊勢神宮月次祭（～二十五日）		20	赤口	おさん	昴	04:24 18:59	06:16 20:31	01:10 13:26	04:44 19:13	08:12 22:43	03:03 15:46
十六日	月	ひのえ　たつ	二黒		不成就日	21	先勝	ひらく	畢	04:24 18:59	06:59 21:12	01:52 14:06	04:44 19:14	09:10 23:33	03:59 16:29
十七日	火	ひのと　み	三碧	奈良率川神社三枝祭（～十八日）	一粒万倍日	22	友引	とづ	觜	04:24 18:59	07:52 21:53	02:40 14:50	04:45 19:14	10:17 –	05:11 17:16
十八日	水	つちのえ　うま	四緑	海外移住の日	一粒万倍日	23	先負	たつ	参	04:25 19:00	09:03 22:34	03:40 15:39	04:45 19:14	00:26 11:36	08:36 18:08
十九日	木	つちのと　ひつじ	五黄	◑下弦		24	仏滅	のぞく	井	04:25 19:00	10:30 23:16	04:55 16:38	04:45 19:14	01:15 13:11	08:43 19:10
二十日	金	かのえ　さる	六白	世界難民の日 京都鞍馬寺竹伐り会式	庚申	25	大安	みつ	鬼	04:25 19:00	12:05 –	06:13 17:53	04:45 19:15	01:57 14:47	09:08 20:19
二十一日	土	かのと　とり	七赤	夏至（11：42） 新潟月潟まつり（～二十二日）		26	赤口	たいら	柳	04:25 19:00	00:00 13:45	07:17 19:11	04:45 19:15	02:36 16:11	09:46 21:24
二十二日	日	みずのえ　いぬ	八白			27	先勝	さだん	星	04:25 19:01	00:48 15:14	08:12 20:21	04:45 19:15	03:16 17:23	10:30 22:24
二十三日	月	みずのと　い	九紫	東京愛宕神社千日詣り（～二十四日） オリンピックデー、沖縄慰霊の日		28	友引	とる	張	04:26 19:01	01:42 16:20	09:03 21:24	04:46 19:15	03:59 18:18	11:18 23:18
二十四日	火	きのえ　ね	九紫		不成就日、甲子 隠遁始め	29	先負	やぶる	翼	04:26 19:01	02:38 17:12	09:54 22:21	04:46 19:15	04:45 19:02	12:06 –
二十五日	水	きのと　うし	八白	●新月	旧六月大	朔	赤口	あやぶ	軫	04:26 19:01	03:32 17:57	10:43 23:11	04:46 19:16	05:34 19:41	00:06 12:54
二十六日	木	ひのえ　とら	七赤	国連憲章調印記念日	三りんぼう	2	先勝	なる	角	04:26 19:01	04:21 18:38	11:32 23:57	04:47 19:16	06:24 20:21	00:51 13:40
二十七日	金	ひのと　う	六白			3	友引	おさん	亢	04:27 19:01	05:06 19:15	12:18 –	04:47 19:16	07:14 21:00	01:34 14:25
二十八日	土	つちのえ　たつ	五黄	貿易記念日		4	先負	ひらく	氐	04:27 19:01	05:49 19:48	00:38 13:01	04:47 19:16	08:01 21:41	02:16 15:07
二十九日	日	つちのと　み	四緑		一粒万倍日 己巳	5	仏滅	とづ	房	04:28 19:01	06:31 20:19	01:16 13:39	04:48 19:16	08:48 22:22	03:00 15:48
三十日	月	かのえ　うま	三碧	大はらい 茅の輪くぐり	一粒万倍日、不成就日 大つち（～七月六日）	6	大安	たつ	心	04:28 19:01	07:15 20:48	01:55 14:15	04:48 19:16	09:34 23:05	03:49 16:27

2025
令和7年

七月(大)

文《ふみ》月《づき》

井《せい》宿《しゅく》

(七月七日小暑の節より月命癸未
六白金星の月となる。暗剣殺は西北の方位)

旧 六月大
六月小

日	曜	十干・十二支	九星	行事	旧暦	六輝	中段	二十八宿	東京 日出入	東京 満潮	東京 干潮	大阪 日出入	大阪 満潮	大阪 干潮
一日	火	かのと ひつじ	二黒	山開き、海開き、鳥越神社水上祭形代流し 半夏生(23:13)、全国安全週間(~七日) 旧六月大	7	赤口	のぞく	尾	04:28 19:01	08:04 21:17	02:36 14:49	04:48 19:16	10:24 23:46	04:54 17:03
二日	水	みずのえ さる	一白		8	先勝	みつ	箕	04:29 19:01	09:03 21:47	03:24 15:24	04:49 19:16	11:27 –	08:33 17:32
三日	木	みずのと とり	九紫	◐上弦	9	友引	たいら	斗	04:29 19:01	10:17 22:21	04:27 16:06	04:49 19:16	00:23 14:17	09:10 17:48
四日	金	きのえ いぬ	八白	独立記念日(アメリカ)	10	先負	さだん	牛	04:30 19:01	11:53 22:59	05:46 17:07	04:50 19:15	00:47 –	09:42 –
五日	土	きのと い	七赤		11	仏滅	とる	女	04:30 19:01	14:01 23:45	06:58 18:30	04:50 19:15	00:51 –	10:15 –
六日	日	ひのえ ね	六白	東京入谷朝顔市(~八日)	12	大安	やぶる	虚	04:31 19:00	15:28 –	07:53 19:47	04:51 19:15	00:50 18:46	10:50 21:50
七日	月	ひのと うし	五黄	小暑(05:05)、秋田東湖八坂神社例大祭 七夕、奈良吉野蔵王堂蛙飛び行事	13	赤口	やぶる	危	04:31 19:00	00:45 16:15	08:40 20:51	04:51 19:15	01:19 18:55	11:26 23:05
八日	火	つちのえ とら	四緑	小つち(~十四日) 不成就日	14	先勝	あやぶ	室	04:32 19:00	01:51 16:51	09:23 21:43	04:52 19:15	02:17 19:12	12:01 23:43
九日	水	つちのと う	三碧	浅草観音四万六千日・ほおずき市(~十日)	15	友引	なる	壁	04:32 19:00	02:49 17:24	10:04 22:29	04:52 19:14	03:27 19:33	12:33 –
十日	木	かのえ たつ	二黒		16	先負	おさん	奎	04:33 18:59	03:36 17:55	10:44 23:09	04:53 19:14	04:50 19:55	00:15 13:05
十一日	金	かのと み	一白	○満月、大阪生國魂神社生國魂祭(~十二日) 佐原の大祭夏祭り(~十三日)、広島宮島嚴島神社管絃祭	17	仏滅	ひらく	婁	04:34 18:59	04:18 18:26	11:24 23:47	04:54 19:14	06:00 20:20	00:49 13:36
十二日	土	みずのえ うま	九紫	会津伊佐須美神社御田植祭 一粒万倍日 三りんぼう	18	大安	とづ	胃	04:34 18:59	04:57 18:56	12:02 –	04:54 19:13	06:55 20:50	01:26 14:09
十三日	日	みずのと ひつじ	八白	ぼん迎え火 東京靖國神社みたままつり(~十六日)	19	赤口	たつ	昴	04:35 18:58	05:37 19:27	00:24 12:39	04:55 19:13	07:44 21:23	02:06 14:44
十四日	月	きのえ さる	七赤	和歌山熊野那智の火祭 革命記念日(フランス) 十方暮れ(~二十三日)	20	先勝	のぞく	畢	04:35 18:58	06:18 19:58	01:01 13:15	04:55 19:13	08:33 21:59	02:49 15:21

十五日	火	きのと　とり	六白	ぼん、博多祇園山笠追い山笠 山形出羽三山神社花まつり 一粒万倍日	21	友引	みつ	觜	04:36 18:57	07:04 20:28	01:40 13:50	04:56 19:12	09:23 22:38	03:38 16:00
十六日	水	ひのえ　いぬ	五黄	ぼん送り火、やぶ入り えんま詣り 不成就日	22	先負	たいら	参	04:37 18:57	07:56 20:58	02:21 14:24	04:57 19:12	10:17 23:18	04:36 16:41
十七日	木	ひのと　い	四緑	京都八坂神社祇園祭山鉾巡行前祭（後祭二十四日）	23	仏滅	さだん	井	04:37 18:56	08:57 21:28	03:08 15:00	04:57 19:11	11:23 23:58	05:50 17:25
十八日	金	つちのえ　ね	三碧	◑下弦、小倉祇園太鼓（～二十日）	24	大安	とる	鬼	04:38 18:56	10:10 22:00	04:07 15:41	04:58 19:11	12:53 –	07:15 18:16
十九日	土	つちのと　うし	二黒	夏土用（19:05）、土用丑の日 勤労青少年の日	25	赤口	やぶる	柳	04:39 18:55	11:43 22:39	05:21 16:39	04:59 19:10	00:37 17:16	08:24 19:28
二十日	日	かのえ　とら	一白	青森恐山大祭（～二十四日）、山口祇園祭鷺の舞 熊谷うちわ祭（～二十二日） 初伏	26	先勝	あやぶ	星	04:39 18:55	14:09 23:33	06:39 18:21	04:59 19:10	01:16 18:25	09:26 21:06
二十一日	月	かのと　う	九紫	⊡海の日、宮城塩竈みなと祭り 神奈川茅ケ崎・寒川浜降祭	27	友引	なる	張	04:40 18:54	15:51 –	07:49 20:06	05:00 19:09	02:00 19:03	10:25 22:37
二十二日	火	みずのえ　たつ	八白	大暑（22:29）、敦賀氣比神宮総参祭 うわじま牛鬼まつり・和霊大祭（～二十四日）	28	先負	おさん	翼	04:41 18:53	00:59 16:39	08:51 21:27	05:01 19:08	03:13 19:08	11:18 23:26
二十三日	水	みずのと　み	七赤	天一天上（～八月七日）	29	仏滅	ひらく	軫	04:42 18:53	02:31 17:15	09:48 22:26	05:01 19:08	04:32 19:02	12:03 –
二十四日	木	きのえ　うま	六白	地蔵ぼん、大阪天満宮天神祭（～二十五日） 一粒万倍日、天赦 新潟彌彦燈籠まつり（～二十六日） 三りんぼう、不成就日	30	大安	とづ	角	04:42 18:52	03:35 17:47	10:40 23:11	05:02 19:07	05:35 19:25	00:04 12:45
二十五日	金	きのと　ひつじ	五黄	神奈川真鶴貴船まつり（～二十六日） ●新月、徳島眉山天神社天神祭 旧六月小	朔	赤口	たつ	亢	04:43 18:51	04:25 18:17	11:26 23:49	05:03 19:06	06:27 19:55	00:41 13:24
二十六日	土	ひのえ　さる	四緑	隅田川花火大会 福島相馬野馬追（～二十八日）	2	先勝	のぞく	氐	04:44 18:51	05:08 18:43	12:06 –	05:03 19:06	07:13 20:28	01:19 14:02
二十七日	日	ひのと　とり	三碧	一粒万倍日	3	友引	みつ	房	04:45 18:50	05:47 19:07	00:24 12:41	05:04 19:05	07:55 21:01	01:57 14:38
二十八日	月	つちのえ　いぬ	二黒	熊本阿蘇神社おんだ祭り	4	先負	たいら	心	04:45 18:49	06:26 19:30	00:56 13:12	05:05 19:04	08:36 21:34	02:37 15:11
二十九日	火	つちのと　い	一白		5	仏滅	さだん	尾	04:46 18:48	07:04 19:52	01:28 13:40	05:06 19:03	09:17 22:05	03:20 15:41
三十日	水	かのえ　ね	九紫	大阪住吉大社住吉祭（～八月一日） 不成就日 中伏	6	大安	とる	箕	04:47 18:47	07:46 20:14	02:01 14:07	05:06 19:03	10:00 22:32	04:09 16:07
三十一日	木	かのと　うし	八白	箱根芦ノ湖湖水まつり、京都愛宕神社千日詣り（～八月一日） 諏訪大社下社お舟祭り（～八月一日）、八戸三社大祭（～八月四日）	7	赤口	やぶる	斗	04:48 18:47	08:33 20:39	02:36 14:32	05:07 19:02	10:51 22:51	05:18 16:23

2025 令和7年

八月（大）

葉《は》月《づき》

鬼《き》宿《しゅく》

（八月七日立秋の節より月命甲申 五黄土星の月となる。暗剣殺はなし）

日	曜	十干・十二支	九星	行事	旧暦	六輝	中段	二十八宿	東京 日出入	東京 満潮	東京 干潮	大阪 日出入	大阪 満潮	大阪 干潮
一日	金	みずのえ とら	七赤	◐上弦、弘前ねぷた祭り（～七日）、富山魚津たてもん祭り（～二日） 八朔、大宮氷川神社例祭、盛岡さんさ踊り（～四日） 旧六月小	8	先勝	あやぶ	牛	04:48 18:46	09:31 21:06	03:19 14:58	05:08 19:01	23:02 –	07:27 –
二日	土	みずのと う	六白	三重桑名石取祭り（～三日） 青森ねぶた祭（～七日）	9	友引	なる	女	04:49 18:45	10:51 21:37	04:20 15:31	05:09 19:00	23:06 –	08:29 –
三日	日	きのえ たつ	五黄	秋田竿燈まつり（～六日） 水の祭典久留米まつり（～五日）	10	先負	おさん	虚	04:50 18:44	14:15 22:18	05:45 17:00	05:09 18:59	21:07 –	09:28 –
四日	月	きのと み	四緑		11	仏滅	ひらく	危	04:51 18:43	15:44 23:24	07:06 19:13	05:10 18:58	18:27 –	10:22 –
五日	火	ひのえ うま	三碧	山形花笠まつり（～七日） 一粒万倍日 三りんぼう	12	大安	とづ	室	04:52 18:42	16:15 –	08:10 20:40	05:11 18:57	18:37 –	11:07 23:47
六日	水	ひのと ひつじ	二黒	広島原爆の日 仙台七夕まつり（～八日）	13	赤口	たつ	壁	04:52 18:41	01:15 16:42	09:03 21:38	05:12 18:56	01:18 18:54	11:44 23:52
七日	木	つちのえ さる	一白	立秋（14:52）、鼻の日 下関忌宮神社数方庭祭（～十三日） 天赦 不成就日	14	先勝	たつ	奎	04:53 18:40	02:38 17:08	09:50 22:22	05:12 18:55	02:39 19:10	12:15 –
八日	金	つちのと とり	九紫	御嶽山雲上大御神火祭 千葉館山観光まつり	15	友引	のぞく	婁	04:54 18:39	03:30 17:33	10:33 22:59	05:13 18:54	05:20 19:26	00:10 12:43
九日	土	かのえ いぬ	八白	○満月、長崎原爆の日、京都清水寺千日詣り（～十六日） 宝塚中山寺星下り大会式、高知よさこい祭り（～十二日） 末伏	16	先負	みつ	胃	04:55 18:38	04:13 17:59	11:12 23:34	05:14 18:53	06:12 19:47	00:38 13:12
十日	日	かのと い	七赤	三りんぼう	17	仏滅	たいら	昴	04:55 18:37	04:54 18:24	11:48 –	05:15 18:52	06:58 20:13	01:11 13:43
十一日	月	みずのえ ね	六白	▣山の日 一粒万倍日 八専（～二十二日）	18	大安	さだん	畢	04:56 18:36	05:35 18:50	00:08 12:23	05:15 18:51	07:41 20:43	01:48 14:15
十二日	火	みずのと うし	五黄	徳島阿波おどり（～十五日）	19	赤口	とる	觜	04:57 18:34	06:17 19:14	00:43 12:55	05:16 18:50	08:26 21:15	02:28 14:50
十三日	水	きのえ とら	四緑	月遅れぼん迎え火、岡山笠岡白石踊り（～十六日） 岐阜郡上おどり（～十六日）	20	先勝	やぶる	参	04:58 18:33	07:02 19:39	01:18 13:26	05:17 18:49	09:12 21:48	03:14 15:26
十四日	木	きのと う	三碧	奈良春日大社中元万灯籠（～十五日）、平戸ジャンガラ（～十八日） 新島若郷の大踊、大分姫島盆踊り（～十六日）	21	友引	あやぶ	井	04:59 18:32	07:52 20:02	01:56 13:56	05:18 18:48	10:05 22:21	04:06 16:03

旧 六月小 七月大

十五日	金	ひのえ　たつ	二黒	月遅れぼん、宮城松島流灯会 海の盆（～十六日） 終戦の日、周防祖生の柱松行事（祖生中村） 不成就日	22	先負	なる	鬼	04:59 18:31	08:49 20:27	02:38 14:24	05:18 18:47	11:10 22:51	05:10 16:39
十六日	土	ひのと　み	一白	月遅れぼん送り火、箱根大文字焼、千葉広済寺鬼来迎 ◑下弦、京都五山送り火、秋田西馬音内盆踊り（～十八日）	23	仏滅	おさん	柳	05:00 18:30	09:58 20:53	03:30 14:50	05:19 18:46	23:05 –	06:30 –
十七日	日	つちのえ　うま	九紫	滋賀建部大社船幸祭	24	大安	ひらく	星	05:01 18:29	11:54 21:26	04:42 15:12	05:20 18:44	20:39 –	07:53 –
十八日	月	つちのと　ひつじ	八白	一粒万倍日	25	赤口	とづ	張	05:02 18:27	15:50 22:25	06:15 18:08	05:21 18:43	18:45 –	09:17 –
十九日	火	かのえ　さる	七赤	鎌倉宮例大祭（～二十一日） 秋田花輪ばやし（～二十日） 庚申	26	先勝	たつ	翼	05:02 18:26	16:10 –	07:42 20:49	05:21 18:42	19:08 –	10:23 –
二十日	水	かのと　とり	六白		27	友引	のぞく	軫	05:03 18:25	01:19 16:34	08:51 21:50	05:22 18:41	19:00 –	11:11 23:31
二十一日	木	みずのえ　いぬ	五黄		28	先負	みつ	角	05:04 18:24	02:51 16:57	09:47 22:28	05:23 18:40	04:45 18:35	11:50 23:53
二十二日	金	みずのと　い	四緑	沖縄全島エイサーまつり（～二十四日） 三りんぼう	29	仏滅	たいら	亢	05:05 18:22	03:44 17:19	10:33 23:00	05:23 18:38	05:36 18:54	12:25 –
二十三日	土	きのえ　ね	三碧	処暑（05:34） ●新月 旧七月大、甲子 一粒万倍日	朔	先勝	さだん	氐	05:06 18:21	04:26 17:41	11:11 23:31	05:24 18:37	06:20 19:21	00:25 12:59
二十四日	日	きのと　うし	二黒	京都地蔵ぼん	2	友引	とる	房	05:06 18:20	05:04 18:01	11:45 –	05:25 18:36	07:00 19:50	00:59 13:32
二十五日	月	ひのえ　とら	一白	東京亀戸天神社大祭 不成就日	3	先負	やぶる	心	05:07 18:18	05:39 18:20	00:00 12:14	05:26 18:35	07:39 20:19	01:35 14:02
二十六日	火	ひのと　う	九紫	山梨吉田の火祭り（～二十七日）	4	仏滅	あやぶ	尾	05:08 18:17	06:14 18:39	00:29 12:41	05:26 18:33	08:17 20:46	02:11 14:31
二十七日	水	つちのえ　たつ	八白	神奈川大山阿夫利神社秋季例大祭（～二十九日）	5	大安	なる	箕	05:09 18:16	06:50 18:59	00:56 13:06	05:27 18:32	08:55 21:09	02:49 14:56
二十八日	木	つちのと　み	七赤	己巳	6	赤口	おさん	斗	05:09 18:14	07:28 19:19	01:25 13:30	05:28 18:31	09:35 21:27	03:30 15:16
二十九日	金	かのえ　うま	六白	旧七夕 大つち（～九月四日）	7	先勝	ひらく	牛	05:10 18:13	08:10 19:40	01:54 13:52	05:29 18:29	10:23 21:40	04:18 15:32
三十日	土	かのと　ひつじ	五黄	一粒万倍日	8	友引	とづ	女	05:11 18:12	09:00 20:04	02:28 14:12	05:29 18:28	21:44 –	05:21 –
三十一日	日	みずのえ　さる	四緑	◐上弦 二百十日、出羽三山八朔祭（～九月一日）	9	先負	たつ	虚	05:12 18:10	10:10 20:30	03:13 14:27	05:30 18:27	20:09 –	06:44 –

2025
令和7年

九月(小)

長《なが》月《つき》

柳宿《りゅうしゅく》

(九月七日白露の節より月命乙酉 四緑木星の月となる。暗剣殺は東南の方位)

旧 七月大 八月小

日	曜	十干・十二支	九星	行事	旧暦	六輝	中段	二十八宿	東京 日出入	東京 満潮	東京 干潮	大阪 日出入	大阪 満潮	大阪 干潮
一日	月	みずのと とり	三碧	防災の日、健康増進普及月間(〜三十日) 八尾おわら風の盆(〜三日)、鹿島神宮神幸祭(〜二日) 旧七月大	10	仏滅	のぞく	危	05:12 18:09	21:04 –	04:28 –	05:31 18:25	19:41 –	08:22 –
二日	火	きのえ いぬ	二黒	福井敦賀まつり(〜四日) 不成就日	11	大安	みつ	室	05:13 18:08	15:42 22:13	06:19 19:14	05:31 18:24	17:54 –	09:45 –
三日	水	きのと い	一白	三りんぼう	12	赤口	たいら	壁	05:14 18:06	15:56 –	07:44 20:51	05:32 18:23	18:10 –	10:39 –
四日	木	ひのえ ね	九紫	富山射水賀茂神社の稚児舞 一粒万倍日	13	先勝	さだん	奎	05:15 18:05	01:11 16:15	08:44 21:33	05:33 18:21	18:24 –	11:16 23:41
五日	金	ひのと うし	八白	石炭の日	14	友引	とる	婁	05:15 18:03	02:33 16:36	09:32 22:07	05:34 18:20	04:32 18:33	11:45 23:53
六日	土	つちのえ とら	七赤	小つち(〜十二日)	15	先負	やぶる	胃	05:16 18:02	03:23 16:57	10:13 22:39	05:34 18:18	05:22 18:46	12:12 –
七日	日	つちのと う	六白	白露(17:52) 秋田角館のお祭り(〜九日) 一粒万倍日	16	仏滅	やぶる	昴	05:17 18:00	04:06 17:19	10:50 23:11	05:35 18:17	06:05 19:06	00:18 12:40
八日	月	かのえ たつ	五黄	○満月	17	大安	あやぶ	畢	05:18 17:59	04:48 17:42	11:26 23:44	05:36 18:16	06:46 19:32	00:50 13:11
九日	火	かのと み	四緑	重陽、救急の日 京都上賀茂神社重陽神事	18	赤口	なる	觜	05:19 17:58	05:30 18:05	11:59 –	05:36 18:14	07:29 20:01	01:26 13:45
十日	水	みずのえ うま	三碧	二百二十日 不成就日	19	先勝	おさん	参	05:19 17:56	06:13 18:27	00:18 12:31	05:37 18:13	08:13 20:31	02:06 14:19
十一日	木	みずのと ひつじ	二黒	東京芝大神宮だらだら祭り(〜二十一日)	20	友引	ひらく	井	05:20 17:55	06:59 18:50	00:53 13:01	05:38 18:11	09:00 21:01	02:50 14:54
十二日	金	きのえ さる	一白	十方暮れ(〜二十一日) 一粒万倍日	21	先負	とづ	鬼	05:21 17:53	07:49 19:11	01:30 13:29	05:39 18:10	09:54 21:28	03:40 15:27
十三日	土	きのと とり	九紫	山形谷地八幡宮の林家舞楽(〜十五日)	22	仏滅	たつ	柳	05:22 17:52	08:46 19:33	02:12 13:54	05:39 18:09	11:06 21:39	04:42 15:53
十四日	日	ひのえ いぬ	八白	◑下弦、新潟柏崎女谷綾子舞 鎌倉鶴岡八幡宮例大祭(〜十六日)	23	大安	のぞく	星	05:22 17:50	10:04 19:56	03:03 14:12	05:40 18:07	19:29 –	06:00 –

十五日	月	ひのと い	七赤	◉敬老の日、老人週間（〜二十一日） 京都岩清水八幡宮勅祭石清水祭	24	赤口	みつ	張	05:23 17:49	20:18 –	04:19 –	05:41 18:06	18:14 –	07:29 –
十六日	火	つちのえ ね	六白		25	先勝	たいら	翼	05:24 17:47	15:34 –	06:06 –	05:41 18:04	18:21 –	09:01 –
十七日	水	つちのと うし	五黄		26	友引	さだん	軫	05:25 17:46	15:43 –	07:39 21:15	05:42 18:03	18:39 –	10:07 –
十八日	木	かのえ とら	四緑	三りんぼう 不成就日	27	先負	とる	角	05:25 17:44	01:57 16:01	08:44 21:42	05:43 18:01	03:52 18:00	01:25 10:51 23:24
十九日	金	かのと う	三碧	一粒万倍日	28	仏滅	やぶる	亢	05:26 17:43	02:59 16:19	09:33 22:09	05:44 18:00	04:43 17:56	11:26 23:37
二十日	土	みずのえ たつ	二黒	彼岸入り、石川七尾お熊甲祭 空の日、動物愛護週間（〜二十六日）	29	大安	あやぶ	氐	05:27 17:41	03:42 16:38	10:12 22:37	05:44 17:59	05:26 18:17	11:57 –
二十一日	日	みずのと み	一白	秋の全国交通安全運動（〜三十日） 太宰府天満宮大祭（〜二十五日） 天一天上（〜十月六日）	30	赤口	なる	房	05:28 17:40	04:20 16:56	10:45 23:05	05:45 17:57	06:05 18:42	00:06 12:28
二十二日	月	きのえ うま	九紫	●新月 青森岩木山お山参詣 旧八月小	朔	友引	おさん	心	05:28 17:39	04:55 17:15	11:16 23:32	05:46 17:56	06:44 19:09	00:38 12:57
二十三日	火	きのと ひつじ	八白	◉秋分の日（03：19）、旭川こたんまつり 千葉大原はだか祭り（〜二十四日） 不成就日	2	先負	ひらく	尾	05:29 17:37	05:30 17:33	11:44 23:58	05:46 17:54	07:21 19:34	01:12 13:25
二十四日	水	ひのえ さる	七赤	結核予防週間（〜三十日） 一粒万倍日	3	仏滅	とづ	箕	05:30 17:36	06:04 17:51	12:11 –	05:47 17:53	07:58 19:56	01:46 13:51
二十五日	木	ひのと とり	六白	富山こきりこ祭り（〜二十六日）	4	大安	たつ	斗	05:31 17:34	06:39 18:11	00:24 12:36	05:48 17:51	08:36 20:14	02:21 14:15
二十六日	金	つちのえ いぬ	五黄	社日 彼岸明け	5	赤口	のぞく	牛	05:31 17:33	07:15 18:31	00:51 13:00	05:49 17:50	09:17 20:28	02:57 14:37
二十七日	土	つちのと い	四緑	東京西多摩春日神社鳳凰の舞（〜二十八日）	6	先勝	みつ	女	05:32 17:31	07:55 18:52	01:18 13:23	05:49 17:49	10:07 20:36	03:37 14:58
二十八日	日	かのえ ね	三碧	宮崎五ヶ瀬の荒踊	7	友引	たいら	虚	05:33 17:30	08:42 19:14	01:49 13:44	05:50 17:47	20:03 –	04:27 –
二十九日	月	かのと うし	二黒		8	先負	さだん	危	05:34 17:28	09:51 19:38	02:29 14:04	05:51 17:46	19:00 –	05:30 –
三十日	火	みずのえ とら	一白	◐上弦 三りんぼう	9	仏滅	とる	室	05:35 17:27	20:05 –	03:31 –	05:52 17:44	17:03 –	06:48 –

2025
令和7年

十月 (大)

神《かん》無《な》月《づき》

星《せい》宿《しゅく》

（十月八日寒露の節より月命丙戌三碧木星の月となる。暗剣殺は東の方位）

日	曜	十干・十二支	九星	行事	旧暦	六輝	中段	二十八宿	東京 日出入	東京 満潮	東京 干潮	大阪 日出入	大阪 満潮	大阪 干潮
一日	水	みずのと う	九紫	全国労働衛生週間(～七日)、法の日、国慶節(中国) 共同募金運動(～翌三月三十一日) 旧八月小 一粒万倍日、不成就日	10	大安	やぶる	壁	05:35 17:25	14:51 –	05:25 –	05:52 17:43	17:17 –	08:48 –
二日	木	きのえ たつ	八白	京都北野天満宮ずいき祭り(一～五日)	11	赤口	あやぶ	奎	05:36 17:24	15:09 –	07:07 20:40	05:53 17:42	17:35 –	09:56 –
三日	金	きのと み	七赤		12	先勝	なる	婁	05:37 17:23	01:04 15:28	08:13 21:10	05:54 17:40	03:26 17:41	01:12 10:36 23:22
四日	土	ひのえ うま	六白	兵庫上鴨川住吉神社神事舞(～五日) 福島二本松提灯祭り(～六日)	13	友引	おさん	胃	05:38 17:21	02:19 15:48	09:01 21:40	05:55 17:39	04:23 17:44	11:05 23:29
五日	日	ひのと ひつじ	五黄	長野南木曽花馬祭り	14	先負	ひらく	昴	05:39 17:20	03:11 16:10	09:43 22:11	05:55 17:38	05:08 17:59	11:35 23:54
六日	月	つちのえ さる	四緑	十五夜、国際協力の日 国際文通週間(～十二日) 一粒万倍日 天赦	15	仏滅	とづ	畢	05:39 17:18	03:56 16:32	10:21 22:43	05:56 17:36	05:50 18:22	12:06 –
七日	火	つちのと とり	三碧	○満月、長崎くんち(～九日)	16	大安	たつ	觜	05:40 17:17	04:40 16:55	10:58 23:17	05:57 17:35	06:33 18:50	00:27 12:40
八日	水	かのえ いぬ	二黒	寒露(09:41) 阿寒湖まりも祭り(～十日)	17	赤口	たつ	参	05:41 17:16	05:25 17:19	11:33 23:52	05:58 17:33	07:16 19:20	01:04 13:15
九日	木	かのと い	一白	香川金刀比羅宮例大祭(～十一日) 世界郵便デー、秋の高山祭(～十日) 不成就日	18	先勝	のぞく	井	05:42 17:14	06:11 17:43	12:07 –	05:59 17:32	08:02 19:50	01:45 13:51
十日	金	みずのえ ね	九紫	目の愛護デー、佐原の大祭秋祭り(～十二日) 神戸海神社秋祭り(～十二日) 八専(～二十一日) 滋賀大津祭(～十二日)、鹿沼秋まつり(～十二日)	19	友引	みつ	鬼	05:43 17:13	06:59 18:07	00:29 12:38	05:59 17:31	08:53 20:18	02:30 14:26
十一日	土	みずのと うし	八白	東京池上本門寺お会式(～十三日)	20	先負	たいら	柳	05:43 17:11	07:52 18:31	01:09 13:09	06:00 17:29	09:52 20:38	03:22 15:00
十二日	日	きのえ とら	七赤	宮城布袋まつり 奈良八柱神社題目立	21	仏滅	さだん	星	05:44 17:10	08:54 18:56	01:54 13:38	06:01 17:28	11:26 18:55	04:23 15:21
十三日	月	きのと う	六白	⊡スポーツの日 和歌山竈山神社例祭	22	大安	とる	張	05:45 17:09	10:26 19:20	02:49 14:11	06:02 17:27	18:17 –	05:37 –
十四日	火	ひのえ たつ	五黄	◑下弦、兵庫灘けんか祭り(～十五日) 鉄道の日、愛媛西条まつり(～十七日)	23	赤口	やぶる	翼	05:46 17:07	13:20 19:43	04:06 16:00	06:03 17:26	17:14 –	06:59 –

旧 八月小 九月大

十五日	水	ひのと　み	四緑	新聞週間（〜二十一日）、和歌山熊野大社速玉大祭（〜十六日） 長野善光寺秋のお会式、天理石上神宮ふるまつり		24	先勝	あやぶ	軫	05:47 17:06	14:22 –	05:47 20:20	06:03 17:24	17:34 –	08:29 –
十六日	木	つちのえ　うま	三碧	日光東照宮秋季大祭（〜十七日） 愛媛新居浜太鼓祭り（〜十八日）	一粒万倍日 三りんぼう	25	友引	なる	角	05:48 17:05	00:11 14:48	07:15 20:45	06:04 17:23	02:42 17:41	00:29 09:36
十七日	金	つちのと　ひつじ	二黒	靖國神社秋季例大祭（〜十九日） 貯蓄の日、岩手釜石まつり（〜十九日）	不成就日	26	先負	おさん	亢	05:49 17:04	01:54 15:09	08:16 21:12	06:05 17:22	03:47 17:04	00:34 10:20 23:22
十八日	土	かのえ　さる	一白	統計の日 浅草寺菊供養会	庚申	27	仏滅	ひらく	氐	05:49 17:02	02:50 15:29	09:01 21:40	06:06 17:21	04:33 17:14	10:53 23:23
十九日	日	かのと　とり	九紫	東京日本橋べったら市（〜二十日） 京都建勲神社船岡大祭	一粒万倍日	28	大安	とづ	房	05:50 17:01	03:33 15:48	09:39 22:08	06:07 17:19	05:14 17:36	11:24 23:49
二十日	月	みずのえ　いぬ	八白	秋土用（12:29） えびす講		29	赤口	たつ	心	05:51 17:00	04:11 16:08	10:13 22:35	06:08 17:18	05:53 18:00	11:54 –
二十一日	火	みずのと　い	七赤	●新月	旧九月大 不成就日	朔	先負	のぞく	尾	05:52 16:59	04:47 16:28	10:45 23:02	06:08 17:17	06:31 18:24	00:19 12:23
二十二日	水	きのえ　ね	六白	京都時代祭 京都鞍馬の火祭	甲子	2	仏滅	みつ	箕	05:53 16:57	05:22 16:48	11:15 23:29	06:09 17:16	07:09 18:46	00:51 12:50
二十三日	木	きのと　うし	五黄	霜降（12:51） 電信電話記念日		3	大安	たいら	斗	05:54 16:56	05:57 17:09	11:43 23:56	06:10 17:15	07:47 19:05	01:24 13:16
二十四日	金	ひのえ　とら	四緑	国連デー、島根出雲大土地神楽（〜二十五日） 長崎平戸おくんち（〜二十七日）		4	赤口	さだん	牛	05:55 16:55	06:32 17:31	12:11 –	06:11 17:14	08:27 19:22	01:57 13:43
二十五日	土	ひのと　う	三碧	宇都宮二荒神社菊水祭（〜二十六日）		5	先勝	とる	女	05:56 16:54	07:08 17:54	00:23 12:38	06:12 17:12	09:11 19:36	02:32 14:10
二十六日	日	つちのえ　たつ	二黒	原子力の日		6	友引	やぶる	虚	05:57 16:53	07:47 18:18	00:52 13:04	06:13 17:11	10:07 19:40	03:12 14:40
二十七日	月	つちのと　み	一白	文字・活字文化の日 読書週間（〜十一月九日）	己巳	7	先負	あやぶ	危	05:58 16:52	08:34 18:43	01:25 13:33	06:14 17:10	11:43 18:53	03:57 15:15
二十八日	火	かのえ　うま	九紫	速記記念日	一粒万倍日、三りんぼう 大つち（〜十一月三日）	8	仏滅	なる	室	05:59 16:50	09:40 19:12	02:05 14:11	06:15 17:09	18:18 –	04:52 –
二十九日	水	かのと　ひつじ	八白		不成就日	9	大安	おさん	壁	05:59 16:49	11:23 19:52	03:00 15:34	06:15 17:08	16:04 –	05:53 –
三十日	木	みずのえ　さる	七赤	◐上弦		10	赤口	ひらく	奎	06:00 16:48	13:02 22:03	04:26 18:51	06:16 17:07	16:32 –	07:11 –
三十一日	金	みずのと　とり	六白	ハロウィン	一粒万倍日	11	先勝	とづ	婁	06:01 16:47	13:50 –	06:08 19:55	06:17 17:06	16:45 –	08:43 23:39

2025
令和7年

十一月（小）

霜《しも》月《つき》

張宿《ちょうしゅく》

（十一月七日立冬の節より月命丁亥 二黒土星の月となる。暗剣殺は西南の方位）

旧 九月大 十月大

日	曜	十干・十二支	九星	行事	旧暦	六輝	中段	二十八宿	東京 日出入	東京 満潮	東京 干潮	大阪 日出入	大阪 満潮	大阪 干潮
一日	土	きのえ いぬ	五黄	新米穀年度、計量記念日、灯台記念日 教育・文化週間（〜七日）、明治神宮秋の大祭（〜三日） 旧九月大	12	友引	たつ	胃	06:02 16:46	00:36 14:21	07:24 20:31	06:18 17:05	03:06 16:40	09:38 22:54
二日	日	きのと い	四緑	十三夜、亥の子祭・炉開き 佐賀唐津くんち（〜四日）	13	先負	のぞく	昴	06:03 16:45	01:57 14:48	08:19 21:04	06:19 17:04	04:04 16:48	10:19 23:02
三日	月	ひのえ ね	三碧	◉文化の日 箱根大名行列、鹿児島弥五郎どん祭り	14	仏滅	みつ	畢	06:04 16:44	02:56 15:14	09:06 21:38	06:20 17:03	04:52 17:10	10:56 23:31
四日	火	ひのと うし	二黒		15	大安	たいら	觜	06:05 16:43	03:47 15:41	09:49 22:14	06:21 17:02	05:38 17:38	11:34 –
五日	水	つちのえ とら	一白	○満月 高知八代農村歌舞伎 小つち（〜十一日）	16	赤口	さだん	参	06:06 16:42	04:36 16:09	10:30 22:51	06:22 17:01	06:24 18:09	00:07 12:12
六日	木	つちのと う	九紫	京都松尾大社上卯祭 不成就日	17	先勝	とる	井	06:07 16:42	05:25 16:37	11:09 23:30	06:23 17:01	07:11 18:42	00:47 12:51
七日	金	かのえ たつ	八白	立冬（13:04） 秋田保呂羽山霜月神楽（〜八日）	18	友引	とる	鬼	06:08 16:41	06:14 17:07	11:46 –	06:24 17:00	08:01 19:14	01:31 13:30
八日	土	かのと み	七赤	世界都市計画の日、福島須賀川松明あかし 京都伏見稲荷大社火焚祭、愛知津島神社参候祭	19	先負	やぶる	柳	06:09 16:40	07:04 17:38	00:12 12:23	06:25 16:59	08:56 19:44	02:19 14:09
九日	日	みずのえ うま	六白	秋季全国火災予防運動（〜十五日）、京都嵐山もみじ祭 太陽暦採用記念日、茨城岩井将門まつり	20	仏滅	あやぶ	星	06:10 16:39	07:57 18:10	00:56 13:01	06:26 16:58	09:59 20:01	03:12 14:50
十日	月	みずのと ひつじ	五黄	技能の日 静岡音無神社尻つみ祭り	21	大安	なる	張	06:11 16:38	08:57 18:44	01:44 13:42	06:27 16:57	11:20 18:20	04:10 15:38
十一日	火	きのえ さる	四緑	群馬片品の猿追い祭り 世界平和記念日 十方暮れ（〜二十日）	22	赤口	おさん	翼	06:12 16:37	10:08 19:26	02:38 14:38	06:28 16:57	15:12 –	05:11 –
十二日	水	きのと とり	三碧	◑下弦、一の酉 千葉誕生寺御会式 一粒万倍日	23	先勝	ひらく	軫	06:13 16:37	11:28 20:50	03:42 16:25	06:29 16:56	16:03 –	06:17 –
十三日	木	ひのえ いぬ	二黒	一粒万倍日	24	友引	とづ	角	06:14 16:36	12:36 23:44	04:59 19:00	06:30 16:55	16:28 –	07:33 23:30
十四日	金	ひのと い	一白	三りんぼう 不成就日	25	先負	たつ	亢	06:15 16:35	13:22 –	06:18 19:57	06:30 16:55	02:28 16:13	08:45 23:44

十五日	土	つちのえ　ね	九紫	七五三、愛知豊川稲荷秋季大祭（〜十六日） 千葉中山法華経寺御会式（〜十八日）	26	仏滅	のぞく	氐	06:16 16:35	01:28 13:56	07:23 20:34	06:31 16:54	03:41 16:08	09:35 23:30
十六日	日	つちのと　うし	八白		27	大安	みつ	房	06:17 16:34	02:34 14:25	08:15 21:06	06:32 16:53	04:30 16:26	10:14 23:16
十七日	月	かのえ　とら	七赤	奈良談山神社例大祭	28	赤口	たいら	心	06:18 16:33	03:24 14:52	08:59 21:37	06:33 16:53	05:14 16:49	10:48 23:38
十八日	火	かのと　う	六白		29	先勝	さだん	尾	06:19 16:33	04:07 15:18	09:39 22:06	06:34 16:52	05:55 17:12	11:21 –
十九日	水	みずのえ　たつ	五黄		30	友引	とる	箕	06:20 16:32	04:45 15:44	10:15 22:35	06:35 16:52	06:35 17:34	00:07 11:52
二十日	木	みずのと　み	四緑	●新月 天一天上（〜十二月五日） 旧十月大	朔	仏滅	やぶる	斗	06:21 16:32	05:21 16:10	10:49 23:04	06:36 16:51	07:14 17:55	00:39 12:22
二十一日	金	きのえ　うま	三碧	京都東本願寺報恩講（〜二十八日）	2	大安	あやぶ	牛	06:22 16:31	05:55 16:36	11:21 23:34	06:37 16:51	07:52 18:17	01:12 12:52
二十二日	土	きのと　ひつじ	二黒	熊本八代妙見祭（〜二十三日）、大阪少彦名神社神農祭（〜二十三日） 小雪（10：36）、神話の高千穂夜神楽まつり（〜二十三日）	3	赤口	なる	女	06:23 16:31	06:29 17:04	11:52 –	06:38 16:50	08:32 18:39	01:46 13:24
二十三日	日	ひのえ　さる	一白	●勤労感謝の日 伊勢神宮新嘗祭（〜二十九日） 不成就日	4	先勝	おさん	虚	06:24 16:30	07:05 17:32	00:05 12:23	06:39 16:50	09:15 19:00	02:22 14:00
二十四日	月	ひのと　とり	九紫	振替休日、二の酉 一粒万倍日	5	友引	ひらく	危	06:25 16:30	07:43 18:01	00:38 12:55	06:40 16:50	10:03 19:06	03:00 14:41
二十五日	火	つちのえ　いぬ	八白	一粒万倍日	6	先負	とづ	室	06:26 16:30	08:26 18:33	01:13 13:32	06:41 16:49	10:59 18:39	03:42 15:35
二十六日	水	つちのと　い	七赤	三りんぼう	7	仏滅	たつ	壁	06:27 16:29	09:17 19:13	01:53 14:18	06:42 16:49	12:28 18:26	04:26 17:00
二十七日	木	かのえ　ね	六白	東京品川千躰荒神秋季大祭（〜二十八日） 感謝祭（アメリカ）	8	大安	のぞく	奎	06:28 16:29	10:15 20:12	02:39 15:28	06:43 16:49	14:47 –	05:14 –
二十八日	金	かのと　うし	五黄	◐上弦 税関記念日	9	赤口	みつ	婁	06:29 16:29	11:15 21:57	03:37 17:19	06:44 16:48	15:17 –	06:08 22:42
二十九日	土	みずのえ　とら	四緑	出雲大社神在祭	10	先勝	たいら	胃	06:30 16:28	12:08 23:56	04:53 18:49	06:45 16:48	00:37 15:09	07:16 22:35
三十日	日	みずのと　う	三碧		11	友引	さだん	昴	06:31 16:28	12:54 –	06:17 19:43	06:46 16:48	02:34 15:21	08:30 22:16

2025
令和7年

十二月(大)

師走《しわす》

翼宿《よくしゅく》

(十二月七日大雪の節より月命戊子一白水星の月となる。暗剣殺は北の方位)

旧 十月大 十一月大

日	曜	十干・十二支	九星	行事	旧暦	六輝	中段	二十八宿	東京 日出入	東京 満潮	東京 干潮	大阪 日出入	大阪 満潮	大阪 干潮
一日	月	きのえ たつ	二黒	岡山最上稲荷お火たき大祭(～二日)、映画の日 歳末たすけあい運動(～三十一日)、世界エイズデー 旧十月大 不成就日	12	先負	とる	畢	06:31 16:28	01:31 13:35	07:28 20:26	06:46 16:48	03:47 15:47	09:30 22:37
二日	火	きのと み	一白	埼玉秩父夜祭(～三日)	13	仏滅	やぶる	觜	06:32 16:28	02:46 14:13	08:27 21:07	06:47 16:48	04:45 16:20	10:21 23:12
三日	水	ひのえ うま	九紫	障害者週間(～九日) 島根美保神社諸手船神事	14	大安	あやぶ	参	06:33 16:28	03:47 14:52	09:18 21:49	06:48 16:48	05:38 16:55	11:08 23:54
四日	木	ひのと ひつじ	八白	人権週間(～十日)	15	赤口	なる	井	06:34 16:28	04:42 15:31	10:06 22:32	06:49 16:48	06:30 17:34	11:53 –
五日	金	つちのえ さる	七赤	○満月、石川奥能登あえのこと(招き) 納めの水天宮	16	先勝	おさん	鬼	06:35 16:28	05:32 16:10	10:52 23:17	06:50 16:48	07:20 18:13	00:39 12:37
六日	土	つちのと とり	六白	一粒万倍日	17	友引	ひらく	柳	06:36 16:28	06:20 16:49	11:35 –	06:51 16:48	08:09 18:54	01:26 13:20
七日	日	かのえ いぬ	五黄	大雪(06:05)、福岡ふいご大祭 京都千本釈迦堂大根炊き(～八日)	18	先負	ひらく	星	06:37 16:28	07:06 17:28	00:03 12:18	06:51 16:48	08:58 19:37	02:15 14:05
八日	月	かのと い	四緑	納めの薬師 針供養、こと納め 一粒万倍日	19	仏滅	とづ	張	06:37 16:28	07:51 18:09	00:49 13:00	06:52 16:48	09:47 20:21	03:03 14:51
九日	火	みずのえ ね	三碧	京都了徳寺大根炊き(～十日) 一粒万倍日、不成就日 八専(～二十日)	20	大安	たつ	翼	06:38 16:28	08:35 18:52	01:35 13:44	06:53 16:48	10:38 18:18 21:08	03:51 15:43 19:42
十日	水	みずのと うし	二黒	世界人権デー、埼玉武蔵一宮氷川神社大湯祭 納めの金毘羅	21	赤口	のぞく	軫	06:39 16:28	09:18 19:42	02:20 14:34	06:54 16:48	11:36 18:14	04:39 16:55
十一日	木	きのえ とら	一白	三りんぼう	22	先勝	みつ	角	06:40 16:28	10:00 20:53	03:05 15:40	06:55 16:48	12:54 23:22	05:26 21:45
十二日	金	きのと う	九紫	◑下弦 漢字の日	23	友引	たいら	亢	06:41 16:28	10:42 22:39	03:53 17:17	06:55 16:48	14:07 –	06:14 22:23
十三日	土	ひのえ たつ	八白	正月こと始め すす払い	24	先負	さだん	氐	06:41 16:29	11:25 –	04:52 18:50	06:56 16:49	01:48 14:31	07:08 22:49
十四日	日	ひのと み	七赤	東京高輪泉岳寺赤穂義士祭	25	仏滅	とる	房	06:42 16:29	00:38 12:10	06:04 19:47	06:57 16:49	05:40 14:55	08:15 23:00

十五日	月	つちのえ　うま	六白	年賀郵便特別扱い開始、東京世田谷ボロ市（～十六日） 奈良春日大社春日若宮おん祭り（～十八日）		26	大安	やぶる	心	06:43 16:29	02:19 12:58	07:15 20:30	06:57 16:49	07:00 15:18	09:18 23:12
十六日	火	つちのと　ひつじ	五黄	石川氣多大社鵜祭		27	赤口	あやぶ	尾	06:43 16:30	03:25 13:46	08:16 21:06	06:58 16:50	07:21 15:39	10:11 23:36
十七日	水	かのえ　さる	四緑	東京浅草寺羽子板市（～十九日）	庚申 不成就日	28	先勝	なる	箕	06:44 16:30	04:11 14:29	09:07 21:41	06:59 16:50	07:06 16:00	10:57 –
十八日	木	かのと　とり	三碧	納めの観音		29	友引	おさん	斗	06:45 16:30	04:49 15:09	09:51 22:15	06:59 16:50	07:12 16:28	00:06 11:37
十九日	金	みずのえ　いぬ	二黒			30	先負	ひらく	牛	06:45 16:31	05:22 15:44	10:31 22:49	07:00 16:51	07:35 17:03	00:38 12:12
二十日	土	みずのと　い	一白	●新月	旧十一月大 一粒万倍日	朔	大安	とづ	女	06:46 16:31	05:54 16:18	11:07 23:23	07:00 16:51	08:02 17:43	01:10 12:47
二十一日	日	きのえ　ね	一白	納めの大師	一粒万倍日、天赦、甲子 陽遁始め	2	赤口	たつ	虚	06:46 16:32	06:25 16:51	11:41 23:57	07:01 16:52	08:32 18:25	01:42 13:22
二十二日	月	きのと　うし	二黒	冬至（00：03）、ゆず湯 奈良一言主神社一陽来復祭		3	先勝	のぞく	危	06:47 16:32	06:57 17:24	12:15 –	07:01 16:52	09:04 19:09	02:15 14:01
二十三日	火	ひのえ　とら	三碧		三りんぼう	4	友引	みつ	室	06:47 16:33	07:30 17:58	00:31 12:50	07:02 16:53	09:39 19:56	02:48 14:43
二十四日	水	ひのと　う	四緑	納めの地蔵 三重桑名伊勢大神楽	不成就日	5	先負	たいら	壁	06:48 16:33	08:04 18:36	01:05 13:27	07:02 16:53	10:17 20:47	03:23 15:32
二十五日	木	つちのえ　たつ	五黄	クリスマス 京都北野天満宮終い天神		6	仏滅	さだん	奎	06:48 16:34	08:40 19:21	01:40 14:10	07:03 16:54	10:59 21:44	04:00 16:32
二十六日	金	つちのと　み	六白	官庁御用納め	己巳	7	大安	とる	婁	06:48 16:34	09:18 20:19	02:17 15:01	07:03 16:54	11:44 22:51	04:39 19:08
二十七日	土	かのえ　うま	七赤		大つち（～一月二日）	8	赤口	やぶる	胃	06:49 16:35	09:56 21:38	02:57 16:10	07:04 16:55	12:30 –	05:21 20:45
二十八日	日	かのと　ひつじ	八白	◐上弦、納めの不動		9	先勝	あやぶ	昴	06:49 16:36	10:37 23:15	03:46 17:35	07:04 16:56	00:17 13:14	06:12 21:01
二十九日	月	みずのえ　さる	九紫			10	友引	なる	畢	06:49 16:36	11:21 –	04:54 18:51	07:04 16:56	02:06 13:56	07:20 21:35
三十日	火	みずのと　とり	一白			11	先負	おさん	觜	06:50 16:37	01:09 12:12	06:26 19:51	07:04 16:57	05:41 14:39	08:40 22:18
三十一日	水	きのえ　いぬ	二黒	大晦日、年越し、八坂神社けら詣り、大はらい 男鹿ナマハゲ、出羽三山神社松例祭（～一月一日）		12	仏滅	ひらく	参	06:50 16:38	03:01 13:10	07:51 20:43	07:05 16:58	06:32 15:24	09:55 23:03

心に届く
手紙のあいさつ

時候のあいさつとは

普通私達が手紙を書く場合、大きく分けて〝実用〟と〝社交〟に区別できるものと考えられます。実用は移転の通知や招待状などで比較的面倒ではありませんが、社交には一定の形式というものがあります。まず冒頭に書くのが「拝啓」などで、そのあとに時候のあいさつとなります。時候のあいさつは、自分なりに季節感を織り込んでのびのびと書くことが大切です。決まり文句を並べすぎるのは味気ないものです。

時候のあいさつのさまざまな表現

※**一月（睦月・正月）**
初春・新春・厳寒のみぎり・寒の入り・大寒・寒気ことのほか厳しい日々ですが・降り積もる雪・スキー・スケート

※**二月（如月・梅見月）**
晩冬の候・寒明け・余寒の候・立春とは名ばかりで、朝夕はまだ寒さの厳しい季節でございますが・三寒四温

※**三月（弥生・花見月）**
早春の候・浅春のみぎり・急に春めいた今日この頃・一雨ごとの暖かさ・暑さ寒さも彼岸までと申しますが・雛祭り・春一番

※**四月（卯月・花残月）**
花冷え・花便り・うららか・春陽麗和の好季節・桜花爛漫の候・春たけなわ・楽しい新学期・春暖の候

※**五月（皐月・早苗月）**
薫風の候・晩春・立夏・緑したたる好季節・新緑の目にしみる昨今・春色ようやく衰え、吹く風も夏めいてまいりました

※**六月（水無月・風待月）**
梅雨・衣がえの季節・田植え・紫陽花・つばめ・梅雨冷えの折柄・初夏の候・素足の快い味わい・若鮎のさわやかな光り

※**七月（文月・七夜月）**
盛夏・梅雨明けの暑さ・土用の入り・天の川・七夕・爽快な夏・暑気日ごとに加わり・星祭り・いよいよ夏休み・避暑・夕風の涼味うれしい頃

※**八月（葉月・月見月）**
残暑の候・立秋・旧盆・秋立つ・朝顔・夏を惜しむ・秋立つとは申しながら、暑熱いまだ衰えをみせず・暑さもようやく峠を越え

※**九月（長月・菊月）**
二百十日・虫の音・秋晴れ・野分けの季節・朝夕日毎に凌ぎやすくなり・新涼の候・天高く馬肥ゆる好季節・日々、ひと雨ごとに秋も色こく相成り

※**十月（神無月・雷無月）**
秋冷・秋の味覚・月見・読書の秋・仲秋の候・昨今は日脚も短く相成り・菊薫る好季節・秋気身にしみる頃となりました

※**十一月（霜月・雪待月）**
晩秋・立冬・向寒・菊日和・渡り鳥・冬支度・七五三・逐日冷気加わる折柄・落陽の音にも秋の淋しさ身にしみて

※**十二月（師走・春待月）**
寒冷・酉の市・ゆず湯・冬至・初氷・木枯らし吹きすさぶ季節・歳末多端の折・本年も余すところ旬日に迫り

高島易断開運本暦

九星別運勢と方位の吉凶

◎大吉　○吉　△凶　▲大凶

生まれ年別の九星の調べ方

本命星の出し方

生まれた年の九星を「本命星」といい、この星を主体にして方位や運勢を占います。各自の本命星を出すには、左の早見表を見てください。

まず自分の生まれ年を見て、右に行きますと、九星欄に九星が載っています。それがあなたの本命星となります。ただし、この場合に注意していただきたいことは、二月の節分以前の月・日に生まれた人は、その前の年に生まれた人と同じ本命星となることです。

暦上の新年は立春からです。たとえば平成五年一月三十日生まれの人の本命星は、平成五年の「七赤金星」ではなく、平成四年の「八白土星」になります。同様に干支も癸酉ではなく壬申になります。これは大切なことですから、間違えないようにしてください。

年齢の数え方

左表の年齢は満年齢になっていますので、今年の誕生日が来てこの年齢になります。また、この表の満年齢に一歳を加えれば数え年になります。

年齢から本命星を探す場合も、二月節分までに生まれた人は、その前年に生まれた人の年齢の欄を見るよう、注意してください。

年齢	干支	生年 邦暦	生年 西暦	九星
歳		年	年	
29	丙子	平成8	1996	四緑木星
28	丁丑	9	1997	三碧木星
27	戊寅	10	1998	二黒土星
26	己卯	11	1999	一白水星
25	庚辰	12	2000	九紫火星
24	辛巳	13	2001	八白土星
23	壬午	14	2002	七赤金星
22	癸未	15	2003	六白金星
21	甲申	16	2004	五黄土星
20	乙酉	17	2005	四緑木星
19	丙戌	18	2006	三碧木星
18	丁亥	19	2007	二黒土星
17	戊子	20	2008	一白水星
16	己丑	21	2009	九紫火星
15	庚寅	22	2010	八白土星
14	辛卯	23	2011	七赤金星
13	壬辰	24	2012	六白金星
12	癸巳	25	2013	五黄土星
11	甲午	26	2014	四緑木星
10	乙未	27	2015	三碧木星
9	丙申	28	2016	二黒土星
8	丁酉	29	2017	一白水星
7	戊戌	30	2018	九紫火星
6	己亥	平成31 令和元	2019	八白土星
5	庚子	2	2020	七赤金星
4	辛丑	3	2021	六白金星
3	壬寅	4	2022	五黄土星
2	癸卯	5	2023	四緑木星
1	甲辰	6	2024	三碧木星
0	乙巳	7	2025	二黒土星

＊甲（きのえ）、乙（きのと）、丙（ひのえ）、丁（ひのと）、戊（つちのえ）、己（つちのと）、庚（かのえ）、辛（かのと）、壬（みずのえ）、癸（みずのと）、子（ね）、丑（うし）、寅（とら）、卯（う）、辰（たつ）、巳（み）、午（うま）、未（ひつじ）、申（さる）、酉（とり）、戌（いぬ）、亥（い）

令和７年（干支／九星）年齢早見表

年齢	干支	生年 邦暦	生年 西暦	九星
歳		年	年	
97	戊辰	昭和3	1928	九紫火星
96	己巳	4	1929	八白土星
95	庚午	5	1930	七赤金星
94	辛未	6	1931	六白金星
93	壬申	7	1932	五黄土星
92	癸酉	8	1933	四緑木星
91	甲戌	9	1934	三碧木星
90	乙亥	10	1935	二黒土星
89	丙子	11	1936	一白水星
88	丁丑	12	1937	九紫火星
87	戊寅	13	1938	八白土星
86	己卯	14	1939	七赤金星
85	庚辰	15	1940	六白金星
84	辛巳	16	1941	五黄土星
83	壬午	17	1942	四緑木星
82	癸未	18	1943	三碧木星
81	甲申	19	1944	二黒土星
80	乙酉	20	1945	一白水星
79	丙戌	21	1946	九紫火星
78	丁亥	22	1947	八白土星
77	戊子	23	1948	七赤金星
76	己丑	24	1949	六白金星
75	庚寅	25	1950	五黄土星
74	辛卯	26	1951	四緑木星
73	壬辰	27	1952	三碧木星
72	癸巳	28	1953	二黒土星
71	甲午	29	1954	一白水星
70	乙未	30	1955	九紫火星
69	丙申	31	1956	八白土星
68	丁酉	32	1957	七赤金星
67	戊戌	33	1958	六白金星
66	己亥	34	1959	五黄土星
65	庚子	35	1960	四緑木星
64	辛丑	36	1961	三碧木星

年齢	干支	生年 邦暦	生年 西暦	九星
歳		年	年	
63	壬寅	昭和37	1962	二黒土星
62	癸卯	38	1963	一白水星
61	甲辰	39	1964	九紫火星
60	乙巳	40	1965	八白土星
59	丙午	41	1966	七赤金星
58	丁未	42	1967	六白金星
57	戊申	43	1968	五黄土星
56	己酉	44	1969	四緑木星
55	庚戌	45	1970	三碧木星
54	辛亥	46	1971	二黒土星
53	壬子	47	1972	一白水星
52	癸丑	48	1973	九紫火星
51	甲寅	49	1974	八白土星
50	乙卯	50	1975	七赤金星
49	丙辰	51	1976	六白金星
48	丁巳	52	1977	五黄土星
47	戊午	53	1978	四緑木星
46	己未	54	1979	三碧木星
45	庚申	55	1980	二黒土星
44	辛酉	56	1981	一白水星
43	壬戌	57	1982	九紫火星
42	癸亥	58	1983	八白土星
41	甲子	59	1984	七赤金星
40	乙丑	60	1985	六白金星
39	丙寅	61	1986	五黄土星
38	丁卯	62	1987	四緑木星
37	戊辰	63	1988	三碧木星
36	己巳	昭和64 平成元	1989	二黒土星
35	庚午	2	1990	一白水星
34	辛未	3	1991	九紫火星
33	壬申	4	1992	八白土星
32	癸酉	5	1993	七赤金星
31	甲戌	6	1994	六白金星
30	乙亥	7	1995	五黄土星

運勢の見方

本書によって自分の運勢を知りたい時は、まず「生まれ年別の九星の調べ方」（74〜75ページ）によって、自分の九星（本命星）を確認し、次に九星別の運勢欄（77ページ〜）から、自分の九星の箇所を探します。そこにはあなたの本年の運勢及び毎月の運勢が記載されていますから、吉方位・凶方位と併せて慎重に検討し、あなたの本年の開運吉祥の指針をつかんでください。

なお、各九星ごとの最初のページには、今年の運勢の変化を表すグラフを掲載しています。

弱運であっても悲観することなく、強運でも油断して怠けないでください。強弱だけを気にせず、運勢の流れをくみ取って、力強く進みましょう。

方位の調べ方

九星別の運勢欄で今年の自分の吉方位はどちらか、凶方位はどちらかを調べることができます。年盤で吉方位でも、月盤で吉方位でない場合があります。またこの反対もありますが、この場合は最大吉方位とはなりません。人生の重要事には、最大吉方位をとることが最良の吉慶をつかむことになります。

年の吉方位を重んじ、取引や小旅行のように一時的なものを占う場合は、月盤の吉方位を利用する方法もあります。

適職の調べ方

九星別の運勢欄には、各星ごとの適職を掲載していますので、これを参考にしてください。

一白水星《いっぱくすいせい》

2025年の運勢の変化と指針

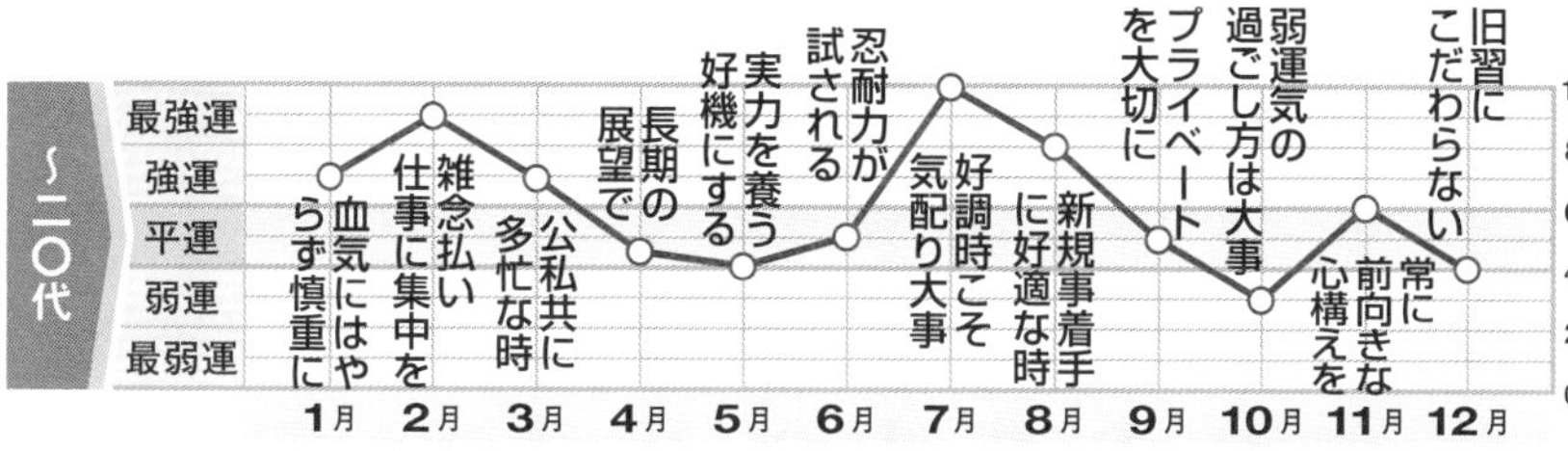

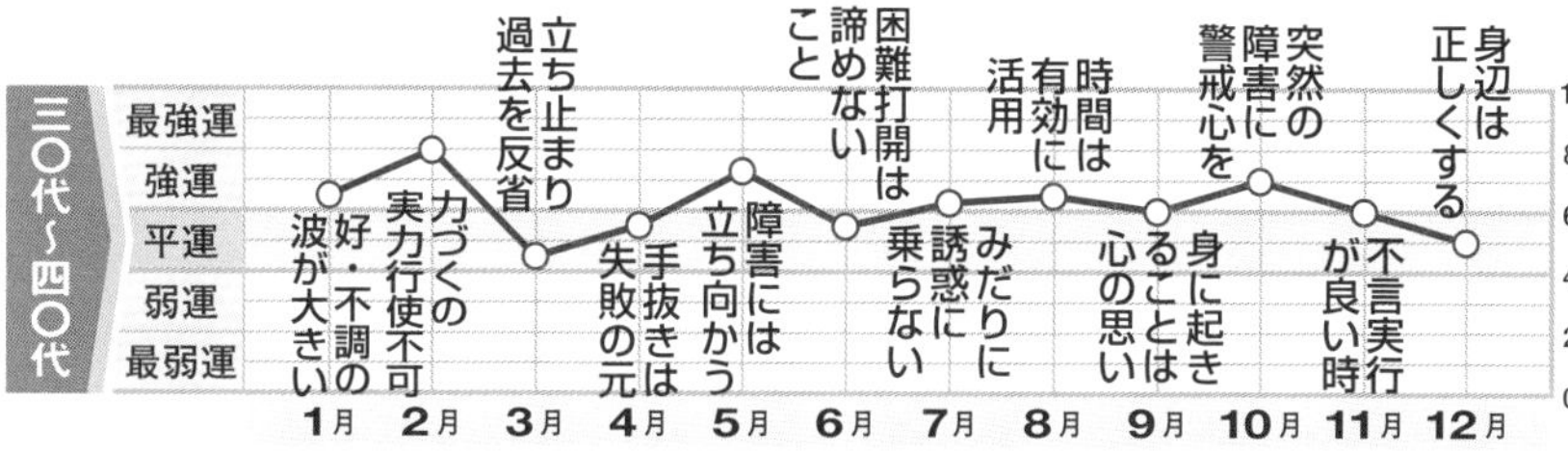

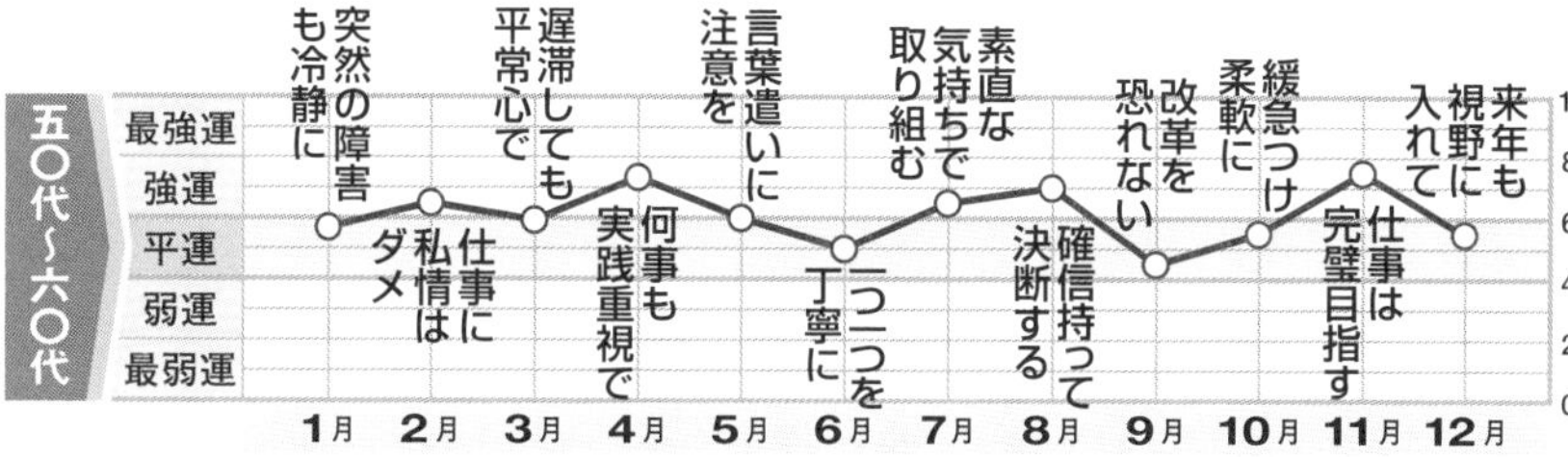

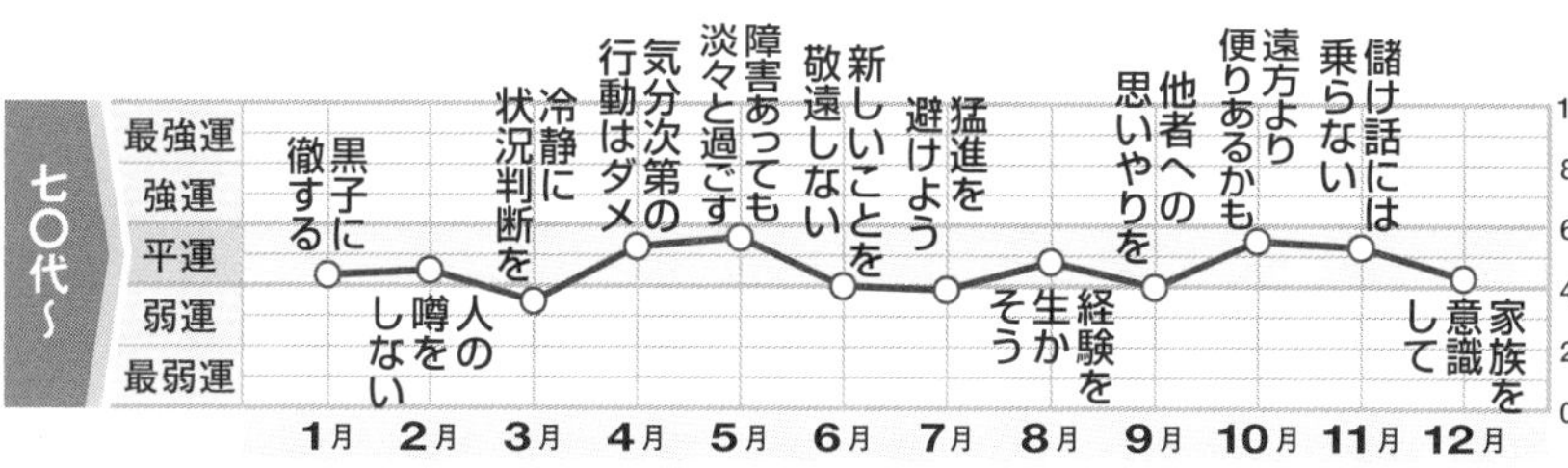

一白水星生まれの人

8歳（平成29年 丁酉）	44歳（昭和56年 辛酉）	80歳（昭和20年 乙酉）
17歳（平成20年 戊子）	53歳（昭和47年 壬子）	89歳（昭和11年 丙子）
26歳（平成11年 己卯）	62歳（昭和38年 癸卯）	98歳（昭和 2 年 丁卯）
35歳（平成 2 年 庚午）	71歳（昭和29年 甲午）	107歳（大正 7 年 戊午）

一白水星 ◎ 開花期

　本年、一白水星のあなたの本命星は開花期と言われる東南の巽宮《そんきゅう》に回座しています。同時に七赤金星に被同会されています。この時期は運気盛大で成功の度合いの強い星回りです。温めていた腹案や計画があれば早めに実行に移すのが良いです。この本命星を持つあなたは外見が穏和で内に秘める実力はあるのですが、その力を発揮するタイミングが難しい人でもあります。発揮するタイミングが外れると暴走さえしかねません。

　本年はそんな難しいあなたにも絶好の好機と言える時です。冒頭にあげた腹案や計画があれば即実行できるように心の準備を整えておくのが良いでしょう。日頃疎遠だった人からの連絡にもアンテナを傾けて話を聞くようにすると、思わぬ朗報があるかもしれません。成果を手にするまでに時間がかかることがあります。焦らずじっくりと継続させることによって良好な結果を得ることができるでしょう。

　プライベートの時間も充実します。仕事とプライベートと忙しい年になりますが、その時々を一生懸命やり抜くことが幸せにつながります。取引関係や人間関係を充実させることで信用力が益々大きくなります。また営業に携わる人には新規の顧客獲得のチャンスがある時期です。交友関係も大きく広がり、恋愛や結婚の話も活発になります。お付き合いが長かったカップルにはゴールインという実りが待っています。

　スマホ全盛の時代だからこそ、手紙やハガキを出すことに意義があります。ハガキの一枚も書いてみましょう。

吉方

本年は相生する六白金星が回座する南方位、四緑木星が回座する西方位、七赤金星が回座する北方位が吉方となります。月別の吉方は毎月の運勢欄をご覧ください。

凶方

本年は五黄土星が回座する東北方位が五黄殺、反対側の八白土星が回座する西南方位が暗剣殺の大凶方位になります。一白水星が回座する東南方位が本命殺、三碧木星が回座する西北方位が本命的殺となり大凶方位になります。本年の十二支である巳の反対側、亥の方位が歳破で大凶方位です。月別の凶方は毎月の運勢欄をご覧ください。

一白水星方位吉凶図

適職

法律家、医師、印刷業、飲食業、書店、文筆業、政治家、漁業水産加工、酒類製造販売業、観光旅行業、クリーニング業、ガソリンスタンド、モデル、タレント、コンパニオン等

♣ 健康運

今年の健康運は概して良いほうです。他者のために気遣いをして精神力を弱めないことが大切です。現代の人間関係は少しのことでも崩れやすくもろくなっています。そんなところに病の源が潜んでいます。肉体的疲労を起こし、耐えきれずうつ状態になってしまうことがあります。勢いに任せて心身に疲労を溜め込んでしまうという悪循環に陥らないよう注意しましょう。本年は過酷な労力を使わなければ健康に一年を過ごすことができます。

体力を消耗した時に風邪をひきやすくなります。風邪は万病の元と言われるように、他の疾患を併発することが怖いのです。無駄な労力を使わず適度に休養を取り入れ、健康な一年を過ごしましょう。

◆ 金銭運

本年の金銭運は良好です。真面目に仕事に取り組めば、それなりの収入が得られます。働けばお金が入ってくるのは当たり前ではなく、ありがたくて幸せなことです。自分の働きが人のためになっていることを意識するのは大切なことです。他者のために奉仕をすると金銭運はアップします。直接の見返りはなくても、めぐりめぐって懐状況は良くなります。

普段見向きもしなかった遠方からも良好な金銭運が流れてきます。敬遠せずに対応していきましょう。思わぬ良好な取引が生まれて利益が向上します。ただし、利益ばかりを追求するような対応の仕方では相手は逃げてしまいます。先方も良い、こちらも良い。そんなふうに社会の役に立つのが金銭運上昇のコツです。

♥ 恋愛運

一白水星生まれのあなたの恋が本年は最高潮と言っても良いです。恋愛中の二人には結婚という祝福が待ち構えていることでしょう。長い間恋人がいなかった人にも、本年は相手出現の機運がある年回りです。それとなく雰囲気を感じたら勇敢にアタックを試みましょう。心の内も秘めたきりでは伝わりません。秘めた恋が格好良いのはドラマの中だけで、打ち明けて吉か凶に分かれるのが現実の世界です。遠方からの情報も見逃せません。

本年あなたは恋愛がまとまりやすい星回りに入っているのです。アタックチャンスは何回でもあるはずです。何もしなければ、恋愛での吉も生まれません。

一白水星生まれの運勢指針

❖ 八歳

自分が中心でないと気に入らない育ち方をすると、将来に不安が残ります。周囲から友達がだんだん少なくなってしまいます。子供どうしの交わりを大事にしましょう。

❖ 十七歳

この時期は多くの若者が分かれ道に立って、進路に頭を悩ませます。あと一年もすると大人の仲間入りですが、それよりも自分の将来のことが大問題になっているでしょう。慎重な選択を。

❖ 二十六歳

運気は良い時期です。浮かれ気分を捨てて本職に取り組みましょう。仕事にも慣れて新人とは言われなくなり、自分の責任で物事を処理して人生を歩んでいかなければならないのです。

❖ 三十五歳

中堅になり役職を得ている人もいるでしょう。ここで失敗してはいけないという気持ちが大きくなると、次のステップへの足かせになります。失敗を恐れず果敢に突き進んでいくのが吉策です。

❖ 四十四歳

周囲の状況がよく見えて、こんなものかと気楽に考えるのは危険です。人生いつ何時どんなふうに変化するか誰にもわかりません。どんな変化にも耐えられる心の準備は常に必要です。

❖ 五十三歳

場合によっては階段の踊り場にいるような状態でしょう。駆け上がってきた階段を上から眺め、反対にこれから昇ろうとする階段を下から眺めるゆとりを持ちましょう。

❖ 六十二歳

仕事から少し離れて息抜きをしたい場所にいる状況でしょう。まだ体力は十分にある今だからできることも多々あります。後輩に上手く仕事を引き継ぐ準備も必要でしょう。

❖ 七十一歳

気分的に少し落ち込むことがありますが、余力は十分に残っています。もう引退などと考えず、死ぬまで働く覚悟が必要な時代です。もう少し頑張りましょう。

❖ 八十歳

このくらいの年齢まで現役で働いている人が増えてきました。働ける体力があるうちはどんな仕事でも従事して社会貢献に尽くしましょう。あなたの元気が周囲を活性化させます。

❖ 八十九歳

こまめに体を動かすことが億劫でないあなたは、恵まれた素質を持っています。あなたの行動が周囲を動かす原動力となって活性化することもあります。

❖ 九十八歳

周りに若い人が集まって周囲が明るくなります。輪に加わって意見交換をすると、自分自身も活力をもらえて若返るでしょう。新たな情報が耳から入り、脳細胞も若返ります。

❖ 一〇七歳

よく頑張って生き抜いてきたという賞賛の声が聞こえそうです。人生の後輩に伝えることがあれば、たくさんのことを言い残しておきましょう。

一月運勢

一月五日小寒の節より
月命丁丑　三碧木星の月
暗剣殺　東の方位

陽気で華やかな年明けの月になりますがしっかりした計画の下に着実に進めていきましょう。災難はいつ何時訪れるかわからないものです。結論を急ぐあまり仕上げが雑になっては、かえって危険が付きまとうものです。はやる気持ちに隙ができて、ミスが付け込んできます。仕事は１００％完全でなければ、できたとは言えません。

目標・目的を具体的に掲げて実行していくのが良策です。目標・目的が明確でないまま進むのは失敗の元です。努力が空回りしてしまいます。努力目標を紙に書いて目に付くようにしておくと良いでしょう。

1月の方位

今月の吉方位

大吉→東北、南
吉→乾、亥

1	水	△	新たな気持ちで新年を迎えて出発
2	木	○	自己を顧みて今年の方針再構築を
3	金	◎	あまり前面に出ず周囲に気配りを
4	土	○	善行は蓄積されて次の発展の礎に
5	日	◎	仕事への心の準備を忘れないこと
6	月	△	仕事始めにつまずかない慎重さを
7	火	△	華やかさの中の哀愁を感じる時に
8	水	▲	一時的な停滞に焦らず責務遂行を
9	木	○	疲労を感じたら休養を十分に取る
10	金	△	他者からの援助は有難く受けよう
11	土	○	周囲との調和を乱さない言動取る
12	日	◎	こんな時勢こそ故郷に便りしよう
13	月	○	風聞に振り回されず自己信念貫く
14	火	◎	地道な研鑽が実を結び成果が出る
15	水	△	少しの気の緩みが大きな損失生む
16	木	△	目立とうとする言動は顰蹙《ひんしゅく》を買う
17	金	▲	運気低迷時は実力を磨く良い時に
18	土	○	自分のことは自分で責任取ること
19	日	△	周囲が良く見えても気にせず精進
20	月	○	気が大きくなっても独断専行慎む
21	火	◎	好機を見逃さない緊張感を持って
22	水	○	周りから注目されても謙虚さ保つ
23	木	◎	諸事順調に進んでいく平穏な一日
24	金	△	調子の悪い時も落胆せず前向きに
25	土	△	人の期待に沿う努力が進歩の原点
26	日	▲	はやる心持ちの時は行動に注意を
27	月	○	蓄えたエネルギーを善用して吉日
28	火	△	諸先輩の要求が大きく出てくる時
29	水	○	衝動買いをせぬよう財布の紐結ぶ
30	木	◎	良いと思ったことは迷わず実行に
31	金	○	掛け声倒れにならぬよう計画通り

一白水星
運勢指針／一月運勢

二月運勢

二月三日立春の節より
月命戊寅　二黒土星の月
暗剣殺　西南の方位

前月ははっきり見えてこなかった努力の成果が、今月は具体的に実を結んでくるでしょう。予期しないところからの朗報も入ってきます。追い風を受けて順調に進捗していきます。良い話は案外近くにもあるでしょう。宴会場で隣に座った人からもたらされるかもしれません。

調子が良い時は独断専行になりがちです。周囲との連携や気配りを忘れないようにしましょう。仕事は一人ではできないものです。多くの人の協力があってこそということを忘れない心持ちが好運を招き寄せ、長持ちさせる元になっているのです。

2月の方位

今月の吉方位

大吉→南、北
吉→西

日	曜	運	
1	土	◎	忍耐強く目的に向かって突っ走れ
2	日	△	障害のない人生はないと腹を括る
3	月	△	我慢するということも努力の一つ
4	火	▲	失敗恐れず挑戦意欲持つのが大切
5	水	○	脇見せず仕事に邁進するのが吉策
6	木	△	他人の領分に入り込まないように
7	金	○	タイミング外さず手を打つ鍛錬を
8	土	◎	好機を待つのではなく最善尽くす
9	日	○	事の軽重を図り順序良く処理する
10	月	◎	ビジネスチャンスの日仕事に没頭する
11	火	△	結果を手にするまで気を緩めない
12	水	△	閉塞感あったら現状に留まる気で
13	木	▲	協力してくれる仲間に感謝忘れず
14	金	○	目標完遂までは遊興を意識せずに
15	土	△	些細な事にも気配り忘れないこと
16	日	○	異性と楽しい会食の機会が訪れる
17	月	◎	有言実行にして退路を断つ覚悟で
18	火	○	家庭と仕事の両立を上手に考えて
19	水	◎	正々堂々と王道を進み実力を出す
20	木	△	悪いことでも大きく喧伝される日
21	金	△	足腰のケガに注意を払って進行を
22	土	▲	若い人の不注意を寛大な目で見て
23	日	○	人生の先輩の忠告を素直に聞いて
24	月	△	急がず完全を求めて推進させよう
25	火	○	物事を始めるのに常に今が好機だ
26	水	◎	安請け合いせず誠実に約束を守る
27	木	○	身の周りの整理整頓は幸せの条件
28	金	◎	仕事に追われず追いかける心構え

三月運勢

三月五日啓蟄の節より
月命己卯　一白水星の月
暗剣殺　北の方位

運気は上々とは言えないですが、あなたの周りに自然と人や物が集まってきます。それらを上手に活用し、前進の糧にしていきましょう。あなたの活躍を快く思わない人がいます。あなたの足を引っ張るような暴挙に出る人も出てきます。相手にせず、淡々と自分の責務を果たしましょう。

方針はきちんとしておくべきです。迷いが生じた時はその方針に忠実に推進していくのが賢いやり方です。人が集まると、中には良からぬことを考える人間が出てきます。邪道に染まらず正道をしっかり歩んでいきましょう。

3月の方位

今月の吉方位

吉→庚、辛

日	曜	運	内容
1	土	△	努力しても空回りすることがある
2	日	△	浮かれ気分を引き締め英気を養う
3	月	▲	新鮮な気持ちで物事に対峙しよう
4	火	○	仕事に私情を挟まぬよう自戒する
5	水	△	黒白二者択一ではなく灰色決着も
6	木	○	横道にそれず計画通りに進めて吉
7	金	◎	堅実な仕事ぶりが認められ好評に
8	土	○	密室的決着は後日に禍根を残す元
9	日	◎	新規の企画が受け入れられる吉日
10	月	△	突然の災厄にも沈着冷静に対応を
11	火	△	人との歓談は心に希望を与える灯
12	水	▲	人生も仕事も山あり谷ありと知る
13	木	○	焦点を絞って力を集中させて進む
14	金	△	机上の理論より実践を優先させる
15	土	○	大言壮語して約束を反故にしない
16	日	◎	家庭内の問題には迅速に対応する
17	月	○	井の中の蛙にならぬよう大局観を
18	火	◎	調子が良くても独りよがりを警戒
19	水	△	障害は乗り越えていくと進歩あり
20	木	△	意見が違う時は若い人の意見採用
21	金	▲	失敗も教訓として心に留めておく
22	土	○	強引な手法は非難の的に柔軟性を
23	日	△	休日の過ごし方が明日への活力源
24	月	○	人の噂話は鵜呑みにせず理解して
25	火	◎	遅くても安全確実な方法の採用を
26	水	○	公私共に多忙な一日になる兆候が
27	木	◎	閃きと勘が冴える時あえて慎重に
28	金	△	他の手段も考えておく用心深さを
29	土	△	親しき仲にも礼儀あり節度を保つ
30	日	▲	目上からの注文は期待の表れなり
31	月	○	他者の非難悪口を絶対に言わない

四月運勢

四月四日清明の節より
月命庚辰　九紫火星の月
暗剣殺　南の方位

今月は仕事を中心に据える覚悟で生活を組み立てていきましょう。仕事で充足感を味わえる幸運な月です。努力以上の成果が手に入る可能性もあります。希望した案件が手に入ることもありますし、重い任務を与えられることも出てきます。いずれの場合でも率先して取り組んでいきましょう。難問はあなたを上昇機運へと誘います。解決しようと奮闘するところに進歩が潜んでいるものです。達成した暁には別の視野が開けてくるものです。

気を許しての失言には注意をしてください。冗談を理解しない人もいます。

4月の方位

今月の吉方位

大吉→東

日	曜	運	
1	火	△	新しいことをやる前はよく考えて
2	水	○	周囲の喧噪に惑わされず信念貫く
3	木	◎	夢を追う時は具体的な目標が大事
4	金	○	場当たり的対処では解決できない
5	土	◎	継続は力の言葉を肝に銘じ努力を
6	日	△	好運持続には規則正しい生活大事
7	月	△	他に適職があるという考えはダメ
8	火	▲	中庸のところで手を打つのが最善
9	水	○	迷いながら決断は失敗につながる
10	木	△	しゃべり過ぎないよう自戒の心を
11	金	○	古くても有効な手段は大いに活用
12	土	◎	欲の深追いは得てして損をしがち
13	日	○	注目されても有頂天にはならない
14	月	◎	障害あっても結果は良好得る吉日
15	火	△	刃物の扱いには注意を要する凶日
16	水	△	上司の指示には素直に従うのが吉
17	木	▲	持病が再発しないように警戒要す
18	金	○	交遊関係は広がるが相手を選んで
19	土	△	都合が悪い時は早めの対応策取る
20	日	○	古い友人と再会する兆候がある時
21	月	◎	好調な時でも手堅い推進が吉策に
22	火	○	中心人物に立てられても謙虚さを
23	水	◎	運気は絶好調でも対人関係慎重に
24	木	△	暴飲でのケガが大事にいたるかも
25	金	△	成功はみんなで分かち合うのが吉
26	土	▲	万事に慎重さが重要な一日となる
27	日	○	あまりこだわると反感を買うかも
28	月	△	心身は磨かなければ錆びてしまう
29	火	○	場当たり的な対処では解決しない
30	水	◎	周囲の喧騒に気を奪われず集中を

今月の幸運数＝３、５、８　幸運色＝ダークグリーン

五月運勢

五月五日立夏の節より
月命辛巳　八白土星の月
暗剣殺　東北の方位

プライベートでの喜びや楽しみが多くなります。私生活が充実する反面、仕事への意欲が半減しますので、公私のバランスを上手に取ることが今月の課題になります。金銭の収支バランスにも注意を払いましょう。

独身者は恋愛の相手が現れる機会に恵まれる月です。対象となる人が身近なところにいるものです。日頃気に留めなかった人に注意を払ってみましょう。案外気楽にお付き合いができるかもしれません。恋愛は行動力が一番です。気持ち一つで恋は燃え上がります。

5月の方位

今月の吉方位

大吉→東南
吉→南、北

1 木	○	華やかな野心を抱くが慎重に臨む
2 金	◎	我慢を重ねての精進が成果を呼ぶ
3 土	△	浮かれ気分のレジャーケガに注意
4 日	△	十分に活力を養うのに絶好の日に
5 月	▲	気分転換には爽やかな空気が一番
6 火	○	音楽が心の安定剤になる環境大事
7 水	△	精神的に不安定になる瞬間がある
8 木	○	公私混同せず明確な線引きをする
9 金	◎	物事が滞りなく進んでいく好運日
10 土	○	他人のことに余計な口出ししない
11 日	◎	嬉しい祝い事が飛び込んでくる時
12 月	△	呑気にしていると足をすくわれる
13 火	△	拙速より安全確実を目指すのが吉
14 水	▲	運気は衰弱焦らずゆっくりと進む
15 木	○	仕事とウマが合うと疲労感少ない
16 金	△	年配の女性の面倒を見る対応丁寧に
17 土	○	希望を強く念じてことに当たろう
18 日	◎	問題解決は迅速第一先送りは不可
19 月	○	仕事に足りないものは知恵で補う
20 火	◎	若い女性の意見が絶大な効果発揮
21 水	△	雰囲気に流された付き合い避ける
22 木	△	運気の変化が激しい確認を丁寧に
23 金	▲	優柔不断と言われても着実を優先
24 土	○	安請け合いして信用なくさぬこと
25 日	△	人は社会的な責任を背負っている
26 月	○	状況の変化を見逃さない注意力を
27 火	◎	好運気に乗り遅れないよう奮闘を
28 水	○	何事にも誠実に対応する心構えを
29 木	◎	情報に惑わされることなく我が道
30 金	△	成果を無暗に刈り取る方策はNG
31 土	△	やり過ぎず適度のところで収める

六月運勢

六月五日芒種の節より
月命壬午　七赤金星の月
暗剣殺　西の方位

難しい月に回座しています。吉凶が強く現れる五黄土星という宮に同会しているのです。吉に出た場合は夢のような成果が得られますが、裏目に出た場合は凶現象も強いものがあります。凶現象を防ぐには、当初に立てた計画を忠実に遂行するのが最善策です。慎重に一つ一つを手順通りに成し遂げていけば、仮に失敗したとしても最小限の損失に抑えることができます。

今月は手足のケガに注意しましょう。年配の人は打撲に警戒してください。打撲といっても生死に関わる重大事故につながる場合がありますので用心しましょう。

６月の方位

今月の吉方位

大吉→東南
吉→壬、癸

日	曜	運	内容
1	日	▲	自分の現在地を確認将来に備える
2	月	○	血気にはやらず足元固め確実性を
3	火	△	緊張感絶やさずコツコツと前進を
4	水	○	仕事に徹し私情を挟んだりしない
5	木	◎	努力は裏切らず将来に蓄積される
6	金	○	他人任せにせず最終結果に責任を
7	土	◎	休日にも仕事が追いかけてくる時
8	日	△	先を急がず計画通りに進めていく
9	月	△	不正手段の取引は禍根残す根源に
10	火	▲	不言実行にして自己信念を貫こう
11	水	○	行動しなければ成果は得られない
12	木	△	自分だけ良ければの考えを捨てる
13	金	○	思い付きアイディアの実行は凶に
14	土	◎	疲労は早い内に取り除くのが原則
15	日	○	楽しい会食が明日への英気養う源
16	月	◎	一意専心の気持ちで仕事に邁進を
17	火	△	少しの油断が大きな損失に連なる
18	水	△	仕事は平凡なことの繰り返しの日
19	木	▲	失敗してもやる気を失わないこと
20	金	○	裏方に回り皆のために力を尽くす
21	土	△	コスパだけを追いかけるのはダメ
22	日	○	変革したい気持ちを今日は抑える
23	月	◎	盛運だが過程を大事に推進させる
24	火	◎	ポイントを押さえ効率良く進める
25	水	○	評価が上がるが快く思わぬ人物も
26	木	△	忙しい割には成果が乏しい一日に
27	金	○	丁寧な仕事ぶりが好評を集める日
28	土	▲	衰運でも笑顔忘れず精進を重ねる
29	日	△	果報が遠方からやってくる兆候が
30	月	△	強引な方策取ると必ず反発がある

七月運勢

七月七日小暑の節より
月命癸未　六白金星の月
暗剣殺　西北の方位

上司や年配の人からの助力を受けやすい月です。礼儀をきちんとわきまえましょう。親しき仲にも礼儀ありです。親しい上司や目上の人と言っても、相手を尊敬する気持ちが薄れては助言助力が上手く活用できません。また一時的な失敗を恐れずに絶えず前向きに努力目標に向かっていく姿勢が、周囲の共感を呼び起こします。問題は小さなうちに迅速に対応して解決することが大事です。浮わついた気持ちを引き締め、真面目に取り組みましょう。

ミスをすると引っ込み思案になりがちですが、明るく前向きに進むことです。

７月の方位

今月の吉方位

吉→東

日	曜	運勢
1	火	◎雑念を捨て仕事に専念する一日に
2	水	○井の中の蛙にならぬよう大局観で
3	木	◎障害に根負けすることなく進展を
4	金	○名誉追求ではなく内容重視で行く
5	土	△挑戦する気持ちを常に持ち続ける
6	日	○人生は平凡な一日が幸せな時間に
7	月	▲自分を過小評価せず精進を重ねる
8	火	△声高に他者の悪口を言う人を警戒
9	水	△惰性での対処は失敗へとつながる
10	木	◎勢いのある時は勇気を持ち前進を
11	金	○方法論にこだわり過ぎないように
12	土	◎親しき中にも礼儀あり節度を守る
13	日	○一方に偏らず広く意見を聞こう
14	月	△人は今のままの自分で素晴らしい
15	火	○奇策など用いず真っ向から交渉を
16	水	▲家族団欒を心掛け余裕ある生活を
17	木	△できないことは引き受けないこと
18	金	△殻に閉じこもらず広く人と接する
19	土	◎大きな野望も小さな一歩を確実に
20	日	○気持ちを楽にした生活が吉を招く
21	月	◎好調でも油断せず安全性の確認を
22	火	○難問は早急に経験者に相談をする
23	水	△注目される反面反発する人もいる
24	木	○焦点を絞り集中的に力を入れよう
25	金	▲人間関係を大事にして招運図ろう
26	土	△隠していたことが発覚する兆しが
27	日	△本案と共に別案用意する用心必要
28	月	◎現状打破は過激にならずゆっくり
29	火	○基礎知識を確実に行使すると良い
30	水	◎他者の力が功を奏す感謝忘れずに
31	木	○邪魔が入るが結果は良好得られる

八月運勢

八月七日立秋の節より
月命甲申　五黄土星の月
暗剣殺　なし

衰運の月に回座しています。無理に前進しようとせず、目前の仕事に集中するのが良いです。焦点を絞り一点に集中すると、今まで見えなかったものが見えてきます。進むばかりが良いのではなく、現在地を見据えて自分を見つめることが重要です。それが次にステップアップを図る際に、決してマイナス要因ではなくプラス要因となります。現状打破を図るのではなく現状把握の時なのです。機が熟せば、人は自然と前を向いて歩きたくなるものです。

夏だからと言って冷たい物を摂り過ぎては体を冷やします。用心しましょう。

8月の方位

今月の吉方位

大吉→西、戌、乾
吉→東、東南

日	曜	運	
1	金	△	注目されても慎む心掛けが大事に
2	土	○	八方美人的対処は真の味方できず
3	日	▲	難問も糸口わかれば解決策はある
4	月	△	口は禍の元言葉遣いに注意を払う
5	火	△	無策に見えても今日は安全策優先
6	水	◎	独走せず周囲と協調を図りながら
7	木	○	自分が信じる方向性をひたむきに
8	金	◎	仕事は１００％で完成と言われる
9	土	○	肩の力を抜いてリラックスが良い
10	日	△	自己を見つめ直し新たな気持ちで
11	月	○	中途挫折は時間労力を無駄にする
12	火	▲	過度の疲労は万病引き起こす元に
13	水	△	良き先達に見習い正道の道を行く
14	木	△	怖いもの知らずの猪突は危険注意
15	金	◎	上手くいく時はスムーズな進捗に
16	土	○	他者のため身を捨ててこそ上昇も
17	日	◎	活動がみんなに認められる吉日に
18	月	○	沈黙が幸せの時軽口を叩かぬこと
19	火	△	過程の一つ一つを確認して実践を
20	水	○	確信あることは自信もって実行を
21	木	▲	どん底に落ちた感じでも前向きに
22	金	△	穏やかな時間が過ぎる協力が大切
23	土	△	誹謗中傷に意味はない無視しよう
24	日	◎	交渉事は長引いても好結果を得る
25	月	○	内弁慶にならず前進の気を出そう
26	火	◎	自信過剰にならぬよう自戒しよう
27	水	○	小さな積み重ねが大きな成果の元
28	木	△	人の言に左右されず自己判断する
29	金	○	最後までやり抜く敢闘精神が大事
30	土	▲	感情論で判断せず客観的に見よう
31	日	△	短気を起こさず人の話はよく聞く

九月運勢

九月七日白露の節より
月命乙酉　四緑木星の月
暗剣殺　東南の方位

順調に進んでいた案件に障害が起きやすい月です。平常心を失わず冷静に対処すれば、回復も早くなります。今月は結論を急がないようにしましょう。じっくり腰を据えて丁寧に遂行するのが吉策です。今月に実を結ばなくても努力は蓄積されます。

夏の疲労からくる食欲減退に注意を払いましょう。規則正しい食生活習慣は健康を維持する上で大切です。

身嗜みや言動にも注意を払いましょう。形から入ることも大事な事実です。他者に不快感を与えては仕事も上手くいきません。

9月の方位

今月の吉方位

大吉→西

日	曜	運	内容
1	月	△	難問から逃げずに立ち向かうこと
2	火	◎	運気上昇中手抜きなどせず全力を
3	水	○	上から目線の指示では反発を招く
4	木	◎	あまり自我を強く出さぬのが上策
5	金	○	判断基準は倫理道徳が一番の理想
6	土	△	夏の疲れを引きずらぬ体調管理を
7	日	○	気持ち引き締め明日への活力養う
8	月	▲	失敗大きく喧伝されても前向きに
9	火	△	秘密裏に運ばず公明正大が最善策
10	水	△	年配者の助言に耳を傾けるのが吉
11	木	◎	口にしたことは実行して信用得る
12	金	○	結論を長引かせないのが重要な時
13	土	◎	盛運だが張り切り過ぎず冷静が吉
14	日	○	身嗜みや言葉遣いに注意を払おう
15	月	△	歯車合わない時は年配者の意向で
16	火	○	理想大きいほど自己を成長させる
17	水	▲	先走りをせずに状勢を読み取ろう
18	木	△	一つの秘密は次の秘密を生む要因
19	金	△	黙々と責務を遂行するのが最上策
20	土	◎	自分の心との戦いに勝つこと大事
21	日	○	焦らずじっくり取り組む姿勢保つ
22	月	◎	多少の障害あっても跳ね除けよう
23	火	○	全て仕事と割り切る覚悟が決め手
24	水	△	問題を先送りにしても解決しない
25	木	○	活躍が認められなくても腐らない
26	金	▲	ミスに焦ると深みに落ちる冷静に
27	土	△	急がば回れの言葉あり着実に実践
28	日	△	結論遅れても熟考を心掛けること
29	月	◎	目先の利益のみ優先するのは危険
30	火	○	苦境脱出は精進の積み重ねによる

今月の幸運数＝2、7、8　幸運色＝ダークパープル

十月運勢

十月八日寒露の節より
月命丙戌　三碧木星の月
暗剣殺　東の方位

油断のならない月を迎えています。暑さも去り、仕事には最適の気候と言えるでしょう。しかし今月は最凶殺があなたの星の上に付いています。緊張感を切らさないことです。斬新な企画やアイディアが生まれたりします。記録に残して、後の月に実行できるように計画しておくと良いでしょう。最凶殺はいずれ過ぎます。吉運月に実行に移せるように準備しておきましょう。気学は良い時期に良い方向に向かって実践していくのが最適と教えています。

人の上に立つ者は人の意見をよく聞くことも管理能力のうちです。

10月の方位

今月の吉方位

大吉→南
吉→戌、乾

日	曜	運	内容
1	水	◎	功を焦らず責務の全うを最優先に
2	木	○	責任重い仕事を避けず果敢に挑戦
3	金	△	気分転換はきれいな水のある場所で
4	土	○	意見聞くのも大事だが流されずに
5	日	▲	選択は間違えないよう慎重にする
6	月	△	見た目より内容の重視を優先して
7	火	△	のんびり構えると足をすくわれる
8	水	◎	我慢強く推進してきた成果が実る
9	木	○	助け合いと協調精神で目的達成を
10	金	◎	一瞬の好機見逃さない状況判断を
11	土	○	息抜きも過ぎると疲労感がつらい
12	日	△	相手の注文には徹底して応えよう
13	月	○	親しき中にも礼儀あり言葉に注意
14	火	▲	あまりに頑固な人には近づかない
15	水	△	持ち込まれた案は十分に検討して
16	木	△	密室的取り決めをせずオープンに
17	金	◎	丁寧に対応処理を心掛ければ良運
18	土	○	あれこれと手を広げずに一点集中
19	日	◎	雑音に惑わされない冷静な判断を
20	月	○	盛運でも油断大敵慎重に進展する
21	火	△	選択間違うと大きな損失を被る時
22	水	○	万事に忍耐力で乗り切ろうの心で
23	木	▲	失敗しても前向きな気持ちが大事
24	金	△	身辺を清潔に保つのが開運の一つ
25	土	△	利己的欲望を小さく抑えていこう
26	日	◎	決めたことは何が何でもやり通す
27	月	○	井の中の蛙にならず広い視野持つ
28	火	◎	外見より内容の充実を重視しよう
29	水	○	力任せに急進するのは危険大きい
30	木	△	結果に一喜一憂せず長期的視野で
31	金	○	目標見据え忍耐強く努力を重ねる

十一月運勢

十一月七日立冬の節より
月命丁亥　二黒土星の月
暗剣殺　西南の方位

絶好調の時を迎えています。温めていた計画があれば即実行に移しましょう。優柔不断で実行期を逸しては好企画も色あせてしまいます。

小さな事にも気配りを忘れない心遣いが成否を分けます。小さなほころびから事が成就しない例はよく見られます。今月築いた人間関係を大事にしましょう。生涯にわたってあなたに有益な事柄を与えてくれる人になるかもしれません。人生の幸せの一つは話し相手になる友がいることとよく言われます。話しているうちに勇気をもらい、実行する気力が湧いてきます。

11月の方位

今月の吉方位

大吉→南、北
吉→西

日	曜	運	
1	土	▲	些細な点にも気配りしてミス防ぐ
2	日	△	取り掛かっていることは貫徹する
3	月	△	流行にすぐ飛びついて失敗しない
4	火	◎	わき見をしないで仕事に集中する
5	水	○	おだてられても浮き足立たぬこと
6	木	◎	人との絆を忘れず相手を尊重する
7	金	○	若々しい精神で周囲を明るくする
8	土	△	視界は広がるが目的は明確に持つ
9	日	○	周囲にいる人たちが輝いて見える
10	月	▲	運気低迷でも笑顔で前を見つめる
11	火	△	机や椅子で打撲傷作らぬよう用心
12	水	△	目前の案件に全神経を集中させて
13	木	◎	商取引は有利な状況で締結できる
14	金	○	順調そうでも横やり入るのを警戒
15	土	◎	情報から都合の良い物を取り込む
16	日	○	人は人により利用され役立つもの
17	月	△	能ある鷹は爪を隠す地味に努力を
18	火	○	指導力を発揮し先頭に立ち進もう
19	水	▲	中庸の精神を重んじて事に当たる
20	木	△	困難に挫けず乗り越える精神力を
21	金	△	先の見えない問題は原点に戻って
22	土	◎	惰性で進まず新たな気持ちで進展
23	日	○	文字通り勤労に感謝できる心持つ
24	月	◎	安請け合い禁物約束は絶対に守る
25	火	○	仕事に広がりができ好調に終わる
26	水	△	早とちりをせず状況判断は正確に
27	木	○	仕事で非情な状況を経験するかも
28	金	▲	体を冷やさないように細心の注意
29	土	△	突然の障害に備え日頃の鍛錬大事
30	日	△	名誉棄損されるような状況起きる

十二月運勢

十二月七日大雪の節より
月命戊子　一白水星の月
暗剣殺　北の方位

この時期に忙しいのは当たり前ですが、特にいろいろな事案がいっぺんに押し寄せてくる勢いです。軽重を図り手際よく処理していきましょう。先に延ばしてもよさそうな案件は後に回して喫緊の問題を早急に片付けてしまうのがコツです。

前月築いてきた人間関係をさらに大事にしましょう。この世の中は人とのつながりで成り立っています。孤立無援では幸せにはなれないものです。仕事は上手くいきません。今月は近くにいる人を大事にしましょう。遠くの親戚より近くの他人という言葉も残っています。

12月の方位

今月の吉方位

吉→西

1	月	◎	表に現れない努力が実り結果良好
2	火	○	考え方が偏らないように自制して
3	水	◎	結果手にするまでは気を緩めない
4	木	○	馴れ合いでの取引が誤解を生む日
5	金	△	親の意見はきちんと聞く姿勢保つ
6	土	○	所用が多く休養日にならない一日
7	日	▲	自分の力を信じ今を一生懸命生きる
8	月	△	つまらぬ噂話信じては時間の無駄
9	火	△	新企画実行したくなるが今は待つ
10	水	◎	名誉にも有頂天にならず平常心で
11	木	○	正々堂々と正道を歩み実績を積む
12	金	◎	古き良き習慣を有効的に生かそう
13	土	○	協調と調和を保ち万倍の成果出す
14	日	△	早くても雑な仕事は支持者を失う
15	月	○	独断専行せず多くの意見の尊重を
16	火	▲	たゆまぬ精進が自信へつながる元
17	水	△	持ち分以外の事には手出ししない
18	木	△	全体を見て総合的に判断する心を
19	金	◎	手柄は周囲の協力があっての賜物
20	土	○	旧弊の打開策は時間かけて慎重に
21	日	○	上昇運は見えにくいが確実に来る
22	月	◎	期待に沿う努力は実力養う根源に
23	火	△	時運味方せず忍耐心を持ち精進を
24	水	△	飲食の機会増えても暴飲暴食注意
25	木	▲	受けた恩義は恩送りで返す精神を
26	金	○	雰囲気で同調せず自己判断が大切
27	土	△	規則正しい生活習慣が吉運を呼ぶ
28	日	○	古傷を持ち出されることがある日
29	月	◎	意見割れた時は年配者に従って吉
30	火	○	安易な解決策は後に禍根残す元凶
31	水	◎	出だし良ければ安泰な一日になる

二黒土星《じこくどせい》

2025年の運勢の変化と指針

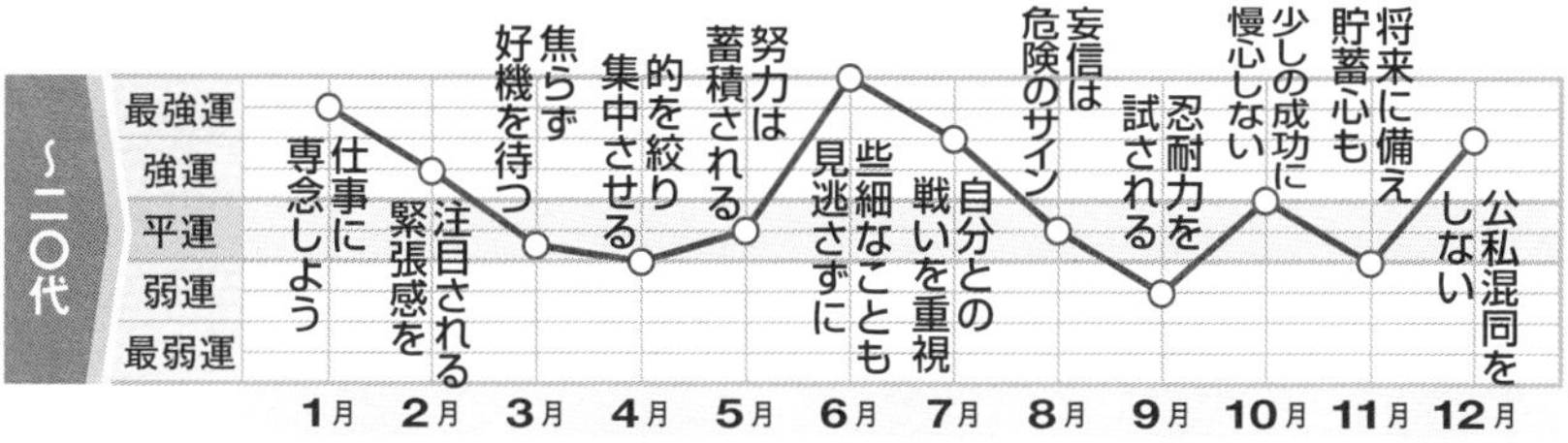
～二〇代
最強運
強運
平運
弱運
最弱運
100
80
60
40
20
0
1月 仕事に専念しよう
2月 注目される緊張感を
3月 焦らず好機を待つ
4月 的を絞り集中させる
5月 努力は蓄積される
6月 些細なことも見逃さずに
7月 自分との戦いを重視
8月 妄信は危険のサイン
9月 忍耐力を試される
10月 少しの成功に慢心しない
11月 将来に備え貯蓄心も
12月 公私混同をしない

三〇代～四〇代
最強運
強運
平運
弱運
最弱運
100
80
60
40
20
0
1月 障害は神からの試練
2月 失敗を恐れない
3月 目前の責任全うを
4月 丁寧な仕事が好評得る
5月 無駄な時間を作らない
6月 多忙時には優先順位つけて
7月 人との関係を上手に
8月 仕事を優先する時
9月 仕事にも人格が出る
10月 秘密を作らない
11月 子供の問題素早く対応
12月 結果を重視した手法取る

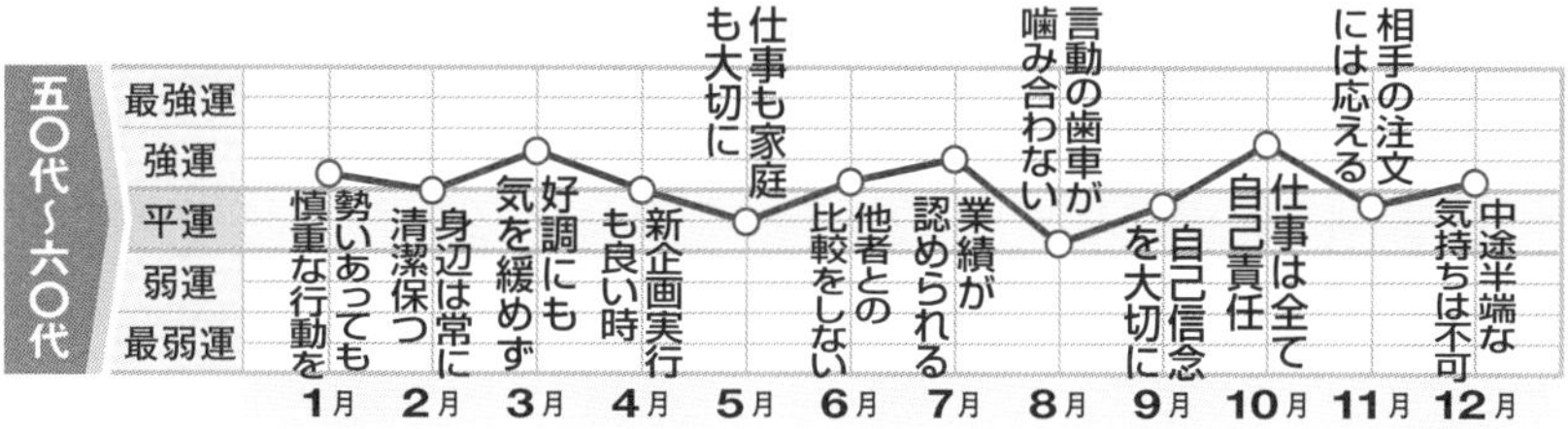
五〇代～六〇代
最強運
強運
平運
弱運
最弱運
100
80
60
40
20
0
1月 勢いあっても慎重な行動を
2月 身辺は常に清潔保つ
3月 好調にも気を緩めず
4月 新企画実行も良い時
5月 仕事も家庭も大切に
6月 他者との比較をしない
7月 業績が認められる
8月 言動の歯車が噛み合わない
9月 自己信念を大切に
10月 仕事は全て自己責任
11月 相手の注文には応える
12月 中途半端な気持ちは不可

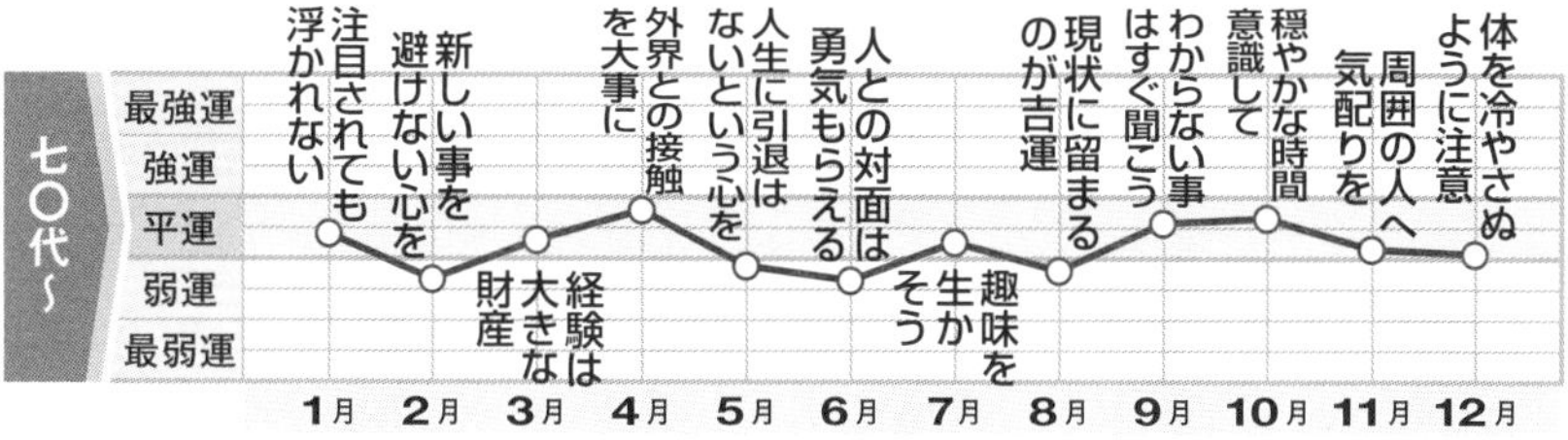
七〇代～
最強運
強運
平運
弱運
最弱運
100
80
60
40
20
0
1月 注目されても浮かれない
2月 新しい事を避けない心を
3月 経験は大きな財産
4月 外界との接触を大事に
5月 人生に引退はないという心を
6月 人との対面は勇気もらえる
7月 趣味を生かそう
8月 現状に留まるのが吉運
9月 わからない事はすぐ聞こう
10月 穏やかな時間意識して
11月 周囲の人へ気配りを
12月 体を冷やさぬように注意

二黒土星生まれの人

当歳（令和７年　乙巳）	36歳（平成元年・昭和64年　己巳）	72歳（昭和28年　癸巳）
9歳（平成28年　丙申）	45歳（昭和55年　庚申）	81歳（昭和19年　甲申）
18歳（平成19年　丁亥）	54歳（昭和46年　辛亥）	90歳（昭和10年　乙亥）
27歳（平成10年　戊寅）	63歳（昭和37年　壬寅）	99歳（昭和元年・大正15年　丙寅）

二黒土星 ⦶ 結実期

本年、あなたの本命星である二黒土星は中宮《ちゅうぐう》に回座しています。本年は何かと忙しい年になります。仕事でもプライベートでも他者からの依頼事や相談など種々雑多な用件が舞い込んでくるはずです。手順を考えて手際よく対処しましょう。まめに動くことを嫌がらないあなたでも目が回る忙しさを味わうことでしょう。神はその人の手に負えないほどの困難を与えないと潔く割り切って楽しんで対処すると、意外と好結果につながります。

中央に巡ってきた時は五黄土星と同会することになり、予想外の大きな役割を与えられることがあります。しり込みするのではなくチャンスを与えられたと考えて全力を出してぶつかりましょう。達成の暁には別の世界が見えてくるはずです。結果を手にするまでは決して気持ちを緩めないことが大切です。あなたの定位置である坤《こん》宮《きゅう》に八白土星が回座し被同会しています。この八白土星に暗剣殺という大凶殺が付いていますので、最後まで気を抜かずに進みましょう。

情報や人・物が集まってくるので気持ちが大きくなり自信が湧いてきます。自信を持つのは良いことです。慢心せず謙虚な姿勢を崩さずに前進しましょう。情報には良いものも信用できないものも入り混じっています。正しく分析して有効に活用しましょう。誤った情報を鵜呑みにして実行しては、誤った道に進んでしまいます。特に西南方位からの情報には偽物が混じっていることが多いので用心しましょう。

お腹に持病がある人は再発しない用心が肝心です。胃腸疾患には注意しましょう。

二黒土星方位吉凶図

適職

農業、不動産業、建築・土木業、陶磁器業、古物販売業、レストラン業、産婦人科、婦人用品販売ストア、胃腸クリニック、会社補佐役、シルバー産業、米屋等

吉方

本年は相生する九紫火星が回座する東方位、六白金星が回座する南方位、七赤金星が回座する北方位が吉方位となります。月別の吉方は毎月の運勢欄をご覧ください。

凶方

本年は五黄土星が回座する東北方位が五黄殺、反対側の八白土星が回座する西南方位が暗剣殺の大凶方位となります。二黒土星は中宮に回座するので本命殺、本命的殺はありません。本年の十二支である巳の反対側、亥の方位が歳破で大凶方位です。月別の凶方は毎月の運勢欄をご覧ください。

♣ 健康運

本年は体の調子が良い時と悪い時が交互に訪れます。疾患は体全体に及びますので、こんなところが悪くなるのかと思うような事態も予想されます。普段は健康体であっても、思いもよらぬところが不調に陥ることがあります。今年は種々雑多な用事が身の回りに起こり、体の休まる時がありません。そんな時に病魔が忍び込んできます。以前に病気をして持病を持っている人は特に再発がないように気配りをしてください。特に二月や十一月の体が冷えた時に再発しやすいです。十分に警戒をして、無事に過ごせるように気配りをしましょう。

肥満にも注意が必要です。肥満は関節や心臓疾患の遠因になります。

◆ 金銭運

本年は中宮《ちゅうぐう》に座すことは五黄土星に同会することを意味します。金銭運は波乱含みとなる傾向があります。親和している時は順調な金運を示しますが、同調せず反発を起こすと金運は最低まで下降してしまいます。一攫千金などを狙ってはいけないでしょう。無一文になってしまうことのほうが多いものです。堅実な金銭感覚で過ごすのが重要な星回りです。仕事を金儲けの手段だとばかり考えるのは良くありません。自分も儲けるけれど相手にもきちんと利益をもたらすという気持ちが大切です。自分だけが儲かればよいという考えでは相手が逃げてしまいます。

時には、意図しない利益が入り込んでくることがあります。それは日頃から誠実に働いてきた結果です。

♥ 恋愛運

本年の恋愛運は波があります。身近に恋愛の相手がいる時は急速に接近します。今一度自分の職場や出入りする場所に注意を向けてみてください。意外に身近なところで恋愛の相手に遭遇することがあります。少し年齢の高い仕事仲間の中に生涯を共にする相手がいるかもしれません。縁というのは不思議な結びつきも多いものです。驚くような出会いは決して小説の中だけのものではありません。現実社会の中にもあるものです。

西南方位や東北方位からの相手には注意が必要です。良からぬ野望を抱いた人がいるかもしれません。また東南方位の相手は健康状態をよく観察しましょう。

二黒土星生まれの運勢指針

❖当　歳
保守的で賢い子供さんになる気配があります。大きくなると家庭をよく守り良き父親になる可能性を秘めています。優しくおおらかに育てることを心掛けましょう。

❖九　歳
活発ですが、慎重な反面で一瞬気が抜けるようなところがあります。その時にケガをしないように気を付けましょう。周囲も本人を見守り、無謀な行動には気を付けてあげましょう。

❖十八歳
もう大人の仲間入りという年齢です。まだ高校生の人もいるでしょう。でも法律上は大人として扱われるのです。自覚を持って自分の人生を切り開いていきましょう。

❖二十七歳
仕事に慣れてくると息抜きに時間を取るケースが多くなります。不規則な生活習慣を身に付けてしまうと、後の長い人生に苦労が待っています。生活習慣病は若くても油断なりません。

❖三十六歳
保身に動きがちになりますが、まだ先は長いです。もう少し挑戦の気概を持ち続けて前進しましょう。前進する先に、違った世界が開けてくるはずです。

❖四十五歳
この年齢になると、最終決定をしなければならない場面もあるものです。優柔不断では好機を逃し部下からも信頼をなくしてしまいます。決断は素早く的確に下しましょう。

❖五十四歳
仕事にも投機的決断が必要な事態があり得ます。できるだけ避けるようにするのが賢明ですが、やむを得ない場合もあるでしょう。勇気と責任は自分が持つ気持ちでぶつかりましょう。

❖六十三歳
この星生まれの本命星の人の中では比較的活発なあなたでも、コツコツと築いてきた地位も先が見え始めると目標を見失いがちになります。新たな目標を定めて前進の気を絶やさずに。

❖七十二歳
頭脳プレイヤーとして働いてきたあなたですが、この先何をしようかと考えるなら、軽い肉体労働もよいでしょう。何かをやろうとする意欲を失わない気力が大事です。

❖八十一歳
少しの油断から大事に至ることが多々あります。年齢的に無理は利かないものですが、行動には絶対安全を心掛けましょう。

❖九十歳
直感で生きてきたあなたでも甘い投資話や振り込め詐欺には十分を気を付けましょう。お金が手元を離れてから後悔しても遅いのです。十分に警戒をしましょう。

❖九十九歳
百歳という記念すべき年齢が目前になりました。個性を発揮してきたあなたですが、日常の生活習慣を再度見直し、規則正しく生活して健康長寿を目指しましょう。

一月運勢

一月五日小寒の節より
月命丁丑　三碧木星の月
暗剣殺　東の方位

好調な年明けです。計画は念入りに練っておきましょう。仕事始めから即実行できる計画にしましょう。怖いのは、途中からの気の緩みです。目先の成否に一喜一憂するのではなく、一年という期間で考えましょう。年下の男性に迷惑をかけられる暗示があります。事前に予知していれば対処法も見えてきます。部下がやったことは自分の責任でもあるという大きな気持ちを持って構えることが大切です。仕事は周囲との連携の中で成し遂げられていくものです。ミスをその都度叱責していては、長い期間の中ではマイナスになります。

１月の方位

今月の吉方位

大吉→申、坤
中吉→北
吉→南、東北

1	水	○	新年を迎えて計画性を大事にする
2	木	▲	黒子に徹し余り表舞台に立たない
3	金	○	外出先でも節度を弁えた行動する
4	土	◎	気持が大きくなり希望が膨らむ時
5	日	○	足元をしっかり見つめ明日へ備え
6	月	◎	出だしはスケジュール通りに進む
7	火	○	他人が原因の失敗でも腐らず精進
8	水	△	小さなミスでも大きくさせない事
9	木	▲	頑強に見える壁も糸口あれば脱出
10	金	○	宴会の席でも自制心保った言動を
11	土	▲	気持ちが落ち着かず集中力を欠く
12	日	○	順調そうに見えても用心深い対処
13	月	◎	友人や親戚付合いで忙しい一日に
14	火	○	自己主張は静かに粘り強くする事
15	水	◎	相手思いやる対応が好感持たれる
16	木	○	奇襲作戦など取らずに真正面から
17	金	△	新規計画は状況判断を的確にして
18	土	▲	無理に前進せず現在地に留まろう
19	日	○	良いと思う点は素直に相手に言う
20	月	▲	早合点を警戒し慎重に推進しよう
21	火	○	自分が良ければという考えはダメ
22	水	◎	周囲と協調すれば穏やかに終わる
23	木	○	井の中の蛙にならぬよう広く見る
24	金	◎	仕事は一足飛びには進まず順番に
25	土	○	闇の儲け話には十分な警戒心持つ
26	日	△	派手な言動は似合わず顰蹙《ひんしゅく》を買う
27	月	▲	困難にも忍耐強く努力を重ねよう
28	火	○	できない約束して信用落とさない
29	水	▲	仕事の失敗は仕事で取り戻す信念
30	木	○	盛運でも気持ち引き締めて進展を
31	金	◎	優柔不断と思われても安全確実に

今月の幸運数＝5、8、0　幸運色＝ブラック

二月運勢

二月三日立春の節より
月命戊寅　二黒土星の月
暗剣殺　西南の方位

仕上がりに多少時間がかかっても、正確性を重視した方策を取りましょう。拙速でのやり直しは時間と労力の浪費になります。また周囲との協調精神を忘れずに持ち、独善に陥らないようにしましょう。多忙になってくるとどうしても周囲との話し合いが疎かになって独断専行に傾いてしまいます。面倒だと思っても周囲の意見を調整して遂行していくほうが、長期的に見た場合好結果につながるものです。

日頃の自己研鑽も大切です。勉強の成果はすぐに結果となって現れなくても、時間の経過と共に有効に働きます。

2月の方位

今月の吉方位

大吉→東
吉→南、北

日	曜	運	
1	土	○	その時逃れの言葉は信用失う元に
2	日	◎	地道な努力が報われ好結果を得る
3	月	○	援護者の強い協力で賞賛を受ける
4	火	△	強引なやり方では失敗する柔軟に
5	水	▲	言葉の用い方で伝わり方が良好に
6	木	○	一生懸命仕事をすることが幸せに
7	金	▲	独りよがりな考えでは排除される
8	土	○	人を見て指導法を変え効果を出す
9	日	◎	不安あっても前に進む勇気を持つ
10	月	○	良い意味での欲望を持ち上昇する
11	火	◎	運気は好調だが盲進をしては不可
12	水	○	新しい交際が始まるが人物を観察
13	木	△	背伸びせず等身大の自分を出して
14	金	▲	会食は落ち込む心を前向きにする
15	土	○	一意専心の気持ちで仕事に没頭を
16	日	▲	やる気が空回り内容過程を大事に
17	月	○	結論を先延ばしにしては良くない
18	火	◎	平坦そうに見える道でも油断せず
19	水	○	細々した用事が行く手を遮る日に
20	木	◎	一歩先を行く手順で成果の倍加を
21	金	○	得意分野で大いに実力発揮できる
22	土	△	乗り越えられぬ障害は与えられぬ
23	日	▲	厳しい時も目標への一里塚と取る
24	月	○	目上への尊敬の念を忘れない心を
25	火	▲	仕事に山かけをして挑むのは不可
26	水	○	嬉しい知らせが飛び込んでくる日
27	木	◎	一歩先を読み前進体制を強化する
28	金	○	身辺を綺麗にし幸運の女神を呼ぶ

三月運勢

三月五日啓蟄の節より
月命己卯　一白水星の月
暗剣殺　北の方位

一意専心の気持ちで仕事に邁進しましょう。この月の努力次第では名誉も地位も手に入れることができるかもしれない、幸運な月です。忙しくても仕事を楽しみながらこなしていくのが好調を維持する秘訣でしょう。仕事が楽しい時は長時間働いても疲労を感じにくく充実した時間を過ごせるものです。いやいや仕事をするとストレスが溜まり、各種の疾患を引き起こすこともよく知られています。得意分野に絞って精進するのも良い方法でしょう。

人の悪口は言わないようにしましょう。

3月の方位

今月の吉方位

中吉→東

1	土	◎	計画的に進めていけば成果は出る
2	日	○	まいた種は必ず自分に戻ってくる
3	月	△	内なる自分の感情に素直に従おう
4	火	▲	些細なことで他者と争わないこと
5	水	○	良いと思ったことは積極的に推進
6	木	▲	決断は勇気を持って下すのが最善
7	金	○	風評に惑わされず自分で判断する
8	土	◎	選択に迷ったら初期計画に戻ろう
9	日	○	密室的な決め方は結局損失招く元
10	月	◎	新たな方策が的を射て好成績生む
11	火	○	忍耐強く継続することが成功の源
12	水	△	本分を忘れて横道にそれないこと
13	木	▲	仕事の先に顧客があると再認識を
14	金	○	過激な言動は味方減らすので注意
15	土	▲	行動にメリハリをつけ惰性なくす
16	日	○	気晴らしには音楽を聴くのが最高
17	月	◎	良運気の内に難問片付けるのが吉
18	火	○	常套手段用い裏の手など使わない
19	水	◎	多くを稼いだら社会に還元しよう
20	木	○	見通しつくけれど障害発生を用心
21	金	△	健康考え栄養が偏らないよう養生
22	土	▲	第三者の意見を参考にすると良い
23	日	○	我田引水の考えで進めては失敗に
24	月	▲	我が道を行くのが一番の安全策に
25	火	○	大言壮語して恥をかかない注意を
26	水	◎	公私共に充実し安泰な一日となる
27	木	○	目下の面倒見ると陰徳積むことに
28	金	◎	無理が利く内は無理してでも努力
29	土	○	優先順位つけ重要課題から消化を
30	日	△	一家団欒の幸せの時を大切にして
31	月	▲	仕事は割り切りも必要決断力養う

四月運勢

四月四日清明の節より
月命庚辰　九紫火星の月
暗剣殺　南の方位

月の前半は好調が持続しますが、後半になると少し下降をたどります。大切な案件は前半に手掛けて終了させるのが賢明策です。不動産に携わっている人は、後半になるほど慎重に推進しましょう。思わぬ損失を被ることが出てきます。

決断が一瞬遅れたために好機を逃してしまわぬように警戒しましょう。思い付きでの急な計画変更も避けましょう。運気が衰運に向かうと失敗につながってしまう確率が高くなります。

風邪が思わぬ重大疾患の引き金になる場合があります。早めの治療が良策です。

４月の方位

今月の吉方位
中吉→東南

1	火	○	やり過ぎて大魚を釣り逃さないで
2	水	▲	間延びした決断では成果が出ない
3	木	○	上手い話には裏がある用心しよう
4	金	◎	新しい出会いから有益な話が出る
5	土	○	注目の的になるが有頂天を慎んで
6	日	◎	諸問題あっても目的は曲げないで
7	月	○	日頃歯を粗末にしている人は注意
8	火	△	納得いかないことには同調しない
9	水	▲	小さな失敗も大きく喧伝される時
10	木	○	分け隔てない姿勢が信頼される源
11	金	▲	失敗しても逃げない精神的強さを
12	土	○	過程を大切に対処すれば安泰な日
13	日	◎	不要なものは切り捨て実質本位で
14	月	○	注目度ナンバーワンの時緊張保つ
15	火	◎	将来に備え堅実な金銭感覚を養う
16	水	○	肩の力を抜き楽な気持ちで遂行を
17	木	△	仕事は完全を追求して最善尽くす
18	金	▲	体力勝負と言わずに論理的遂行を
19	土	○	奮闘が空回りしないよう確認作業
20	日	▲	食事の後は寛いだ気持ちを大事に
21	月	○	脇を固め成果を確実に手に入れる
22	火	◎	正しく評価してくれる人が現れる
23	水	○	契約や文書に関しては慎重に対応
24	木	◎	人生は山あり谷あり乗り越えよう
25	金	○	会話には人を勇気づける魔力あり
26	土	△	利他の精神で当たれば上手くいく
27	日	▲	落とし物と詐欺的行為に用心して
28	月	○	幅広い交友関係は人生豊かにする
29	火	▲	暗い気分に陥らず笑顔を忘れずに
30	水	○	苦手意識は相手に伝わってしまう

五月運勢

五月五日立夏の節より
月命辛巳　八白土星の月
暗剣殺　東北の方位

万事に慎重さが要求される一瞬たりとも気が抜けない月です。結果を手にするまでは緊張感を緩めないことです。仕事は常に緊張感を強いられるものですが、丁寧に処理していくことが重要です。本人の本命星に暗剣殺という最凶殺が付いているのと同時に、五黄殺というこれも最凶殺が被同会しています。平常心で計画通りに規則正しく推進していくことが災厄を逃れる最善策です。

人のために尽くすという奉仕の精神が、あなたに幸運をもたらすことでしょう。

5月の方位

今月の吉方位

大吉→戌、乾
吉→東、東南

1	木	◎	仕事への邪《よこしま》な考えは不運に連なる
2	金	○	期待に沿う努力は自分が上昇する
3	土	◎	障害乗り越えると新たな景色あり
4	日	○	遊興は明日への活力有効に過ごす
5	月	△	努力が空回りする一日にめげずに
6	火	▲	衰運気でも遠方からの便りは吉報
7	水	○	利益に固執し過ぎるとかえって損
8	木	▲	優柔不断では幸せな人生は送れず
9	金	○	軽率な言動で信用なくさぬように
10	土	◎	目に見えない力で後押しされる日
11	日	○	回り道しても結果は吉となる時に
12	月	◎	迷いが取れ活発に行動できる吉日
13	火	○	気分良く過ごせるが奢りの心慎む
14	水	△	目標を外さない研鑽が必要な時期
15	木	▲	結果は遅くなるが根気良く進める
16	金	○	経験知識を生かして力強く前進を
17	土	▲	万全のつもりでも災厄対策怠らず
18	日	○	目先の結果に囚われず将来を見て
19	月	◎	新しい企画は迅速に実行して良い
20	火	○	選択は自分の直感信じて決断して
21	水	◎	気持ちを集中させて取り組めば吉
22	木	○	仕事の締切は待ったなし全力にて
23	金	△	心にわだかまりあるとミスをする
24	土	▲	糸口つかんだら丁寧に攻めてみる
25	日	○	自分の得意技を生かし進むのが吉
26	月	▲	心の持ち様で幸・不幸も分かれる
27	火	○	人生には割り切りが必要なことも
28	水	◎	見通しがつき一直線に進行して吉
29	木	○	雑用が本業を邪魔するが手際良く
30	金	◎	異性との交流に喜びが付いてくる
31	土	○	先の見通しをつけ慎重に着手する

六月運勢

六月五日芒種の節より
月命壬午　七赤金星の月
暗剣殺　西の方位

今月は、事の善悪にかかわらず白黒をはっきり突きつけられます。日頃あまりほめられた生活をしてこなかった人には厳しい審判が下されるでしょう。

今日の自分の姿は過去の自分のしてきた言動の集大成と言っても良いものです。邪《よこしま》な考えで過ごしてきた人にはそれなりの罰が与えられ、正しい生活をしてきた人には賞賛が用意されるものです。

愛する人との別れがあるかもしれませんが、反対に生涯の伴侶となる人や気の許せる人との運命的な出会いもある星回りです。出会いを大切にしましょう。

6月の方位

今月の吉方位

中吉→戌、乾
吉→東南

日	曜	運	
1	日	△	目標は具体的にして果敢に実行を
2	月	▲	組織内での争いは損失が大きい時
3	火	○	仕事で苦労は付き物乗り越えよう
4	水	▲	身の丈に合ったスケジュール作る
5	木	○	新企画に落とし穴ないか確認して
6	金	◎	一時停滞するが結果は上々を得る
7	土	○	自分の殻に閉じこもらず広く見る
8	日	◎	見栄を張っての出費は身を亡ぼす
9	月	○	勢いはあるもののまとまりを欠く
10	火	△	紆余曲折にも筋曲げずに奮闘しよう
11	水	▲	人との関係は良い時悪い時がある
12	木	○	一歩引いて物事を客観的に見よう
13	金	▲	悩み事は早く賢者に相談し解決を
14	土	○	軽率なやり方せず慎重に検討する
15	日	◎	今日の課題は明日には延ばさない
16	月	○	仕事は楽しくやると効率が上がる
17	火	◎	多忙を極めるが軽重計り手際よく
18	水	○	弱気にならず自信を持って進める
19	木	△	自分の意見は正々堂々と伝えよう
20	金	▲	目立とうとせず実質内容で勝負を
21	土	○	必要なものは時来れば出会うもの
22	日	▲	持病が再発しないよう警戒しよう
23	月	○	取引内容は十分に吟味して締結を
24	火	○	全力尽くしたら結果は天に任せる
25	水	▲	秘密を作るのは次の秘密を生む元
26	木	○	協調精神が重要な時独断をしない
27	金	▲	退いて若い人に任せると良い一日
28	土	△	トラブルに巻き込まれたら逃げる
29	日	○	周囲と歩調を合わせて進んで行く
30	月	◎	絶好調の時全知全能働かせ精進を

七月運勢

七月七日小暑の節より
月命癸未　六白金星の月
暗剣殺　西北の方位

運気低調な中にも華やかな雰囲気がある月です。仲間内での会食や会合の機会に恵まれるからです。衰運期なので自重しながら進展させましょう。

若い女性の進言や何気ない一言が苦境を救ってくれることになります。いい加減に聞き流さないで耳を傾けてみましょう。人生経験の少ない年齢の人の一言はストレートな分、本気度が伝わってくるものです。

妊娠中の女性は暑いからと言って体を冷やすようなことは避けましょう。胎児に悪影響を及ぼします。

7月の方位

今月の吉方位

中吉→西

1火	○	周囲の喧騒にも平常心保ち冷静に
2水	◎	親しくなっても礼節をわきまえて
3木	○	無理せず力の及ぶ範囲で処理する
4金	▲	予期せぬ出来事が起きても慌てず
5土	○	正確に成し遂げること念頭に対処
6日	▲	安請け合いをして約束を破らない
7月	△	用件は正確さ重視し手短に伝える
8火	○	惰性で対応せず誠実さを忘れない
9水	◎	責任を果たすことで地位向上ある
10木	○	重要な任務はその人への試金石に
11金	◎	私生活に喜ばしい出来事が起きる
12土	○	運気は良いが結果を焦らずに遂行
13日	▲	油断すると小さなミスも大事招く
14月	○	今日の隠しごとはたちまちばれる
15火	▲	強硬策取らず柔軟に対応しながら
16水	△	言い争いは運気下げるだけ穏便に
17木	○	人との出会いは第一印象が大事に
18金	◎	変革は急展開ではなくじっくりと
19土	○	依頼事は相手の要求を熟考をして
20日	◎	調子のよい時こそ過程を重視して
21月	○	利己的にならず社会的利益も考慮
22火	▲	利益優先ではなく名誉を重視する
23水	○	好機捉えて迅速に結論引き出そう
24木	▲	絶不調の時は現在地に留まり待機
25金	△	状況を正しく把握するのが最重要
26土	○	間延びした方法取らずメリハリを
27日	◎	マンネリは勇気を出して変革する
28月	○	常に上昇志向忘れず研鑽を積もう
29火	◎	やり遂げた成功体験を蓄積させる
30水	○	将来に備え貯金も念頭に置き節約
31木	▲	親しい人との別れが起きることも

八月運勢

八月七日立秋の節より
月命甲申　五黄土星の月
暗剣殺　なし

自分の居場所に戻ってきたような安心感がある月です。物事の進展が思うようにいかない焦りを感じるかもしれません。先を急ぐのではなく、じっくり腰を据えて進展させましょう。過程を見直しながら進行させていくのが最善策です。特に自分の不動産を処分したい人や不動産業を営んでいる人は、契約内容に十分注意して進めましょう。

人のおだてには乗らず自己信念を持ち、疑問に思うことは専門家や目上の人の意見を聞きながら解決していきましょう。

8月の方位

今月の吉方位

大吉→南
吉→西、戊、乾

日	曜	運	内容
1	金	○	気分に左右されず責務を遂行する
2	土	▲	だらだらと結論を先延ばししない
3	日	△	主張すべきことは穏やかに伝える
4	月	○	手順を間違えなければ順調にいく
5	火	◎	仕事モードに気持ち切り換え推進
6	水	○	上司の指示通りの活動が最善策に
7	木	◎	仕事ぶりが認められ賞賛がある時
8	金	○	内容を把握し結論を明確にしよう
9	土	▲	立場をわきまえた言動を常に意識
10	日	○	名誉なことが起きるかもしれない
11	月	▲	成果目に見えずとも努力怠らない
12	火	△	実家や故郷の用事が舞い込むかも
13	水	○	疲労を蓄積させない注意をしよう
14	木	◎	新たな企画があれば実践に移そう
15	金	○	やる気が空回りしないよう慎重に
16	土	◎	情熱だけではなく忍耐も併せ持つ
17	日	○	発言と行動は常に責任が発生する
18	月	▲	障害多く難航するが諦めない心を
19	火	○	結果が明確に現れる時奮闘をして
20	水	▲	報われぬ時にも淡々と責務果たす
21	木	△	体調の変化を見逃さず養生をする
22	金	○	新しい企画実行がスムーズに進む
23	土	◎	決断のタイミングを外さないこと
24	日	○	決めたことは諦めずにやり通そう
25	月	◎	雑念を払い職務に邁進が大吉運に
26	火	○	鉄は熱い内に打て事案は即実行を
27	水	▲	部下や目下のことで頭を悩ませる
28	木	○	他人の応援や助力は素直に受ける
29	金	▲	衰運は嵐が過ぎるのを待つ心境で
30	土	△	人の妬み嫉みは気にせず自分路線
31	日	○	右腕と考える男性に助けられる日

今月の幸運数＝2、3、7　幸運色＝パープル

九月運勢

九月七日白露の節より
月命乙酉　四緑木星の月
暗剣殺　東南の方位

前月とは一転して、明るく華やかな月を迎えています。今月は胸に秘めていた計画や企画があれば一気に実行に移しましょう。優柔不断でタイミングを逸しては時間のロスになります。事前に準備を固めて実行に移すと良いでしょう。本命星二黒土星に被同会している四緑木星が事の成就を暗示しています。自信を持って推進するのが得策です。

付き合う人の選択は慎重にしましょう。マイナス思考の相手と付き合っても良いことはありません。生涯にわたり相談し合える相手は前向きな人が理想です。

9月の方位

今月の吉方位

大吉→北
中吉→南

1	月	◎	成功は周囲の協力と感謝をしよう
2	火	○	独断専行を警戒し調和を心掛ける
3	水	◎	一事に突き進んでいけば収穫大きい
4	木	○	倦怠感が襲うが上手く切り抜けて
5	金	▲	長引いても成し遂げる精神力持つ
6	土	○	出会う人に励まされ大いに前進を
7	日	▲	賭け事には利がないと知る知恵を
8	月	△	新しい事柄は経験者に聞いてみる
9	火	○	方針を途中で変えず初志貫徹が吉
10	水	◎	喜びを分かち合う心に幸せが宿る
11	木	○	大きいより小さなことに成果出る
12	金	◎	運気盛大だが奢り慎み謙虚さ保つ
13	土	○	休日でも仕事が追いかけてくる時
14	日	▲	性急に結果を期待せず腰を据えて
15	月	○	金銭的に苦労をするので注意して
16	火	▲	見栄を張らず等身大の自分を出す
17	水	△	心身の疲労が下半身に出る用心を
18	木	○	マイペースに過ぎると敬遠される
19	金	◎	他者に左右されることなく判断を
20	土	○	社会情勢に遅れないよう研鑽する
21	日	◎	勢いはあるので敏速性がもの言う
22	月	○	失敗引きずらず目前責務に邁進を
23	火	▲	秋分の日にゆとりある過ごし方で
24	水	○	継続は力なり一歩一歩着実に歩む
25	木	▲	暗闇の中にも明かりが見える時に
26	金	△	都合の良い言葉でごまかさぬこと
27	土	○	他人に左右されては事は成らない
28	日	◎	新たな挑戦にしり込みせず果敢に
29	月	○	多くの人に会い意見交換すると吉
30	火	◎	強運だが勇み足をしないよう警戒

十月運勢

十月八日寒露の節より
月命丙戌　三碧木星の月
暗剣殺　東の方位

どんなに簡単そうに見えても全力でぶつかる気持ちを忘れずに持ちましょう。馴れ合いや惰性で仕事に臨むと、小さなミスから大きな損失へとつながります。油断大敵です。商取引では大きな商談が飛び込んできて、まとまる方向にあります。準備周到に努めましょう。交渉に当たってはあまりしゃべり過ぎないことが大事です。相手に考えさせる余裕を与えて優位な気持ちで接すると好結果につながります。

不規則な生活習慣が健康を阻害する暗示があります。呼吸器系と泌尿器系の疾患に注意しましょう。

10月の方位

今月の吉方位

中吉→北
吉→南

日	曜	運勢	
1	水	○	一方に偏らず全方位に気配りする
2	木	▲	今日は水がある場所は避けること
3	金	○	じっくり腰を据え取り組む姿勢で
4	土	▲	嫌なことを引きずらず気分転換を
5	日	△	目立たない努力は蓄積されて残る
6	月	○	公私共に安定する穏やかな一日に
7	火	◎	成就しそうになっても気を緩めず
8	水	○	旧習に囚われず新たな挑戦も良い
9	木	◎	手を広げ過ぎず的を絞って集中を
10	金	○	外面飾るより内面の充実を図ろう
11	土	▲	仕事の失敗は仕事で取り返す気で
12	日	○	遊興に過ぎて仕事に支障来さずに
13	月	▲	柔軟な対応力で困難を乗り切ろう
14	火	△	本質を理解しないまま進めないで
15	水	○	流れを大事にし時流に逆らわない
16	木	◎	優しく丁寧な対応が好感を得る元
17	金	○	我田引水的な手法取ると顰蹙《ひんしゅく》買う
18	土	◎	現状に安住せずさらに高み目指す
19	日	○	受けた恩義は他者に恩送りの精神
20	月	▲	大口をたたいて恥をかかないこと
21	火	○	詰めの甘さで失敗しないよう要心
22	水	▲	本分に徹して他者の批判はしない
23	木	△	肩の力を抜いて楽な気持ちで奮闘
24	金	○	先輩の知恵に学んで上昇目指そう
25	土	◎	相手を尊敬する態度が好感を呼ぶ
26	日	○	一生懸命やる姿勢が認められる時
27	月	◎	陽転思考が好運気を引き寄せる源
28	火	○	運気は良いが自分を見失わず精進
29	水	▲	上司の叱責は向上の一歩と考える
30	木	○	無駄口聞かず仕事に没頭をしよう
31	金	▲	目先の小利に惑わされず将来性を

十一月運勢

十一月七日立冬の節より
月命丁亥　二黒土星の月
暗剣殺　西南の方位

先月に引き続き忙しいのですが、今月は思ったほど成果は期待できないかもしれません。人のために時間を割くことが多くなります。本業に悪い影響が及ばないようにバランスを取りながら進展させましょう。自律神経のバランスを崩すと頭痛や倦怠感を引き起こすようです。日々の暮らしで吉凶があっても一喜一憂せず平常心を保つことが重要となります。

疲労を溜め込まず、適度の休養を取ることを心掛けましょう。無理が利くのは気力や体力が充実している時期だけです。体力と相談しながら進みましょう。

11月の方位

今月の吉方位

大吉→東
吉→南、北

1 土	△	自主性を重視し実践するのが良い
2 日	○	先頭に立つより一歩引きゆっくり
3 月	◎	不自由さはあっても結果は良好に
4 火	○	有言実行にし退路を断つ決意持つ
5 水	◎	こだわり持たず柔軟な姿勢が吉運
6 木	○	実践に際し裏付けを明確にしよう
7 金	▲	他人の領域に口出しをしないこと
8 土	○	大丈夫と思っても念には念を入れ
9 日	▲	人の好き嫌いを他者には言わない
10 月	△	難問も根気良く糸口探れば解決に
11 火	○	社会の役に立つことは注目される
12 水	◎	古い問題が出るが円満に解決する
13 木	○	新たな出会いから有利な事柄発生
14 金	◎	気力充実に物事が円滑に進展する
15 土	○	雰囲気にのまれず自己判断信じて
16 日	▲	実力者から無理な注文が入るかも
17 月	○	重い任務もこなせば自己向上の元
18 火	▲	甘い誘いの虜にならぬよう自制を
19 水	△	小事を疎かにして大事は成らない
20 木	○	陽気なやり方が周囲を明るくする
21 金	◎	高く掲げた目標を下げたりしない
22 土	○	身辺を身ぎれいにして清潔感保つ
23 日	◎	労力を無駄に使わず効率を考えて
24 月	○	当たり前の日常が幸せな証の一つ
25 火	▲	目的のため手段選ばずは失敗する
26 水	○	仕事に追われても万全期す精神で
27 木	▲	中途で投げ出すのは時間の無駄に
28 金	△	ペットにも体調がある用心をして
29 土	○	好調だが早合点して失敗をしない
30 日	◎	重要事は早めに片付け心に余裕を

十二月運勢

十二月七日大雪の節より
月命戊子　一白水星の月
暗剣殺　北の方位

盛運の十二月を迎えています。だからと言って今月は新規の事柄の実践は控えるほうが良いでしょう。慌ただしさの中、集中できないまま新たな事柄を推進しても、上手くいかないでしょう。今月は案を練り温めておいて、次なる吉運時に実行するのが良策です。本命星二黒土星に被同会している一白水星が失敗の暗示を示しています。人の裏切りや詐欺的行為によるものと推察できます。用心するに越したことはありません。そして今月は不言実行に徹して、あまり大きなことは口外せずに目前の責務に全力を尽くしましょう。

12月の方位

今月の吉方位

中吉→東

日	曜	運勢	
1	月	○	回りくどくても説明は丁寧さ必要
2	火	◎	大局観忘れずに進めば成果は出る
3	水	○	二者択一ではなく灰色中間色も可
4	木	▲	悪乗りをして信用落とさぬように
5	金	○	大勝負に出たい気持ち抑え安全に
6	土	▲	上手い儲け話に乗らない警戒心を
7	日	△	プライベートに癒やしの時間持つ
8	月	○	一生懸命頑張る人に援助者現れる
9	火	◎	何事も順序を間違えなければ吉運
10	水	○	密室的な決め方は後日の紛争の元
11	木	◎	忍耐強く進めた分満足度が大きい
12	金	○	饒舌にならず要件だけ的確に話す
13	土	▲	風聞をまともに受け落ち込まない
14	日	○	勢い余って勇み足しない警戒心を
15	月	▲	ままならぬこと多くじっと我慢を
16	火	△	人は人との会話から勇気をもらう
17	水	○	こだわり捨て調和を保つ方が大事
18	木	◎	力点の置き所をわきまえ進めば吉
19	金	○	流れの状況を捉え的確に対処する
20	土	◎	地道な方策が功を奏し実入り多し
21	日	◎	好運気の時に明日への英気を養う
22	月	○	仕事は一人ではできぬよく自覚を
23	火	◎	心の拠り所が得られ物事はかどる
24	水	○	障害は大きく見えても越えられる
25	木	△	交遊は相手を十分に見極めてから
26	金	▲	気持ちがはやる時ほど冷静に進む
27	土	○	中途半端な妥協は後で紛糾の種に
28	日	▲	マンネリ打破は体を動かすのが吉
29	月	○	控えめにしてやり残し等の点検を
30	火	◎	残務整理と言えども遺漏なきよう
31	水	○	来期に対する心構えと準備の時に

三碧木星《さんぺきもくせい》

2025年の運勢の変化と指針

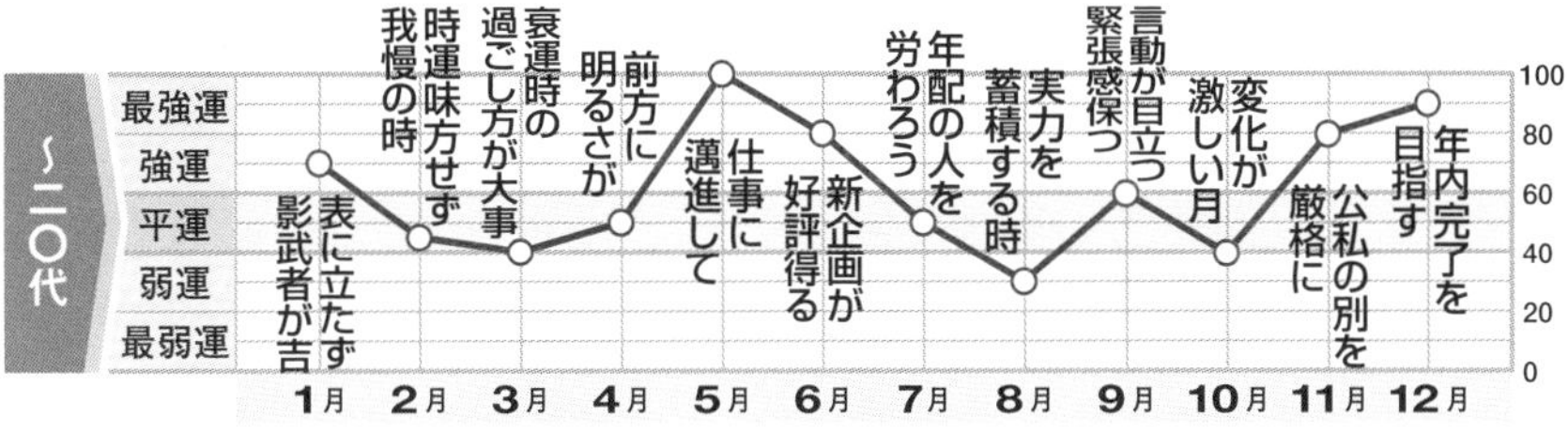

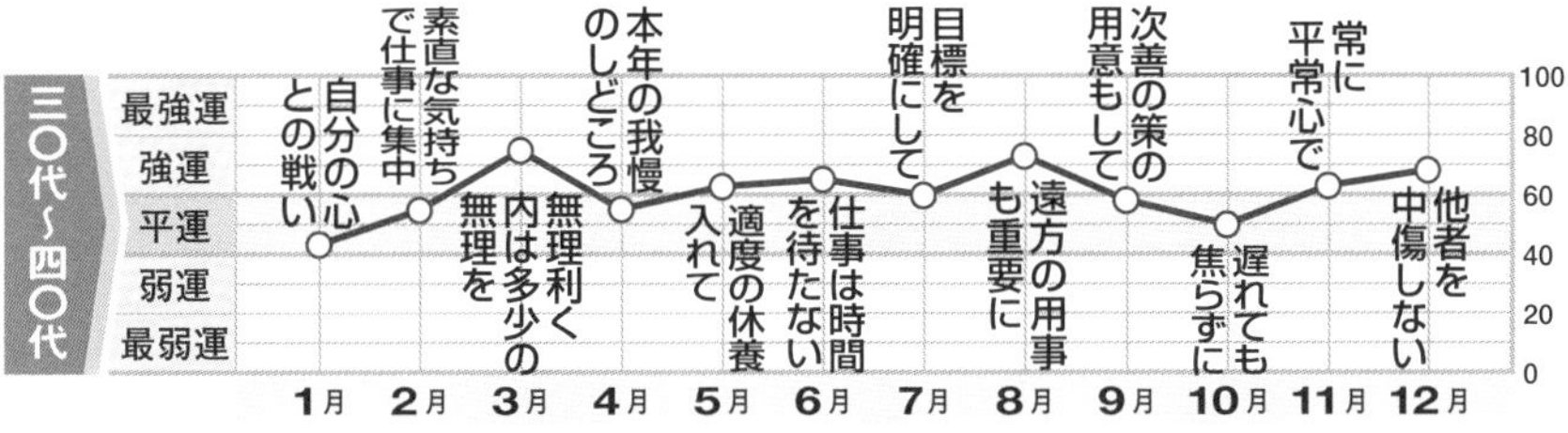

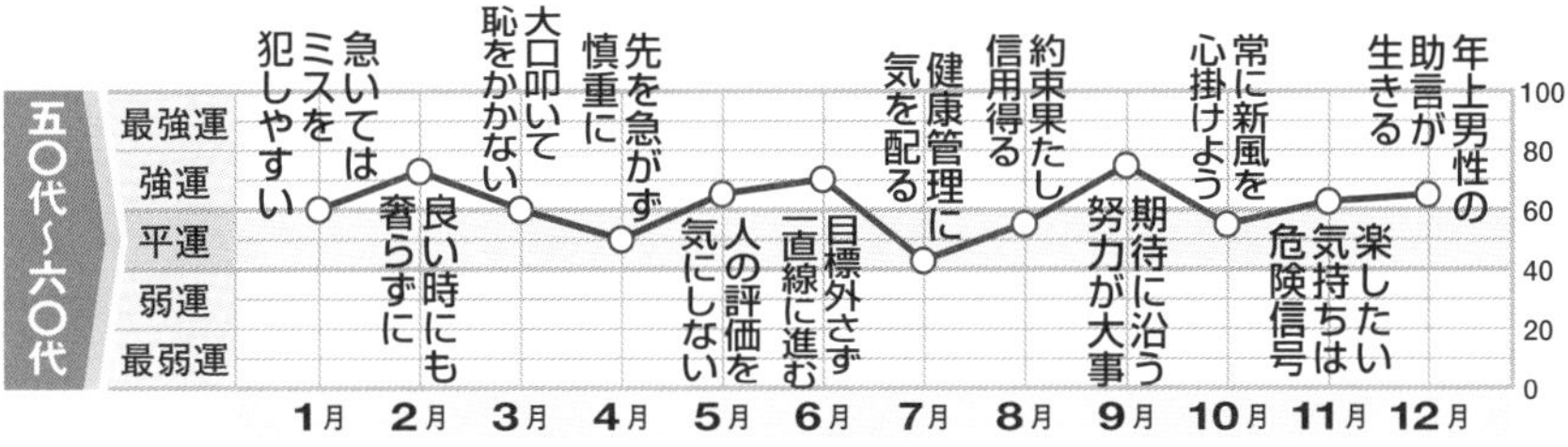

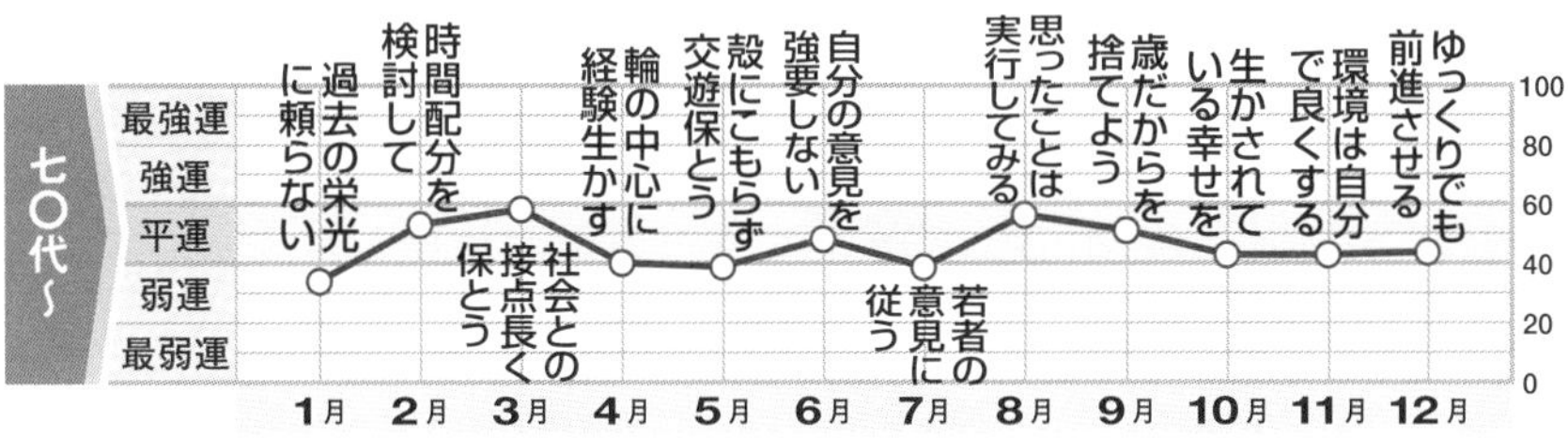

三碧木星生まれの人

1歳（令和6年 甲辰）	37歳（昭和63年 戊辰）	73歳（昭和27年 壬辰）
10歳（平成27年 乙未）	46歳（昭和54年 己未）	82歳（昭和18年 癸未）
19歳（平成18年 丙戌）	55歳（昭和45年 庚戌）	91歳（昭和9年 甲戌）
28歳（平成9年 丁丑）	64歳（昭和36年 辛丑）	100歳（大正14年 乙丑）

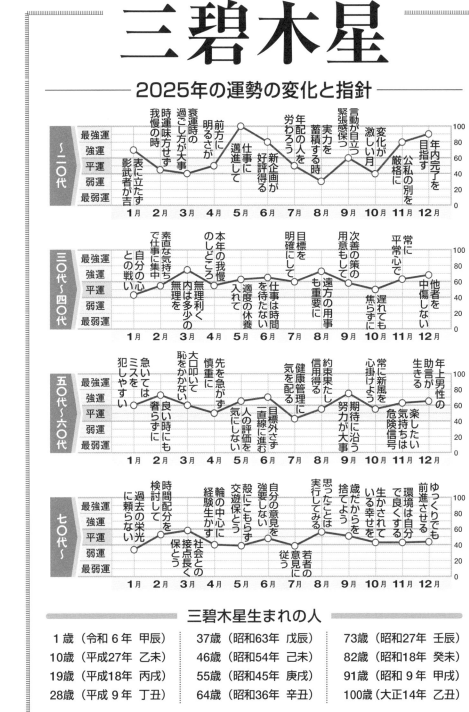

三碧木星 ○ 熟成期

本年、あなたの本命星の三碧木星は西北の乾宮《けんきゅう》に回座しています。陽気で勇気のあるあなたが今年は盛運を得て生き生きと活動できます。本年のあなたに捧げるキーワードは「持続可能な努力」です。初めは周囲が目を見張る働きを示しますが、やがて気が抜けたように軽い行動になりがちです。初めが順調に行き過ぎるので、こんなものかと油断してしまうのです。緊張感を最後まで持続させれば、本年は大きな業績を積み上げることができます。

この星回りの時には強力な援助者が現れやすいものです。上司からの引き立ても得られる時です。コツコツと積み上げていく精神を大切にして上昇していくのが吉策です。はやる気持ちを抑えて丁寧な仕上げを心掛けると、周囲の協力も得られて良い結果となります。上司や有識者の意見や忠告を素直に聞きましょう。本年は仕事に専念する気持ちで取り組みましょう。家族がある人は、仕事優先になることを事前に伝えておくと良いでしょう。

疲労を溜め込まないように注意してください。夢中になると休息することを忘れてしまいます。特に梅雨時から夏に微熱が出る、体が冷えるという感じがあったら要注意です。大事に至らぬように早めに診療を受けて手当てをしましょう。

勝負事に気持ちが強く傾きます。大事なのは、仕事を一か八かの勝負事にしないことです。運気を下げ、仕事が上手くいかなくなります。仕事は計画的に推し進めるのが最善策です。

三碧木星方位吉凶図

適職

音楽家、司会者、楽器商、ミュージシャン、タレント、落語家、情報通信産業、マスコミ情報関係、外科医、家庭園芸関係、銃砲店、青果商、エアロビクス・インストラクター等

吉方

本年は相生する九紫火星が回座する東方位、四緑木星が回座する西方位が吉方となります。月別の吉方は毎月の運勢欄をご覧ください。

凶方

本年は五黄土星が回座する東北方位が五黄殺、反対側の八白土星が回座する西南方位が暗剣殺の大凶方位となります。三碧木星が回座する西北方位が本命殺、一白水星が回座する東南方位が本命的殺の大凶方位となります。本年の十二支である巳の反対側、亥の方位が歳破で大凶方位です。月別の凶方は毎月の運勢欄をご覧ください。

♣ 健康運

自由奔放に仕事をしたいあなたにとって、本年はストレスの多い年になります。上司や目上からの命令や忠告が多くなるからで、これらが体調を壊す要因になります。真面目に受け取る性格のあなたであれば、うつ状態になりがちです。少しくらい叱責されてもさらりと受け流し、気分を一新させましょう。本年は仕事量が大幅に増え、これもストレスの一つの要因です。はじめに一日の仕事量を図り、重要なものとそれほどではないものに分類してから手順良く処理を進めると良いでしょう。肉体的疲労より精神的疲労が後を引きます。

気管支の疾患と血圧上昇に注意しましょう。疲労を溜めると免疫力が落ちて疾病を招きやすくなります。

◆ 金銭運

本年の金銭運は良好です。働けば働いた分だけ豊かになります。働いても良くならない時が多少ありますが、本年は正当な金銭運を得られる年です。援助者を得ている人は応援してくれる人がさらに現れて、援助資金が増える兆候があります。仕事に身が入りますので自然と収入も増えます。投資をしている人も本年は好運に恵まれそうです。特に午年生まれの人は王道に徹すれば有利に働き、副収入アップにつながる可能性があります。昇進や栄誉があり、昇給や臨時収入があるかもしれません。いずれの場合も日頃の精進がものを言います。自分が良ければという利己主義では上手くいきません。利他の精神が、あなた自身の金銭運を上昇させていくものです。

♥ 恋愛運

今年の恋愛は活発に進展していきます。相手がいる人は発展的恋愛となり、相手がいない人には相手が現れる可能性があるチャンスの年です。相手は自信満々のように見える人です。あるいは自分の上にいる人かもしれません。年の差が大きい場合もあります。年齢差など気にせず果敢に接近してみましょう。生涯を共にする人は、赤い糸で結ばれているものです。遅からず早からず、あなたの前に現れてくるものです。ピンときたら、チャンス到来です。積極的にアタックしてみましょう。「吉凶は動より生じる」という易経の言葉もあります。動いてみなければ始まりません。生涯独身でいいなどと思わず、二人で歩んでみるのも人生でしょう。

三碧木星生まれの運勢指針

❖一　歳　何でもなめて確認したがる時期です。無暗に取り上げてしまうと、大事な感性が磨かれずにしぼんでしまうかもしれません。口に入れても大丈夫かどうか注意して見ていてあげましょう。

❖十　歳　自我も固まり始め、自分の世界に閉じこもりがちになるので注意しましょう。スマホのいじり過ぎは一番良くないでしょう。できるだけ友達と遊ぶようにしたいものです。

❖十九歳　環境の変化で戸惑っている人が多いかもしれません。早く新しい仲間を作って会話を重ねるのが一番の妙薬です。何気ない会話の中で、生きる希望の言葉に出会うかもしれません。

❖二十八歳　仲間より仕事の進捗が遅れて差をつけられ、焦っている人もいるでしょう。焦る必要は全くありません。人生の終着駅はまだ先だし、速さではなくどんな生き方をしたかが問題なのです。

❖三十七歳　障害の多い年になりそうです。一つ一つ丁寧にこなしていくことが大事です。乗り越えた先に新たな挑戦の目標が見えてくるものです。

❖四十六歳　人生の分岐点になりそうな年です。順調そうですが、災害や障害はいつ振りかかってくるかわかりません。常に万全の心構えで臨みましょう。

❖五十五歳　万事慎重に推進していきましょう。責任ある立場になる年齢にさしかかっています。軽率な言動を取って信頼を失うことがないように警戒しましょう。

❖六十四歳　雑多な用事に取り囲まれる時です。忙しくても一つ一つ丁寧に向き合うことが大切です。たった一つの雑な仕上がりが他のすべてを無にしてしまうことがあります。凡事徹底の精神で。

❖七十三歳　人生は種々の出来事が折り重なってできあがっています。日々新たな気持ちで人生に向き合い、自己研鑽と社会貢献を考えながら生きていきましょう。

❖八十二歳　今まで一生懸命に生きてきた自分を認め、今この瞬間を大事にしましょう。特別な人だけが幸せなのではありません。一生懸命生きてきた、そのことが何より尊いのです。

❖九十一歳　本年は少し不本意な年になりそうです。あなたの言動が相手に理解されにくいのが原因です。話し方を変えたり、あるいは趣味に打ち込んだりして、気分を変えてみましょう。

❖一〇〇歳　これほど誕生日が待ち遠しい年はないでしょう。この年齢まで生き抜くことは大変な努力の結果だと思います。元気な日本がよみがえるように、もう少し生きる喜びを与え続けてください。

一月運勢

一月五日小寒の節より
月命丁丑　三碧木星の月
暗剣殺　東の方位

お正月ののんびりした気分とは裏腹に何となく慌しい幕開けの月になりそうです。あまり表に出ずに裏方に回るという意識で過ごすのが得策です。

自我の強い性質を持っているあなたですが、今月は、はやる自我を抑えましょう。黙々と不言実行に徹するのが最善策です。成果が目に見えないと不安になりますが、今月の努力結果は来月の礎となって蓄積されます。また周囲との協調精神を忘れずに尽力すると吉運を招きます。

過飲や過食で体調を崩さないように注意を払ってください。

1月の方位

今月の吉方位

中吉→亥、乾
吉→西南

日	曜	運	指針
1	水	▲	裏方は苦手でも今日は黒子に徹す
2	木	○	自我を強く出し過ぎないよう注意
3	金	△	アルコール入っても乱れぬ姿勢を
4	土	○	目上の人への尊敬の念を忘れない
5	日	◎	長い目で見た計画を立てて備える
6	月	○	浮足立たぬよう引き締めて実践を
7	火	○	気の緩みが油断を招くミスに警戒
8	水	○	信念をしっかり持ちブレない心で
9	木	△	新アイディアはよく吟味して実行
10	金	▲	遅くても焦らず計画通りに進展を
11	土	○	プライベートで喜びが起きる好日
12	日	△	計画の内容を見直し軌道修正する
13	月	○	過去の実績誇らず前を見て前進を
14	火	◎	常套手段用いて丹念に推進させる
15	水	○	労力要した割に実入りが少ない時
16	木	○	仕事は確実性を第一の条件とする
17	金	○	損得勘定のみで見ると人間性失う
18	土	△	人に施したことは必ず返ってくる
19	日	▲	現在地に留まって問題点を探ろう
20	月	○	心身のリフレッシュには歓談が吉
21	火	△	人の好意には感謝の念を忘れない
22	水	○	今日は綿密さが要求される一日に
23	木	◎	手順通りに推進していくのが吉運
24	金	○	我意を無理押しすると敬遠される
25	土	○	迷った時は計画の原点の方向性に
26	日	○	清廉潔白にして邪心を抱かぬこと
27	月	△	諸事活発になるも思慮分別忘れず
28	火	▲	やることが裏目に出ても前向きに
29	水	○	対人関係は分け隔てなく接しよう
30	木	△	仕事と割切って決断をするように
31	金	○	基本的考えを明確にして進めば吉

二月運勢

二月三日立春の節より
月命戊寅　二黒土星の月
暗剣殺　西南の方位

努力の結果が明確に形となって現れる月です。全力を出して責務を果たすのが最善策です。注目を集める特徴のある九紫火星が本命星三碧木星に被同会しているのです。計画は具体的に実現可能なものを考えましょう。机上の空論は無意味で、即実行できる計画が有効です。数字化ができるとなお良いでしょう。常に新たな挑戦の気持ちを大事にしましょう。以前は成功したからという安易な考えでは進歩できません。斬新なアイディアは実行に時間がかかるかもしれませんが、将来性を考えると一番有効な方法でしょう。

2月の方位

今月の吉方位

中吉→西
吉→東

日	曜	印	運勢
1	土	◎	同調者ができて平穏な一日となる
2	日	○	親しき仲にも礼儀あり節度持って
3	月	○	些細なことにも気配りを忘れない
4	火	○	他人に尽くせば自分に返ってくる
5	水	△	気分すぐれない時も努めて明るく
6	木	▲	歯車が合わない時周囲に揃えよう
7	金	○	待つことも努力の内好機を見よう
8	土	△	障害を避けるのも方策の一つかも
9	日	○	話し合いも無理な要求では決裂に
10	月	◎	成功は努力した者の上に光り輝く
11	火	○	地道な精進は目立たないが重要に
12	水	○	緊張感が途切れた時に災厄が来る
13	木	○	運気に波があっても平常心を保つ
14	金	△	体験を生かし禍を転じて福となす
15	土	▲	二つのことを一時にできはしない
16	日	○	自分が中心と思う慢心を諌めよう
17	月	△	怖いもの知らずの猛進は危険伴う
18	火	○	奉仕の精神で年配者に接して吉日
19	水	◎	機を見て一気に攻め込むのが吉運
20	木	○	日頃の精進あれば地味だが成果大
21	金	○	部下の働きにより思わぬ進展ある
22	土	○	意見押し付けず話し合うのが大切
23	日	△	不動産の話は後日に回すのが良い
24	月	▲	栄養が偏らないよう食事に関心を
25	火	○	机上の理論に時間かけず実践重視
26	水	△	情勢を見ながら慎重に推進させる
27	木	○	予期せぬ事態起きても沈着冷静に
28	金	◎	万事に心を込めた対応が好感招く

三月運勢

三月五日啓蟄の節より
月命己卯　一白水星の月
暗剣殺　北の方位

先月とは違い、遊興の星が付いています。ともすれば職務を忘れて悦楽に身を任せるような雰囲気の月です。いったん遊興の星に浸りきってしまうと脳細胞が悦楽状況を作り、真面目に仕事をするのが馬鹿らしく思えるものです。自分の心がそうならないように自制心を働かせましょう。人の幸せは良い仕事に巡り合うことと良き伴侶に恵まれることだと言われます。仕事はそれくらい重要な要素なのです。そして仕事が終わっても家族との団欒を大事にしましょう。今月は、勤勉の星である二黒土星被同会の影響が大きいと言えます。

3月の方位

今月の吉方位

吉→東南

日	曜	運	内容
1	土	○	信念を守り継続的に挑戦意欲持つ
2	日	○	失敗しても諦めない精神力が大事
3	月	○	先へと急ぐ気持ち抑え丁寧に進展
4	火	△	手足や腰のケガに注意が必要な時
5	水	▲	規則規律は自分を守るためのもの
6	木	○	時流を見ながら進めていくのが吉
7	金	△	約束の期日を守ることが信用の源
8	土	○	心に抱くやましさは成功の妨げに
9	日	◎	部下や目下にも気配りを忘れずに
10	月	○	先人の役立つ知恵を借りて精進を
11	火	○	正確に説明して誤解されぬように
12	水	○	心を込めた対応が実り多いものに
13	木	△	今日やるべきことを先延ばしせず
14	金	▲	先に進む前に行程の確認作業して
15	土	○	人からの依頼事を本日は避けよう
16	日	△	休日でも節度守るのが吉祥を得る
17	月	○	現実逃避せず真正面から挑戦する
18	火	◎	小さな一歩は目立たずとも有効に
19	水	○	枠を決め小ぢんまりまとまらない
20	木	○	注目されるが浮かれない気持ちで
21	金	○	簡単そうでも単純ミスを犯さない
22	土	△	予期せぬことが計画を壊す場合が
23	日	▲	識者の言葉をきちんと聞く姿勢を
24	月	○	好不調が激しい時波を捕まえよう
25	火	△	自然体のままでいくのが吉祥運に
26	水	○	計画から外れた方策は無駄になる
27	木	◎	上昇機運にある今は手堅く成功を
28	金	○	偏った考え捨て公平な態度で臨む
29	土	○	中年女性からクレーム来そうな時
30	日	○	対話が欲しいけれど相手を選んで
31	月	△	事前準備の通りに進めるのが吉策

四月運勢

四月四日清明の節より
月命庚辰　九紫火星の月
暗剣殺　南の方位

少しの油断がミスにつながりやすい時です。進捗状況が滞っても、焦ることなく前進を続けましょう。どんなことにも障害はあるものですが、障害への対処の仕方でその人の実力がわかるものです。障害を乗り越えた先に新たな展開が待ち受けているものです。反対に難問を避けて障害から逃げていたのでは、進歩がありません。果敢に挑戦するのが最良の選択肢なのです。

陰の取引や密室的解決策を暗示する星がありますが避けるべきで、正々堂々と真正面からぶつかるのが正解です。情報は周囲の人が共有できるのが理想的です。

4月の方位

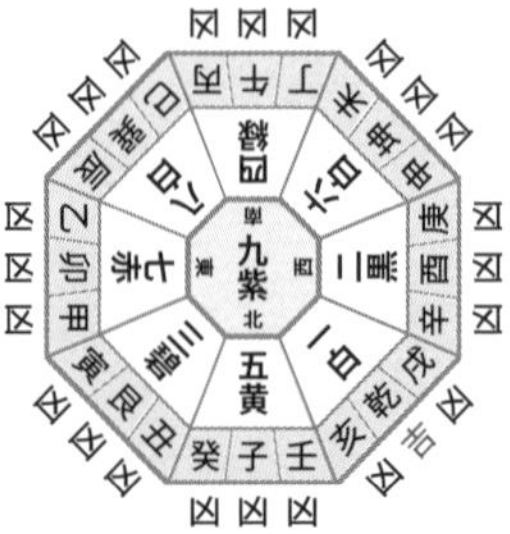

今月の吉方位

大吉→乾

日	曜	運	内容
1	火	▲	努力が空回りすることある忍耐を
2	水	○	無理な注文にも応えると上昇する
3	木	△	流行にも目を向け時代の流れ見る
4	金	○	実行はスムーズでも決着は遅い時
5	土	◎	人生独りでいる時も節制が大切に
6	日	○	中心に祭り上げられる幸せ味わう
7	月	○	結論を長引かせては好結果を得ず
8	火	○	中庸の精神働かせ手を打つのが吉
9	水	△	失敗しても一からやり直す気持ち
10	木	▲	本物を追求する努力が向上の源泉
11	金	○	ありのままの自分で流れに任せる
12	土	△	真実でも言い過ぎてしまわぬこと
13	日	○	会話が弾み大事な家族団欒の一時
14	月	◎	過去の経験が上手く活用され吉日
15	火	○	時に人のために尽力して陰徳積む
16	水	○	やりつけないことに手を出さない
17	木	○	一つの喜びを次の上昇の糧にする
18	金	△	何事もやる気力が結果を左右する
19	土	▲	長老と呼ばれる人の意見が入る時
20	日	○	人や情報が多く入る時心乱さずに
21	月	△	人を説得する時はしゃべり過ぎず
22	火	○	仕事は自ら進んですると疲れない
23	水	◎	目立たない陰の精進が大きく形に
24	木	○	人の嫌がることを率先してやろう
25	金	○	日頃煙たい人も話せば耳を傾ける
26	土	○	外ばかり見ず内部の見つめ直しも
27	日	△	時には賑やかな街中で気晴らしを
28	月	▲	ギャンブルに手を出したりしない
29	火	○	心穏やかに英気を養うのが招運に
30	水	△	人におもねるような話はやめよう

五月運勢

五月五日立夏の節より
月命辛巳　八白土星の月
暗剣殺　東北の方位

あなたの言動の一つ一つが注目される月になります。軽挙妄動を慎みましょう。軽口のつもりの一言が誤解を招かないように警戒しましょう。逆に、あなたの一言がきっかけとなって重大事が成し遂げられる場合があります。名誉と地位を一挙に得られる事態が発生するかもしれません。一攫千金を狙うのではなく、目の前の責務をきちんと果たすことによって得られる成果に今月は大きなものがあります。

無理を重ねて過労を引き起こさないように用心しましょう。心臓は丈夫な臓器でも血管は脆いものです。脳の障害に用心を。

５月の方位

今月の吉方位

大吉→西
吉→戌、乾

日	曜	印	運勢
1	木	○	手持ちの責務は早めに処理をする
2	金	◎	人に任せる部分は任せて効率図る
3	土	○	仲間同士のコミュニケーションを
4	日	○	計画遂行には入念な準備も必要に
5	月	○	意欲が増して公私共に好回転する
6	火	△	やる気あるも歯車が噛み合わない
7	水	▲	人から無視される状況があるかも
8	木	○	人との協調は大きく成功得る源に
9	金	△	相談を受けると長引くことになる
10	土	○	外食は家族の絆を深めるのに良薬
11	日	◎	目に見えない力を味方に結果出す
12	月	○	障害には忍耐強く立ち向かうこと
13	火	○	災厄は好調時に起きることもある
14	水	○	付和雷同せず自己信念を強く貫く
15	木	△	できる時に頑張って多くの実行を
16	金	▲	最後の決断は自己責任で下すこと
17	土	○	自分の利ばかり追っては成就せず
18	日	△	長期の見通し立て先憂後楽で進む
19	月	○	任せても任せっきりではいけない
20	火	◎	好調な日だが東北からの話は不可
21	水	○	確実に結果を出すように精進する
22	木	○	異性運が強い日観察眼を忘れずに
23	金	○	忙しくても手抜きせず全力尽くす
24	土	△	陰にこもらず明るく振る舞うと吉
25	日	▲	決めた方針通りに進め改革は不可
26	月	○	やる気が空回りしないよう慎重に
27	火	△	簡単に上手くいきそうな話に用心
28	水	○	裏取引や密室会議はせず表舞台で
29	木	◎	注目される名誉なことが起きるか
30	金	○	四方八方から用事を持ち込まれる
31	土	○	改革にも挑戦しなければ進歩なし

六月運勢

六月五日芒種の節より
月命壬午　七赤金星の月
暗剣殺　西の方位

思ったようには進展しないので、気持ちが萎《な》えそうになります。そんな時は思い切って休息を取り、気力が充実するのを待ちましょう。私たちは有限の時間の中に生きていますが、休息は無駄な時間ではありません。宇宙の気との巡り合わせを調節する貴重な時間と捉えるべきです。気力が萎えてやる気を失う無駄な時間でなく、必要な有効な時間を過ごすようにしましょう。

今月は、自分の中の得意分野の力を磨き上げるのにも良い時期です。できないことを数え上げず、得意な技能や知識を磨き上げる努力をするべきです。

6月の方位

今月の吉方位

なし

日	曜	印	運勢
1	日	○	人と張り合わず協調する精神養う
2	月	△	気力旺盛の時こそ気配り忘れない
3	火	▲	新規事を取り入れて前向きに進む
4	水	○	常に人助けは気分を明るくする元
5	木	△	特に寛容と忍耐が要求される一日
6	金	○	気まぐれ対応が物議を醸す原因に
7	土	◎	目標を見失わずに研鑽すれば大吉
8	日	○	幸運はゆっくりとやって来るもの
9	月	○	今日は上司の指示通りの推進が良
10	火	○	安定した仕事ぶりが信用を得る日
11	水	△	とにかく実践してみる敢闘精神で
12	木	▲	目先の利益にこだわり過ぎぬよう
13	金	○	堅実な常套手段を用いて遂行する
14	土	△	秘密は秘密を呼ぶ公明正大にする
15	日	○	言葉で相手を傷つけぬように注意
16	月	◎	問題を乗り越えて大きな成果あり
17	火	○	過度の飲食は健康を阻害する要因
18	水	○	研究熱心な人との協働が成功する
19	木	○	強引な手法を取らずとも実入り大
20	金	△	黒白決着でなく時には灰色決着も
21	土	▲	真実を伝えない方が円満に収まる
22	日	○	縁の下の力持ちとなって力を発揮
23	月	△	人のためにしたことが自分に返る
24	火	△	目下の活躍が窮地を救う元となる
25	水	○	困難乗り越えた晴れの日を楽しむ
26	木	▲	他者との歓談が生きる勇気くれる
27	金	△	選択に躊躇する時は初期計画見る
28	土	○	問題点を深く掘り下げ後日の糧に
29	日	○	目立とうとする一発主義は失敗に
30	月	○	おしゃべり好きな集いが役に立つ

七月運勢

七月七日小暑の節より
月命癸未　六白金星の月
暗剣殺　西北の方位

不運はいつも突然訪れるものです。人生には災難は付き物で、いつ起きるか予測できません。遭遇した時に冷静に対応する心構えができていれば、損失は最小限で済むものです。人生は常に順風満帆というわけではないのです。

親戚間での問題や身内の問題には素早く対応し、話し合うことが大事です。放置してこじらせてしまうと、解決に時間と労力がかかります。

一見難しそうな事柄でも、根気よくぶつかれば糸口は見つかります。朝が来ない夜はないのです。

7月の方位

今月の吉方位

大吉→南
中吉→東

日	曜	運	内容
1	火	◎	私利私欲を抑えて貢献をする一日
2	水	○	不満あっても責務を果たすのが吉
3	木	△	計画に水差されるがめげずに邁進
4	金	○	古い懸案事項が再浮上する誠実に
5	土	▲	悪い本当の原因突き止めるのが先
6	日	△	優柔不断は人生行路を悪くする元
7	月	○	実行に際しては識者の意見を聞く
8	火	○	勢いはあるけれど災難に注意して
9	水	○	責任押し付けられても冷静に処理
10	木	◎	方針をしっかり守り進展させよう
11	金	○	着手したら不退転の気持ちで進め
12	土	△	情事に溺れた心の隙が不運を招く
13	日	○	実力を認められるが慢心を戒める
14	月	▲	衰運期には無理に前進せず待機を
15	火	△	自信過剰にならぬよう裏方に回る
16	水	○	迷いを捨て勇気を持って決断する
17	木	○	適材適所を考えれば効率が上がる
18	金	○	指示を出す時は言葉を明確にして
19	土	◎	運気良くても気の緩みは失敗の元
20	日	○	安全第一を考えた方策が最善策に
21	月	△	気分次第の衝動買いは後の悔いに
22	火	○	浮き沈みあっても結果は良好得る
23	水	▲	遅くても確実に仕上げるのが良策
24	木	△	掛け声倒れにならぬよう確認作業
25	金	○	好機を逃さぬ緊張感保つのが重要
26	土	○	運気盛大でも手綱を引き締めよう
27	日	○	先頭に立ち予定を力強く推進する
28	月	◎	見栄を張った大盤振る舞いしない
29	火	○	手堅い手法が功を奏し成果上がる
30	水	△	注目されても我を忘れぬ理性持つ
31	木	○	人は一人ではない共存を意識して

今月の幸運数＝2、3、7　幸運色＝パープル

八月運勢

八月七日立秋の節より
月命甲申　五黄土星の月
暗剣殺　なし

自分だけの意見に固執せず、幅広く他者の意見にも耳を貸しましょう。特に年長者の意見は、耳が痛いと思っても実際にはためになることが多いものです。自分が経験できないことを知ることができる貴重な体験だと思って聞くと、気持ちが楽になると同時に自己上昇のきっかけにもなるものです。

今月は「継続は力」という言葉をかみしめて、粘り強く業務を推進していきましょう。成果は努力の先にあるものです。

健康に関しては、体調の変化に気を付け、微熱でも早期治療を心掛けましょう。

8月の方位

今月の吉方位

大吉→北
中吉→東南
吉→南

日	曜	運勢	
1	金	▲	見栄や体裁にこだわる心を捨てる
2	土	△	我を張らず和の精神を認識しよう
3	日	○	緊張感が切れる時あるので警戒を
4	月	○	勢いあまり他人の領域を侵さない
5	火	○	重責から逃げるのではなく挑戦を
6	水	◎	軽重を計り重要な物から手際良く
7	木	○	誠実さを失わなければ結果は良好
8	金	△	気持ちの緩みがミス招く大きな元
9	土	○	人は人のために一生懸命頑張れる
10	日	▲	失敗を隠すのではなく迅速に対応
11	月	△	問題の深奥を知るのが解決の一歩
12	火	○	本気度が伝わって相手も反応する
13	水	○	迷った時は当初の計画に戻り思案
14	木	○	お山の大将にならず他の意見聞く
15	金	◎	重大任務の抜擢があるかも全力で
16	土	○	言行一致を心掛け不誠実さ戒める
17	日	△	柔軟な対応が良い方向へ流れ作る
18	月	○	軽率に決断せず状況をわきまえて
19	火	▲	持てる力出し惜しみせず奮闘する
20	水	△	障害も乗り越える意志あれば良い
21	木	○	気分転換に気に入りの音楽聴こう
22	金	○	言行一致で突き進めば道は開ける
23	土	○	身内同士で足を引っ張らぬ注意を
24	日	◎	どんな成功でも賞賛を受ける吉日
25	月	○	言葉遣いに注意し誤解を招かない
26	火	△	面倒な依頼事が持ち込まれるかも
27	水	○	リーダーシップ育成しさらに精進
28	木	▲	馴れ合いを排し緊張感持って推進
29	金	△	仕事とは100％を要求するもの
30	土	○	何に従うのかを問われる今日一日
31	日	○	姑息な手段では物事は解決しない

今月の幸運数＝1、6、7　幸運色＝ブルー

九月運勢

九月七日白露の節より
月命乙酉　四緑木星の月
暗剣殺　東南の方位

今月は注意のしどころが満載の月と言えます。本命星三碧木星に暗剣殺という大凶殺星を帯びているのと同時に五黄殺に被同会されているのです。非常に危険な状態にさらされています。ですから、今月は冒険をせず日常の生活を規則正しく送ることを心掛けましょう。そして自分の利益だけではなく他者のためになる行動を起こすことで凶殺を避けることができます。

今月は、自分の利益になる儲け話には絶対に乗らないようにしましょう。欲を深追いすることで、かえって元も子も失うような事態に陥ってしまいます。

9月の方位

今月の吉方位

吉→北

1	月	○努力が空回りしないよう確認大事
2	火	◎私情捨て仕事に専念するのが大吉
3	水	○気が抜ける時あり油断をしないで
4	木	△山あり谷ありの一日になる予兆が
5	金	○派手な言動を慎み実質内容が重要
6	土	▲過去を振り返り反省点を洗い出す
7	日	△思うように捗らない時ゆっくりと
8	月	○依頼心は自分をダメにする元凶に
9	火	○安請け合いをして信用落とさない
10	水	○勇気を出して新たな方策の実行を
11	木	◎人とのつながりを大事にして進展
12	金	○仕事には割り切りが必要な時あり
13	土	△身内との親和を大事にした生活を
14	日	○一つの方法にこだわらずに試そう
15	月	▲終わり良ければすべて良しという
16	火	△密室的取り決めは紛糾の種を作る
17	水	○手堅く安全確実に仕上げるのが吉
18	木	○情報は正しくつかんで利用しよう
19	金	○手を広げず一点に的を絞って集中
20	土	◎成功を喜び合える仲間を増やそう
21	日	○難局打開は経験者の知恵を借りる
22	月	△複数の方法を考えて進むのが無難
23	火	○一人合点せず丁寧な説明が最重要
24	水	▲小さなミスも大きく広がる慎重に
25	木	△気持ちに余裕を持って進展しよう
26	金	○生活習慣病にならぬよう変化必要
27	土	○大言壮語せず小さなことから着手
28	日	○白か黒ではなく時には灰色決着も
29	月	◎自信過剰にならず確実にこなそう
30	火	○時機を外さずに迅速に結論を出す

十月運勢

十月八日寒露の節より
月命丙戌　三碧木星の月
暗剣殺　東の方位

地道な努力が実を結び、着実に結果を残すことができます。小さな成功を積み重ねることで大きな成果が得られるのも今月の特徴です。まさに、大きな成果も小さな一歩からです。人生のビッグチャンスは、目前の責務を正確に遂行しているうちに、ある時、目の前に現れるものです。一生懸命精進する人に天が知恵を授けてくれるのかもしれません。

　ストレスや疲労を溜めると、お腹の臓器に負担をかけて疾患を招き寄せることがあります。適度の安息を取りましょう。

10月の方位

今月の吉方位

中吉→戌、乾

日	曜	運	内容
1	水	△	不安定な運気なので慎重に過ごす
2	木	○	障害に遭っても方針変更せず進む
3	金	▲	ありのままの自分出し素直に生きる
4	土	△	孤立せず周囲と協調するのが良策
5	日	○	時間かかってもやり通す根性持つ
6	月	○	強運だが抑えめにした活動が良い
7	火	○	優柔不断では周りから人が逃げる
8	水	◎	嬉しい祝いごとが起きる吉祥日に
9	木	○	油断すると手足の古傷が再発する
10	金	△	外出先でのトラブル起こさぬよう
11	土	○	外面の判断に頼らず内面を見よう
12	日	▲	肥満にならぬよう節制した食習慣
13	月	△	スポーツの秋も疲労の蓄積に注意
14	火	○	真剣な努力を見て援助する人出現
15	水	○	皆が納得する方策が効率を上げる
16	木	○	本分以外へ手出ししない方が良策
17	金	◎	基本通り推進すれば無難に終わる
18	土	○	我を強く出すと周囲とトラブルに
19	日	△	ゆがんだ上下の関係は危険はらむ
20	月	○	日頃の実力を発揮すれば成果得る
21	火	▲	自らの技量を磨き実力を養成する
22	水	△	人のためにしたことが自分に戻る
23	木	○	深めた知識が役に立ち人格向上に
24	金	○	目的達成は近くに見えても遠い物
25	土	○	着手前に入念に計画を練り直そう
26	日	◎	力強く踏み出さないと腰砕けかも
27	月	○	タイミングの良さが結果の左右を
28	火	△	上司の注文は素直に聞き入れよう
29	水	○	良いアイディアが浮かぶ可能性が
30	木	▲	衰運期の時こそ八方に気配りする
31	金	△	話題の斬新制で相手の興味を惹く

十一月運勢

十一月七日立冬の節より
月命丁亥　二黒土星の月
暗剣殺　西南の方位

雑念を払い仕事に専念しましょう。働いた分だけそれなりの成果を得ることができます。生活が派手になり、話すことも大きくなりがちです。少しの成功に有頂天にならず、謙虚な姿勢を保つことが大切です。謙虚な姿勢を保つことにより周囲の協力も得られやすくなります。こじれた問題にも第三者の応援が得られやすくなります。

濡れ手に粟のような儲け話は警戒してください。そんな甘い話はこの世に存在しないものです。特に西南から来る不動産がらみの上手い話は詐欺的要素が含まれている場合が多いものです。

11月の方位

今月の吉方位

中吉→西
吉→東

1	土	○	運気は良くても邪魔する人がいる
2	日	○	解決の糸口は案外身近なところに
3	月	○	身内同士の協力が結果を良くする
4	火	◎	時流に沿って進展していけば吉運
5	水	○	勢いある時に難しいこと片付ける
6	木	△	自分の行き方に自信を持って進む
7	金	○	重責も今の自分に合うものが来る
8	土	▲	普段歯に無関心の人も歯を大事に
9	日	△	誤解を招く発言が仲間失う原因に
10	月	○	今日の活躍を注目している人あり
11	火	○	出来上がりに不備がないか確認を
12	水	○	相手が納得する仕事ぶりが好評に
13	木	◎	調子が良くても一人合点をしない
14	金	○	全体の流れを重視した活動が得策
15	土	△	暴飲暴食は健康体を壊す大きな元
16	日	○	気力が戻ってやる気が湧いてくる
17	月	▲	独りでいる時に本性が出る慎んで
18	火	△	待つことも努力の内なり好機待つ
19	水	○	人に認められる出来事が起きる日
20	木	○	情報は皆で共有して円滑に進行を
21	金	○	井の中の蛙にならず広い目で見る
22	土	◎	積極的に拡大路線取るのも良い時
23	日	○	心身を慰労し英気を多く養う好日
24	月	△	自分本位で進めても賛同されない
25	火	○	超えられない困難はやって来ない
26	水	▲	公私の別を明確にして臨むのが良
27	木	△	人間関係は常に良好に保っておく
28	金	○	祭りのような賑やかな一日になる
29	土	○	自説にこだわり過ぎても悪影響あり
30	日	○	誠実な振る舞いが共感を招く元に

十二月運勢

十二月七日大雪の節より
月命戊子　一白水星の月
暗剣殺　北の方位

一瞬のためらいが思わぬ波紋を呼んで誤解を招くことがあります。言動は明確にして曖昧な表現を避けましょう。誤解というものは払拭するのが意外に難しい場合があります。日頃の言動が影響することもあります。また決断を下す時は自信を持って行ないましょう。優柔不断での曖昧な態度は誤解を招く大きな要因ともなります。

風評はよく確認して、惑わされないようにしましょう。取るに足らないことのほうが多いものです。自己信念をしっかり持っていれば、右往左往することは少ないものです。風邪をひかないように養生してください。

12月の方位

今月の吉方位

吉→東南

日	曜	運勢
1	月	◎言葉だけではなく実行伴うのが吉
2	火	○チャンスは長逗留せず瞬時に掴む
3	水	△根性だけではなく裏付けも正確に
4	木	○外面ではなく実質的内容で勝負を
5	金	▲誹謗中傷にめげず自分の道を行く
6	土	△無益な労力使わず効率考え活動を
7	日	○みなぎる力を社会貢献に向けよう
8	月	○キチンと方向性を決めてから着手
9	火	○表面取り繕っても気持ちこもらず
10	水	◎手堅い方策が奏功し無難に終わる
11	木	○大口を叩かず謙虚さ出して誠実に
12	金	△良い習慣崩れると立て直しに苦労
13	土	○意地を張らずわからぬことは聞く
14	日	▲節度わきまえて現状を乗り越える
15	月	△同僚のおしゃべりに巻き込まれず
16	火	○親しい人とのつながり大切にする
17	水	○目立とうとせずとも目立つ一日に
18	木	○他人の悩みは丁寧に聞いてあげる
19	金	◎今までの事案を無理なく継続が吉
20	土	○心のわだかまり捨て柔軟な対応を
21	日	○言葉を選んで言い過ぎないように
22	月	◎意識して協力をうたい共に喜びを
23	火	○信頼関係あれば進行はスムーズに
24	水	○力み過ぎず肩の力を抜いて対処を
25	木	○自分の持ち分守って着実に進展を
26	金	△口に出したことは責任伴う自覚を
27	土	▲忙しい中でも体調管理を忘れずに
28	日	○年内懸案事項の遺漏なきよう点検
29	月	△この時期風邪は長引くので注意を
30	火	○順序とルールを守り手際よく処理
31	水	◎協力関係を念頭に本年一年終える

四緑木星《しろくもくせい》

2025年の運勢の変化と指針

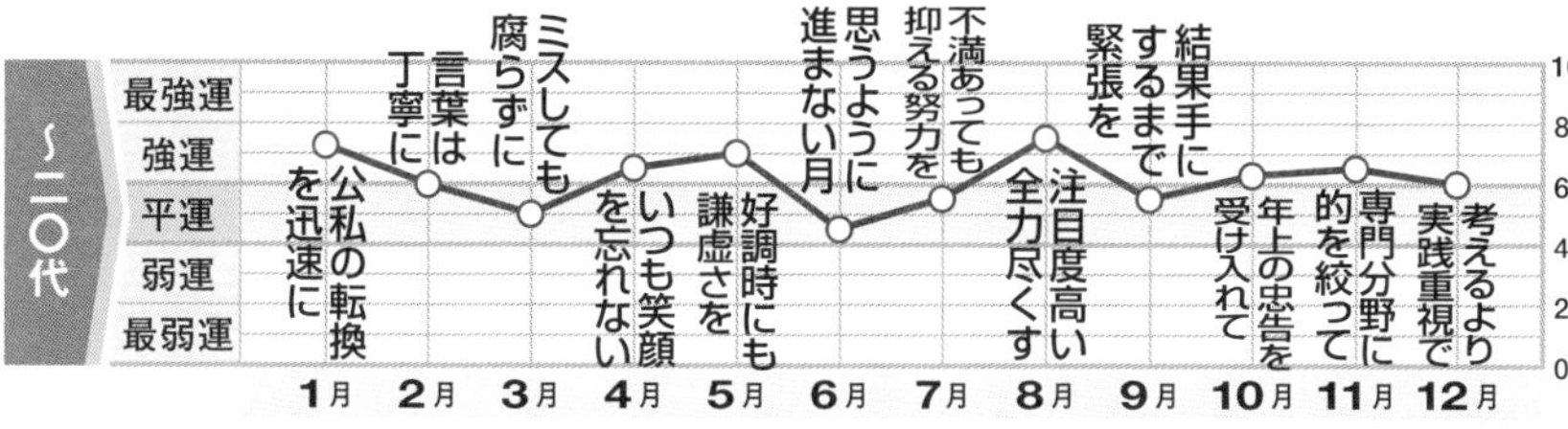

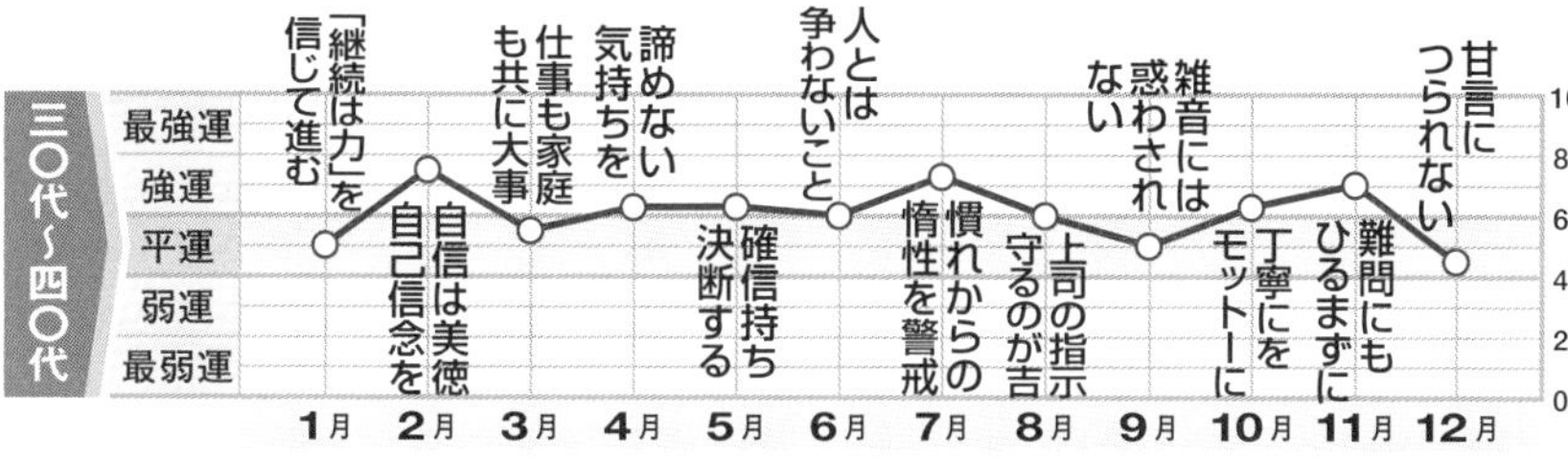

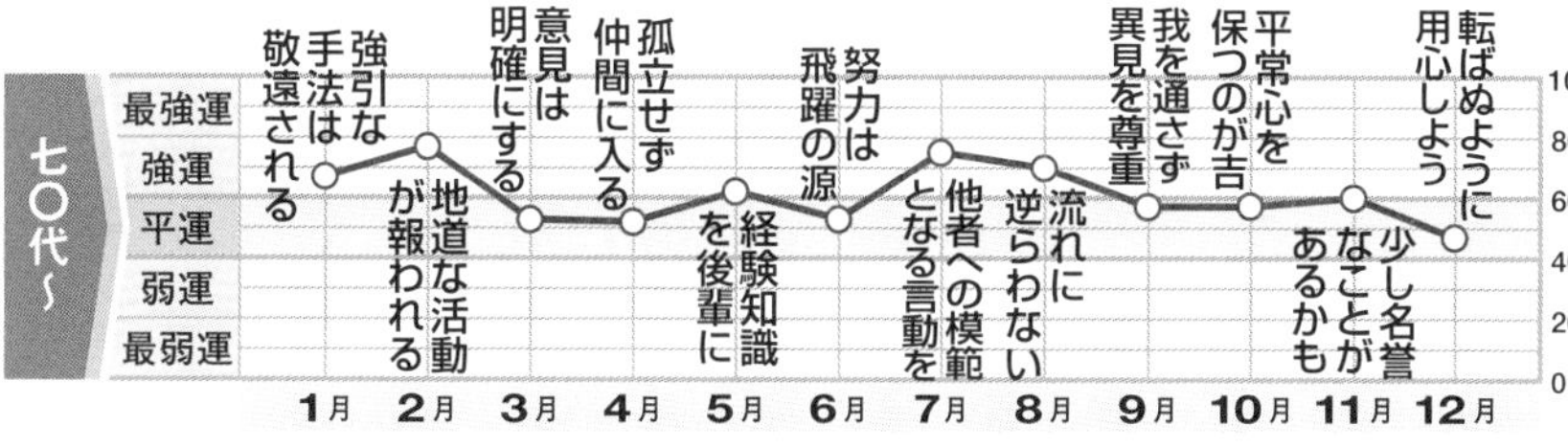

四緑木星生まれの人

2歳（令和 5 年　癸卯）	38歳（昭和62年　丁卯）	74歳（昭和26年　辛卯）
11歳（平成26年　甲午）	47歳（昭和53年　戊午）	83歳（昭和17年　壬午）
20歳（平成17年　乙酉）	56歳（昭和44年　己酉）	92歳（昭和 8 年　癸酉）
29歳（平成 8 年　丙子）	65歳（昭和35年　庚子）	101歳（大正13年　甲子）

四緑木星 ○ 収穫期

本年、あなたの本命星の四緑木星は西の兌宮《だきゅう》に回座しています。収穫期という、熟成された果実を収穫する時期に入っています。仕事に没頭する緊張感の年から一転して、遊興の機会が多くなる星回りに入ります。同窓会で旧友に会う、会食で親しい友と懇談する、恋人とディナーを楽しむなどの時間が多くなります。同窓会で学生時代の童心に一気に帰り、親しい友と未来の希望を語り合う時間を持てるなど、いいことずくめの年です。半面では、遊興が多くなれば心配なのが懐事情です。金銭運が良い年回りとはいえ、収支バランスはきちんと取りましょう。使い過ぎて後々苦しむことがないように用心しましょう。

良いと思ったことはすぐに実行するのが吉策です。一見強気に見えるあなたですが、いざという時に実行を躊躇して好機を逃してしまいがちです。

恋愛に関しては、二人の楽しい時間があれば苦しい局面も生まれる可能性がありますので注意が肝心です。あなたの定位置である巽宮《そんきゅう》に一白水星が回座し被同会しています。秘密の恋・不倫という悪い象意《しょうい》が裏に隠されています。深みにはまって人生を棒に振ったり大きな傷跡を心に残したりしないように自制心を働かせましょう。

身内にお祝い事や慶事があるかもしれません。今まで積んできた善行が認められることがあります。「積善の家に余慶あり」という言葉があります。良いことを成した家には良いことが起きるという巡り合わせを言います。家族や身内のみんなで祝うのが良いです。

四緑木星方位吉凶図

適職

木材販売業、運送業、通信業務、観光旅行業、輸出入業者、マスコミ・マスメディア業、民芸加工業、サービス業、飲食業、アパレル産業、フリーター、スタイリスト等

吉方

本年は相生する一白水星が回座する東南方位、三碧木星が回座する西北方位のうち、戌の方位と乾の方位が吉方となります。月別の吉方は毎月の運勢欄をご覧ください。

凶方

本年は五黄土星が回座する東北方位が五黄殺、反対の八白土星が回座する西南方位が暗剣殺の大凶方位になります。四緑木星が回座する西方位が本命殺、九紫火星が回座する東方位が本命的殺の大凶方位となります。本年の十二支である巳の方位の反対側の亥の方位が歳破で大凶方位です。月別の凶方は毎月の運勢欄をご覧ください。

健康運

　規則正しい生活習慣を持っている人には、おおむね健康が約束されます。一方、不規則な生活を過ごしている人には大病の予兆があります。今年病気をすると手術が必要になるほどの重病にいたることも珍しくありません。特に心臓や肺に関係する疾患には注意が必要です。食生活の乱れや不規則な飲食は健康を害する大きな要因です。不規則にしていると、病は突然襲ってきます。病気になってから後悔しても遅いでしょう。よく言われるように、健康は失って初めてありがたみを実感できるものです。

　アルコール好きの人は暴飲暴食を自制し、呼吸器に不安がある人は部屋の空気の入れ替えや台所・風呂場の清潔に努めましょう。

金銭運

　本年の金銭運は良いのですが、金銭管理をきちんとしないと、入っただけ出ていくことになります。出費の誘惑が多いのも一因です。また、まとまって大きな出費がある星回りでもあるのです。反面、頼まれ仕事で臨時収入があったり、アルバイトで割り増し支給があったりなどの幸運に恵まれる星回りでもあります。

　収支がいつもとんとんで、貯まる金銭運ではありませんが、入ってくるのは金銭運が良い状況だと言えます。景気の良い時に締まりを良くして、将来のことも考えていれば、金銭運はついてきます。

　金銭運には流通財運と個財運があります。個財運は貯蓄などでの金銭運、流通財は回転させて有効に働かせる金銭の運です。

恋愛運

　本年は恋愛にもツキがあります。知り合ってとんとん拍子に結婚まで突き進むこともあります。今まで恋愛の対象とは思いもしなかった人への感情が芽生えて突き動かされたりします。赤い糸が鮮明になり、引き合う者どうしになります。幼かった遊び仲間が急に大人に見えて恋の対象になるケースもありそうです。いろいろなケースがあっても、楽しい恋愛になる場合が多いです。

　恋愛でも金銭がたくさん出ていくことが多いですから、収支バランスを気にしながら楽しみましょう。恋は盲目だなどとうそぶいていては、結婚生活もおぼつかないでしょう。現実感をかみしめて、真剣に将来を考えましょう。

四緑木星生まれの運勢指針

❖二歳
知恵の発達とともに動き回る範囲も大幅に広がります。ケガが大事になる場合も少なくありません。赤ちゃんは親の庇護がなければ一人前になれません。気持ちを入れて見守りましょう。

❖十一歳
体調の良い悪いは誰にでもあります。本人が気づかない時もあります。周囲の大人が気を配って注意してあげましょう。本当に動けなくなるまで子供は我慢するものです。

❖二十歳
この年頃は頭であれこれ考えて、できない自分を責めたりします。そんな時は反対に体を動かして肉体を適度に疲労させるのが効果的です。いったん頭を空っぽにしてみましょう。

❖二十九歳
自分自身が半端な立場にいると感じる時かもしれません。眼前の責務を無難にこなすことにも疑問を感じるかもしれません。誰でも通る通過儀礼と割り切り、自身の目標を目指してください。

❖三十八歳
仕事の喜びも遊興の喜びも同時に味わう年回りです。趣味や遊興は必要かという厳しい見方もありますが、行き詰まった時は気の充足を待つことも必要でしょう。

❖四十七歳
運気は少し下降した状況にあります。目の前の楽な道に気を奪われず、ゆっくりでも目標に近づく努力を続けましょう。今日の一歩は確実に目標への一歩となって進んでいるのです。

❖五十六歳
ビジネスは論理の上に成り立つものです。そして人とのつながりには必ずその人の人格が現れます。ビジネスも人格の表れと言う著名な経済学者もいます。私情に流されず正道を歩みましょう。

❖六十五歳
気の流れが少し下降線をたどりつつあります。一時的に落ち込んだとしても再浮上の気の流れは巡ってきます。人生照る日もあれば曇る日もあります。今日の一歩が明日につながります。

❖七十四歳
充足感が薄く感じられるかもしれません。生きてきた証をもっと感じたいなら、社会とのつながりを意識して社会貢献への方策を考えてみると良いでしょう。

❖八十三歳
あなたは今日まで世の中の流れを汲み取りながら上手に人生を渡ってきたかもしれません。これからは後に続く人たちに経験知識を上手に伝える活動をしてみましょう。

❖九十二歳
人間はもうこれで良いということはありません。生きていく上で必要なことは何かともう一度問いかけ、自分自身に気合を入れて周囲と融合を試みましょう。

❖一〇一歳
一〇一個の団子を買い求めてお祝いをしたい数字です。根気よく頑張ってきた努力の結晶が今日の栄ある姿でしょう。生きる喜びを次の世代に伝えてください。

一月運勢

一月五日小寒の節より
月命丁丑　三碧木星の月
暗剣殺　東の方位

年明け早々から大事な仕事が入ってきます。事前に心の準備をしておきましょう。避けて通るのではなく果敢に挑戦してみましょう。自己を上昇させる好機と捉えて奮闘することです。大きく難しいことを成し遂げた先に新たな世界が開けるものです。重要な地位にいる人でしたら、次世代へ引き継ぐ経験知識の蓄積にもなります。

健康に関しては風邪をひかないように注意しましょう。気管支を傷めることがあります。気管支炎は風邪とは違って治りにくい面があるようです。早めの治療を心掛けましょう。

1月の方位

今月の吉方位

吉→申、坤

1	水	△	裏方に回り黒子に徹する気持ちで
2	木	▲	目立とうとしなくても目立つ一日
3	金	△	人間関係は自然体で臨むのが良い
4	土	△	言葉遣いは努めて丁寧にすること
5	日	○	正月気分の惰性を引きずらないで
6	月	◎	仕事始めは流れ作りレール作りを
7	火	○	内々の結束を確認して前進しよう
8	水	◎	計画通り手堅く進めていくのが吉
9	木	○	付き合いは見栄を張らず素のまま
10	金	△	他者へ協力惜しまない奉仕の心を
11	土	▲	無理に進めず現状待機も一方法に
12	日	△	障害も見越した余裕の計画立てて
13	月	△	目上へのタメ口は慎んだ方が良い
14	火	○	背中を押される程の活発な一日に
15	水	◎	時流を読んで逆らわず進んでいく
16	木	○	過去の話を出されても穏便に対処
17	金	◎	持てる力をフル回転させ奮闘して
18	土	○	一層の精進忘れなければ結果出る
19	日	△	ぬるま湯的だらけた生活をしない
20	月	▲	人を責めて和を乱さないよう注意
21	火	△	規則正しい生活習慣を持続させる
22	水	△	上司の命令の通り動くのが最善策
23	木	○	理論武装してことに当たれば吉日
24	金	◎	運気は良いので決定に迷い捨てて
25	土	○	依頼受けたら誠実に果たす努力を
26	日	◎	故郷の実家に用事できそうな日に
27	月	○	軽重計り重要な事柄から優先的に
28	火	△	最後が尻切れトンボにならぬよう
29	水	▲	即効的な解決策なくても焦らない
30	木	△	最後まで気を抜かない踏ん張りを
31	金	△	独断に陥りやすい他者の意見聞く

二月運勢

二月三日立春の節より
月命戊寅　二黒土星の月
暗剣殺　西南の方位

今月は、私生活に喜びや楽しみなことがあります。会食やパーティー、デートに観劇など次々に楽しいことがやってきます。本業に支障のないようにバランスを取って楽しむのが良いでしょう。

蓄えていた本当の実力が発揮でき、業績が大いに上がります。少し優柔不断なところがあるあなたですが、今月は良いと感じた時は迷うことなく迅速に実行に移しましょう。時間をかけて考えるのが良いと言う人もいますが、時間をかければ良いものができるというのは幻想かもしれません。実践優先で進めば軌道修正も可能です。

２月の方位

今月の吉方位

大吉→東南
中吉→戌、乾

日	運	
1土	○	目立たないけど実績は蓄積される
2日	◎	冒険せず計画通りの遂行が良策に
3月	○	家庭が平和でなければ仕事進まず
4火	◎	新規計画あれば実践に移して良い
5水	○	上昇の機運に乗り高みを目指そう
6木	△	親しくなっても馴れ合いでは堕落
7金	▲	歯車が噛み合わぬ時に無理しない
8土	△	高みから転げる危うい状況に遭遇
9日	△	根性で強引にという手口は不可に
10月	○	柔軟な対応が功を奏し好結果生む
11火	◎	休日でも身辺多忙になり賑やかに
12水	○	改革より現状維持が良い運気の時
13木	◎	説得力が増し一層の信用得られる
14金	○	陰徳が表面化し名誉受けられる日
15土	△	中途挫折は時間と労力の無駄遣い
16日	▲	言葉による誤解招かぬよう注意を
17月	△	仕事に私情挟むと結果が悪くなる
18火	△	病は気からというが食物に用心を
19水	○	だらだらと惰性で過ごさず緊張を
20木	◎	実力を発揮できるが勇み足しない
21金	○	目標見据え路線を外さず進展する
22土	◎	好調維持している希望通りに進む
23日	○	一段高い目標を自分に課して前進
24月	△	暇な時こそ心身の鍛錬に最適の時
25火	▲	人の陰口は運気を落とす絶対ダメ
26水	△	仕事の損失は仕事で返す精神大事
27木	△	心配事あってもくよくよしないで
28金	○	好機を逃さぬよう優柔不断避ける

三月運勢

三月五日啓蟄の節より
月命己卯　一白水星の月
暗剣殺　北の方位

何か新しいことをやり始めたいという気持ちが働きます。慎重に計画を組み立ててから実行に移しましょう。障害が起きやすい月です。上手くいけば大きな成果を得ることができますが、悪くすると元も子もなくすような災厄に遭うこともあります。失敗を恐れては何もできなくなりますが、障害には早い対応が効果的です。

耳に痛い話でも忠告をしてくれる友達を大切にしましょう。本当の意味であなたを心配してくれているからです。我欲を張らず、物事には柔軟に対応していきましょう。周囲との協調も忘れずにいましょう。

３月の方位

今月の吉方位

中吉→庚、辛
吉→東南

1	土	◎	忠告してくれる友人を大切にして
2	日	○	平穏な家庭が良いアイディアの元
3	月	◎	固い意志を持ち成し遂げる覚悟で
4	火	○	気分に左右されず平常心の持続を
5	水	△	生活習慣を正しく持つと結果良好
6	木	▲	上司との関係が成果に影響与える
7	金	△	自信過剰を戒め謙虚な姿勢で進む
8	土	△	馴れ合いでの作業は失敗招く要因
9	日	○	短絡的に処理せず全体を把握して
10	月	◎	奇策など用いず常套手段を用いて
11	火	○	面倒なことは積極的に先に終える
12	水	◎	スポットライト当たり目立つ吉日
13	木	○	我欲なくし滅私奉公の心が招運に
14	金	△	親しい人との会話が前進の活力に
15	土	▲	金銭問題は長引かせず迅速解決を
16	日	△	雰囲気に流されず自己信念持って
17	月	△	選択に迷ったら当初の計画に戻る
18	火	○	余裕を持ち事に当たる習慣が大事
19	水	◎	パートナーとの連携良く好結果生む
20	木	○	調子に乗って不慣れなことしない
21	金	◎	豪華な場所での商談が成就する時
22	土	○	相談事はできるだけ受けてあげる
23	日	△	上手い儲け話には絶対に乗らない
24	月	▲	一難去ってまた一難の時めげない
25	火	△	急ぎの用事はかえって慎重に処理
26	水	△	流れに沿って行けば成果薄いが吉
27	木	○	変化激しい臨機応変の対応が必要
28	金	◎	年配女性の提言がツボにはまり吉
29	土	○	八方に気を配り小さなことも把握
30	日	◎	嫌なことでも一生懸命やると結実
31	月	○	現状に満足せずより高みを目指す

四緑木星
二月運勢・三月運勢

四月運勢

四月四日清明の節より
月命庚辰　九紫火星の月
暗剣殺　南の方位

上司の引きたてもあり、一見順調に推移しそうな月ですが、油断は大敵です。結果を手にするまでは気を抜かずにいましょう。またどんなに簡単そうなことにも全力で対応しましょう。惰性で対処すると思わぬ損失を招きかねません。反対に上手く処理できた時は予想以上の成果を手にでき、賞賛を得られます。

マンネリを打破するには相当のエネルギーを要するものです。億劫がらずに果敢にチャレンジしてみましょう。ただし、目立とうとするスタンドプレイでは周囲の協力は得られないものです。

4月の方位

今月の吉方位

大吉→乾

日	曜	運	
1	火	△	初めの一歩は小さくても確実性を
2	水	▲	上司の叱責は期待として受け取る
3	木	△	独断専行を戒め協力者と同調して
4	金	△	見聞を広め広角的な物の見方する
5	土	○	誠心誠意での対処が利を生む源に
6	日	◎	他者の応援は素直に受けるのが吉
7	月	○	中心人物に持ち上げられる好運日
8	火	◎	多少の障害乗り越えて大きく飛躍
9	水	○	考え方は十人十色と割り切り遂行
10	木	△	適業が他にあるとの考えは間違い
11	金	▲	難問にぶつかっても逃げない心を
12	土	△	何事も本腰を入れて取り組むこと
13	日	△	たかが言葉と言えど危険な刃にも
14	月	○	家庭での団欒が明日への活力源に
15	火	◎	内容で勝負する精神が好結果生む
16	水	○	大事は小事の積み重ねと心得よう
17	木	◎	見聞を広めて広角的に判断しよう
18	金	○	手違いがあっても挽回可能諦めず
19	土	△	親の意見は煙たいがきちんと聞く
20	日	▲	反骨精神抑え協働が最善策と知る
21	月	△	人との競争ではなく自分との戦い
22	火	△	行動で本気度示すのが一番の良薬
23	水	○	焦らずコツコツと進展させて吉日
24	木	◎	大胆な手も論理的裏付けが必要に
25	金	○	注目され栄誉受けても謙譲に徹す
26	土	◎	頑固な相手には時間かけゆっくり
27	日	○	説得はくどくど話さず要点だけを
28	月	△	惰性改め厳しい姿勢で臨むのが吉
29	火	▲	衰運気なのに強気で押すのは大凶
30	水	△	表面の見かけだけを追うのはダメ

五月運勢

五月五日立夏の節より
月命辛巳　八白土星の月
暗剣殺　東北の方位

衰運期にもかかわらず、何となく華やかな雰囲気の月です。人との交友や会食が多いせいもあります。そんな中でも今までの延長線上で継続的努力が効果的に働きます。今月の努力が将来への礎ともなる大事な時です。努力はその時に成果が表れなくても、貯金と同じで蓄積されます。

人生は山あり谷ありです。仕事に行き詰まったら気楽に上司や同僚に声をかけてみましょう。案外簡単に解決策が見つかるかもしれません。損得を離れたところに人生の喜びが潜んでいます。他者に尽くすことが招福となります。

5月の方位

今月の吉方位

大吉→西
吉→戌、乾

日	曜	運	内容
1	木	△	決定した計画は迅速な遂行が良い
2	金	○	重要でないことに時間取られない
3	土	◎	妙な駆け引きなどせず単刀直入に
4	日	○	面倒でも最小限の根回しは必要に
5	月	◎	きれいな水が癒やしの最高の源泉
6	火	○	決断は内心の表れ自信を持つこと
7	水	△	自我にこだわり過ぎると摩擦出る
8	木	▲	欠点を責めず長所伸ばすのが良い
9	金	△	周囲への気配り忘れ暴走をしない
10	土	△	思わぬ邪魔が入り進行が中断する
11	日	○	年下男性が福の神となって活躍を
12	月	◎	閃いたらスピーディに実践行動を
13	火	○	回り道をしても安全確実な方法を
14	水	◎	恋愛運絶好調好機逃さずアタック
15	木	○	思わぬ余禄が入って豪華な晩餐も
16	金	△	強気で押してみるのも一手の内に
17	土	▲	迷い多く決断力も鈍る衰運気の日
18	日	△	運気定まらず方針を貫くのが良い
19	月	△	人生山あり谷ありとの覚悟が良薬
20	火	○	隠れた努力はいずれ花開く時の礎
21	水	◎	損得を離れたところに喜びがある
22	木	○	他者への貢献は巡りて自分に戻る
23	金	◎	プライベートで大きな喜びがある
24	土	○	体に異常感じたらすぐに養生する
25	日	△	他人の問題に余計な口を挟まない
26	月	▲	慎重に行動して落とし穴に警戒を
27	火	△	万事に誠心誠意に対応するのが吉
28	水	△	流れが急変する可能性あり用心を
29	木	○	思い立った時が吉日と実行が良策
30	金	◎	気力充実の時成果も大きく上がる
31	土	○	仕事は絶対に先延ばししないこと

六月運勢

六月五日芒種の節より
月命壬午　七赤金星の月
暗剣殺　西の方位

運気が定まらず不安定な月を迎えています。気持ちのブレをなくして平常心を保つことが大切です。他者との比較ではなく自分との戦いであることを自覚しましょう。噂話には耳を貸さず、自己信念に従って筋を通していくのが良策です。一度立てた計画をまっすぐに遂行していくと良いでしょう。今月は邪魔が入って予定通りに進捗しない傾向がありますが、当初の計画に従って推進させていきましょう。

まいた種は種の通りの花を咲かせます。良い種をまけば良い実が実ります。悪い種をまけば悪い結果が訪れます。

6月の方位

今月の吉方位

中吉→壬、癸

日	曜	運	内容
1	日	◎	主体性持ち活動すれば実り大きい
2	月	○	得意分野に的絞り力を集中させて
3	火	△	結果出るまで気を抜かずに奮闘を
4	水	▲	進まぬ作業にも淡々と忍耐で臨む
5	木	△	望まぬ結果だとしても大勢に従う
6	金	△	臨機応変の柔軟性が必要な状況に
7	土	○	無理に目立とうとするとミスする
8	日	◎	乗り越えられない困難は訪れない
9	月	○	言葉は危険な剣になる良い言葉を
10	火	◎	仕事が順調な時人生は一番幸せに
11	水	○	時には強気に出て相手の様子見る
12	木	△	白黒明確な世界は疲れる灰色も可
13	金	▲	心にもない言葉で相手傷つけない
14	土	△	毅然とした態度が不正寄せ付けず
15	日	△	井の中の蛙にならぬよう八方見る
16	月	○	良いと思っても熟考すること重要
17	火	◎	好調時も吉凶は隣り合わせ忘れず
18	水	○	親しき仲にも礼儀ありタメ口警戒
19	木	◎	責務に全力尽くし自己向上も図る
20	金	○	体力に自信あっても余力残す余裕
21	土	△	旧習打破は強い信念を持って実行
22	日	▲	噂話に惑わされずに正しい選択を
23	月	△	降りかかる困難は自ら打ち払おう
24	火	△	計画は大事だが障害も想定しよう
25	水	▲	口達者な上司に悩まされることも
26	木	△	結果良くても言動は慎んで謙虚に
27	金	○	成果を急いで簡単なミスをしない
28	土	◎	原理原則守れば平穏無事な一日に
29	日	○	安請け合いはケガの元信用第一に
30	月	◎	仕事は段取り八分事前準備万全に

七月運勢

七月七日小暑の節より
月命癸未　六白金星の月
暗剣殺　西北の方位

滞りがちだった物事が一気に動き始めます。時流に流されないように情勢を正しく把握しましょう。今月は変化が激しいです。小さな成功が大きく喧伝されて名誉を受けるかもしれません。今まで目立たなかった事柄が表面化して認められることもあるでしょう。

人との出会いを大切にしましょう。幸せは他者から与えられるものに大きく左右されます。お金をもらって喜ぶより、他者からの感謝をもらって喜ぶほうが大きな幸せを感じるものです。

頭痛の持病がある人は再発に注意を。

7月の方位

今月の吉方位

大吉→南

1	火	○	名誉棄損になる状況が起きるかも
2	水	△	備えあれば憂いなし心の準備大切
3	木	△	対応は万事に丁寧さの心掛けが吉
4	金	▲	実力を見極め非力な部分の強化を
5	土	△	終わり方を曖昧にせずメリハリを
6	日	○	強気な気持ちの時こそ気配り大事
7	月	◎	継続は力を信じて忍耐強く前進を
8	火	○	仕事の充実は人生の幸せに連なる
9	水	◎	運気良好なれど刃物の扱いに注意
10	木	○	運動不足にならぬよう体を動かす
11	金	△	名誉は長い努力の結果のたまもの
12	土	△	今日の秘密事は早くにバレる兆候
13	日	▲	自分の専門分野を徹底的に追及を
14	月	△	掛け声倒れにならぬよう計画実行
15	火	○	注意しながらほどほどに手を打つ
16	水	◎	自利を少なくし利他多ければ吉日
17	木	○	公私を明確に区別して混同しない
18	金	◎	脇見せず目前の事案に全力尽くす
19	土	○	決まりや約束は守ることに意義が
20	日	△	場当たり的な対応は足元見られる
21	月	△	どんな場面でも平常心を失わない
22	火	▲	人を押しのけては成功は望めない
23	水	△	有言実行にして逃げ道を作らない
24	木	○	目標を見失わぬよう現在地再確認
25	金	◎	功を焦り過程を疎かにしないこと
26	土	○	自らを律し地に足着けた活動する
27	日	◎	羽を伸ばし過ぎて疲労を残さない
28	月	○	体力勝負に頼らず理論武装も考慮
29	火	△	和を心掛けて進めば味方もできる
30	水	△	結果を確実にしないと労力無駄に
31	木	▲	長期的展望を持ち今日を乗り切る

八月運勢

八月七日立秋の節より
月命甲申　五黄土星の月
暗剣殺　なし

盛運月です。自分のやりたいと思っていたことを自信を持って実行する時です。多少の紆余曲折はあっても最後には成果を手にすることができます。実行に際しては、秘密裏に行動するのではなく正々堂々と行ないましょう。有言実行という言葉があります。この言葉通り、気合を入れて奮闘しましょう。

穏やかな話しぶりが好感を呼び、信頼されます。信用は物事を実行し約束を守ることから生まれます。人事を尽くして、やり残すことがないようにしましょう。

身辺を身ぎれいにしておきましょう。

8月の方位

今月の吉方位

大吉→北
中吉→東
吉→南

日	曜	運	内容
1	金	△	遅れても平常心で一歩ずつ前進を
2	土	○	気迷い生じたら当初の志思い出す
3	日	◎	行動的になるが出先で忘れ物注意
4	月	○	上司の目ばかり気にせず自主性を
5	火	◎	向上させてくれる人の忠告は大事
6	水	○	付和雷同せず我が道を行く気概を
7	木	△	足腰重く動きが鈍くなりそうな時
8	金	△	目立ちたい気持ち抑え地道に精進
9	土	▲	苦しい時こそ笑顔で前向き姿勢を
10	日	△	安易に妥協して後悔しないように
11	月	○	急場しのぎの対応では信頼を失う
12	火	◎	期待していなかった果報あるかも
13	水	○	強気に押してみて様子を見る一手
14	木	◎	十分検討した案件は迷わず実行を
15	金	○	仕事に対する熱量が新たな道開く
16	土	△	順を追う説得が相手を納得させる
17	日	△	休日はコンサートで息抜きが吉策
18	月	▲	職責を十分に全うするのが幸福に
19	火	△	家庭か仕事二者択一でなく両立を
20	水	○	理解してくれる人を大切にしよう
21	木	◎	継続してきた精進が実を結ぶ吉日
22	金	○	将来伸びるためには自己投資重要
23	土	◎	仕事ぶりが認められて重責を担う
24	日	○	東南方位の出会いは気の置けぬ人
25	月	△	旧習を捨て新たな出発点見つけて
26	火	△	自意識過剰にならず他者の意向も
27	水	▲	隠れている才能あるかもしれない
28	木	△	牛歩の如くゆっくりでも確実性を
29	金	○	華やかな活動にも安全性重視する
30	土	◎	今日は受け身の精神で行くのが吉
31	日	○	リーダーシップを発揮し推進する

九月運勢

九月七日白露の節より
月命乙酉　四緑木星の月
暗剣殺　東南の方位

多くの人や物が周囲に集まり、心身ともに忙しさを味わう月になります。忙しい割に成果はさほど期待できません。成果が少ない反面、大きな障害もなく平穏な日々となるでしょう。古くから付き合いがある人を大切にすると幸運があります。特に年配の女性から受ける恩恵が大きいでしょう。

悪い面では、古い問題が蒸し返されて責められることがあるかもしれません。感情的にならず、丁寧に対応するのが良いです。胃腸に持病がある人は、再発しないように養生して体を労わりましょう。

9月の方位

今月の吉方位

吉→北

日	運	内容
1 月	◎	一意専心の気持ちで仕事に邁進を
2 火	○	プライベート生活に喜びがある日
3 水	△	人の尻馬に乗らず主体性を持って
4 木	△	物事にメリハリ付け進めると良い
5 金	▲	控えめにして目立たぬようにする
6 土	△	気の緩みから単純なミスをしない
7 日	○	如才ない接待が信用を増す要因に
8 月	◎	神経質にならず自然体での対応を
9 火	○	生業以外に手を出さずに集中する
10 水	◎	建設的な意見を出しマンネリ打破
11 木	○	時勢を無視しての発展は覚束ない
12 金	△	仕事を楽しむ気持ちが捗り見せる
13 土	△	人を傷つける言動を厳に戒めよう
14 日	▲	過去の古傷を暴いたりしないこと
15 月	△	恥のかき捨てなどすると運を逃す
16 火	○	人との連係プレーが成功する一因
17 水	◎	気力が十分でも目標曖昧ではダメ
18 木	○	見聞を広げて可能性を広げる努力
19 金	◎	ガツガツし過ぎず心に余裕持って
20 土	○	見た目ではなく内容を充実させる
21 日	△	他人の華やかさをうらやまず精進
22 月	△	人生山あり谷ありくよくよしない
23 火	▲	心身をリラックスさせて英気養う
24 水	△	裏技など用いず真正面から攻める
25 木	○	大きな成果ないが障害も少ない時
26 金	◎	目標は高く掲げ忍耐強く推進する
27 土	○	真心の言動こそが人の信頼を得る
28 日	◎	先人の教えを振り返り着実に歩む
29 月	○	理不尽な指示にも耐え抜く気力を
30 火	△	公私の別をきちんとさせた言動を

十月運勢

十月八日寒露の節より
月命丙戌　三碧木星の月
暗剣殺　東の方位

目先の利益にこだわらず、将来を見据えた活動を心掛けましょう。もっと良くなろうという意欲が強く働きますが、そこで目先の小さな利益にこだわると、せっかくの大きく伸びる要素を摘み取ってしまいます。我欲を強く前面に出さず、どうしたら周囲も良くなるだろうかと考えることです。周囲への気配りをこまめにして、周りの人たちを味方につける努力が大切です。独断専行が一番いけないことです。根回しをして、普段から口うるさい人物を味方につけると楽になります。

人と争うことは運気を下げます。

10月の方位

今月の吉方位

なし

日	曜	運勢
1	水	△何があっても目的完遂の精神保つ
2	木	▲過去の失敗蒸し返されても冷静に
3	金	△強行せず穏やかに説得する気持ち
4	土	○我欲を強くせず他者の意見も聞く
5	日	◎私生活を乱さぬよう計画的に進む
6	月	○根回しは円満進捗の潤滑油とする
7	火	◎運気は盛運でも独断専行をしない
8	水	○決断する時は勇気を持ちブレない
9	木	△ビジネスも時には情実絡むことが
10	金	△人騒がせな言動取る人は遠ざける
11	土	▲不動産の話は細部にも気を配ろう
12	日	△意思の伝達は明確な言葉を使おう
13	月	○甘い儲け話には乗らない心の用心
14	火	◎どんな仕事にも全力尽くし成果大
15	水	○声高に自己の利益のみ主張は不可
16	木	◎時間かけても確実な仕事が重要に
17	金	○成果は仕事量に比例懸命の努力を
18	土	△目先の利に囚われず広い視野持つ
19	日	△友人知人の励ましが勇気をくれる
20	月	▲どんなに辛くても明日を信じ進む
21	火	△中途挫折せず精進の継続が大事に
22	水	○能ある鷹は知識をひけらかさない
23	木	◎実績は努力と人間関係の相乗効果
24	金	○口外したことは責任が伴う自覚を
25	土	◎欲の深追いするとかえって損する
26	日	○押してダメなら引いてみる柔軟に
27	月	△腰を据えて仕事に取り組むのが吉
28	火	△楽しい時間は人生の幸せな空間に
29	水	▲利害関係だけで進めては齟齬ある
30	木	△若者の意見を無視しては進歩なし
31	金	○教養深め内面の精神力を強くする

十一月運勢

十一月七日立冬の節より
月命丁亥　二黒土星の月
暗剣殺　西南の方位

人と協調していくことは大切ですが、あちらにもこちらにもと八方美人的に良い顔をした浮わついた態度では、真の協調とは言えないでしょう。自分なりの主義主張をしっかりと持った言動が大事です。積んできた知識と経験を活用して実力を発揮しましょう。自信を持って立ち向かうところに進歩発展があります。先人の知恵を頼りにして指針とするのも良いでしょう。先人の知恵は現代にも当てはまることだけが残っているものです。心の糧にすると、自分の考えがブレることなく、難局に際しても忍耐強く前進していけるでしょう。

11月の方位

今月の吉方位

大吉→辰、巽
中吉→戌、乾

1	土	◎	日常生活を手堅くエンジョイする
2	日	○	のんびりしているところへ騒動が
3	月	◎	自己の能力を信じて鍛錬に励もう
4	火	○	難しい道を選んで上昇に挑戦する
5	水	△	手に負えない程の任務を受けない
6	木	△	軽率な言葉で相手を傷つけぬこと
7	金	▲	何事にも全力尽くす精神が大切に
8	土	△	障害を乗り越え一歩高みに上がる
9	日	○	結末をきちんとつけて後始末する
10	月	◎	見えない力が後押しをする吉日に
11	火	○	家庭内の問題を仕事に出さぬこと
12	水	◎	新たな発想が大きな成果を生む元
13	木	○	好機は緊張感緩むと見えなくなる
14	金	△	難問にも立ち向かえば結果は出る
15	土	△	意見衝突は話し合いに時間かけて
16	日	▲	風邪は万病の元早い内に治療する
17	月	△	仕事できる人は遊びも楽しむ心で
18	火	○	付き合いは人間関係の潤滑油適宜
19	水	◎	見方を変えると案外上手く進む時
20	木	○	穏やかな気持ちが周囲を和ませる
21	金	◎	仕事が急展開して良好得る好運日
22	土	○	ゆっくりだが計画通りに進む一日
23	日	△	我田引水な方策は顰蹙《ひんしゅく》を買う愚策
24	月	△	長老の意見に振り回されやすい時
25	火	▲	遊興の羽を伸ばし過ぎぬよう自制
26	水	△	親戚間の問題は誠実な対応が良い
27	木	○	契約や印鑑の取り扱いには慎重に
28	金	◎	密約などせず王道を採用して吉日
29	土	○	問題の本質をつかめば解決は目前
30	日	◎	健康管理を怠らず規則正しく行く

今月の幸運数＝5、6、7　幸運色＝ゴールド

十二月運勢

十二月七日大雪の節より
月命戊子　一白水星の月
暗剣殺　北の方位

物事が停滞して先に進まない時です。自分の能力を疑ったりするのはやめましょう。運勢の流れには良い時と悪い時があるものです。悪い時に気を緩めたりすると余計に悪い流れに染まってしまいます。悪い時こそ精神面の鍛錬の時と思い、明るい気持ちで前向きに進んでいくことです。仕事に遊びの感覚を取り入れて楽しんで仕事をすると、いつの間にか好転していきます。

仕事をすると不足が目につきます。不足は知恵を出して補いましょう。どうしたら人の役に立つ仕事ができるだろうかと考えると、道は開けていくものです。

12月の方位

今月の吉方位

中吉→西
吉→東南

日	曜	運	内容
1	月	○	甘い期待での見切り発車はしない
2	火	△	平静な気持ちで日々を過ごすこと
3	水	△	仕事は真正面から全力でぶつかる
4	木	▲	疲労の蓄積が過労にならぬように
5	金	△	苦労は人を成長させる源頑張ろう
6	土	○	見栄を張り義理の付き合いは無駄
7	日	◎	必要な物は絶対獲得する気構えで
8	月	○	協力関係を良好に保つのが重要に
9	火	◎	丁寧な対応が周囲を明るくする要因
10	水	○	気持ちを楽にして取り組むのが吉
11	木	△	緊張感が緩むと思わぬ失敗を犯す
12	金	△	他人と比較せず自分自身との戦い
13	土	▲	できないのを環境のせいにしない
14	日	△	困難は精神の鍛錬の時乗り越えて
15	月	○	頼まれごとは最後まで責任を持つ
16	火	◎	現状の地位に満足せず上を目指す
17	水	○	万事に節度わきまえた言動が必要
18	木	◎	人の役に立つことを念頭に置いて
19	金	○	しゃべり過ぎての余計な一言不可
20	土	△	冒険せず流れに任せた行動が良い
21	日	△	優柔不断と思われても安全策取る
22	月	○	新しい発想も実行力が伴って可能
23	火	◎	過信せず仲間の助力有難く受ける
24	水	○	隠れた落とし穴に落ちない用心を
25	木	◎	慢心せず一年間を振り返り反省を
26	金	○	建設的な気持ちを常に持ち続ける
27	土	△	生活のリズムを崩さないよう注意
28	日	▲	やり残したことがないかの確認を
29	月	△	無計画に取り組まないよう自覚を
30	火	△	結末をきちんと見届けて終えよう
31	水	○	来年の予定も頭に入れた行動取る

五《ご》黄《おう》土《ど》星《せい》

2025年の運勢の変化と指針

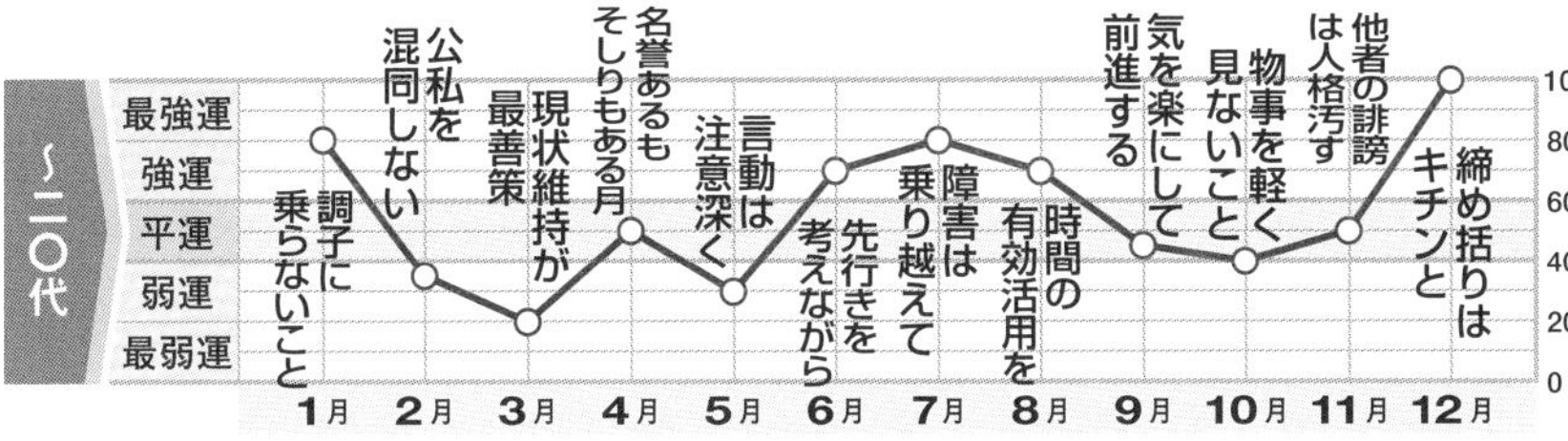

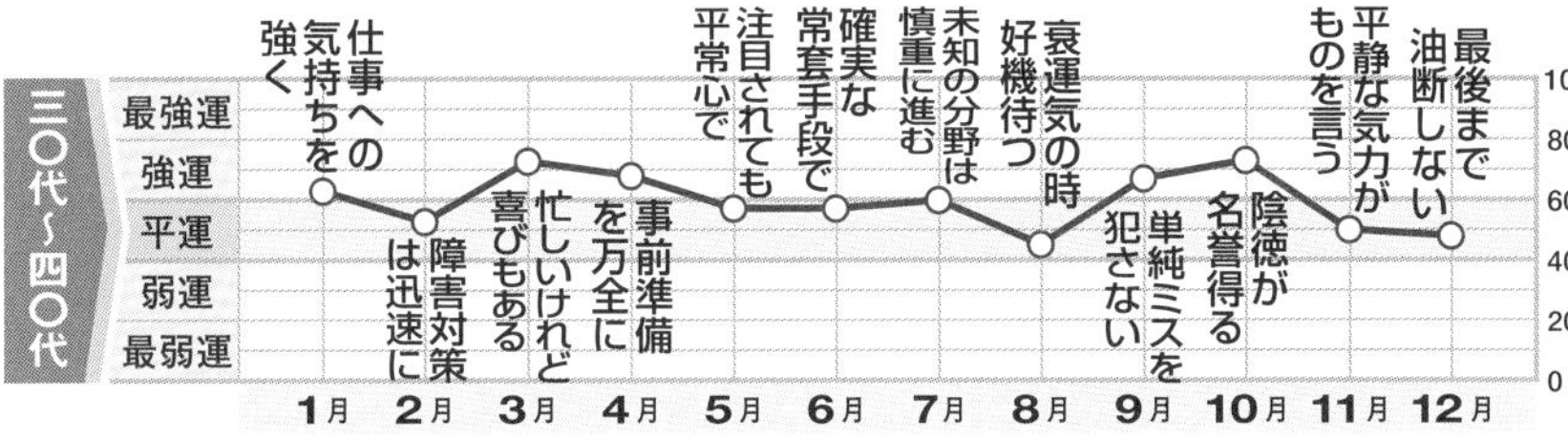

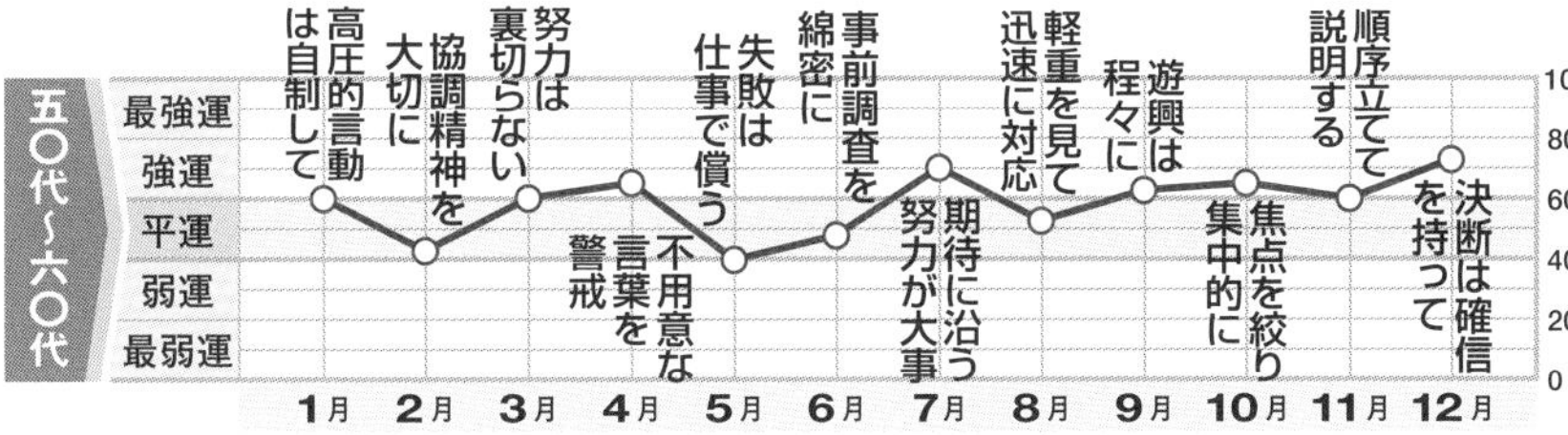

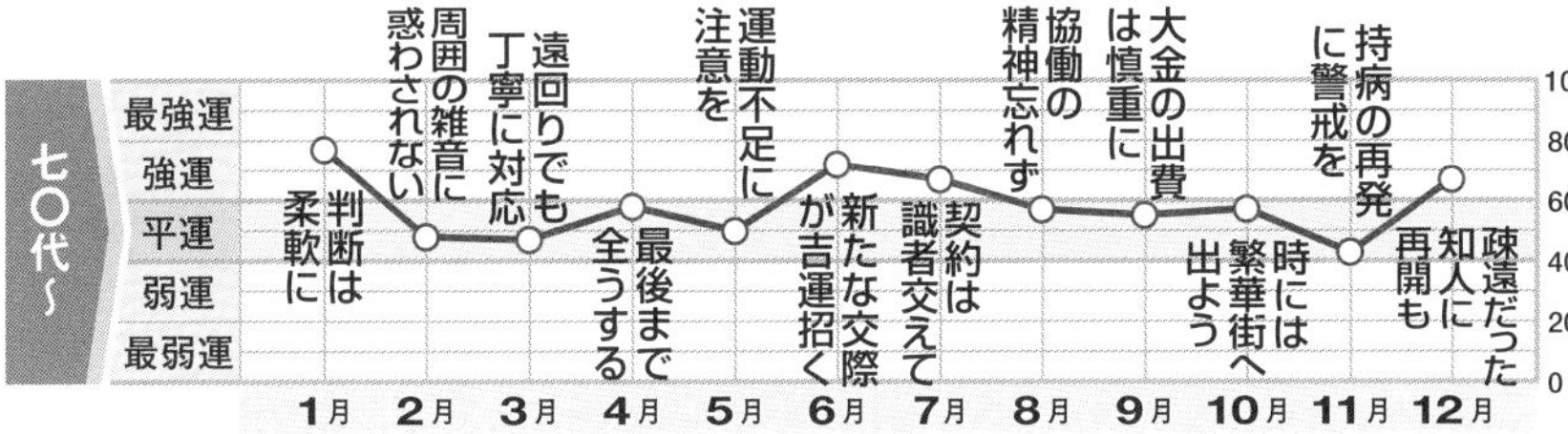

五黄土星生まれの人

3歳（令和 4 年　壬寅）	39歳（昭和61年　丙寅）	75歳（昭和25年　庚寅）
12歳（平成25年　癸巳）	48歳（昭和52年　丁巳）	84歳（昭和16年　辛巳）
21歳（平成16年　甲申）	57歳（昭和43年　戊申）	93歳（昭和 7 年　壬申）
30歳（平成 7 年　乙亥）	66歳（昭和34年　己亥）	102歳（大正12年　癸亥）

五黄土星

時空期

本年、あなたの本命星である五黄土星は東北の艮宮《こんきゅう》に回座し、中宮《ちゅうぐう》に入った二黒土星に被同会されています。本年のあなたは、決まり通りの本業に励んで、目立たず勤勉に活動をしなさいと天から指示されています。ずっと好調な運気の年を過ごしてきましたが、本年は少し停滞の運気になります。停滞したからと言って悲観することはありません。今までやってきたことを継続的に推進していけば良いのです。旧習の悪いところを改善していけば、良好を得ることができます。

新旧交代を表す星回りでもあります。旧態依然の悪習は改善すると、新たな展開が開けるでしょう。将来を大きく左右する出来事になる可能性もあります。今まであまり上手くいかなかった人も、新旧交代の変革のこの時期に計画を綿密に立てて起死回生の一手を打つことも有効です。何もしないで後悔するより、事を起こして改善策を図るほうが良いものです。

自宅移転の話がある人や不動産を業としている人には忙しい時期となります。一意専心の気持ちで仕事を遂行している人には思わぬ幸運な取引が訪れることもあります。家庭では相続問題が持ち上がります。相続は必ず訪れる問題ですが、その時にならないと腰を上げない場合が多いものです。生前に話をしておくと、いざという場合にトラブルが少ないものです。

年配の人は、転ばないように注意しましょう。足腰のケガが命取りになることも珍しくありません。

五黄土星方位吉凶図

適職

政治家、宗教家、教育家、評論家、金融業、公務員、裁判官、土建業、自衛官、刑務官、医師、オークション業、葬儀社、解体業、プログラマー等

吉方

本年は相生する九紫火星が回座する東方位、六白金星が回座する南方位、七赤金星が回座する北方位が吉方となります。月別の吉方は毎月の運勢欄をご覧ください。

凶方

本年は五黄土星が回座する東北方位が五黄殺、反対側の八白土星が回座する西南方位が暗剣殺大凶方位になります。五黄土星が回座する東北方位が本命殺、反対側の八白土星が回座する西南方位が本命的殺方位で五黄殺、暗剣殺と重なる大凶方位になります。本年の十二支である巳の反対側、亥の方位が歳破で大凶方位です。月別の凶方は毎月の運勢欄をご覧ください。

♣ 健康運

本年の健康状態はぐずついた状況です。この星生まれのあなたは比較的健康で元気なので、知らないうちに無理を重ねてしまいがちです。無理が積もり積もって噴き出してしまうことになります。無理を重ねないことと、疲労を感じたら休息を十分に取って体への気配りをすることです。体は限界状態を迎えた時に病気という形で警告を発するのです。体が重い、気分が悪いと感じた時は注意信号の点灯ととらえて体を労わりましょう。大病になる前に防ぐことが大切です。我慢強いのは良いのですが、疾患をこじらせては命の危険にもつながります。

高所からの落下や、栄養バランスのくずれに注意してください。

◆ 金銭運

本年の金銭運は良いとは言えません。ただし、将来に備えて貯蓄をしようという意欲が自分の心の中に湧いてきます。お金は、お金が好きで大事にする人の所に集まってくる傾向があります。その意味では本年は金運が良いことになりますが、トータルで金銭が余計に入ってくる金銭運ではありません。金銭運には流通財運と個財運の二つがあり、個財運は蓄財運とも言われます。蓄財運が威力を発揮する年ということです。

この年生まれの人は、金銭に固執する人と淡白な人とが極端に分かれます。本年、山林や不動産投資の話を持ち込まれることがあります。初めての人は用心をしてかかりましょう。欲の深追いをすると痛手をこうむります。

♥ 恋愛運

恋愛に関してはあまり縁がない年かもしれません。ただし、付き合っていた人との別れを最近経験した人は、新たな恋人が出現する可能性が高いです。本年は一日が夜から朝に替わる時、新旧が入れ替わる時という象意があります。交代期に紛れて良い方向へ運気を導きましょう。本年出会うのは比較的手堅い感じの人物です。柔軟性に欠けるところはありますが誠実な人が多いものです。

女性は年下の人に惹かれることがあります。頼りなさそうに見えても家庭を大事に思う人です。男性は、少し頑固な人に惹かれることがあります。実際に付き合ってみると面倒見の良さに気付くでしょう。考え方は全く別方向を向いていますので、お互いの理解が重要です。

五黄土星生まれの運勢指針

❖三歳
少しでも気に入らないことがあると泣き叫ぶ子供がいます。こうした子供さんは、何がしたいのかを説明できる子です。きちんと要求を聞いてあげることがとても大事です。

❖十二歳
頭の中でいろいろと考えを巡らせていることでしょう。新しい生活に希望を持つ子も、少し不安を感じている子もいるでしょう。親はいつでもあなたの味方だという態度は大切です。

❖二十一歳
早く社会の風に当たりたいという気持ちが強いあなたでも、社会での厳しさを垣間見る巡り合わせにあります。学校では80点でも良い時がありますが、社会は100点を要求します。

❖三十歳
仕事一筋に突き進んできたあなたに転機が訪れるかもしれない時です。仕事と家庭の二者択一ではなく両立を求められそうです。家庭のある人は十分に将来のことを考えて臨みましょう。

❖三十九歳
巡り合わせのいたずらで、成功を確信した事案に災厄が起きてご破算になる危険があります。慎重に推し進めることが大事です。危険を察知したら潔く撤退する覚悟が要求されます。

❖四十八歳
身辺が慌しく、何かと忙しい年になりそうです。年齢的にも仕事や家庭のことで気持ちが休まる時がない一年になります。乗り越えた時には、一回り大きくなった自分が見えるはずです。

❖五十七歳
自分の生き方に疑問が生じたら、何が人のためになるかを考えると気持ちが楽になります。利益を得られなかったらと考えると不安になりますが、自分ではなく人のための利益なら気楽です。

❖六十六歳
まだまだできると思って無理を重ねると、元気な肉体も悲鳴をあげます。立ち止まり一歩退いて振り返り、これからの人生を考える時です。休養も重要な一場面となります。

❖七十五歳
あなたの持ち味である人との関係を上手く保つ性質を今後も継続して周囲との調和を上手に取りましょう。コミュニケーションを取れることは大いなる美徳となります。

❖八十四歳
自分の生きたいように生きることは周囲の人にある種の犠牲を強いるものであるという自覚が大事です。それを忘れると、周囲から大きなしっぺ返しを受けることになります。

❖九十三歳
物事を頭の中で論理的に解決しようとすると失敗します。人との関係は理論や理屈で成り立っているわけではありません。理論や理屈の中の打算に気が付くと、人心は離れます。

❖一〇二歳
年齢を重ねると自己中心性が強くなると言われます。頑固な人間の周りに人は寄り付かなくなります。明るく接する人の周りに人は集まります。

今月の幸運数＝3、5、8　幸運色＝ホワイト

一月運勢

一月五日小寒の節より
月命丁丑　三碧木星の月
暗剣殺　東の方位

意識しなくても友人知人の輪が広がっていきます。人に会うたびにつながりの縁が広がっていくでしょう。普段付き合いのない遠方からの便りもあります。広がっていくのは良いのですが、それに伴う出費も多くなるので、収支のバランスを考えた付き合いを心掛けましょう。慣れきって相手に対する敬意を忘れないように注意してください。親しくなるとつい気を許して相手への礼を失することがありますので注意が肝心です。また意思決定は明確にして、曖昧な態度は取らないようにしましょう。

健康面では気管支を痛めないように。

1月の方位

今月の吉方位

大吉→申、坤
中吉→東南、北
吉→南、東北

日	曜	運	指針
1	水	○	自分の生活習慣を規則正しく守る
2	木	△	陰に回り黒子に徹するのが良策に
3	金	▲	取り組みの方向性を計画的に設定
4	土	○	周囲の雑音に惑わされないように
5	日	△	仕事は生涯ついて回るものと認識
6	月	○	仕事始めは急進せず状況の観察を
7	火	◎	臨機応変な対処が功を奏して良好
8	水	○	近視眼的な見方せず広角的に考慮
9	木	◎	遅くても確実な成果求めるのが吉
10	金	○	凡ミスなければ順調に進展を見る
11	土	△	格好つけずありのままの自分出す
12	日	▲	対抗意識持たず自分との競争大事
13	月	○	遊び心を持ちゆとりある時間持つ
14	火	△	目前の責務に真剣に向き合う心を
15	水	○	利己の気持ち抑えて和合の意識を
16	木	◎	人と情報は上手に生かし活用する
17	金	○	新しい芽を出そうとする意欲大事
18	土	◎	親戚や知り合いの長老の用事ある
19	日	○	思うようにならない時も忍耐強く
20	月	△	思わぬ人と突然の別れがあるかも
21	火	▲	面白きことなき世を面白くしよう
22	水	○	些細なこと気にせず前進すれば吉
23	木	△	完璧を求めず中庸の妥協点を探す
24	金	○	計画通りに進めるのが最善の策に
25	土	◎	策略用いず流れに沿った方法取る
26	日	○	上昇の機運がある英気を蓄えよう
27	月	◎	我を通さず素直な心が成功への道
28	火	○	王道を歩み邪《よこしま》な考えを排除しよう
29	水	△	隠れた善行が認められ少し賞賛が
30	木	▲	壁は大きいほど本人を成長させる
31	金	○	仕事と遊びの切り換えをきちんと

二月運勢

二月三日立春の節より
月命戊寅　二黒土星の月
暗剣殺　西南の方位

新たな試みに気持ちが傾く時です。計画を入念に練って実行に移しましょう。運気の変化が激しい月です。計画実行に当たっては、成し遂げようとする心構えをしっかり確立して取り組みましょう。人生には何が起きるか予測ができません。困難に遭遇した時に逃げずに果断に立ち向かう姿勢が大事です。経験者や先人の教えに倣ってみるのも有効でしょう。年配の人や大先輩のような人からの注文を受けやすい時です。無視したりしないで素直に話を聞いてみるゆとりの気持ちが、事態を安泰に収める良い方法です。

2月の方位

今月の吉方位

大吉→東
吉→南、北

日	曜	運	運勢
1	土	△	重責を担うが実績が伴わない日に
2	日	○	生活習慣病を意識して規則正しく
3	月	◎	新たな試みが成功する果敢に挑戦
4	火	○	公私共に多忙だが重要な用事ない
5	水	◎	新たな出会いから有利な話が出る
6	木	○	旧習打破し斬新なアイディア勝負
7	金	△	結果をつかむまで緊張を緩めない
8	土	▲	気晴らしはきれいな水場が絶好に
9	日	○	目上を尊敬する気持ちは結構大切
10	月	△	実行は確信がある根拠を基にする
11	火	○	自分に対する甘え捨て上昇目指す
12	水	◎	有言実行にして逃げ道断ち精進を
13	木	○	家庭と仕事二者択一でなく両立を
14	金	◎	商取引好調でも気を緩めず遂行を
15	土	○	陰徳が表面化し賞賛を得ることに
16	日	△	人生山あり谷あり平常心を保とう
17	月	▲	仕事に私情持ち込むと問題起きる
18	火	○	無駄を省き仕事に専念するのが吉
19	水	△	交渉は押すだけではまとまらない
20	木	○	優柔不断では事態が混乱するだけ
21	金	◎	継続事案は早めに決着を着けよう
22	土	○	井の中の蛙にならず広角的に見る
23	日	◎	時には駆け引きで相手の出方見る
24	月	○	新たな挑戦をしてみるのも良い日
25	火	△	少しの困難あってもめげずに前進
26	水	▲	衝動買いをして後悔をしないこと
27	木	○	子供の問題は迅速性を重視しよう
28	金	△	血気に任せた行動は勇気と言えず

三月運勢

三月五日啓蟄の節より
月命己卯　一白水星の月
暗剣殺　北の方位

勢いはあるのですが、自己本位に陥らないように注意しましょう。謙虚な姿勢でいると上司や目上の引き立てを得られる時です。周囲からも一目置かれる立場になります。あまり目立ち過ぎると反発する人も出てきますが、まわりに接する態度に相手を尊敬する気持ちがあれば、心配することはありません。独断や相手をやり込めるような言動は慎みましょう。マイナスになってあなたに返ってきます。

体力の消耗が激しい月でもあります。疲労を溜め込まないで適度の休養を取りながら前進していきましょう。

3月の方位

今月の吉方位

大吉→東南
中吉→東、戊、乾

1	土	○	思慮分別を欠いた行動は取らない
2	日	◎	物事は柔軟に吸収し実力の充実を
3	月	○	穏やかな物腰が信頼を得て好評に
4	火	◎	正道を歩む姿に周囲が素直に従う
5	水	○	気配り忘れると反発する人もいる
6	木	△	接待や会食で豊かな感情を覚える
7	金	▲	期待されるが実りは少ない一日に
8	土	○	他者の発言を封じ込めるのは厳禁
9	日	△	気分が乗らずだらけた雰囲気出る
10	月	○	白黒はっきり付けたくなる気分に
11	火	◎	来るもの拒まずで幸運を呼び込む
12	水	○	物欲満たされても心満たされぬ時
13	木	◎	挑戦してきた問題決着で名声得る
14	金	○	関係者と折り合い付けると解決に
15	土	△	喜びは分かち合うと大きく膨らむ
16	日	▲	案件は順序立てて進めると容易に
17	月	○	膠着状態は無理に進展させないで
18	火	△	あえて危険な橋渡らず手堅く進む
19	水	○	遊び半分の気持ちで仕事をしない
20	木	◎	地道で目立たない活動が功を奏す
21	金	○	大きなことを避け小さな事柄から
22	土	◎	最大限の能力出して社会貢献図る
23	日	○	古いものは捨て斬新な手法用いる
24	月	△	人との対面会話から勇気もらえる
25	火	▲	自分に足りない点を自覚し調《ととの》える
26	水	○	初志を貫徹する諦めない精神力を
27	木	△	足をすくわれないよう相手を観察
28	金	○	発言の内容には責任が伴う慎重に
29	土	◎	自己を客観的に見つめ直し精進を
30	日	○	密室的取り決めは物議を醸す要因
31	月	◎	運気は最強運思い切り実力を発揮

四月運勢

四月四日清明の節より
月命庚辰　九紫火星の月
暗剣殺　南の方位

運気停滞の月ですが、周囲からの遊興の誘いが多い月です。衰運月なので程々にするのが賢明です。能力的に自分に足りないと思われるところを強化すると良い月です。あまり弱点を見つめて自分を責めたりせず、得意分野を伸ばすほうが有効でしょう。仕事面でも、調子が悪いと他の方法を試したくなりますが、今月は控えましょう。運気低迷の時は現状維持に努めて新規事には手出しをしないほうが良いです。

その場の雰囲気での方針転換や計画変更などは慎みましょう。周囲の助けも得られず、失敗の元でもあります。

4月の方位

今月の吉方位

中吉→東南、西
吉→東

1 火	○	説明は順番にわかりやすくしよう
2 水	△	見聞は自ら求めて広げる努力して
3 木	▲	小さなミスでも重大な損失になる
4 金	○	表面の見かけだけを追わず内実を
5 土	△	惰性を排し昨日より良い自分磨く
6 日	○	陰に隠れた見えない努力が大切に
7 月	◎	部下の働きが大きな実績もたらす
8 火	○	中心人物となり実力を期待される
9 水	◎	絶対諦めない精神力が前進する力
10 木	○	公私共に楽しく過ごせる日になる
11 金	△	気の進まない妥協は後悔の原因に
12 土	▲	出先での忘れ物に注意が必要な時
13 日	○	気の流れに沿い心の休養を取ろう
14 月	△	掛け声倒れにならぬよう実行力を
15 火	○	家庭内でも自分を慎む精神力大事
16 水	◎	独りにならずチームでの協働大吉
17 木	○	斬新な企画が持て囃《はや》される一日に
18 金	◎	紆余曲折あっても好結果得られる
19 土	○	喜びは皆で分かち合うと倍増する
20 日	△	初めから大きな夢は禁物着実性を
21 月	▲	無計画な取り組みでは中途挫折に
22 火	○	最後の詰めを明確にするのが重要
23 水	△	一人一人の意見を可能な限り尊重
24 木	○	捕らぬ狸の皮算用せず実質利益を
25 金	◎	正道を歩み心に迷いを持たず前進
26 土	○	志を下げることなく理想に突進を
27 日	◎	今日結果出なくても努力の貯金を
28 月	○	自分の今ある姿を認識すれば幸せ
29 火	△	周囲を引っ張る気持ちで前向きに
30 水	▲	気力だけで進まない時は休養必要

五月運勢

五月五日立夏の節より
月命辛巳　八白土星の月
暗剣殺　東北の方位

万事に慎重な対応が求められます。あなたの本命星に暗剣殺という最凶殺が付いているのです。障害が起きた時は原因を丁寧に探り対処しましょう。普段の生活を規則正しくすることが運気を正常に保ちます。生活が乱れた時に最凶殺が襲ってきます。地道な精進が運気を良くしていきます。新しいことは来月に回すのが賢明です。

今月は手足の関節や腰の疾患に注意しましょう。年配の人は転ばないように用心しましょう。高齢者の骨折や手足のケガは命に関わることがあります。

5月の方位

今月の吉方位

大吉→戌、乾
吉→東、東南

1	木	○	何よりもスピード必要決断迅速に
2	金	△	机上の論理より実践重視の行動を
3	土	○	何事も誠実に対処する姿勢が一番
4	日	◎	引き立ててくれる人以上に奉仕を
5	月	○	難問解決に忍耐強く推し進めよう
6	火	◎	肩の力抜き人生を楽しむ気持ちで
7	水	○	自分から積極的に動いて吉運得る
8	木	△	強気で推すにも裏付け明確に持つ
9	金	▲	雰囲気に流されず自分の考え通す
10	土	○	運気が定まらない慎重に進んで吉
11	日	△	家族は大事な財産固く守るのが吉
12	月	○	忠告は耳に痛い話も心の糧として
13	火	◎	厳しさは上昇の刺激剤立ち向かう
14	水	○	中心人物になっても和が大事な時
15	木	◎	強運気の時思い切った活動も良し
16	金	○	雑念を振り払って仕事に集中して
17	土	△	押せるところまで押してから引く
18	日	▲	慎重と優柔不断は別物我慢も努力
19	月	○	職場内の風通しは会話で良くする
20	火	△	災厄いつ来てもと心の準備怠らず
21	水	○	失敗を恐れず挑戦の気を失わない
22	木	◎	手がけていた事案が迅速に決着を
23	金	○	方法論は絞らず多角的な見地から
24	土	◎	気持ちを楽にしての対応が効果的
25	日	○	来る人を上手に応対し人望を上昇
26	月	△	問題は小さい内に早く解決が重要
27	火	▲	夜更かしは体力消耗し健康損ねる
28	水	○	仕事上の不足は知恵を出し補足を
29	木	△	事が成就しなくてもやる気を保つ
30	金	○	何があっても対策は冷静に検討を
31	土	◎	大きな実りが期待できる幸運期に

六月運勢

六月五日芒種の節より
月命壬午　七赤金星の月
暗剣殺　西の方位

前月までの暗いイメージを一新するかのように明るく華やかな月になります。温めていた新規の計画があれば実行に移しても良いでしょう。動機に邪《よこしま》な考えがあると、初めは上手くいったつもりでも途中で挫折します。本命星五黄土星に一白水星が被同会しているからです。一白水星には、悪い考えを起こすと中途挫折したり人に騙されたりする暗示があります。公明正大な生き方を追求していきましょう。

気分が高揚してやる気に満たされますが、脳細胞や心臓に負担をかけます。微熱でも早期受診を心掛けましょう。

6月の方位

今月の吉方位

中吉→南、戌、乾
吉→東南

日	曜	運勢
1	日	○雑用増えるが丁寧な処理心掛ける
2	月	◎充実している時に計画の推進専念
3	火	○研究心旺盛な人の助力受け好調に
4	水	△手がけたら最後までやり遂げよう
5	木	▲凡ミスで努力を不意にしないこと
6	金	○地味でも努力は裏切らない味方に
7	土	△棚ボタ的な甘い話には乗らないで
8	日	○中途挫折は時間労力の無駄遣いに
9	月	◎現状を深く掘り下げていくのが吉
10	火	○親しき仲にも礼儀あり言葉丁寧に
11	水	◎リーダーシップ発揮し先頭で活動
12	木	○成果をつかみ取る気迫が一番大事
13	金	△中年女性からの注文入り遅滞する
14	土	▲言葉による誤解を生まないように
15	日	○現状を把握しこれからの飛躍台に
16	月	△陰の協力者に感謝しつつ前進する
17	火	○天恵の後押しあるも油断せず精進
18	水	◎継続してきた努力が報われる日に
19	木	○一瞬気の抜けることがあり注意を
20	金	◎仕事は常に満点を目指し妥協せず
21	土	○方針に迷い出たら倫理道徳に戻る
22	日	△問題長引かせず決断は勇気持って
23	月	▲古い問題を蒸し返される逆境の時
24	火	▲運気が一定せず衰運たどる忍耐を
25	水	△今日は麺類に縁ある天ぷらそば吉
26	木	○強運だが人の仕事に口出ししない
27	金	◎他者のために全力尽くす利他の心
28	土	○強引に結論出さずに持ち越しも可
29	日	◎他人の助力は素直に受けるのが吉
30	月	○二兎追わず一兎に集中して全力を

七月運勢

七月七日小暑の節より
月命癸未　六白金星の月
暗剣殺　西北の方位

盛運期で、願望が早くにかなえられる可能性のある好運月です。しかし功を焦るあまり単純なミスを犯しがちです。過程を確認しながら丁寧に遂行していくことが重要です。周囲の人には誠心誠意で接するようにしましょう。必ず援助者が現れます。そして名誉や栄誉が得られます。時にマイナスの話が出ますが、耳を傾けることなく自分の信念で進んでいきましょう。

探求心が旺盛になりますが、他人の領域に入らないように注意を払いましょう。また他者の秘密などを暴露するようなことはしないようにしましょう。

７月の方位

今月の吉方位

中吉→西、北

日	曜	運	内容
1	火	△	小さな商取引も全神経を働かせて
2	水	○	家庭が平和で初めて良い仕事可能
3	木	▲	発展のためには陰の努力も大事に
4	金	△	良好な人間関係保つには誠実さを
5	土	○	忙しさにも気配りを忘れない心を
6	日	◎	広く社会的利益忘れなければ招運
7	月	○	注目される立場になり実力を発揮
8	火	◎	楽しいことが身内に起きる好運気
9	水	○	貯蓄は大事だが義理人情を忘れず
10	木	△	手を広げず的を絞り込んでいこう
11	金	○	おだてられ安易に乗ると痛い目に
12	土	▲	衰運気でもマイナスの話はしない
13	日	△	気が緩むと思わぬ損失被る危険日
14	月	○	解決できぬ問題は身に起こらない
15	火	◎	最強運の時うぬぼれを捨て謙虚に
16	水	○	外出先で詐欺に遭わぬよう注意を
17	木	◎	遊び心取り入れ賛同得て成功する
18	金	○	大事な時に物忘れをしない習慣を
19	土	△	契約や印鑑の取り扱いに十分注意
20	日	○	今まで隠していたことが明るみに
21	月	▲	嵐が過ぎるのを待つ心境が大切に
22	火	△	身辺慌しくも平静の精神力持とう
23	水	○	根気良く続けることが成長する源
24	木	◎	自分の精力を制御しながら進展を
25	金	○	処理数が多くなり効率的に進める
26	土	◎	予定通りに生活していくのが良運
27	日	○	面倒なことも丹念に対処すると吉
28	月	△	飾ろうとせずありのままの自分を
29	火	○	備えあれば憂いなし心の備え大事
30	水	▲	先へ急ごうとせず目前の責務果す
31	木	△	声高に自分の利だけを主張しない

今月の幸運数＝2、5、8　幸運色＝イエロー

八月運勢

八月七日立秋の節より
月命甲申　五黄土星の月
暗剣殺　なし

堅実に歩んでいくことが吉運につながる月です。人・物・金が集まる傾向にあります。大盛運のように錯覚しますが、実質成果はそれほど大きくはありません。しかし着実に歩んでいく人にとっては実入りが良いと感じられるでしょう。努力した分は必ず見返りが入ってくる月だからです。自分の領域からはみ出すと、他者の横槍が入って上手くいきません。

その場所に順応するのも才能です。不動心を持って、自分の計画した道を歩きましょう。故郷に用事ができることがあるかもしれません。

8月の方位

今月の吉方位

大吉→南
中吉→西、戌、乾

日	曜	運	内容
1	金	○	臨機応変の対応が求められる一日
2	土	◎	活力に満ち意欲的に行動できる時
3	日	○	自説に固執せず他者の意見も尊重
4	月	◎	異性に縁がある時果敢に挑戦して
5	火	○	自分の得意分野で勝負する心意気
6	水	△	見せかけの態度では相手にされず
7	木	○	時に見かけの服装も大事な要素に
8	金	▲	その場に順応することも才能の内
9	土	△	固定観念で物を判断せず柔軟性を
10	日	○	立場を理解すれば自分の能力出る
11	月	◎	流れに逆らわず乗っていけば良い
12	火	○	正道を外れず計画通りに実行する
13	水	◎	上司の指示通りに遂行させて吉日
14	木	○	プライベートで嬉しいことがある
15	金	△	苦しさを超えたところに喜びあり
16	土	○	初め良くても最後まで緊張感持つ
17	日	▲	一度隠し事をすると不安が無限に
18	月	△	衰運でも明るさ見える時奮闘して
19	火	○	励ましの言葉が人に勇気を与える
20	水	◎	人の縁が広がり取引も増加する時
21	木	○	独りよがりの考えでは納得されず
22	金	◎	積極的に打って出て良好得る好日
23	土	○	掛け声だけ高く実績なしにしない
24	日	△	日々気を新たに前進する精神力を
25	月	○	不動心を持って物事に立ち向かう
26	火	▲	出口が見えない時は様子を見よう
27	水	△	禍根残すような追及の仕方しない
28	木	○	余計な一言を言わぬように用心を
29	金	◎	単刀直入に話をするのが最善策に
30	土	○	健康は栄養の偏りなくすのが大事
31	日	◎	人生の援助者は師となる大切な人

今月の幸運数＝3、4、8　幸運色＝エメラルドグリーン

九月運勢

九月七日白露の節より
月命乙酉　四緑木星の月
暗剣殺　東南の方位

仕事上では満たされた状況となります。雑念を捨てて仕事に専念するのが吉運の月です。自分の思ったように進んでいく幸運な月です。我田引水にならぬように自制し、周囲と協調するようにしましょう。仕事は一人ではできないものです。周囲の協力があって初めて成功も手にすることができるのです。

実行の伴わない言動は信用を失います。取引相手は安全確実を求めるものです。外面に囚われず内容の充実を心掛けるべきです。仕事は80点では不合格で、100点でなければ不完全なのです。

9月の方位

今月の吉方位

大吉→北
中吉→南、甲、乙
吉→西

日	曜	運	
1	月	○	満たされた気分を前進力に進もう
2	火	△	不満あっても口に出さず責務遂行
3	水	○	好調な時に不調時への心の準備を
4	木	▲	良かれと思うタイミングがずれる
5	金	△	自己主張抑え周りと歩調を揃える
6	土	○	励ましや思いやりが福運を招く元
7	日	◎	今はスケジュール通りの進展が吉
8	月	○	だらだらと結論を長引かせないで
9	火	◎	隆盛運なので全力出し目標完遂を
10	水	○	初心忘れず方針を貫き通す精神を
11	木	△	わだかまりあっても協調を前提に
12	金	○	思い付きでの方針変更はしないで
13	土	▲	小さなミスも大きく喧伝をされる
14	日	△	隠しごとはせずオープンにしよう
15	月	○	優柔不断による遅滞がないように
16	火	◎	外観に惑わされずに本質を見よう
17	水	○	精神的重圧に負けず気力を奮って
18	木	◎	広がりを見せるが目標見逃さずに
19	金	○	強い意志と行動力で目的の成就を
20	土	△	規則正しい生活習慣が健康の基に
21	日	○	いったん決めたことは貫徹目指す
22	月	▲	実行の伴わない言動は信用なくす
23	火	△	安全策を取り危険な冒険はしない
24	水	○	素早い対応をしないと好機逃げる
25	木	◎	手慣れた仕事も手抜きせず真剣に
26	金	○	時機に敏感に即応し好運をつかむ
27	土	◎	問題が山積しても丁寧に処理する
28	日	○	外出の用事が増える戸締まり用心
29	月	△	強引なやり方では事は成就しない
30	火	○	今日の仕事を先延ばしにはしない

十月運勢

十月八日寒露の節より
月命丙戌　三碧木星の月
暗剣殺　東の方位

あなたの周囲で人の出入りが多くなります。喧騒に惑わされることなく責務に邁進しましょう。時に決断しかねるような状況が起きます。仕事上で迷った時は計画に沿って判断するのが良いです。仕事以外のことでは倫理道徳を判断基準にするのが常套手段と言えるでしょう。経験豊かな人望のある人に相談するのも一つです。

行動を起こして実行することが最も大事です。何もしないで後悔するより行動を起こしましょう。たとえ失敗しても別の方法を考えれば良いのです。

飲み過ぎや食べ過ぎに注意を。

10月の方位

今月の吉方位

中吉→北、巽、巳
吉→南

日	曜	運	内容
1	水	▲	立ちはだかる障害にも果敢に挑戦
2	木	△	結論を急ぐあまり端折っては不可
3	金	○	牛歩でも歩みを止めないのが大事
4	土	◎	周囲との協調を忘れると失敗する
5	日	○	金銭の貸し借りはしない方が良い
6	月	◎	難問の壁を飛び越える勢いがある
7	火	○	手柄を自慢するのは未熟者の所業
8	水	△	人間関係は心の触れあいが第一に
9	木	○	全体の流れを見て方針を整えよう
10	金	▲	確信が持てない点は見識者に聞く
11	土	△	どこにいても目立つ存在言動注意
12	日	○	急がば回れの言葉あり確実性重視
13	月	◎	持てる力を十分に発揮して成果を
14	火	○	安請け合いで信用なくさぬように
15	水	◎	人の出入りに惑わされず我が道を
16	木	○	肉体的負担が大きい無理をしない
17	金	△	功を焦り足をすくわれないように
18	土	○	健康管理を万全にして目標完遂を
19	日	▲	年齢を理由にした言い訳をしない
20	月	△	自信を持って自分の方針を貫こう
21	火	○	時機を間違えなければ無事に済む
22	水	◎	地に足を着け計画通りに推進して
23	木	○	予定は未定確実に推し進めること
24	金	◎	状況に応じたソフトな対応が最良
25	土	○	物質的より精神的な安定の重視を
26	日	△	長幼の礼の語あり目上に礼尽くす
27	月	○	方向転換は情勢把握を正確にして
28	火	▲	挑戦する気持ちは常に持ち続ける
29	水	△	隠れた善行が表面化することあり
30	木	○	新たな出会いから好展開あるかも
31	金	◎	華やかさはないけれど大きく成就

十一月運勢

十一月七日立冬の節より
月命丁亥　二黒土星の月
暗剣殺　西南の方位

とかく障害が起きやすい月です。冷静に対処していけば大きな失敗にはなりません。無計画な実行だけは避けましょう。物事には壁があり、突き当たることがあるものです。不退転の意思を持ってぶつかれば道は開けます。停滞した時は大きく変更を試みたくなるものですが、むしろその時は動かないほうが良いです。丹念に停滞を打開する方策を考えるのが吉策です。むしろ一歩退いて客観的に事態を見つめてみましょう。案外簡単に打開策が見つかるかもしれません。古参社員との争論は避けましょう。何の益にもなりません。

11月の方位

今月の吉方位

大吉→東
吉→南、北

日	曜	運	内容
1	土	○	掛け声倒れにならないよう慎重に
2	日	◎	過去の業績にこだわらず今を見て
3	月	○	無理が利くうちは全力尽くし前進
4	火	△	過去の業績にこだわると進展なし
5	水	○	好調でも一言多いと破談になる時
6	木	▲	仕事に足りない物は全知全能使う
7	金	△	勘違いからミスを犯さぬよう用心
8	土	○	アクセサリーなどに縁が深い一日
9	日	◎	新たな出会いを大事にして幸運を
10	月	○	雑多な用件多いが手際良く処理を
11	火	◎	一生懸命は実力以上の成果を得る
12	水	○	好機を見逃さない緊張感を保って
13	木	△	手順をよく考えて作業の無駄省く
14	金	○	他人の忠告は良かれと思う気持ち
15	土	▲	場の雰囲気に合わない発言しない
16	日	△	偏った思考が進歩を妨げる要因に
17	月	○	斬新な企画あったら即実行に移す
18	火	◎	取引は私情挟まず冷徹に判断して
19	水	○	時には故郷の母に声の便りしよう
20	木	◎	人は対話の声から勇気をもらえる
21	金	○	いつかではなくて今この時が重要
22	土	△	過ぎたるは及ばざる中庸を保とう
23	日	○	命令口調での伝達では反発を招く
24	月	▲	軽い言葉は教養を疑われることが
25	火	△	仕事に追われるのではなく丁寧に
26	水	○	伝える時は相手の目を見て話そう
27	木	◎	好調な時でも緊張感は緩めないで
28	金	○	穀類摂取過剰は栄養バランス崩す
29	土	◎	進むべき道を一直線に進み好調日
30	日	○	問題を長引かせてはこじらせる元

十二月運勢

十二月七日大雪の節より
月命戊子　一白水星の月
暗剣殺　北の方位

今月はいろいろなことをやり過ぎないように気を付けて、今までの結果を踏まえて来年への構想を練りましょう。幸い今月は、援助者が現れてサポートしてくれる幸運に恵まれるかもしれません。忠告は素直に受けて計画への足掛かりとするのが得策です。このような時期は詐欺師の暗躍する時でもあります。甘い儲け話にはくれぐれも乗らない用心が肝心です。

血圧が高めの人はこれ以上高くならないように養生しましょう。腸も傷めやすいものです。時節柄、疲労を残さないように健康体を維持しましょう。

12月の方位

今月の吉方位

大吉→東南
中吉→東、戌、乾

日	曜	運勢	
1	月	△	持ち分の焦点絞って力を集中して
2	火	○	仕事の成功は周囲と分かち合おう
3	水	▲	飲食は自分の体と折り合いつけて
4	木	△	駆け引きせず単刀直入に話し合う
5	金	○	自信過剰にならぬようありのまま
6	土	◎	自発的行動が福運招く最大の良策
7	日	○	秘密裏の決め事は上手くいかない
8	月	◎	継続は力という言葉を信じ進展を
9	火	○	その場しのぎの対応では誤解生む
10	水	△	過程を見直しながら慎重に進める
11	木	○	猛進はミスの元状況判断しながら
12	金	▲	蟻の一穴の例えあり小事も丁寧に
13	土	△	洒落た一言が雰囲気を和ませる元
14	日	○	欲張り過ぎず「足るを知る」こと
15	月	◎	斬新なアイディアあれば実行も可
16	火	○	広角的に判断する習慣を付けよう
17	水	◎	自分を活性化させる源家庭にあり
18	木	○	この日出会った人は運命の人かも
19	金	△	惰性で緩慢に動かず緩急つけよう
20	土	○	頑固一徹では摩擦が起きる柔軟に
21	日	○	運気不定なので万事慎重に対処を
22	月	△	優柔不断と思われても自己信念で
23	火	○	忙しくても周囲への気配り忘れず
24	水	◎	年配の女性の進言が有効に働く時
25	木	○	悩みは他者に相談して迅速に解決
26	金	◎	遅れていたことを挽回する好運気
27	土	○	代案を用意しておくと心が平穏に
28	日	△	一瞬気が抜ける時があるので用心
29	月	▲	仕事は自分の都合だけでは動かず
30	火	○	独断専行で和を乱してはいけない
31	水	△	旧習でも有効なものは大いに活用

六白金星《ろっぱくきんせい》

2025年の運勢の変化と指針

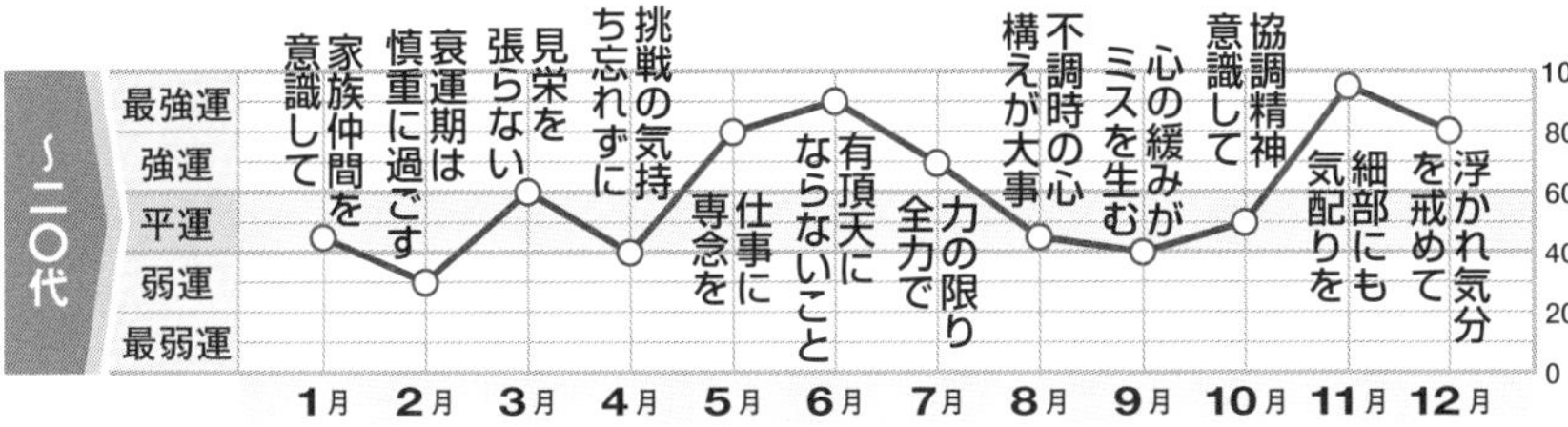
〜二〇代
最強運
強運
平運
弱運
最弱運
100
80
60
40
20
0
1月 家族仲間を意識して
2月 衰運期は慎重に過ごす
3月 見栄を張らない
4月 挑戦の気持ち忘れずに
5月 仕事に専念を
6月 有頂天にならないこと
7月 力の限り全力で
8月 不調時の心構えが大事
9月 心の緩みがミスを生む
10月 協調精神意識して
11月 細部にも気配りを
12月 浮かれ気分を戒めて

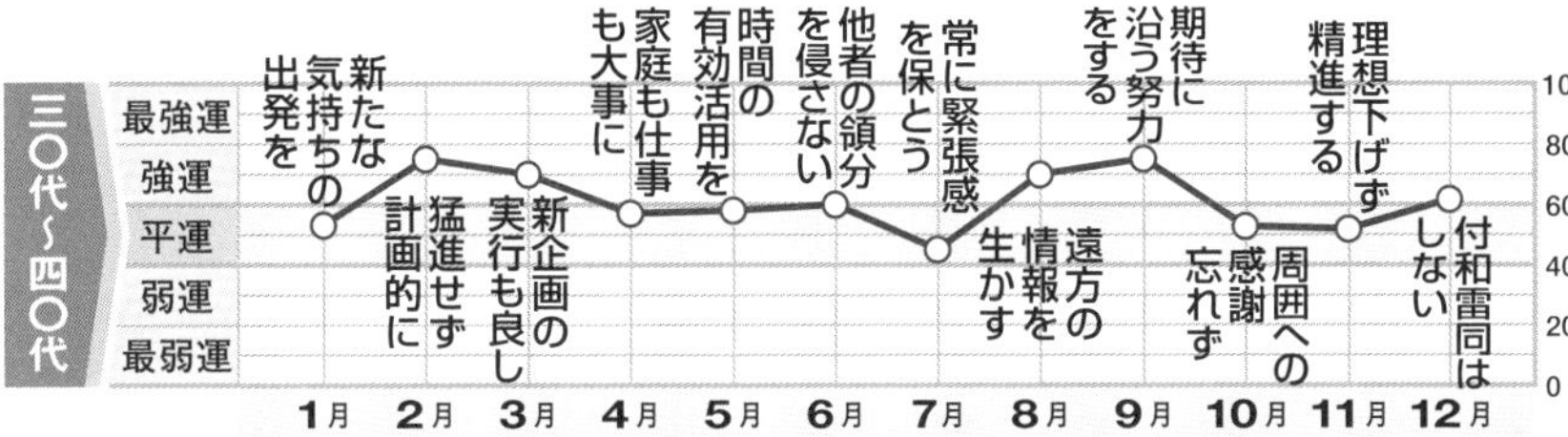
三〇代〜四〇代
最強運
強運
平運
弱運
最弱運
100
80
60
40
20
0
1月 新たな気持ちの出発を
2月 猛進せず計画的に
3月 新企画の実行も良し
4月 家庭も仕事も大事に
5月 時間の有効活用を
6月 他者の領分を侵さない
7月 常に緊張感を保とう
8月 遠方の情報を生かす
9月 期待に沿う努力をする
10月 周囲への感謝忘れず
11月 理想下げず精進する
12月 付和雷同はしない

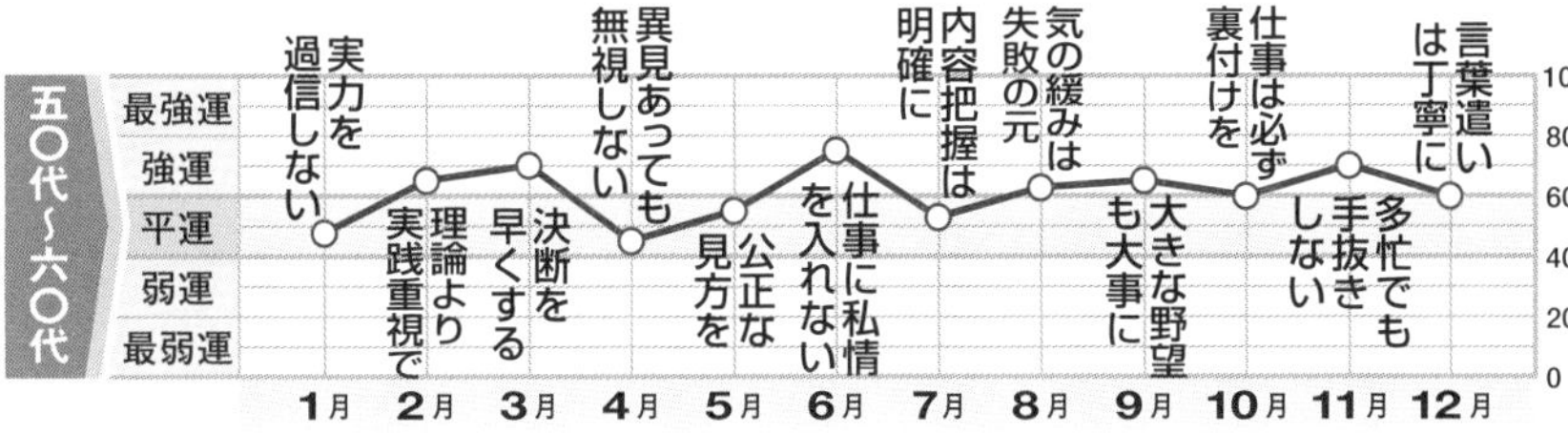
五〇代〜六〇代
最強運
強運
平運
弱運
最弱運
100
80
60
40
20
0
1月 実力を過信しない
2月 理論より実践重視で
3月 決断を早くする
4月 異見あっても無視しない
5月 公正な見方を
6月 仕事に私情を入れない
7月 内容把握は明確に
8月 気の緩みは失敗の元
9月 大きな野望も大事に
10月 仕事は必ず裏付けを
11月 多忙でも手抜きしない
12月 言葉遣いは丁寧に

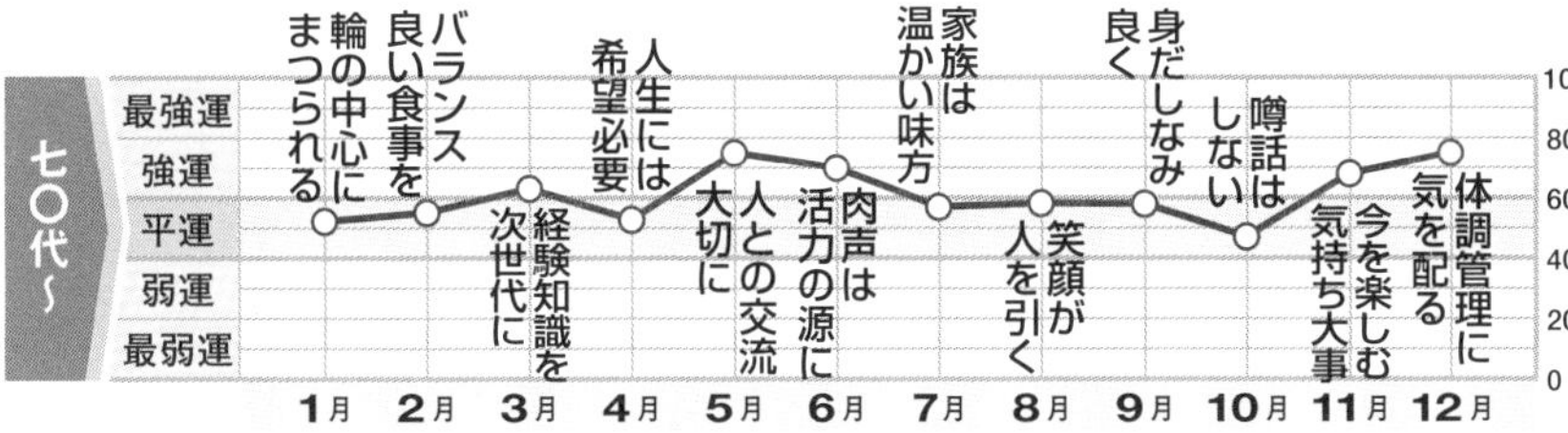
七〇代〜
最強運
強運
平運
弱運
最弱運
100
80
60
40
20
0
1月 輪の中心にまつられる
2月 バランス良い食事を
3月 経験知識を次世代に
4月 人生には希望必要
5月 人との交流大切に
6月 肉声は活力の源に
7月 家族は温かい味方
8月 笑顔が人を引く
9月 身だしなみ良く
10月 噂話はしない
11月 今を楽しむ気持ち大事
12月 体調管理に気を配る

六白金星生まれの人

4歳（令和 3 年　辛丑）	40歳（昭和60年　乙丑）	76歳（昭和24年　己丑）
13歳（平成24年　壬辰）	49歳（昭和51年　丙辰）	85歳（昭和15年　庚辰）
22歳（平成15年　癸未）	58歳（昭和42年　丁未）	94歳（昭和 6 年　辛未）
31歳（平成 6 年　甲戌）	67歳（昭和33年　戊戌）	103歳（大正11年　壬戌）

六白金星 ◐

炎熱期

本年、あなたの本命星である六白金星は南の離宮《りきゅう》に回座し、本命星の定位置である乾宮《けんきゅう》に入った三碧木星に被同会されています。これにより、本年のあなたの言動は目立って周囲から注目を集めます。

今までの業績が認められて栄誉や名誉を受けることがあります。目立たないところで重ねた努力が陰徳として日の目を見て賞賛されることがあるかもしれません。あなたの栄誉や賞賛を快く思わない人がいます。奢ることなく謙虚な姿勢を保つのが良策です。自営業の人は斬新なアイディアが生まれることがあります。可能な限り研究して、実行できるように努力することが重要です。本年の後半には運気が下降します。年の前半に具体化できれば良い結果が得られます。後半に入ってもあきらめることはありません。意志あるところに道は開けます。

いっぽうで、親しくしていた人や愛する人との別れを経験する悪い状況が起きるかもしれません。愛別離苦はこの世の常とは言え、悲しみに負けない強い精神力を磨いておくことは大切でしょう。「神はその人が背負いきれない苦しみを与えはしない」と言います。「強くなければ生きていけない」と書いた作家もいます。

今まで隠し事をしてきた人や税金をごまかして納めてきた人には厳しい天罰が加えられます。また年配の人をだまして金銭を奪ってきた人にも手厳しい罰が下される確率が高いものです。邪《よこしま》な思いなしの人生が幸福な人生への通行手形です。

言わなくても良い余計な一言にも注意しましょう。

六白金星方位吉凶図

適職

政治家、法律家、航空機関係業、自動車関係業、証券取引業、貴金属店、レストラン業、鑑定業、警備員、スポーツ用品業、ミシン業、ジャーナリスト、飛行機客室乗務員等

吉方

本年は相生する一白水星が回座する東南方位が吉方となります。月別の吉方は毎月の運勢欄をご覧ください。

凶方

本年は五黄土星が回座する東北方位が五黄殺、反対側の八白土星が回座する西南方位が暗剣殺の大凶方位となります。六白金星が回座する南方位が本命殺、七赤金星が回座する北方位が本命的殺の大凶方位になります。本年の十二支である巳の反対側、亥の方位が歳破で大凶方位です。月別の凶方は毎月の運勢欄をご覧ください。

♣ 健康運

本年は油断のならない年と言えます。発病にいたった時はかなり重症であることが予想されます。特に高熱が出た時は注意が肝心です。日頃から血圧が高めの人は用心しましょう。調子の良い時はすこぶる快調なので、かえって油断してしまうものです。今までは感じなかった体調不良が病気にまで悪化してしまうことがあります。早めの受診を心掛けましょう。病状はかなり明確になっていることが多いですから、早期の診療が効果的です。

眼病にも注意を向けましょう。眼は大切な役割を果たしている割には日頃から無頓着な人が多いです。文明の発達は眼があるからと言っても良いと考えて大切にしましょう。

◆ 金銭運

大金か無一文かというくらいに浮き沈みが激しい年です。一般的にはそれほどの高低差を経験することは少ないものですが、激しく変化する年であることを念頭に置きましょう。不調がいつ訪れても平気という心構えは大事です。

地道に仕事をこなしている人には安泰な年です。そんな人には昇進や栄誉などの余禄があるかもしれません。過去に不正を働いてきた人には全部取り上げられてしまうかもしれない罰が待ち構えています。

仕事で山を張って一発勝負をかけたくなる衝動に駆られますが、思い留まって正道に戻りましょう。古くから言われていることですが、地道に世のため人のために働くことが金運を上昇させ持続させます。

♥ 恋愛運

恋愛は隠しても隠し切れないほど派手なものになります。どんなに隠してても周囲にいっぺんに知れ渡ってしまうような恋愛になります。相手が目立つ存在だからです。何事においても隠すことができない性質をあなた自身も持っていますから、隠したつもりでも広く知れ渡ってしまいます。相手も割とおしゃべりです。

あなたの定位置である乾宮《けんきゅう》に三碧木星が被同会しています。この三碧木星は雷の性を持ち、音に関する象意を持つ星です。

お互いに見栄を張らずに地道に愛を育てることを心掛けましょう。恋愛では自分を良く見せようと見栄を張りがちですが、地に足を着けた堅実さが大切です。

六白金星生まれの運勢指針

❖四　歳

大きな考えで導き、小さなことにはあまりこだわらないほうが良さそうです。もともと内向的な性質を有していますので、広い心で育てていきましょう。

❖十三歳

自尊心が大きくなり、自分は自分という考えが強くなります。あまり強過ぎると、他者を見下す生き方につながりかねません。自尊心は大事ですが、中庸の精神も忘れないように。

❖二十二歳

新しいことに積極的に挑戦する気持ちを強く持って前進していきましょう。この時期には新規のことが多く、消極的になっていると取り残されてしまうこともあります。

❖三十一歳

相談事には親切に応えてあげると良いでしょう。陰徳を積むことになり、同時に将来のあなたの強い味方を得ることにもなるかもしれません。人の和は時間の経過と共に大切になります。

❖四十歳

運気は絶好調とまではいかないけれど強いです。この強さは爆発するかもしれない強さですので、自重して漸進していくことが重要です。爆発してすべてを失ってしまわないように注意を。

❖四十九歳

ともすれば自分本位に推し進めるあなたですが、少し自重しましょう。立場が上昇したこともあるでしょうから、言動には極めて慎重さが要求されます。

❖五十八歳

人間関係を大事にして現在の地位にたどり着いたあなたでしょう。仕事の成果は、自身の能力と周囲の力の掛け算です。社交性を磨いて人脈を一層広げ、緊密にして研鑽しましょう。

❖六十七歳

この年齢で引退している人のほうが少なくなる傾向にあります。生涯働かされるのかという意識ではなく自ら進んで社会貢献をするような積極性を持って奮闘しましょう。

❖七十六歳

社交的ではないあなたが努力して周囲との和合を心掛ければ、人生の喜びが大きく開けてくるでしょう。今年は周りから注目される一年になります。ありのままの自分を出していきましょう。

❖八十五歳

実力で世の中を渡ってきたあなたには、まだまだやれるという気構えがあります。今後もその気持ちを強く持って後輩を引っ張っていきましょう。頼りにしている人がたくさんいます。

❖九十四歳

他者のために尽くしてきたことが晩年の安泰につながっている稀有な星回りの人です。一つでも多くのことを後世に残して欲しいものです。

❖一〇三歳

長生きの秘訣について同じ高齢の方に尋ねると、くよくよせず気楽に生きることだという答えが返ってきます。先のことを心配するより目の前の人生を楽しむことが大事なのでしょう。

一月運勢

一月五日小寒の節より
月命丁丑　三碧木星の月
暗剣殺　東の方位

浮かれ気分を引き締め、本年の計画をしっかり立てて地に足を着けた活動をしましょう。気持ちを緩めると遊興に気持ちが傾き、目上からの注文も厳しくなります。実力があるあなたです。目の前の責務をしっかりこなしていくだけでも周囲はあなたを認めるでしょう。難易度が高い仕事への取り組みは自分との戦いでもあります。果敢に立ち向かっていく気構えが大切です。

ファッション関係の人やアクセサリーを扱っている人にはラッキーな年かもしれません。幅広い人たちに支持されて業績が上昇する傾向にあります。

1月の方位

今月の吉方位

大吉→東南、北
中吉→南

1	水	◎	勢いのまま進まず控えめな姿勢で
2	木	○	目立ちたがり屋のあなたも黒子で
3	金	△	周囲との意思の疎通を心掛けよう
4	土	▲	意に染まないことがあっても忍耐
5	日	○	仕事始めの計画見直し満を持して
6	月	△	情勢を見ながらゆるりと進展する
7	火	○	独りかけ離れた行動取らず協働を
8	水	◎	自分の思い通りに物事が運ぶ日に
9	木	○	他者との比較論は無益自分と戦う
10	金	◎	ビジネスに情が絡む時冷静な判断
11	土	○	子供の問題は迅速に手を打つべき
12	日	△	気分転換は頭を空にするのが一番
13	月	▲	七転び八起きの根性で立ち上がる
14	火	○	プライベートで楽しみな事がある
15	水	△	俺がという「我」を抜いて気楽に
16	木	○	今日の課題を明日に延ばさぬこと
17	金	◎	人生の中で良い時あるそれが今日
18	土	○	やると口外したら最後までやろう
19	日	◎	地味な時に地味な成果に満足感あり
20	月	○	体がしびれるような成就の一瞬が
21	火	△	その場のパフォーマンスではダメ
22	水	▲	紆余曲折あるから成功に価値あり
23	木	○	楽な方向目指したくなるが我慢を
24	金	△	考えとは逆に裏目に出そうな日に
25	土	○	多少の障害乗り越えて結果は良好
26	日	◎	適度の緊張感持って進展すれば吉
27	月	○	大言壮語して信頼を裏切らぬこと
28	火	◎	さらなる上昇求めた奮闘が大吉運
29	水	○	感情を抑制して冷静に対応しよう
30	木	△	自説に固執せず柔軟な発想転換を
31	金	▲	衰運の時実力養成に時間使うと吉

今月の幸運数＝１、４、９　幸運色＝シルバーグレー

二月運勢

二月三日立春の節より
月命戊寅　二黒土星の月
暗剣殺　西南の方位

地位や名声を得る兆しもあるのですが、自分より年下の上司とは意見が合わずに衝突する恐れがあります。争論は益するところがありません。柔軟に対応するのが理想的です。人に頭は下げにくいものですが、謙虚さはあなたの人間性の証です。

先を見据えた観点から決断しましょう。変化の激しい時でも将来への方針がまっすぐに決まっていれば、人の意見に左右されることはありません。今月は気力が満ちて、やる気十分です。平常心で実力を発揮すれば成果は得られます。上司に認めてもらうこともできるでしょう。

２月の方位

今月の吉方位

吉→東南

日	曜	運	
1	土	○	余暇でも節度ある過ごし方が大事
2	日	△	繁華街へ出かけたい気持ちが働く
3	月	○	遠方からの商取引が有利に進展を
4	火	◎	長い将来見据えて計画を実行する
5	水	○	細かく面倒なことにも誠実に対応
6	木	◎	面倒を見た部下の働きが効果的に
7	金	○	結果長引かせるとうやむやになる
8	土	△	保守的と言われても中庸を忘れず
9	日	▲	雰囲気で付和雷同しない心掛けを
10	月	○	実る稲穂は頭を垂れる謙虚さ保つ
11	火	△	状況無視した猛進では成果が出ず
12	水	○	優柔不断でいては大事は成せない
13	木	◎	先頭に立って行動し範を示す心を
14	金	○	丁寧な姿勢が地位を高める基本線
15	土	◎	当初の計画通りに推進するのが吉
16	日	○	名誉な事が起きても平常心でいる
17	月	△	器用貧乏で終わらぬよう自己研鑽
18	火	▲	身辺が賑やかになっても自分流を
19	水	○	人事の刷新は決断力と勇気が要る
20	木	△	大志抱いても初め小さな一歩から
21	金	○	相手先では礼儀をわきまえること
22	土	◎	幸運は足元にあり着実な歩みにて
23	日	○	時には小さな視点から大局を見る
24	月	◎	成果は独りではなく皆の力の結集
25	火	○	ローマは一日にして成らず忍耐を
26	水	△	最後の締め括りは結果を見極めて
27	木	▲	人生は思う通りいかないと心得る
28	金	○	後継者問題が起きるかもしれない

三月運勢

三月五日啓蟄の節より
月命己卯　一白水星の月
暗剣殺　北の方位

衰運期の上に暗剣殺という大凶殺の星が付いています。万事慎重に対応しましょう。物事を客観的に見て、障害が起きた時は焦らず冷静に本質を見抜きましょう。あなたが表立って動くと反発する人が必ずいます。あなた自身が一歩引いてみると上手くいく場合が多いです。

年下の若い女性の意見が有効に働きます。話が急転回することもあります。公私の区別もきちんとしましょう。今月は混同しそうな場面が多くあります。仕事を一人で抱え込まず、共同体制で臨むのが良策です。間違いを修正しやすいものです。

3月の方位

今月の吉方位

大吉→東、戌、乾

日	曜	運	
1	土	△	頼まれごとはトラブルの元断ろう
2	日	○	謙虚な姿勢が自身の地位の向上に
3	月	◎	早い判断力で解決していくのが吉
4	火	○	無理せず流れのままの進展が良策
5	水	◎	盛運でも気を緩めず緊張感保とう
6	木	○	旧態を打破し新機軸を打ち出そう
7	金	△	高ぶる神経を鎮め冷静に振る舞う
8	土	▲	見切り発車をせず計画的に行動を
9	日	○	どんなに手慣れていても油断せず
10	月	△	疲労を溜めず適度に緩急つけよう
11	火	○	物事を客観的に見て公正な対応を
12	水	◎	本質が見えると進捗状況が良好に
13	木	○	陰で支えてくれる人を大切にする
14	金	◎	自信を持って目前の責務を果たす
15	土	○	忠告を聞き話がこじれぬよう努力
16	日	△	仲介者を立てる方が上手く解決に
17	月	▲	自分の力を過信せず相応の活動を
18	火	○	上から目線での命令では続かない
19	水	△	穏やかな解決策が功を奏する日に
20	木	○	物事は急転回することある慎重に
21	金	◎	予測通りに進展していく好運日に
22	土	○	想定外の障害あっても結果は良い
23	日	◎	新しい方法は毎日の研鑽から出る
24	月	○	二つの事柄を同時には得られない
25	火	△	上辺を取り繕っても信用得られず
26	水	▲	即断をせずよく検討を加えてから
27	木	○	独りで走らず周囲と歩調合わせる
28	金	△	だらだら過ごさず重要事を最優先
29	土	○	取引は増加するけれど無駄が多い
30	日	◎	曖昧な言動は取らず確実性を重視
31	月	○	余暇であっても節度ある行動取る

四月運勢

四月四日清明の節より
月命庚辰　九紫火星の月
暗剣殺　南の方位

掛け声倒れにならないように根気良く進めていきましょう。調子が悪い時ほど独りの世界に閉じこもりがちになります。やがて、やる気を減退させてしまう悪循環に陥ります。協調の心を奮い立たせて、周囲の声を聞きながら推し進めていくのが最善策なのです。今月は、状況不利な時は無理に立ち向かうのではなく一歩退いて客観的な目で見つめ直してみましょう。

交渉していた案件が急に取り下げられてしまうような事態も予測されます。冷静に対応し、次なる一手を考える心の余裕を持ちましょう。道は開けます。

4月の方位

今月の吉方位

大吉→東南、西
中吉→東
吉→乾

1 火	◎	個の力では困難でも協働で可能に
2 水	○	強い精神力が前進を推進する源泉
3 木	△	鋭い洞察力を発揮し問題に挑戦を
4 金	▲	出先でのトラブルや忘れ物に注意
5 土	○	四方に気を配り足をすくわれない
6 日	△	掛け声倒れにならないよう慎重に
7 月	○	陰の長老が後押しをしてくれる時
8 火	◎	一点に集中して掘り下げて収穫を
9 水	○	中心人物に押し上げられても冷静に
10 木	◎	困難を乗り越えたところに大収穫
11 金	○	肩の力を抜き気楽に推進が吉運に
12 土	△	強く我を通すと疎外感を味わう日
13 日	▲	強気で推したくなるが柔和路線で
14 月	○	八方美人的発想では味方できない
15 火	△	やり過ぎると破断する中庸が肝心
16 水	○	地道な研鑽が着実に成果に連なる
17 木	◎	人のためになることは己も益する
18 金	○	目立つパフォーマンスが効果的に
19 土	◎	人に頭下げにくいが和を優先する
20 日	○	ラッキーな恋愛運が付いている日
21 月	△	独りよがりの案では敬遠をされる
22 火	▲	他人の言う言葉はよく吟味をする
23 水	○	相手の立場考慮すれば上手くいく
24 木	△	約束は実行して守ることが信用に
25 金	○	対外面にも気配りすると幸運招く
26 土	◎	新たな取引から有利な事柄生じる
27 日	○	成功に浮かれず次への精進重ねる
28 月	◎	他者との比較でなく自己との戦い
29 火	○	宴席でも自分を失わない自制心を
30 水	△	外に目を向け情勢判断を誤らない

五月運勢

五月五日立夏の節より
月命辛巳　八白土星の月
暗剣殺　東北の方位

今月は、あなたの中に深く眠っていたアイディアが具体的に現れてきます。すぐ実行できるように企画を立ててみましょう。成果は大きいものがあります。結果として名誉や賞賛を受けるかもしれません。

今月は親しい人や愛する人との別離を経験するかもしれません。別れはこの世の常とは言え辛いものです。身に起きることはすべて意味のあることと言われます。強く生きよという神からのメッセージかもしれません。

精神的な負担が多くなりそうです。気楽に人と話をするだけでも良薬となります。

5月の方位

今月の吉方位

中吉→東南

日	曜	運	内容
1	木	▲	無理押しをせず気の好転を待とう
2	金	○	本意は明確に伝えないと誤解招く
3	土	△	風聞に惑わされず自己信念を貫く
4	日	○	堅実な計画に沿い規則正しく歩む
5	月	◎	過去のこだわりを捨て今を大事に
6	火	○	飛躍的効果狙わず一歩ずつ着実に
7	水	◎	仕事は好きが大切楽しんで遂行を
8	木	○	部下の不始末の責任取る心構えを
9	金	△	失敗恐れず実践諦めないのが大事
10	土	▲	事態長引いても根気良く継続する
11	日	○	結果を手にするまで気を緩めない
12	月	△	対人関係は微妙なもの慎重にする
13	火	○	調子が良くなっても図に乗らない
14	水	◎	公私共に華やかな一日になる好日
15	木	○	白黒の決着をつけるのを焦らない
16	金	◎	好調運でも気力が抜ける時がある
17	土	○	お世辞で近寄ってくる人物に用心
18	日	△	障害生じても平常心で乗り切ろう
19	月	▲	周囲の協力を有難く受け前向きに
20	火	○	物事初めが大事計画は密に検討を
21	水	△	締め括りが悪いと努力無駄になる
22	木	○	昔の問題が出たら真摯に向き合う
23	金	◎	強運気で名誉なことが起こるかも
24	土	○	内々で固まらず外部にも関心持つ
25	日	◎	小を積んで大を成す気持ちが大事
26	月	○	仕事に博打性を入れず堅実に進む
27	火	△	状況不利と見たら引き返す勇気を
28	水	▲	石橋を叩く慎重さが必要な一日に
29	木	○	大風呂敷を広げて恥をかかぬこと
30	金	△	家庭内が平穏でないと仕事に支障
31	土	○	多少の反対あっても結果は良好に

六月運勢

六月五日芒種の節より
月命壬午　七赤金星の月
暗剣殺　西の方位

人のためにしたことが後で自分に利益となって返ってくるのを実感するでしょう。「人のためになることをする」という行為は運気を良くするものです。規則正しい生活をすることが運気を正常に保つ最良の方策であることは知られていますが、運気を上げようと思ったら、人のためになることをしてみましょう。

仕事では、今月は結論を早めに出すことが大事です。好機は長くは留まりません。常に緊張感を持ち、一瞬のタイミングを逃さないことが大切です。泌尿器の疾患は兆候が顕著です。見逃さないように用心を。

6月の方位

今月の吉方位

大吉→南

1	日	◎	新しく良い人間関係が生まれる日
2	月	○	得意分野を生かし大きく飛躍図る
3	火	◎	人に左右されず自分の信念で動く
4	水	○	やましさなく公明正大を心掛ける
5	木	△	仲間と語り合う気持ちの余裕持つ
6	金	▲	衰運気消極的な活動で現状維持を
7	土	○	目前の案件を誠実に処理すること
8	日	△	人から持ち込まれた話に乗らない
9	月	○	隠しごとを作らないのが健全な道
10	火	◎	芸は身を助ける特殊才能生かそう
11	水	○	多くの意見を受け止める広い心で
12	木	◎	外出する用事が増えるが強運気日
13	金	○	論理的根拠を明確にして実行する
14	土	△	公私混同は周囲に悪影響を与える
15	日	▲	歯車が噛み合わず遅滞する衰運気
16	月	○	背中を押されるように推進できる
17	火	△	悩みが出たら早めに解決をしよう
18	水	○	率先して能動的に活動するのが吉
19	木	◎	雑念を払い目前の仕事に集中して
20	金	○	良運気だが一瞬の気の緩みは危険
21	土	◎	一攫千金狙わず着実な歩みをする
22	日	○	勇み足に注意しやり過ぎない心を
23	月	△	小さなトラブルあるが迅速に処理
24	火	△	決断は迷わず下し修正いとわない
25	水	○	他人への配慮が自分を大きくする
26	木	◎	仕事に私心挟まず割り切りが大事
27	金	○	重箱の隅をつつかずに大局観にて
28	土	◎	相手の頑固さを責めず柔軟に対応
29	日	○	闘志を前面に出し大いに奮闘する
30	月	△	自己主張抑え多くの意見を聞こう

七月運勢

七月七日小暑の節より
月命癸未　六白金星の月
暗剣殺　西北の方位

身の周りの細々とした問題が次々と起こってくる月です。面倒がらずに丁寧に対処しましょう。雑事と言われることでも、溜め込んでしまうと気持ちがすっきりしないので、仕事にも支障が出てきます。頭にわだかまりがある状態で人間は良い仕事をすることはできません。人生をまっすぐに幸せに生き抜くためにも、目の前の事柄は迅速に片付けていくのが良策です。

故郷や親の用事で駆り出されることがあります。迅速に対応してあげるのが良いです。年配の人に面倒を掛けさせられることもありますが、笑顔で対応しましょう。

7月の方位

今月の吉方位

大吉→西、北
吉→南

日	曜	運	内容
1	火	○	内容で勝負できるよう充実させる
2	水	▲	安請け合いはケガの元慎重に考慮
3	木	△	上手く波を読み素直な心で進展を
4	金	○	周囲と摩擦を起こさないよう注意
5	土	◎	細心の気配りすれば無難に終わる
6	日	○	ねたみ中傷は聞き流し気にしない
7	月	◎	蓄えてきた経験知識のフル活用を
8	火	○	遅くても完全な仕上がりを目指す
9	水	△	予算超過にならぬよう過程見直す
10	木	○	行く手を遮られた場合でも結果吉
11	金	▲	意地を張り合っても益なし調和を
12	土	△	インパクト強くても腰砕けは駄目
13	日	○	気ばかり急いては進まない冷静に
14	月	◎	運気強くても猛進せず確実性重視
15	火	○	我を張らず情勢見て柔軟に対応を
16	水	◎	多忙でも体を酷使しないよう用心
17	木	○	選択肢を誤らぬよう準備を入念に
18	金	△	大変でも大きな目標見失わず精進
19	土	○	目先の小利に囚われず将来性見て
20	日	▲	欲の深追いをせず中庸で妥協肝心
21	月	△	あれもこれもと手を広げ過ぎない
22	火	○	秩序を守るのが自分を守ることに
23	水	◎	正道に則って遂行するのが重要に
24	木	○	平常心で実力出せば成果は上がる
25	金	◎	駆引きなどせず単刀直入が最善策
26	土	○	重要な決定は強固な信念が必要に
27	日	△	些細なことで信用なくす事態あり
28	月	○	言行一致を心掛け信頼関係を保つ
29	火	▲	喜怒哀楽を爆発させず上手に制御
30	水	△	持病がある人は再発しないように
31	木	○	独りでいる時の時間無駄にしない

八月運勢

八月七日立秋の節より
月命甲申　五黄土星の月
暗剣殺　なし

一度口に出したことは引っ込めることができません。責任ある言動を心掛ける姿勢が大切でしょう。仕事上の信用は、実行して結果を出すことで得られます。今月は実力を十分に発揮できます。努力を惜しまず奮闘しましょう。

交渉での小細工は相手に見透かされてしまいます。まっすぐに正面から誠意を尽くすのが最善策です。口先だけではなく、データも駆使して理論的な裏付けを持ちましょう。意欲的になり、気力も充実します。今月の奮闘は将来に好影響をもたらします。気を抜かずに努力を続けましょう。

8月の方位

今月の吉方位

中吉→西
吉→北

日	曜	運	
1	金	◎	大きな欲望も初め小さな一歩から
2	土	○	付和雷同せず自分の意志で決定を
3	日	◎	英気を養いに清いせせらぎ求めて
4	月	○	実力を十分に発揮できる好運な日
5	火	△	不名誉なことあっても冷静に対応
6	水	○	部下年下の失敗引き受ける度量を
7	木	▲	ミスは隠さずに素早い対応が必要
8	金	△	衰運気にこそ手堅い方策が最も吉
9	土	○	声高に利益を強調する人に警戒を
10	日	◎	腹案あれば実行に移し様子を見る
11	月	○	身内で固まらず広く交友関係持つ
12	火	◎	金運くじ運上昇金融交渉も良好に
13	水	○	遊興に過ぎず節度保った生活する
14	木	△	方針は曲げないで初志貫徹目指す
15	金	○	すぐ行動したくなっても計画的に
16	土	▲	計画は代案用意するくらい慎重に
17	日	△	依頼心を起こすと主体性なくなる
18	月	○	勘が働き思わぬ成功を手中にする
19	火	◎	その場の空気に溶け込み良好得る
20	水	○	押してダメなら引く臨機応変性を
21	木	◎	仕事に徹すると名案が浮かぶもの
22	金	○	最終結果出るまで気合を入れ貫く
23	土	△	小さな努力の集積が大きな実りに
24	日	○	自分を売り込むのも時には便法で
25	月	▲	交渉時の小細工は相手に嫌われる
26	火	△	思い付きでの計画変更は失敗の元
27	水	○	変化を求めたい時自信持って実行
28	木	◎	良い話の好機を見逃さない心眼を
29	金	○	強烈な印象を残すもやり過ぎない
30	土	◎	気力充実し順調に捗っていく好日
31	日	○	幸運の波動は心の澄んだ人に合う

九月運勢

九月七日白露の節より
月命乙酉　四緑木星の月
暗剣殺　東南の方位

人間関係を良好に保つことが発展の礎になります。良質な友人は、あなたが困った時に手を差し伸べてくれます。前半は盛運気を保ちますが後半は下降していきますので、重要な案件は前半に手掛けて終わらせる計画が良いでしょう。

利益だけを声高に吹聴して接近してくる相手に用心しましょう。あなたを利用しようとしている場合が多いです。日頃決断力の強いあなたが迷うような事態なら危険信号と受け止め、乗らないのが無難です。

家庭サービスが自分を癒やしてくれる豊かな時間に。そんな吉運に恵まれます。

9月の方位

今月の吉方位

大吉→南

日	曜	運	内容
1	月	△	将来に備え最低限の貯蓄を目指す
2	火	○	目立つ時なので日頃の言動慎重に
3	水	▲	口車に乗せられての軽率発言慎む
4	木	△	幸運な波動は健全な心身に伝わる
5	金	○	誤解招く言葉を用いぬよう用心を
6	土	◎	初志貫徹が成功への一番確実な道
7	日	○	物事が整う方向にある常套手段で
8	月	◎	力を控えめに楽な気持ちで行こう
9	火	○	一日を真摯な気持ちで過ごす幸せ
10	水	△	アフターファイブに喜びあるかも
11	木	○	一生懸命な努力が実を結ぶ一日に
12	金	▲	派手なパフォーマンスは顰蹙《ひんしゅく》買う
13	土	△	譲るべき時は潔く身を引く勇気を
14	日	○	どんな理由あっても約束は守ろう
15	月	◎	好調だが一言多くなるのをセーブ
16	火	○	次の目標に向けて現状把握は大事
17	水	◎	原理原則に沿い全力尽くし成果大
18	木	○	上司の小言は上昇のための妙薬に
19	金	△	良好な人間関係は成功への必需品
20	土	○	ありのままの自分出し飾らないで
21	日	▲	何事にも腰を据え真剣に向き合う
22	月	△	他者を傷つけるような言動控える
23	火	○	大切な時間を無駄にしない工夫を
24	水	◎	上昇機運に乗り大きな希望叶えて
25	木	○	冷静に自己分析し飛躍の糧にする
26	金	◎	勢い余って出過ぎなければ大吉に
27	土	○	周りにいる目上の人に敬意を表す
28	日	△	季節の変わり目で体調管理が大事
29	月	○	運動不足にならぬよう体を動かす
30	火	▲	契約文書や印鑑の取り扱い慎重に

十月運勢

十月八日寒露の節より
月命丙戌　三碧木星の月
暗剣殺　東の方位

事態が急変することがあります。慌てず平常心で対処するのが大事です。計画がしっかりしていて目的が明確なら、行動にブレが生じることはないでしょう。目的が曖昧なまま進展すると、他人の領域に首を突っ込んで争い事になって難渋します。

小さなことの積み重ねが大きなことにつながるのです。自分の範囲内の責務を貫徹するのが重要でしょう。

長老と言われる人からの注文が多く入ります。できることは全力で行ない、あとは天運に任せましょう。

10月の方位

今月の吉方位

大吉→北、巳、巽
中吉→南

日	曜	吉凶	運勢
1	水	△	悩み事を抱えたまま先に進まない
2	木	○	古い知人友人との再会があるかも
3	金	◎	新しいことは我慢し継続的に邁進
4	土	○	状況にあった行動心掛ける意識を
5	日	◎	勇気出し挑戦することに意義あり
6	月	○	気合を入れて取り組めば好結果に
7	火	△	努めて人との会話をする習慣作る
8	水	○	金銭の収支を考えた活動をしよう
9	木	▲	失敗して気力をなくさないように
10	金	△	人が集まるが東方位の人に注意を
11	土	○	甘い儲け話に安易に飛びつかない
12	日	◎	家庭は社会を作る元平穏を目指す
13	月	○	外出時には戸締まりを再確認して
14	火	◎	物事まとまる方向にある自然体で
15	水	○	思いに邪《よこしま》な心あれば破綻を生じる
16	木	△	服装は人格を表すきちんと整えて
17	金	○	愛情面で新たな展開広がる予感が
18	土	▲	難問にはいろいろな手法を試みる
19	日	△	派手できらびやかな人と縁できる
20	月	○	変化に惑わされず沈着冷静に対処
21	火	◎	親戚の高齢女性から良好な話出る
22	水	○	人事を尽くし天命を待つ気持ちで
23	木	◎	上昇運気なので決断は早めに出す
24	金	○	生業に精を出し脇見などをしない
25	土	△	目的明確にして進まないと益なし
26	日	○	自己啓発に取り組む時は正攻法で
27	月	▲	一方に偏らず公平な見方をしよう
28	火	△	尻切れトンボにならぬよう詰める
29	水	○	災難起きても慌てない心の準備を
30	木	◎	取引が有利な状況で進んでいく日
31	金	○	広角的見方で配慮すれば好結果に

今月の幸運数＝1、3、9　幸運色＝ホワイト

十一月運勢

十一月七日立冬の節より
月命丁亥　二黒土星の月
暗剣殺　西南の方位

期待を一身に集める月になりそうです。期待に沿う努力は必要ですが、自己の能力を過信することなく手持ち案件に力を集中させましょう。駆け引きしながらせこせこ進捗させるのは得策ではありません。また仕事を拡大させようとするあまりに能力を超えた大きなことを企てても失敗する暗示があります。実力を過信せず、身の丈に合った計画で進展しましょう。一つ一つを丁寧に正確に仕上げるのが良策です。

外部ばかりが気になりますが、自分の内面や周囲の身内にも気配りをしてください。穏やかな気持ちで接していきましょう。

11月の方位

今月の吉方位

吉→辰、巽

日	曜	運	内容
1	土	◎	久しぶりに遠方からの朗報がある
2	日	○	疲労感あり甘い物の食べ過ぎ注意
3	月	△	何となく忙しいけれど実質薄い時
4	火	○	目下の相談は親切に乗ってあげる
5	水	▲	障害の岩を丹念に崩して前進する
6	木	△	小手先のごまかしで取り繕わない
7	金	○	期待に沿う努力が自身の向上の元
8	土	◎	新たな関係から有益な話が生じる
9	日	○	穏やかな気持ちでのんびり過ごす
10	月	◎	運気旺盛何事にも意欲的に当たる
11	火	○	手を打つべき時を間違えないこと
12	水	△	目的が曖昧だと努力が無駄になる
13	木	○	ワンマン的な方策は長く続かない
14	金	▲	凶の時こそその人の真価問われる
15	土	△	次善策を揃えて万一の時に備える
16	日	○	内部充実を心掛け自分の力も養う
17	月	◎	上昇に困難はあるがひるまず挑戦
18	火	○	継続は力継続努力が結実する吉日
19	水	◎	二つの仕事が同時進行し成果出る
20	木	○	目先に囚われず長い将来見据えて
21	金	△	やる気あっても実入りの少ない時
22	土	○	適度のところで折り合いつけよう
23	日	▲	意思の疎通を軽視せず話し合いを
24	月	△	中途半端な結論は後日に問題残す
25	火	○	控えめな行動取る方が好感度高い
26	水	◎	年少者の意見取り入れ好調得る日
27	木	○	誠実な対応が仕事の広がりを呼ぶ
28	金	◎	周囲との連携が重要なポイントに
29	土	○	風通しを良くし交流図ると好日に
30	日	△	独断専行せず歩調合わせて進める

十二月運勢

十二月七日大雪の節より
月命戊子　一白水星の月
暗剣殺　北の方位

最弱運期を迎えています。今月は前進に精力を向けず、現状維持に力を尽くしましょう。今年の業績を見返して改善点を考えて、来年に生かしましょう。気楽に向き合うほうが、かえって気分的に楽になり、次の目標を定めやすいものです。

祝い事があっても自分一人喜ぶのではなく、周囲の人と幸せを分かち合いましょう。交際範囲が広がって新たな幸せが生まれる可能性が芽生えます。

頑張り過ぎて体調を崩さないように用心しましょう。本命星に被同会している五黄土星が破壊を狙っています。

12月の方位

今月の吉方位

大吉→東、戌、乾

日	曜	運	内容
1	月	○	頑張り過ぎて体を壊さないように
2	火	▲	衰運で凶殺星が付く無理をしない
3	水	△	どんなことにも全身全霊で当たる
4	木	○	安易な解決策求めず本質を探ろう
5	金	◎	新たに持ち込まれる事案を即実行
6	土	○	保守的でも旧習の良い点は継承を
7	日	◎	丁寧な仕事ぶりが信用を倍加する
8	月	○	口にしたこと守らないと疑われる
9	火	△	現状に満足せず精進を継続しよう
10	水	○	得られた栄誉は独り占めをしない
11	木	▲	思い込みを捨て打開策を考えよう
12	金	△	甘い言葉に浮かれ過ぎないように
13	土	○	やり遂げたと思っても再度見返す
14	日	◎	注目され有頂天にならぬよう自制
15	月	○	有利な話は逆によく吟味をしよう
16	火	◎	公私共に好調な一日を過ごせる時
17	水	○	外出する機会多いが本業を忘れず
18	木	△	協力関係を重視すると上手く運ぶ
19	金	○	率先垂範し仕事に邁進するのが吉
20	土	▲	良いと思うことでも周囲の意見を
21	日	▲	運気不安定で不安定な時丁寧に遂行
22	月	○	急に好転したと錯覚せずゆっくり
23	火	△	風評に惑わされず真相を探り進む
24	水	○	大言して恥をかかないよう慎重に
25	木	◎	将来役に立つと思えたら実行する
26	金	○	この時期の有利な取引こそ用心を
27	土	◎	気力あふれる運気でも行動抑えて
28	日	○	無理な計画は次年度に持ち越そう
29	月	△	慌ただしさの中平常心を失わない
30	火	▲	必要な点のみに対処して時を待つ
31	水	○	優先すべき処理事項を無難に実行

七赤金星《しちせききんせい》

2025年の運勢の変化と指針

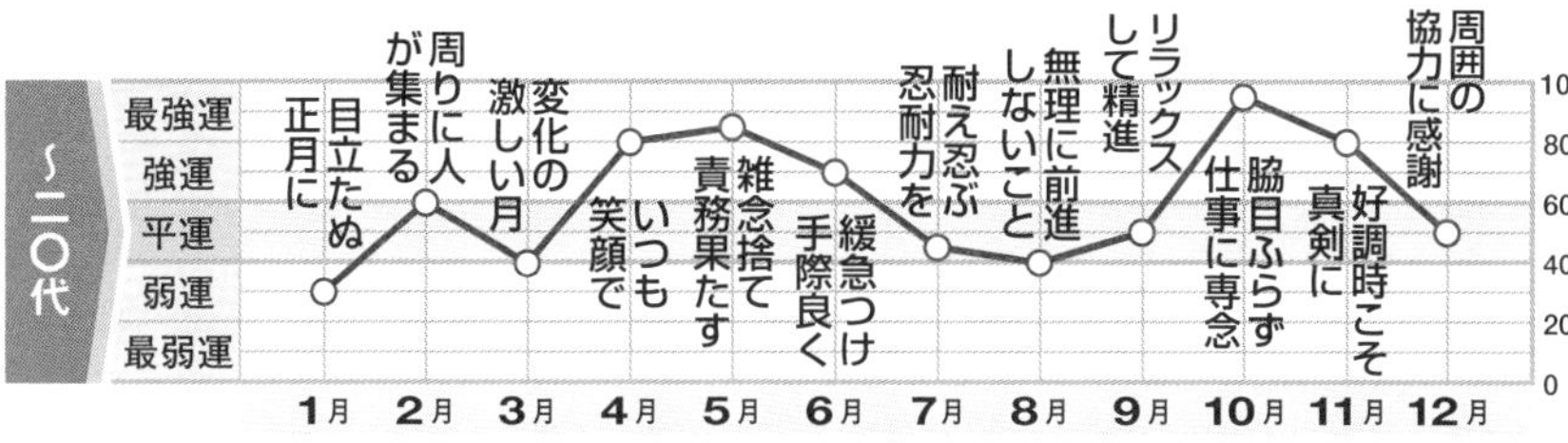

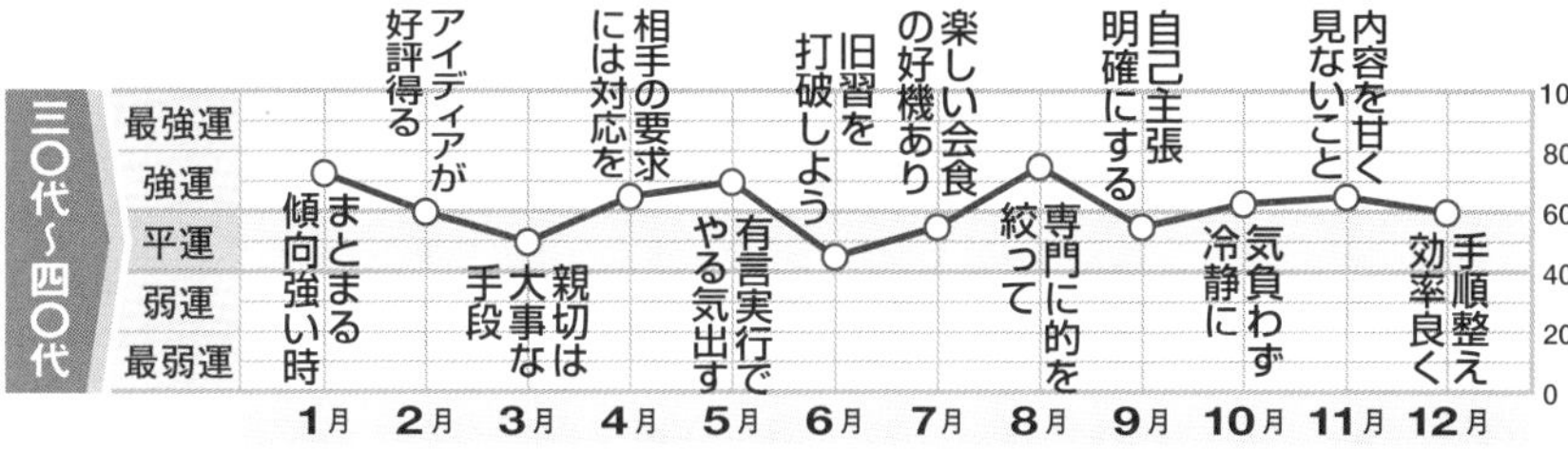

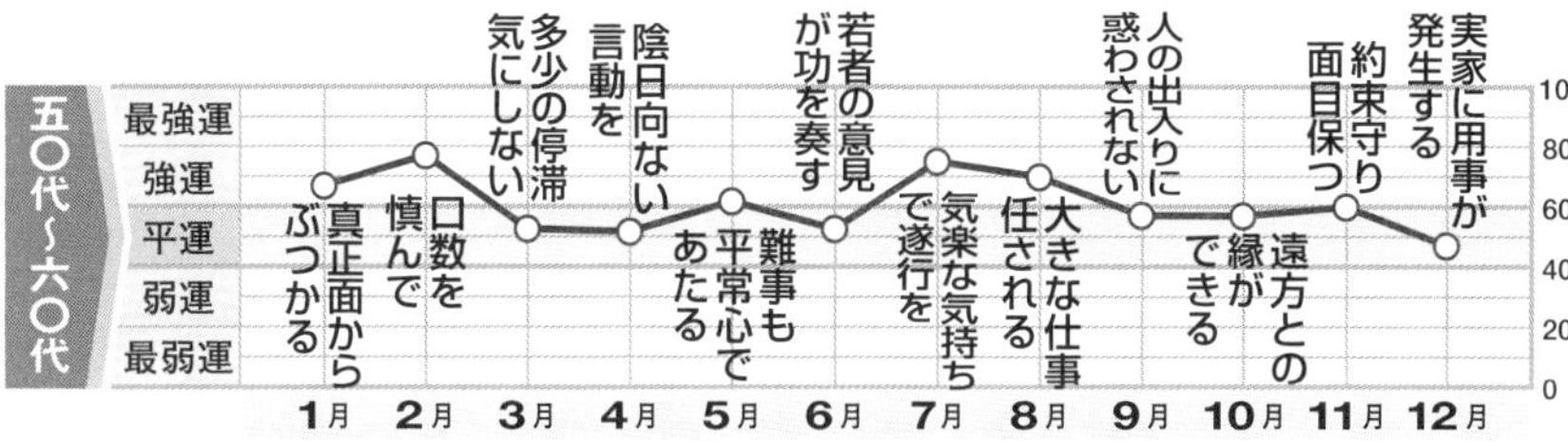

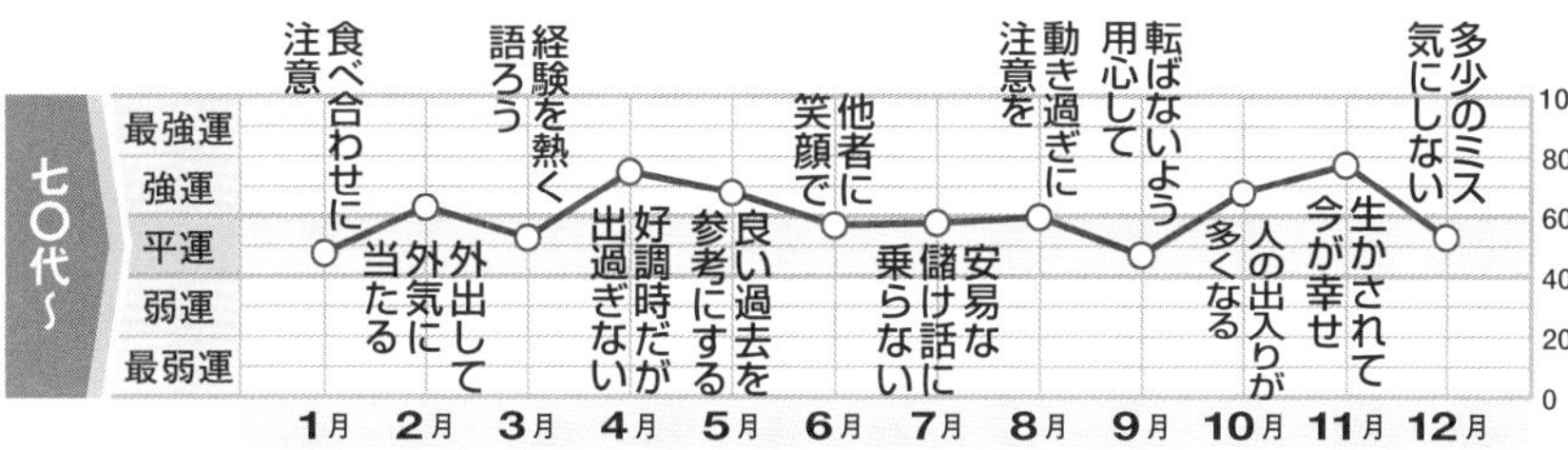

七赤金星生まれの人

5歳（令和 2年　庚子）	41歳（昭和59年　甲子）	77歳（昭和23年　戊子）
14歳（平成23年　辛卯）	50歳（昭和50年　乙卯）	86歳（昭和14年　己卯）
23歳（平成14年　壬午）	59歳（昭和41年　丙午）	95歳（昭和 5年　庚午）
32歳（平成 5年　癸酉）	68歳（昭和32年　丁酉）	104歳（大正10年　辛酉）

七赤金星 ● 氷雪期

本年、あなたの本命星である七赤金星は北方位の坎《かん》宮《きゅう》に回座し、同時に定位置である兌宮《だきゅう》に回座する四緑木星に被同会されています。本年はいわゆる厄年です。数え年三十三歳の女性と四十二歳の男性であれば大厄年です。大厄は生涯に一度のもので、この年は体調の変化が大きいとされます。肉体的・精神的に大きな無理を重ねないほうが良いでしょう。大気から受け取るエネルギーが普段の年より少なくなるからです。障害に遭遇した時も無理せず穏便に済まそうとするのが最善策です。難問などは専門家や見識者に相談してみるのが良いでしょう。悩みなども多くなりますが、信頼できる人に早く相談するのが賢明です。人は、対面で話をすると解決策が見つかることも少なくありません。人の生の声は人に勇気を与えてくれるものです。

本年は、初期計画に沿って地道に進めるのが良い年です。思い切った冒険や新規の計画は極力避けましょう。移転や転職などもできれば延ばすほうが吉です。してはいけないわけではありませんが、運気が弱いので苦労が大きくなりがちです。新規事を開拓するより新しい知識や自分のスキルを高めることに注力するのが良い時です。新しい交際の中から有利な話が出ることがあります。温めて、運気の良くなった時に実行に移す準備をしておくと良いでしょう。

秘密のお付き合いが始まる暗示もあります。本年のうちに表面化せずとも、数年後には露見します。一時の情熱で人生の汚点を作らないようにしましょう。

七赤金星方位吉凶図

適職

弁護士、教師、外科医、歯科医、武術家、司会者、金属加工業、食料品店、製造業、出版業、服飾業、飲食店、飛行機客室乗務員、セールス業、ホステス、タレント等

吉方

本年は相生する一白水星が回座する東南方位が吉方となります。月別の吉方は毎月の運勢欄をご覧ください。

凶方

本年は五黄土星が回座する東北方位が五黄殺、反対側の八白土星が回座する西南方位が暗剣殺の大凶方位となります。七赤金星が回座する北方位が本命殺、六白金星が回座する南方位が本命的殺の大凶方位です。本年の十二支である巳の反対側、亥の方位が歳破で大凶方位です。月別の凶方は毎月の運勢欄をご覧ください。

♣ 健康運

本年は、他者への気遣いや自分自身の悩み事などから来る心身の疲労による疾患に警戒しましょう。一見人前では強気に見えるあなたですが、根は優しく気弱なところがあります。疲労が心身から免疫力を奪うと疾患につながってしまいます。肉体より先に精神への悪影響が懸念されます。心配事や悩みは信頼できる人に早めに打ち明けて相談して、気持ちを楽にすることが有効です。一人で抱え込まないことです。人の肉声を聞くことだけでも人は勇気をもらえます。

下半身の病気に注意を払ってください。女性の人は特に婦人病に注意して、体を冷やさないことが健康を維持するのに有効です。湯船に入って体を温めるだけでも快適さが得られます。

◆ 金銭運

本年が衰運期ですので、金銭運も活発ではありません。といってもこの星生まれのあなたは、生涯お金に窮することがない金銭運の持ち主です。もともと金銭運は良いと言えます。本年は、実入りが少ないと嘆いてはいけません。お金が不足するかなと思っていると、遠くの親類から手伝いを頼まれてお小遣いが入ってくるようなラッキーが期待できます。半面では、気分が良いと気前が良くなって財布の紐が緩み過ぎてしまうことがあります。悔いの残らないようにしましょう。

普段から貯蓄にはあまり熱心ではないあなたですが、本年は将来に備えて少し貯蓄に回すと、逆に金銭運は良くなります。バランスを保つことが金運上昇にもつながります。

♥ 恋愛運

本年のあなたの恋愛は低調です。恋が生まれても深く静かに潜行する形になります。二人だけの大事な愛を貫きたい、誰にも邪魔されたくないという気持ちが強く働くからです。故郷にいる幼なじみとの遠距離恋愛も考えられます。あなたの定位置である西の兌宮《だきゅう》に回座した四緑木星に被同会されているのです。幼なじみも大人になれば印象が異なる場合がありますが、恋愛に発展するのは比較的印象が変わらない相手だったりします。

秘密の恋が生まれやすいのも本年の特徴です。道ならぬ恋に胸がときめくかもしれませんが、冷めた後の傷の深さを考えて正統な愛を育むようにしましょう。

七赤金星生まれの運勢指針

❖五歳
本人は一生懸命なのに周りの大人が真剣に向き合ってくれないと、大きくなってから人間不信に陥りかねません。空想の世界だと思っても億劫がらずに聞いてあげることが大切でしょう。

❖十四歳
江戸時代の書の中に、「自分の中の幼さを捨てる」という言葉が見つかります。この年齢にしてはとてつもなくしっかりした言葉ですが、現代にも通じる力強さが感じられます。

❖二十三歳
自分の能力を知ることは大事ですが、どのように生き抜いていくかはもっと大きな問題です。社会人になる人も多くいることでしょう。実社会で大切なのは仕事に打ち込むことでしょう。

❖三十二歳
人間関係が良好な人です。良好故に何となく仕事ができてしまい精進を忘れてしまった人には、本年の運気は厳しい審判になるかもしれません。中年以降の厳しい進路を考えましょう。

❖四十一歳
経済的には恵まれても功利に走り過ぎると失敗を招きます。情の入った人間関係を作るように精進すれば晩年の運は良いのです。世のため人のためという理念を大事にしましょう。

❖五十歳
自分の行く先をしっかり見つめて進むことが大事でしょう。この時期には自分の行先の大筋は見えてくるものです。ここで山気を出しての勝負は厳禁です。これまでの継続が良策です。

❖五十九歳
これからの人生があなたにとって最高の時期になるかもしれない重要な年回りになっています。根気よく従来の責務を淡々とこなしていくのが最善策です。

❖六十八歳
自分の持てる力を努力により発揮してここまで進展してきたあなたです。社会のために何ができるかを考え始めると、ますますの成功発展が望める時期です。他人の困窮には手を差し伸べましょう。

❖七十七歳
自分の方針で生きてきたあなたですが、孤軍奮闘では寂しい人生の終着になってしまいます。人との和合を心掛けると、逆にやりたいことができるようになるでしょう。

❖八十六歳
体力のあるあなたは、まだ活力があります。外界とのつながりを切らずに保つことが、残りの活力を増加させることになるでしょう。社会に役立つことを考えると幸福に連結します。

❖九十五歳
比較的晩年運の良い星回りですが、それでも人間には悩みが付きものでしょう。一人ではつらい思いをしても、周囲との会話が勇気を与えてくれます。

❖一〇四歳
仕事を通して人生を歩み成長してきたあなたには経験や人生観や知識がたくさんあることでしょう。後輩たちは年配の皆さんの経験や知識について聞きたがっているものです。

一月運勢

一月五日小寒の節より
月命丁丑　三碧木星の月
暗剣殺　東の方位

年明けから仕事が後ろから追い駆けてくるような月です。何はともあれ一意専心の気持ちで仕事に取り組むのが一番です。前年度に立てた計画の通りに進まないきらいはありますが、成果は表れます。上司も仕事のフォローをしてくれる好運月です。好運がいつまでも続くと考えず、絶えず次の一手を考えて進展するべきです。

部下のいる人は、温情を持って接することを心掛けましょう。仕事の厳しさはあっても、根底に広い心があることが大切です。

血圧の高い人は上昇しないように用心しましょう。疲労を溜めないように注意を。

1月の方位

今月の吉方位

大吉→東南
中吉→東北

日	曜	運	指針
1	水	○	勢いだけで進もうとせず計画性を
2	木	◎	接待は思い切り相手のこと考えて
3	金	○	落ち着いた態度での対応が有効に
4	土	△	未知への好奇心なくさないように
5	日	▲	明日への期待を込めて平常心保つ
6	月	○	言葉は正確に伝わらない時がある
7	火	△	自分だけ良ければの利己を捨てる
8	水	○	他人の領域には口出ししないこと
9	木	○	遠方との取引も進んで取り組もう
10	金	○	計画に自らの内面充実も盛り込む
11	土	◎	手堅く安全第一を主眼に推進する
12	日	○	黒子に徹し人の世話をするのが吉
13	月	△	目立つ時晴れやかな気持ちの一日
14	火	▲	計画見直し路線から外れないこと
15	水	○	浮かれ気分で仕事せず真っ正直に
16	木	△	仕事は常に100点満点を目指す
17	金	○	ミスにも温情を持って対処しよう
18	土	○	不慮の災難にも慌てずに対応する
19	日	○	言葉による誤解招かぬよう正確に
20	月	◎	話し合える相手が心の支えになる
21	火	○	要求をきちんと伝えるのが最善策
22	水	△	気力の充実が長続きしない欠点が
23	木	▲	現状を振り返り反省の材料とする
24	金	○	他愛のないおしゃべりから勇気が
25	土	△	最後までやり遂げる強固な意志を
26	日	○	協力してくれる人に感謝忘れずに
27	月	○	故郷に声の伝言をして安心届ける
28	火	○	目的を絞り力を集中して取り組む
29	水	◎	事案がまとまり周囲から賞賛の声
30	木	○	相手の利益認める忘己利他の心で
31	金	△	勇気と決断力で目標達成へ前進を

二月運勢

二月三日立春の節より
月命戊寅　二黒土星の月
暗剣殺　西南の方位

　好調だった先月とは打って変わって低迷の月を迎えています。派手な動きはなくても地道に成し遂げていく気持ちが重要です。やる気が一瞬途切れてしまうことがあります。そんな時は思い切って休息を十分に取って、気力が充実する時を待ちましょう。挽焦って新しいことをするのは危険です。挽回しようとする焦りが失敗を招きます。人生は有限と言いますが、緩急をつけて頑張れる時には一心不乱に打ち込むのが吉です。

　気管支に弱点がある人は、空気の悪い場所に出入りしないように注意しましょう。

2月の方位

今月の吉方位

吉→東南

日	曜		運勢
1	土	▲	油断せず立場を守ることが最重要
2	日	○	一発逆転の大勝負はすべきでない
3	月	△	予定していた契約が破談するかも
4	火	○	結果手にするまで緊張感緩めない
5	水	○	横やり入る時も沈着冷静に進める
6	木	○	寛容と忍耐の精神で難局の突破を
7	金	◎	努力は裏切らない好結果が出る日
8	土	○	ツキも努力の内一生懸命が大事に
9	日	△	小さなミスでも大きな損失を招く
10	月	▲	状況無視した言葉は相手傷つける
11	火	○	人道を外れるような手段用いない
12	水	△	一見盛運に見えても本物ではない
13	木	○	常套手段用い奇策などに頼らない
14	金	○	他人の言葉に惑わされず自己信念
15	土	○	重箱の隅をつつくような真似は×
16	日	◎	見栄や体裁気にせず実質本位が吉
17	月	○	表面に囚われず本質を理解しよう
18	火	△	邪魔が入りやすく遅滞する一日に
19	水	▲	場当たり的発言は後々問題起こす
20	木	○	上司の忠告は素直に受け遂行する
21	金	△	性急に結果だけを求めるのは不可
22	土	○	気持ちを楽にして対処していこう
23	日	○	喜びを互いに分かち合えるのが友
24	月	○	方法は一つではなく何通りもある
25	火	◎	自信は美徳人生の主人公は自分だ
26	水	○	言動が目立つので控えめが招運に
27	木	△	努力がフイになってもめげないで
28	金	▲	不平不満溜めず明るく発散させる

三月運勢

三月五日啓蟄の節より
月命己卯　一白水星の月
暗剣殺　北の方位

低迷月が終わったら、今度は障害が起きやすい月に入っています。巡り合わせが悪い時期なので、万事慎重に推進するようにしましょう。物事が停滞しやすく邪魔も入りやすいです。でも心配はいりません。正道を守って進んでいけば、災難は最小限に抑えられます。次なる吉運月に向けて力を蓄えておきましょう。進捗が遅くなっても焦らず平常心で対応しましょう。

表立たず縁の下の力持ちに徹する気持ちで忍耐しましょう。運気は、良い時と悪い時を繰り返します。良い時には、規則正しい生活習慣が大きくものを言います。

３月の方位

今月の吉方位

大吉→東、戌、乾

日	曜	運	内容
1	土	○	気力充実すれど常に中道精神保つ
2	日	△	裏目に出ることあっても諦めずに
3	月	○	助けは求められても最後は自力で
4	火	○	アドバイス生かして活動すると吉
5	水	○	好悪がはっきり出る大人の対応を
6	木	◎	一段上の結果を得るよう精進努力
7	金	○	他者への尽力は自分に好結果帰す
8	土	△	言葉は危険な刃にもなる注意して
9	日	▲	仕事を忘れ心身を休め英気を養う
10	月	○	押してダメなら引く事も選択肢に
11	火	△	状況に順応していくのが無難な策
12	水	○	煽《おだ》てに乗り軽率な振る舞いしない
13	木	○	仕事の過程を確認しながら進展を
14	金	○	異見あっても聞く度量持ち公平に
15	土	◎	盛運気の時は尊大にならぬ様自重
16	日	○	地道で規則正しい生活習慣が招運に
17	月	△	肩の力を抜き気楽な気持ちで努力
18	火	▲	一方に偏った意向は捨て平等保つ
19	水	○	気を大きく持つも細心の注意力で
20	木	△	人の出入りが多くなる平常心大事
21	金	○	計画が万全と思っても実行慎重に
22	土	○	年配女性の面倒を見る親切に対応
23	日	○	近視眼的に見ず遠い将来見据えて
24	月	◎	無理の利くうちは一生懸命頑張る
25	火	○	正しい努力は実り多い結果が来る
26	水	△	できそうもない計画は立てずが吉
27	木	▲	仕事は真正面から立ち向かうこと
28	金	○	目前の責務に全力尽くすのが吉策
29	土	△	惰性で対処せず真心の対応を示す
30	日	○	途中で諦めるのは人生時間の無駄
31	月	○	古い知人からの話は用心して聞く

四月運勢

四月四日清明の節より
月命庚辰　九紫火星の月
暗剣殺　南の方位

一躍脚光を浴びるかもしれない月を迎えています。培ってきた実力を十分に発揮できる月です。少しの支障があっても忍耐強く継続して奮闘するのが良策です。難しそうに見えることでも、糸口が見えると案外簡単に良い方法が見つかるものです。同会している九紫火星が良い策を考え、被同会している五黄土星が今月は援護に回ってくれます。

普段の言動が目立って注目されますので、日頃から正当な行動を心掛けましょう。

新たなアイディアが湧いたときは、実行のチャンスを見極めて生かしましょう。

4月の方位

今月の吉方位

大吉→東南
吉→乾

日	曜	運勢	
1	火	○	輪の中心になっても有頂天ならず
2	水	◎	飛躍するため高い志でことに臨む
3	木	○	着実な努力の貯金で将来に備える
4	金	△	理不尽なことも仕事と割り切って
5	土	▲	嫌なことでも進んでやる実行力を
6	日	○	ありのままの自分出し見栄張らぬ
7	月	△	信頼は約束を守ることで深くなる
8	火	○	急いては事を仕損じる確実性重視
9	水	○	何が起きても動じない心構え大切
10	木	○	言動目立つので日頃から身を正す
11	金	◎	目標達成は自我を高めること含む
12	土	○	軽い言葉が誤解生まないよう用心
13	日	△	目上の人の忠告に従うのが最良策
14	月	▲	計画は正しくても障害は付きもの
15	火	○	家内和合は損得勘定では計れない
16	水	△	正道行けばどんな時も理解者いる
17	木	○	背伸びせず力を全部出す気持ちで
18	金	○	言いにくい話もきちんと伝えよう
19	土	○	脚光浴びるが実入りは多くない時
20	日	◎	静かに過ごしたくても周り許さず
21	月	○	運気は下降になる結論迅速に出す
22	火	△	共存共栄の精神を薄れさせないで
23	水	▲	自分勝手な行動は周りが迷惑する
24	木	○	予定外の用事が入り計画乱される
25	金	△	計画から逸れていないか現状把握
26	土	○	堅実な生き方はいつの世でも有効
27	日	○	西北から来た品物に特に注意要す
28	月	○	今日やるべきは明日に延ばさずに
29	火	◎	古い悪習を打破し斬新な手法使う
30	水	○	若い女性のアイディアが打開策に

五月運勢

五月五日立夏の節より
月命辛巳　八白土星の月
暗剣殺　東北の方位

絶好調の月と言っても良いでしょう。温めていた事案があれば即実行に移しましょう。それなりの結果を得られます。遠方との商取引をしている人は、より活発になります。ネットを使ったやり取りは今まで以上に活発になります。また初めての取引でも友好的で良い結果が得られます。秘密裏の取引や密約などは良い結果になりません。

　長引いている問題は、第三者に助言を求めて解決を急ぎましょう。こじらせると解決が難しくなり、損失も大きくなりがちです。専門家や識者に相談してみましょう。

5月の方位

今月の吉方位

中吉→東
吉→西

日	曜	運	
1	木	△	辛い時こそ笑顔で乗り切る精神で
2	金	▲	初めての難問は先達に聞いてみる
3	土	○	マイペース大事だがよく状況判断
4	日	△	しゃべり過ぎて失敗しないように
5	月	○	一部での密室的合意は絶対しない
6	火	○	別れはこの世の常でも慰めも必要
7	水	○	責務に集中が核心突く最良の策に
8	木	◎	勘に頼らず実際の行動で確認する
9	金	○	責任ある重責には真正面から進む
10	土	△	思い付きで動かず事前準備をして
11	日	▲	時の流れに惰性的に身を任せない
12	月	○	過去の不正暴かれるかもしれない
13	火	△	決断力不足で好機を逃さないこと
14	水	○	協力者増えるが人物よく見極めて
15	木	○	一歩退いた客観的な見方で進展を
16	金	○	努力を無駄にせぬよう結果つかむ
17	土	◎	肩の力を抜き仲間との協調が重要
18	日	○	取引は相手あっての話欲張らずに
19	月	△	現状打破にはいったん枠を外して
20	火	▲	目先の小事に惑わされず大局観で
21	水	○	山あり谷ありの状況でも平常心で
22	木	△	方法論にこだわらず広く実践する
23	金	○	ゼロから出直す気持ちなら道開く
24	土	○	他人のこと気にせず自己との戦い
25	日	○	ゆっくりでも相手の満足を得よう
26	月	◎	嬉しい祝い事が身内に起きるかも
27	火	○	厳しい指摘にもめげず立ち向かう
28	水	△	理論武装した計画を上手く実行に
29	木	▲	長引く問題は見識者に聞いてみる
30	金	○	運気は好調なのでてきぱきと処理
31	土	△	大事な場面でポカをしないように

六月運勢

六月五日芒種の節より
月命壬午　七赤金星の月
暗剣殺　西の方位

今月は、人のために尽くすと幸運が訪れてきます。自分だけ良ければよいという考えは引っ込めて、他者が良くなるようなことを率先して実行しましょう。

周囲からさまざまな情報が入り込んできます。情報過多の時代です。良い情報もありますが、取り込み過ぎは良くありません。自分で取捨選択を正しくして、情報に振り回されないようにしましょう。現代では得ることより断捨離が重要であるという識者もいるくらいです。いかに有効に捨て去るかということでしょう。

胃腸の疾患に気を付けましょう。

6月の方位

今月の吉方位

大吉→南、戌、乾
中吉→東南

日	曜	運	内容
1	日	○	色情問題は生涯の重荷に自制する
2	月	○	良い出会いが人生を豊かにする元
3	火	○	冒険せず手堅い手法で無難に進む
4	水	◎	調子の良い時こそ慎重な対応重要
5	木	○	一生懸命取り組む姿が共感を呼ぶ
6	金	△	相互理解を心掛けると前進力増す
7	土	▲	場当たり的な対応は不信感を招く
8	日	○	改革より目前の事柄に全力尽くす
9	月	△	運気不安定のため迅速に処理する
10	火	○	途中経過を大事にして進むのが吉
11	水	○	障害は大きくても糸口は必ずある
12	木	○	口ばかり調子の良い人に注意して
13	金	◎	よそ見せず仕事に専念して大吉が
14	土	○	状況の変化に戸惑わず冷静沈着に
15	日	△	整う状況にあるが小細工をしない
16	月	▲	進退を脅かす事態が発生するかも
17	火	○	周囲の状況観察し流行に遅れない
18	水	△	ペース配分を考えた日程を組もう
19	木	○	他人の喜びを祝う心が人生豊かに
20	金	○	一瞬の輝きよりも将来への希望を
21	土	○	事前の根回しは面倒だが有効活用
22	日	◎	先輩の忠告は聞いて無駄ではない
23	月	○	やり過ぎての失敗など恐れず実践
24	火	○	良いと思ったら迷わず行動に移す
25	水	◎	名誉なことが起きる予兆がある時
26	木	○	プライベート生活が好調な一日に
27	金	○	勢いづいての猛進は危険が伴う時
28	土	○	何かの契約の時は取り扱いに注意
29	日	△	持病がある人は再発に用心が必要
30	月	○	不意の出費にも日頃の準備が大切

七月運勢

七月七日小暑の節より
月命癸未　六白金星の月
暗剣殺　西北の方位

万事に細心の注意を払って遂行するように気を配りましょう。盛運ではあるけれど、本命星に暗剣殺という最凶殺星が付いています。災難はいつ襲ってくるかわかりませんが、備えの気持ちが整っていれば危機に際する対処法が違います。冷静に受け止め、最小限の損失で食い止めることができるでしょう。

本来は仕事に専念すべき時期ですが、プライベートにも気配りを忘れずにいましょう。災難が起こらなければ比較的快調に過ごせる時です。無理をしないで現状維持を図る意識で推進するのが良策です。

7月の方位

今月の吉方位

大吉→西、北
吉→南

日	曜	運	
1	火	▲	新しい事に目が行くも今日は我慢
2	水	△	固定観念を捨て柔軟に思考しよう
3	木	○	伝統も良い物は取り入れ上昇する
4	金	◎	絶好調と言える一日全力尽くそう
5	土	○	どんなことも誠実に対応すると吉
6	日	○	状況に応じては勇気出して撤退も
7	月	○	意志あるところ道は開く諦めない
8	火	△	人が見ていないところでも慎みを
9	水	○	姑息な手段用いず正々堂々と対応
10	木	▲	自分の足りぬところを補う努力を
11	金	△	運気の弱い時の忍耐が自己上昇に
12	土	○	流れに逆らわず進んでいくのが吉
13	日	◎	確固とした信念で迷わず前進する
14	月	○	重責を担うことあってもひるまず
15	火	○	人生は一難去るとまた一難が来る
16	水	○	地道な努力は裏切らず蓄積される
17	木	△	今日の取引は念入りに確認作業を
18	金	○	意見は万遍なく拾い上げ公正期す
19	土	▲	幸運の波が来るまで時間を稼ごう
20	日	△	内密にしていたミスが表面化する
21	月	○	いたずらに結論延ばさず早期決着
22	火	◎	人材を十分に活用できる組織体に
23	水	○	どんな仕事も喜んでする気が大事
24	木	○	万事明るい笑顔での対応が最善策
25	金	○	小さくても達成感を得るのが重要
26	土	△	常に期待に応える気持ちが進歩に
27	日	○	義理人情を軽んじず大切にしよう
28	月	▲	現状に留まり無理に前進をしない
29	火	△	騒音に悩まされるが気を紛らわす
30	水	○	途中で気を抜くとまとまらず破談
31	木	◎	良否の判断正しければ成果大きい

八月運勢

八月七日立秋の節より
月命甲申　五黄土星の月
暗剣殺　なし

計画通りに進めていけば平穏無事に終わる月です。進捗自体に問題がない時でも、あなたの気持ちが切れて、やる気が薄れることがあります。そんな時は親しい友人知人との会食を楽しみましょう。おしゃべりをして気分転換をするのも有効です。人の声には人を勇気づけてくれる言霊が宿っているものです。人の言葉に勇気づけられることは大いにあります。

決断する時は迷わないで、自分に自信を持って下しましょう。良否の選択に困る時は識者に相談してみるのが良いです。迷いの時間を長引かせないのが重要です。

8月の方位

今月の吉方位

中吉→戌、乾
吉→北

日	曜	運勢
1	金	○ どんな仕事も甘く見ず全力を出す
2	土	○ 食べ過ぎて健康を害さないように
3	日	○ 将来に備え最低限の貯蓄続けよう
4	月	△ 事態の急変にも臨機応変に対応を
5	火	○ 欲の深追いするとかえって損する
6	水	▲ 手を広げず持ち分に集中して進展
7	木	△ 丁寧さが評価されて信頼倍増する
8	金	○ 短慮に走らなければ無難に過ぎる
9	土	◎ 初心忘れずの精進が実り実績上昇
10	日	○ 狭い範囲で考えず広角的な考慮を
11	月	○ 歯車が噛み合わないもどかしさが
12	火	○ 軽率な言葉で誤解招かぬよう用心
13	水	△ 目の前の問題に全力尽くすのが吉
14	木	○ 希望達成には準備と努力の継続を
15	金	▲ 自己の持ち分を守り抜く気持ちで
16	土	△ 長引いても根気よく続けるのが吉
17	日	○ 計画を立てた時の気力思い出して
18	月	◎ 柔和な気持ちが相手の心開かせる
19	火	○ お山の大将にならぬよう異見聞く
20	水	○ 上から目線の高圧指令は不審招く
21	木	○ 流れに沿い素直な気持ちで推進を
22	金	△ 事態が急変することもある冷静に
23	土	○ 目立つ言動は嫉妬を呼ぶ控えめに
24	日	▲ 衝動買いなどして後悔しないこと
25	月	△ やるべきこと絶対に先延ばし不可
26	火	○ のるかそるかの危険な策用いない
27	水	◎ 吉報舞い込んでくるかもしれない
28	木	○ 業績を一度の花火で終わらせない
29	金	○ 一致団結して問題に当たるのが吉
30	土	○ 情報を上手く活用し人生を楽しく
31	日	△ その場の雰囲気を壊さない配慮を

九月運勢

九月七日白露の節より
月命乙酉　四緑木星の月
暗剣殺　東南の方位

一時的に業務が進展しない状態となります。好・不調の波が大きいことによります。進まないからと言って手を緩めずに、平常心で推進させましょう。努力は積み重ねることにより大きな成果となっていくのです。努力の貯畜は確実にあなたの力となって残っていきます。時には大きな障害にぶつかります。五黄土星という星が、今月はあなたの邪魔をします。障害は乗り越えたところに価値があります。

体調不良の時は休養を取りましょう。無理をすると足腰を傷めることがあります。胃腸の疾患にも用心しましょう。

9月の方位

今月の吉方位

大吉→南、甲、乙
中吉→西

日	曜	運	内容
1	月	○	他人が自分に輝きを与えてくれる
2	火	▲	利他の精神を忘れると孤立をする
3	水	△	誠実な対処が認められ好感を呼ぶ
4	木	○	新たな計画の出発点には吉日の時
5	金	◎	好調でも手を広げず堅実に進展を
6	土	○	一人合点せず周囲にわかるように
7	日	○	再スタートするのに節目の好日に
8	月	○	言行一致を心掛ければ道は開ける
9	火	△	初心忘れずに立てた計画の実行を
10	水	○	一つ一つの過程を丁寧に消化する
11	木	▲	ケジメをきちんとつけ清廉潔白に
12	金	△	ビジネスの取引に私情を挟まない
13	土	○	平和な家庭から良い人間関係が育つ
14	日	◎	人をあてにせず自分の意志で決定
15	月	○	うっかりおだてに乗ると失敗する
16	火	○	自分の信じた道を突き進んでいく
17	水	○	独断専行しては他者が戸惑うだけ
18	木	△	問題解決は急がず時間かけて処理
19	金	○	好機は長く留まらず素早くつかむ
20	土	▲	早合点せず納得いくまで確かめる
21	日	△	お金に絡んだ心配事が起きる兆候
22	月	○	表立たず陰になって実力発揮する
23	火	◎	運気は上々果敢に挑戦し新規開拓
24	水	○	継続中の案件に良い結果が見える
25	木	○	領分を見極めピンポイントで行く
26	金	○	慣習や長老の意見も良い点を見て
27	土	△	目下の者の面倒を丁寧に見てやる
28	日	○	天は能力以上の試練与えないもの
29	月	▲	全力尽くした後は天命に任せよう
30	火	△	努力が実を結ばない時も諦めない

十月運勢

十月八日寒露の節より
月命丙戌　三碧木星の月
暗剣殺　東の方位

一転して勢いのある月を迎えています。猪突猛進しないように自制心を働かせてください。過程を振り返り、確認しながら推進していくのが理想的です。上司からの指示指令がいつになく多いかもしれません。あなたに対する期待の表れと受け止め、全力を尽くしましょう。勢いがあって血気盛んになっても、上司や仲間と争論をしたのでは運気を下げて能率も低下します。特に表面的なことに気を取られますが、中身を熟考することが大事です。

気力が充実し過ぎて独断に陥っては、かえってマイナスが大きくなります。

10月の方位

今月の吉方位

大吉→巳、巽

1	水	○	やる気を前面に出し奮闘して吉日
2	木	◎	努力が空回りしないように着実に
3	金	○	人の出入りに乱されず冷静に行動
4	土	○	自分の判断には自信を持って決断
5	日	○	公正な見方をし一方に味方しない
6	月	△	自分が良ければという考えはダメ
7	火	○	外見に惑わされず中身で勝負する
8	水	▲	安易な妥協は自分を苦しい立場に
9	木	△	独力で難しい時は協力者に頼もう
10	金	○	小さなごまかしが大きな損失生む
11	土	◎	立てた計画通り推進させるのが吉
12	日	○	言動が他者を傷つけないよう注意
13	月	○	結果を急がず確実性重視する気で
14	火	○	力任せの猛進しては成果は少ない
15	水	△	日頃の努力が衰運時の下支えの元
16	木	○	節度のない言動は説得力に欠ける
17	金	▲	時運味方せず雌伏の時盛運を待つ
18	土	△	カラ元気でも笑顔で過ごすと良い
19	日	○	人の意見を遮らず一生懸命聞いて
20	月	◎	人の心に順応した言葉が成功の道
21	火	○	不言実行に徹し内容を充実させる
22	水	○	不慮の出来事に乱されず平常心で
23	木	○	身に余る大きな計画は自信なくす
24	金	△	仕事以外の邪念が入ると失敗する
25	土	○	不用意な発言で信用を落とさない
26	日	▲	あまりに頑固な人には近づかない
27	月	△	一つずつ根気良く処理するのが吉
28	火	○	正道を守り路線を外さずに進もう
29	水	◎	決断する時は迷わず果断に徹する
30	木	○	気負わず肩の力抜いて進捗が良策
31	金	○	生業以外に手を出すと失敗をする

十一月運勢

十一月七日立冬の節より
月命丁亥　二黒土星の月
暗剣殺　西南の方位

今月は攻めよりも守りが大切な月です。自分の得手不得手を見直してスキルの充足を心掛けると良いでしょう。新規計画は今月には実行せず、好調運にめぐった時に取り掛かれるように準備しておくと良いでしょう。目立った言動は取らず、人と協調して人のために働くといった控えめな行動が吉運を招きます。個性は大事にしたいものですが、人を押しのけるような姿勢は慎みましょう。任された責務は丁寧に仕上げる心掛けが大事です。

体を冷やさないように用心しましょう。冷えは免疫力を下げる一因でもあります。

11月の方位

今月の吉方位

吉→辰、巽

日	運	内容
1土	○	古いしきたりに囚われずに柔軟に
2日	△	任された事柄は全力で完遂させる
3月	○	良い言葉は人を勇気づける源泉に
4火	▲	小さなトラブルでも早期の解決を
5水	△	自分を売り込むパフォーマンス凶
6木	○	万事用心深く行動し嘘はつかない
7金	◎	新たな出会いから有効な話が出る
8土	○	目標見据え大局観から判断をする
9日	○	対面しての会話は勇気をもらえる
10月	○	攻めより守りに重点を置くのが吉
11火	△	独善が和を乱すことがないように
12水	○	上司に委ねる気持ちが幸運を招く
13木	▲	自我を出し過ぎると摩擦が起きる
14金	△	障害乗り越えて新たな景色見よう
15土	○	尻切れトンボにならぬよう継続を
16日	◎	相性の良い相手に恵まれ進捗良好
17月	○	謙虚さを失わなければ順調に推移
18火	○	会食やおしゃべりに花が咲く一日
19水	○	年配女性に目を掛けられ良好得る
20木	△	他人の意見に右往左往せず冷静に
21金	○	今日は今日の責務あり完結しよう
22土	▲	物事を甘く見ずに内容を吟味する
23日	△	慎重な対応が災難を除ける良策に
24月	○	気力高まるが判断を誤らぬように
25火	◎	努力する人には必ず良いことあり
26水	○	中心になり注目されるが控えめに
27木	○	素直な気持ちで助言受ければ良好
28金	○	我を通さず意見の交換して交流を
29土	△	絶対にミスを起こさない気持ちで
30日	○	公私共に忙しい一日手際良く処理

十二月運勢

十二月七日大雪の節より
月命戊子　一白水星の月
暗剣殺　北の方位

衰運期を抜けたと言っても油断のならない月です。変化の気を受けて、予測できない支障にぶつかったりします。冷静な判断力が要求される月です。人生には障害がつきものと言っても、一つ一つを乗り越えていかなければ先には進めません。逃げるのではなく敢然と立ち向かう姿勢を保ちましょう。人生は修養の場であるという言葉を残した先人もいます。

親戚間の問題には誠実に向き合いましょう。多少の紆余曲折があっても、きちんと向き合うことで良い方向に向かうものです。足腰の打撲や捻挫に気を付けましょう。

12月の方位

今月の吉方位

大吉→東、戊、乾

日	曜	運	内容
1	月	▲	気力が萎《な》える時がある気分転換を
2	火	△	悪い状況を長く引きずらないこと
3	水	○	上っ面の言葉では手の内がばれる
4	木	◎	ツボにはまり高回転する吉日の時
5	金	○	多少の反対あっても協力者もいる
6	土	○	手を打つタイミングを見逃さない
7	日	○	他人の用事で遅滞するが焦らずに
8	月	△	優柔不断になり結論先送りしない
9	火	○	自己に起きることは自己責任負う
10	水	▲	パワハラに属することは許さない
11	木	△	地道に実力を養うのが将来のため
12	金	○	ポイントを絞り力を集中させよう
13	土	◎	自分が納得いくやり方が最善策に
14	日	○	大小様々な事柄が押し寄せてくる
15	月	○	事前準備をしっかりしてから着手
16	火	○	途中経過を確かめながら漸進する
17	水	△	迷っている内に時間が過ぎていく
18	木	○	欲の出し過ぎせず中庸の精神貫く
19	金	▲	マイナス面を感じたら引き返そう
20	土	△	生活が華やかになるも華美を慎む
21	日	△	運気不定状態なので無理せず待機
22	月	▲	仕事にも軽重の度合いを把握して
23	火	○	自信過剰にならないで慎重に進む
24	水	△	話が長くなると結論が曖昧になる
25	木	○	噂話は大して根拠がないこと多い
26	金	○	年の瀬を控えているので安全第一
27	土	○	家庭内の問題は小さい内に解決を
28	日	◎	何事も実力で評価される努力必要
29	月	○	確実に終了させることが第一目標
30	火	△	来年へ夢を乗せて遺漏なきように
31	水	▲	礼を欠くことなく一年を締め括る

八《はっ》白《ぱく》土《ど》星《せい》

2025年の運勢の変化と指針

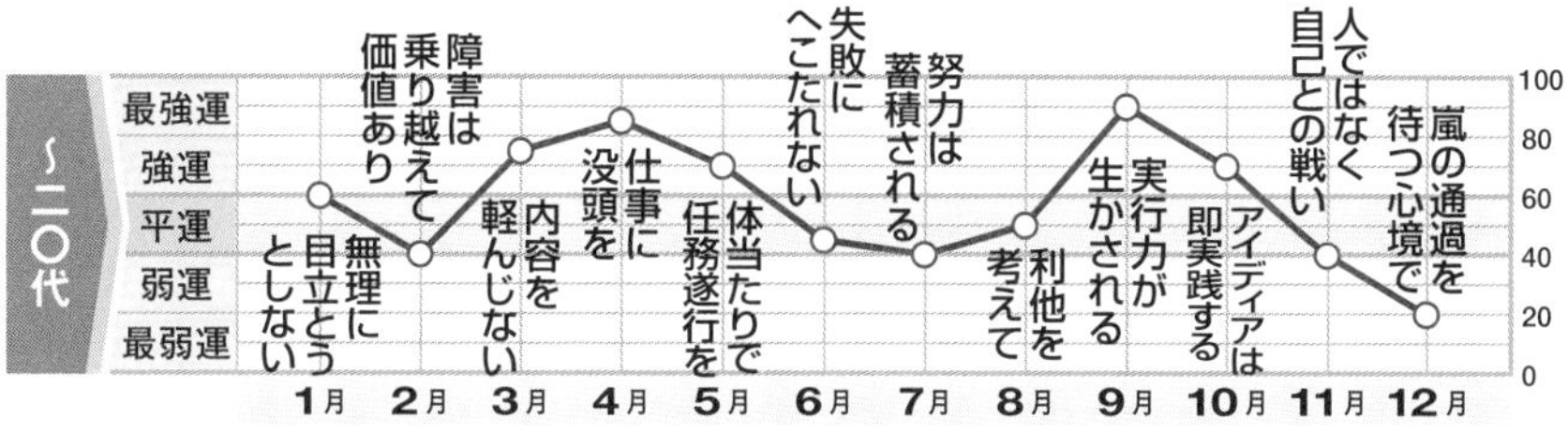

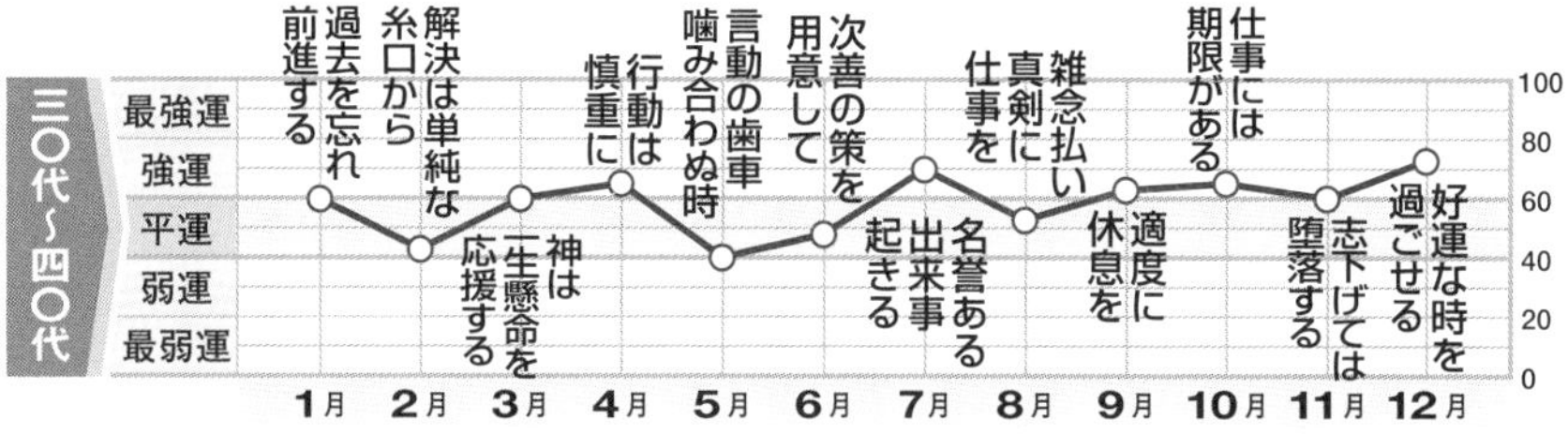

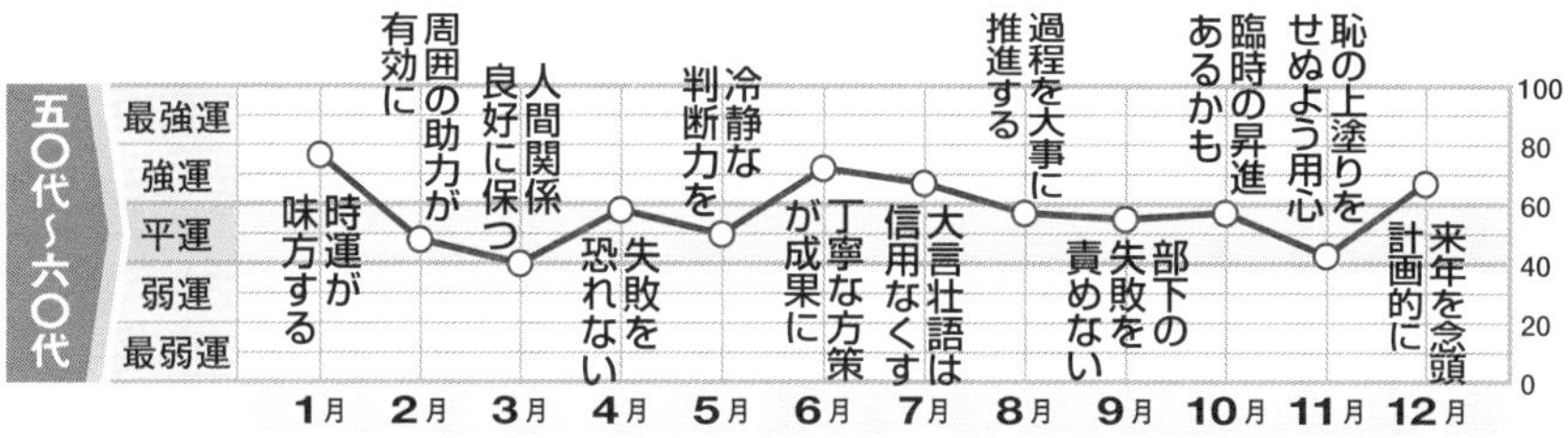

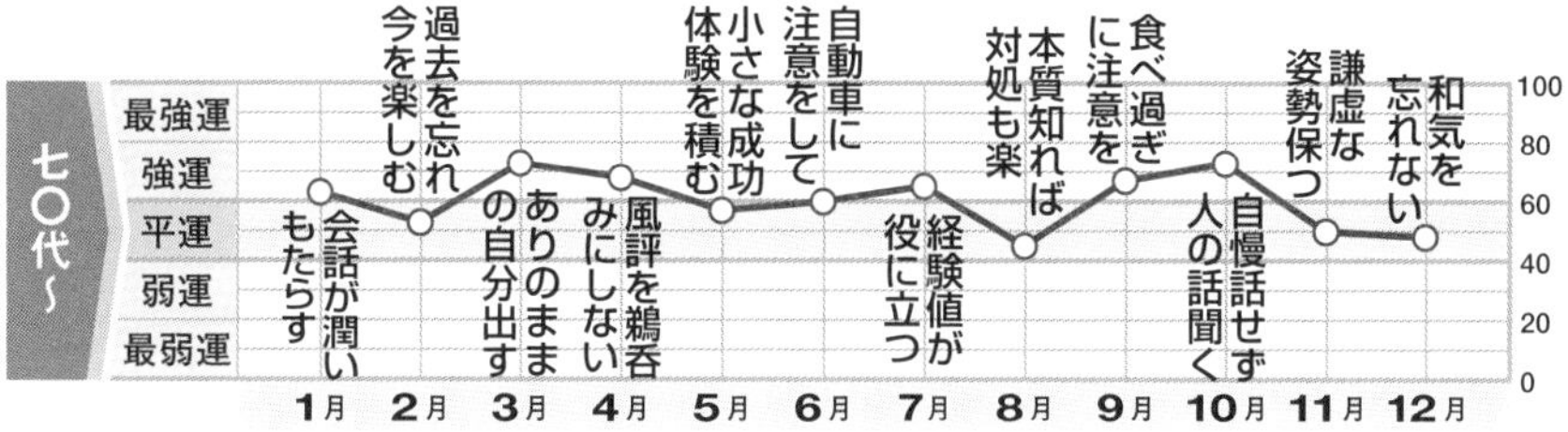

八白土星生まれの人

6 歳（令和元年・平成31年 己亥）	42歳（昭和58年 癸亥）	78歳（昭和22年 丁亥）
15歳（平成22年 庚寅）	51歳（昭和49年 甲寅）	87歳（昭和13年 戊寅）
24歳（平成13年 辛巳）	60歳（昭和40年 乙巳）	96歳（昭和 4 年 己巳）
33歳（平成 4 年 壬申）	69歳（昭和31年 丙申）	105歳（大正 9 年 庚申）

八白土星

発芽期

本年、あなたの本命星である八白土星は西南方位の坤《けん》宮《きゅう》に回座し、定位置である艮宮《ごんきゅう》には五黄土星が回座して被同会しています。本命星に暗剣殺という大凶殺が付き、五黄土星が被同会していますので、本年は油断のならない年であることは間違いありません。でも、驚いてしり込みすることはありません。次のことを心掛けていれば、災い転じて福となすことができます。まず、規則正しい生活習慣を続けること。規則正しい生活というのは早寝早起きとは少し違い、一日のサイクルを自分に合った生活で回すということです。朝が早い人は早い時間帯でのサイクルを、夜遅い人は遅いなりのサイクルを規則正しく回すのです。そして、「人にいいことをする」習慣を持つこと。決して自分だけが良ければよいという考え方をしないことです。この二つを守れば、運は改善されます。

不節制をして健康を害さないように体のメンテナンスをきちんとしましょう。本年病気をすると長引き、持病となって長きにわたりあなたを苦しめることになります。特に暴飲暴食をして消化器系や肝臓の疾患にならないように注意をしましょう。

仕事面では、本来は几帳面なあなたに障害や邪魔が入り、仕事が貫徹しにくくなります。気力を失うことなく、丁寧に仕上げることを目指してください。あなたの仕事ぶりを見ている人が必ずいます。また、あなたを信じて期待している人がいます。

八白土星方位吉凶図

適職

弁護士、教育家、警察官、自衛官、金融業、不動産管理業務、土木建築業、倉庫業、製材商、ホテル業、デパート業、リゾート開発、警備員、ペンションオーナー等

吉方

本年は相生する九紫火星が回座する東方位、六白金星が回座する南方位、七赤金星が回座する北方位が吉方となります。月別の吉方は毎月の運勢欄をご覧ください。

凶方

本年は五黄土星が回座する東北方位が五黄殺、反対側の八白土星が回座する西南方位が暗剣殺の大凶方位になります。八白土星が回座する西南方位が本命殺、五黄土星が回座する東北方位が本命的殺で五黄殺、暗剣殺と重なる大凶方位となります。本年の十二支である巳の反対側、亥の方位が歳破で大凶方位です。月別の凶方は毎月の運勢欄をご覧ください。

♣ 健康運

本年、健康には十分に気を付けてください。お腹にある多くの器官に悪くなる要素が潜んでいます。飲み過ぎ食べ過ぎはもちろんのこと、疲労を溜め込むのも危険です。疲労が良くないと言われるのは、抵抗力がなくなり病気の原因を引き込みやすくなるからです。風邪が治りにくくなり、それが引き金になって大きな疾患を呼び込んでしまいます。そして食事のバランスを良好に保つことも重要です。いろいろな食物が揃っているにもかかわらず好みのものだけを食べて偏りが出がちだ、というのが現代の傾向の一つでしょう。

肥満も健康の大敵と自覚して節制を心掛けることも重要でしょう。

胃潰瘍や胃がんに注意の年です。不眠症の傾向もあります。

◆ 金銭運

手堅く稼ぐと良い金銭運です。面白味がないコメントですが、それが真実というものです。宝くじに当たったとか何かの抽選に当たったというのは単なるツキであって、本当の意味での金銭運ではありません。真面目にコツコツ働くから金銭が持続的に循環するというのが、本年の本命星である八白土星の人の金銭運です。本年は投資や副業で一儲けしようという気持ちは抑えましょう。上手くいきません。損失を被る危険のほうが大きいでしょう。暗剣殺という大凶殺が付いているからです。上手くいきそうだという甘い誘惑に乗らないで本業に打ち込むのが無難です。甘い投資話などには絶対に乗らないようにしましょう。詐欺的要素が隠れている話が多いものです。

♥ 恋愛運

今年の恋愛運はあまり良好ではありません。生真面目なあなたには、恋愛感情が生まれると一気にのめり込んでしまうところがあります。相手をよく観察してお付き合いをしましょう。男性でも女性でも、相手が大きく年上の場合は上手くいくことがあります。抱擁力で歳の差をカバーしながら、互いの気持ちを理解していけるのかもしれません。恋愛や結婚は自分だけの問題ではなく相手があっての話ですから、お互いの理解は絶対的に不可欠です。あなたは現実的に物事を捉える人です。あまりに理想論を言う相手との恋愛や結婚は成り立ちません。一緒に生活するということに対してしっかりした考えを持った相手なら上手くいくでしょう。

八白土星生まれの運勢指針

❖ 六歳

自分の意思を通そうとする頑固さが強くなる時期です。親の言うことを強引に押し付けるのではなく子供の主張にも耳を傾けるゆとりを持って育てると良いでしょう。

❖ 十五歳

一つのことを根気よく続けられる忍耐心が今後の人生には重要な要素になってきます。短期間ででき上がるものを成し遂げて達成感を得たら次の目標に向かっていくというやり方が良いでしょう。

❖ 二十四歳

他者との意見の食い違いがあっても争わず話し合いをよくすること。争いは害あって益なしです。意見交換をして妥協点を見つけたら、その決定に従うという心の広さが大切です。

❖ 三十三歳

順調に進んできた事柄も締め括りが悪いと実を結ばないことがあります。結果を手にするまでは手綱を緩めないことです。災難もいつ訪れるかわからないということを念頭に入れておきましょう。

❖ 四十二歳

後厄の年に当たります。さらに大凶殺が付いているので油断がならない年回りです。決めた事柄を計画通りに推進していくのが最善策です。不意の予定変更などはしないほうが良いです。

❖ 五十一歳

自然の流れに沿って進んでいくのが無難です。無理に変えようとすると困難が付きまといます。地道な努力が目的地に一番早く到達する近道なのです。

❖ 六十歳

あなたに注目している人が必ずいます。言動を慎み実直に振る舞うことがこれからの人生に大きく影響を与えます。孤立しないように、働ける今のうちに次なる人生行路の一手を考えておきましょう。

❖ 六十九歳

好運気を招き寄せるのには何より規則正しい生活習慣を身に付けることでしょう。今まで自分や家族のために一生懸命働いてきたあなたです。これからは社会貢献も考えてみましょう。

❖ 七十八歳

自分の得意分野をさらに極めていくと共感者も生まれ、交際範囲も広がります。交際下手で損をしてきたかもしれないあなたにとって、趣味の得意分野は大きな味方になるものでしょう。

❖ 八十七歳

古い知人も少なくなり寂しい思いを抱いているかもしれません。ありのままの自分で接すれば、新たな友達はできやすいものです。相手も心を開くことに戸惑っているかもしれないからです。

❖ 九十六歳

己巳《つちのとみ》の日は巳待ちと言って、福徳付与の弁財天を祭る日でもあります。財福はもとより音楽・知恵を授けてくれる神様です。福徳を周囲にも分けてあげましょう。

❖ 一〇五歳

一日の明るい笑顔がみんなを笑顔にして幸せな気持ちにさせます。庚申《かのえさる》の日は神々を祭り庶民が守った日。元気を継続させ、希望の光を長く保ちましょう。

一月運勢

一月五日小寒の節より
月命丁丑　三碧木星の月
暗剣殺　東の方位

周囲は賑やかなのですが、あなたの運気は弱運気です。目立たず黒子となって陰に回る時です。我慢を続けているとつい言葉遣いが不適切になり、言わなくてもよい一言を放ってしまうことがありますので注意しましょう。そうならないように、自分なりにストレスを発散させる方術を考えておきましょう。一度口から出た言葉はなかったことにはできません。「覆水盆に返らず」という言葉もあります。

今月は九紫火星が被同会しています。頭のケガや発熱に警戒しましょう。来月は暗剣殺が付きますので、こじらせないように。

１月の方位

今月の吉方位

大吉→申、坤
中吉→東南
吉→東北

日	曜	運勢
1	水	◎盛運だからと気負わぬようにする
2	木	○主役になろうとせず脇役に徹する
3	金	◎自由になり過ぎて破目を外さない
4	土	○堅実に進んでいくことが一番大事
5	日	▲自信過剰を慎み地道に歩んでいく
6	月	▲相手の立場に立った状況を考える
7	火	○孤立しないで仲間との連携が大事
8	水	△好機を見逃さない緊張感の持続を
9	木	○独断専行は協力者が離れる原因に
10	金	◎結果を焦らず丁寧に仕上げていく
11	土	○互いが切磋琢磨する精神が大切に
12	日	◎古い知人の忠告が功を奏し成果大
13	月	○小さなこと疎かにすると墓穴掘る
14	火	▲誉もあるが咎めもある一日となる
15	水	▲嵐が過ぎるのを待つ心境で耐える
16	木	○苦しくても笑顔絶やさず乗り切る
17	金	△人との交流を大事にすると吉運に
18	土	○得意分野に的を絞り力集中させる
19	日	◎持ち分を深く追求すると新展開が
20	月	○他分野を阻害せず協力体制が大事
21	火	◎新規企画あれば実行するのが吉に
22	水	○利益最優先に考えて進むのが良策
23	木	▲表面の格好良さだけを追わぬこと
24	金	▲どんな難問にも解決の糸口はある
25	土	○判断力が早くなり進捗状況良好に
26	日	△見切り発車せず段取りつけてから
27	月	○話は長引くが根気良く継続が必要
28	火	◎遠方からの朗報が利益をもたらす
29	水	○大言壮語せず謙虚に進展すれば吉
30	木	◎考え切り換え全力尽くせば好結果
31	金	○気迷い生じて遅滞させぬよう用心

二月運勢

二月三日立春の節より
月命戊寅　二黒土星の月
暗剣殺　西南の方位

今月は万事につけ注意深い言動を心掛けましょう。運気は停滞し、物事の進展が思うようにいきません。責務遂行の場面一つ一つを点検しながら進みましょう。一つのミスや失敗が損失につながっていきます。前月の緊張感から解き放たれたと思って気を緩めた時が危険なのです。基礎固めの時と思っての精進が吉運を招きます。

外出時には戸締まりをしっかりしましょう。過食に陥りがちです。過食は健康を害する最も危険な行為です。また、いたずらに物を溜め込むのも良いことではありません。時には断捨離も必要です。

2月の方位

今月の吉方位

大吉→東
吉→南、北

日	曜	運	内容
1	土	▲	小さな失敗も大きく喧伝される時
2	日	▲	不動産取引は十分に検討を加えて
3	月	○	仕事と割り切って私情を挟まない
4	火	△	根性論で進まず理論武装を固めて
5	水	○	今日やるべきを明日に延ばさない
6	木	◎	目標目指し脇目振らず前進が重要
7	金	○	頼りにされた時は期待に応えよう
8	土	◎	頑張れる内は全力尽くすのが良い
9	日	○	善行は隠れていてもいつか光輝く
10	月	▲	流行を無視せず上手く取り入れる
11	火	▲	人の噂話は自己の運気引き下げる
12	水	○	目下の者の面倒見ると幸運を招く
13	木	△	全体の調和守るのが成績アップに
14	金	○	状況判断を正確にし進路外さない
15	土	◎	運気好調でも神経の高ぶりに用心
16	日	○	知識の吸収は貪欲にし教養高める
17	月	◎	気を引き締めて計画に邁進が吉に
18	火	○	最後まで諦めない忍耐力が重要に
19	水	▲	災難は気の緩みに付け込んでくる
20	木	▲	言わなくてよい一言に用心しよう
21	金	○	忙しくて体を酷使する健康に注意
22	土	△	強硬策は反対される柔軟な対応を
23	日	○	外出時は戸締まり注意早めの帰宅
24	月	◎	大騒ぎの割には実質実入り少ない
25	火	○	過ぎたことは気にせず経験として
26	水	◎	志した初期計画忘れず実践が良策
27	木	○	昔の善行にスポットライト当たる
28	金	▲	小さな穴から大きく決壊油断大敵

三月運勢

三月五日啓蟄の節より
月命己卯　一白水星の月
暗剣殺　北の方位

好調月を迎えています。延び延びにしていた企画の実行に適当な月です。計画に沿って進展させましょう。九紫火星に同会していますので実行にはスマートさが加わり、賞賛を得られる可能性が期待できます。あなたの言葉による後押しが力になります。斬新なアイディアが湧いてくる可能性もあります。

物事を依頼されますが、軽率に受けるのはケガの元です。受けるのであれば誠心誠意を尽くしましょう。

今月は首から上の疾患に注意してください。微熱でも無理は禁物です。

３月の方位

今月の吉方位

大吉→東南
中吉→戌、乾

日	曜	運	内容
1	土	▲	気分転換を適度に取り英気を養う
2	日	○	自分の思い通りに活動できる日に
3	月	△	約束を反故《ほご》にされないよう根回し
4	火	○	内容を明確に把握し適切な手法を
5	水	◎	冒険せず手堅い方法が成果得る道
6	木	○	隠し事はさらなる隠ぺいに連なる
7	金	◎	業績が賞賛され栄誉受ける兆候も
8	土	○	早とちりせず内容把握正確にする
9	日	▲	不用意な言葉で相手を傷つけない
10	月	▲	衰運でも仕事は待たない力尽くす
11	火	○	経験を生かし着実な遂行を重ねる
12	水	△	決断する時は迷わず告げるように
13	木	○	説得は口数多くより一つの実践を
14	金	◎	温めていた企画はすぐ実行しよう
15	土	○	依頼あったら安請け合いせず熟考
16	日	◎	閃きが偶然にも吉運招き成果ある
17	月	○	努力結果出ずとも明日へつながる
18	火	▲	健康体を守るためにも歯を労ろう
19	水	▲	繁華街への外出時に衝動買い用心
20	木	○	経験豊富な長老に助けられるかも
21	金	△	未処理の事柄は早期に処理しよう
22	土	○	初志を貫き通し成功体験を重ねる
23	日	◎	家庭団欒は幸せの第一条件満たす
24	月	○	常に長期的視野に立った見方する
25	火	◎	大胆な発想の実行が大きく花開く
26	水	○	厄介な問題も必ず解決策見つかる
27	木	▲	よくない状況の打破は忍耐強さで
28	金	▲	迅速な処理が価値の半減を防ぐ元
29	土	○	落ち込みを引きずらず前進が吉運
30	日	△	人と物は使わないと価値が下がる
31	月	○	机上の理論より実践を優先しよう

四月運勢

四月四日清明の節より
月命庚辰　九紫火星の月
暗剣殺　南の方位

新たな出会いから有利な話が生まれる兆候が見られます。真剣に対応するのが吉運です。真正面から正々堂々と向き合うのが正解です。実力者が援助の手を差し伸べてくれる僥倖もあります。成果を一人じめするのではなく、協力してくれた周囲の人と共に分かち合いましょう。それがさらなる良い進展につながるでしょう。

年長者には敬意を持って接するようにしましょう。経験や知識をあなたに授けてくれます。虎の威を借る狐にならないように謙虚な姿勢を保ちましょう。

泌尿器系の疾患に用心しましょう。

4月の方位

今月の吉方位

中吉→西
吉→東

日	曜		運勢
1	火	◎	実り薄かった事柄が大きく花開く
2	水	○	井の中の蛙にならず視野を広げて
3	木	◎	思い切った斬新な計画立て実践を
4	金	○	軽い言動では信用得られないかも
5	土	▲	仕事は完璧を目指して妥協しない
6	日	▲	事態を軽く見ないで常に真剣勝負
7	月	○	周囲の意見に流されず自己信念で
8	火	△	新たな挑戦には周到な準備をして
9	水	○	普段着の自分で平常心の実力出す
10	木	◎	成功の陰の協力者に感謝の念表す
11	金	○	良い話も自分の都合では進めない
12	土	◎	多少の紆余曲折あっても結果良好
13	日	○	気の利いた会話の一言が窮地救う
14	月	▲	上司の無理難題が結果を悪くする
15	火	▲	「今時スリが」と思う油断を警戒
16	水	○	我慢することも努力の内と心得て
17	木	△	投資の話が来るが乗らないように
18	金	○	至らぬところを認識し上昇目指す
19	土	◎	話は手短にして迅速に結論を出す
20	日	○	実践が伴ってこそ満足感得られる
21	月	◎	実力を十二分に発揮できる好日に
22	火	○	大きく崩れはしないが油断大敵に
23	水	▲	おだてられてもできぬことは断る
24	木	▲	商取引は利害一致するよう努力を
25	金	○	話を引き延ばしても良いことない
26	土	△	隠れていた事実が蒸し返される時
27	日	○	集積された情報に有効な事柄あり
28	月	◎	至らぬ自分見直し上昇機運に乗る
29	火	○	温かい気遣いが幸運を呼び込む源
30	水	◎	急ぎの仕事でも確実に仕上げよう

五月運勢

五月五日立夏の節より
月命辛巳　八白土星の月
暗剣殺　東北の方位

地道な努力の結果が実って、それなりの成果を得ることができます。派手さがない代わりに確実に実ってきたことを実感できるでしょう。時間のかかった事柄も決着が付き、実績を積むことができます。年配の女性に親切にすると感謝されます。

我慢することも大事な努力です。足るを知るのも大切なことです。満足できない事柄は全知全能を振り絞って頑張ってみましょう。光明はさしてくるものです。

持病のある人は再発しないように養生しましょう。特に腹部に持病を抱えている人は十分に用心しましょう。

5月の方位

今月の吉方位

大吉→戌、乾
吉→東、東南

日	曜	運	内容
1	木	○	饒舌で軽率に見られぬように注意
2	金	▲	突発事項への心の準備を怠らない
3	土	▲	打つ手を万全にして天命待つ心で
4	日	○	事を長引かせず迅速な処理が最善
5	月	△	確実な手段を取れるなら難局打破
6	火	○	ありのままの自分を出し飾らない
7	水	◎	思う通りに力を発揮できる好運日
8	木	○	事の軽重を計り手際よく処理する
9	金	◎	気の利いた手法が成果大きくする
10	土	○	苦労惜しまぬ姿勢が共感呼び好評
11	日	▲	我田引水なやり方は協力得られず
12	月	▲	責任を他者に転嫁しては顰蹙《ひんしゅく》買う
13	火	○	上から目線の命令は協力得られず
14	水	△	小さな綻び放置せず丁寧に修復を
15	木	○	忠告素直に聞けば進展スムーズに
16	金	◎	損得勘定だけでなく人のため思う
17	土	○	チャンスはいつだって身近にある
18	日	◎	人からの情報に好材料の種がある
19	月	○	好機と見たら迷わず前進していく
20	火	▲	高齢者との付き合いには節度保つ
21	水	▲	他者の意見も聞き公平に判断する
22	木	○	面倒なことに巻き込まれぬように
23	金	△	自分の領分を守って手を広げない
24	土	○	不言実行に徹し責務を忠実に遂行
25	日	◎	備えあれば精神的な重圧は少ない
26	月	○	難乗り越えたところに新たな風景
27	火	◎	目標を見失わなければ上々の一日
28	水	○	過去の事例参考により良い方策に
29	木	▲	出過ぎては百害あって一利なしに
30	金	▲	惰性に流されず計画的生活目指す
31	土	○	プライベートで羽伸ばし過ぎない

六月運勢

六月五日芒種の節より
月命壬午　七赤金星の月
暗剣殺　西の方位

盛運の月を迎えています。仕事の捗る月です。私生活より社会で役割を求められます。今月は一意専心の気持ちで仕事に邁進しましょう。大口をたたいて成果なしということにならないように、当初の計画を綿密に見直して不言実行の覚悟で臨みましょう。成功した暁には大きな成果が得られるはずです。天の恵みもあなたのもとに訪れるでしょう。遠方からの朗報にもこまめに対応するのが良いです。グローバルな時代で、インターネットのおかげで距離を意識しなくてもよい時代になりました。マスコミや情報関係者は最強運月です。

6月の方位

今月の吉方位

中吉→南

1	日	△	自説に固執せず他の意見も参考に
2	月	○	部下の言い分はよく聞いてあげる
3	火	◎	策を弄する小細工せず真っ正直に
4	水	○	試練は人生に付き物焦らず精進を
5	木	◎	一意専心の気持ちで仕事に専念を
6	金	○	やりたいことを我慢せず実行する
7	土	▲	流行に流されず正しい判断基準で
8	日	▲	古い話が再燃する兆しあり誠実に
9	月	○	不動産問題は注意深い対応が必要
10	火	△	事実関係を明確にして推進をする
11	水	○	上辺だけ見て足をすくわれぬこと
12	木	◎	流れがよく見え適切に対処できる
13	金	○	一瞬の気の緩みがミスを誘う要因
14	土	◎	時には大胆な手を打って勝負も可
15	日	○	雑事に時間取られ過ぎぬよう用心
16	月	▲	幸せを探し求めず良き人を探そう
17	火	▲	気を引き締め災難を回避すること
18	水	○	目標達成のための基盤の日となる
19	木	△	ミスは小さな内に応急措置が良策
20	金	○	目立とうとせず地道に進めること
21	土	◎	雑事に忙殺されず目標に突き進む
22	日	○	迷った時は初心に戻り軌道修正を
23	月	◎	努力が上司に認められ賞賛がある
24	火	◎	好運気が持続し気力充実する一日
25	水	○	人の肉声は勇気くれるカンフル剤
26	木	◎	多少の障害はね除け前進できる時
27	金	○	風評は時と共に消える自己信念持つ
28	土	△	甘い自己評価は失敗の元謙虚さを
29	日	○	良好な環境で良い生活習慣を作る
30	月	▲	現状に留まる覚悟も持てるように

七月運勢

七月七日小暑の節より
月命癸未　六白金星の月
暗剣殺　西北の方位

先月とは変わって、今月はプライベートが忙しくなりそうです。会食、観劇、その他のレジャーなどで体とお金が忙しくなります。月初めに出費の計画をきちんと立てておくと良いでしょう。無計画に遊興を楽しむと、あとで苦しい思いをすることになります。金銭運も良いほうなのです。親類に頼まれたことの報酬が余禄となって入るという幸運もあります。それでも油断は禁物です。特に西北からの甘い儲け話には乗ってはいけません。言葉巧みに近づいてきますが、乗らないのが賢明です。夏風邪にかからぬように注意しましょう。

7月の方位

今月の吉方位

中吉→北

日	曜	運	
1	火	▲	焦点絞り一点に集中して深掘りを
2	水	○	人と会う時は低姿勢で応対をして
3	木	◎	運気良大局観に立ち将来像明確に
4	金	○	議論続出時は若い女性の意見尊重
5	土	◎	天の恵みある全力で前進をしよう
6	日	○	結末をきちんとつけるのが大切に
7	月	△	白黒を明確につけさせられる時に
8	火	○	意思表示は明確に示すのが礼儀に
9	水	▲	具体的な目標に沿って精進続ける
10	木	▲	瞬発的勢いあるが長続きしない時
11	金	○	安定した実力を発揮できる運勢に
12	土	◎	活動範囲広がるが得意分野に絞る
13	日	○	表面上は好条件でもよく検討して
14	月	◎	自分に厳しく推進させるのが吉策
15	火	○	良い環境にいてこそ優良情報入る
16	水	△	狙いを定め無駄な動きしないこと
17	木	○	気迷い生じたら既定路線を忠実に
18	金	▲	気を緩めると災難に巻き込まれる
19	土	▲	口車に乗り損害を被らないように
20	日	○	相手を袋小路に追い込まないこと
21	月	◎	大きな夢も着実な一歩一歩の集積
22	火	○	強く心に思うことは必ず実現する
23	水	◎	結果を手にするまでは手を緩めず
24	木	○	軽挙妄動せず確実な計画の実行を
25	金	△	場当たり的な対処は信頼得られず
26	土	○	旧習にこだわらず斬新な発想にて
27	日	▲	仕事で拙速は不可確実性の重視を
28	月	▲	掛け声倒れにならないよう綿密に
29	火	○	指示する時は確かな言葉で正確に
30	水	◎	協力体制組めば大きな成果がある
31	木	○	八方に気を配って一分の隙もなく

八月運勢

八月七日立秋の節より
月命甲申　五黄土星の月
暗剣殺　なし

月の前半は好調に進展するようですが、結果をつかむまでは気持ちを緩めないでください。事態が急変するかもしれない不安定な運気です。また、進捗状況が悪いからと言って急に予定を変更すると、かえって危険です。運気不定の五黄土星に同会しているからです。今まで不調をかこっていた人は、反対に逆転の発想で心機一転を試みても良いです。計画は綿密に立て、実行に際しては過程の一つ一つを確認して是正しながら進展させてください。

健康に関しては体全体に注意が必要ですが、特に胃腸や肝臓に注意を払いましょう。

8月の方位

今月の吉方位

大吉→南
吉→西、戌、乾

日	曜	運	内容
1	金	◎	祝い事起きるがはしゃぎ過ぎずに
2	土	○	遅々として進展せず忍耐強く継続
3	日	△	変動激しい運気平静な気持ち保つ
4	月	○	心にやましさあると生活が乱れる
5	火	▲	家の中の整理整頓を心掛け平穏に
6	水	▲	物の損得ばかりでなく精神の糧を
7	木	○	努力は継続が大事その先に成果が
8	金	◎	周囲に頼らず自力信じて精進が吉
9	土	○	内なる闘志を表に出して奮闘する
10	日	◎	忙しい中にも緩急つけ効率上げる
11	月	○	仕事を忘れ英気を養う時間を作る
12	火	△	環境を変えたくなるが今日は我慢
13	水	○	軌道修正は前例を研究し念入りに
14	木	▲	悪いことが重ならないよう慎重に
15	金	▲	大事な場面で思い違いしないこと
16	土	○	器用に立ち回ろうとせず誠実さを
17	日	◎	決定しかねる時は倫理道徳に従う
18	月	○	腰掛け気分でなく本腰入れて邁進
19	火	◎	目上の指示通りに動いて吉運の時
20	水	○	自ら意欲的に前向きに取り組もう
21	木	△	多少の困難は乗り越えて前進する
22	金	○	時勢に見合った良い方策を考えて
23	土	▲	私利私欲抑え無私の心が幸せ招く
24	日	▲	平穏な時に襲ってくる災厄を警戒
25	月	○	交渉は細心の注意を払って臨もう
26	火	◎	無理しなくても流れに沿う行動を
27	水	○	早合点せず内容把握をしっかりと
28	木	◎	名誉になる業績成就する兆候あり
29	金	○	しゃべり過ぎては相手が引く用心
30	土	△	邪魔が入り進展が妨げられる時が
31	日	○	羽目を外したくなるが節度守ろう

九月運勢

九月七日白露の節より
月命乙酉　四緑木星の月
暗剣殺　東南の方位

地位や名誉を得られるので得意満面に陥りやすい時です。より一層の謙虚さが重要です。独断専行や我田引水なやり方をすると敬遠されます。実力を普段着のまま出せば良いのです。目先の利益にこだわらず、将来の発展を見据えた手を打ちましょう。強い精神力が重要です。自信を持つことは大事なことですが、自信過剰になっては何でもできると錯覚してしまい、失敗につながってしまいます。今月は目上の人との関係が良好に推移します。目上を尊敬する気持ちは人を大きく前進させます。時には繁華街で華やかに息抜きを。

9月の方位

今月の吉方位

中吉→甲、乙
吉→西

日	曜	運勢	
1	月	▲	思惑通りでなくても自分らしさを
2	火	▲	型にはまった応対では進歩がない
3	水	○	温めていた案件思い切って始動を
4	木	◎	気の利いたユーモアが発達を促す
5	金	○	自己満足に終わらせず周囲と共に
6	土	◎	上昇のためには楽しみセーブして
7	日	○	強い精神力持ち惰性に流されない
8	月	△	情緒不安定になりがち気分転換を
9	火	○	自説にこだわり過ぎず柔軟性持つ
10	水	▲	長所を生かし自己啓発には良い時
11	木	▲	隠し事をせず公明正大に行動する
12	金	○	思考力旺盛なうちに仕事片付ける
13	土	◎	新たな分野に挑戦する気力持とう
14	日	○	要領良い立ち回りせず地の自分で
15	月	◎	運気旺盛でも協調精神を忘れない
16	火	○	自信過剰は進歩の袋小路に謙虚で
17	水	△	魅力的な話でも慎重に検討をする
18	木	○	問題多く冷静な判断力要求される
19	金	▲	調子に乗り羽目を外さない用心を
20	土	▲	自己を強く抑制し異性に溺れない
21	日	○	困難は積極的に立ち向かうのが吉
22	月	◎	経験者の知恵を借りると大吉運に
23	火	○	雑多な用事に追い回されないこと
24	水	◎	持てる力を全部出し切る気持ちで
25	木	○	前評判だけに頼るのは危険調査を
26	金	△	脇見せず生業に集中するのが吉日
27	土	○	若年者を上手に指導し使用しよう
28	日	▲	予定通り進まぬが責任転嫁しない
29	月	▲	一つ一つを丁寧に根気よく遂行を
30	火	○	沈滞ムード一新するほどの気力で

十月運勢

十月八日寒露の節より
月命丙戌　三碧木星の月
暗剣殺　東の方位

今月は、自分の実力を十分に蓄えて磨きましょう。実力養成に最適な月です。普段忙しく仕事に集中していると、自己の実力養成のための時間が取れないものですが、時間のやりくりがうまくできる好機の時です。仕事が思い通りに進捗しなくても、焦らず平常心を保ち頑張ってみましょう。

良否の選択に迷うことがあれば、倫理道徳に照らし合わせた選択をしましょう。さらに、人のためになるのはどちらだろうかと考えた時に自分だけが良い思いをする方策を敬遠すると上手くいきます。「他者が喜ぶこと」は、最善の選択肢です。

10月の方位

今月の吉方位

中吉→巳、巽

日	曜	運	内容
1	水	◎	多弁で説得せず日頃の行動姿勢で
2	木	○	約束は守ることで信用が倍加する
3	金	◎	強運でも奢らずに気配りを忘れず
4	土	○	良否の選択正しければ平穏無事に
5	日	△	問題長引かせず短期決着を目指す
6	月	○	思考を偏らせずに万遍なく広範に
7	火	▲	途中で諦めるようなことせず敢闘
8	水	▲	解決すべきこと明日に延ばさない
9	木	○	失敗は成長の糧処置の仕方が大事
10	金	◎	堅実な推進態度が吉運引き寄せる
11	土	○	大きな志を抱き小さな一歩を積む
12	日	◎	協力は個々の力を倍加させる妙薬
13	月	○	体の変調覚えたら早急な手当てを
14	火	△	計算通り進まなくても継続が大事
15	水	○	私的生活で嬉しいこと起きる予兆
16	木	▲	落ち込んだ時こそ無理に笑顔作る
17	金	▲	自分を生かすのも自分の努力成果
18	土	○	高級品の買い物は目利きが大事に
19	日	◎	石橋を叩いて渡る慎重さあれば吉
20	月	○	回り道でも納得いく方策が幸せに
21	火	◎	決着を明確につけ曖昧さ残さない
22	水	○	功を焦らず納得いくまで検討する
23	木	△	目先の小利より将来見据えた手を
24	金	○	安易な妥協せず時間かけ話し合う
25	土	▲	予期しない出来事が計画を狂わす
26	日	▲	微熱でも早期の治療する方が良い
27	月	○	不名誉な話起きても平常心を保つ
28	火	◎	不慣れな仕事は識者の意見参考に
29	水	○	目上の人や経験者の忠告を聞いて
30	木	◎	どんなに有利な話でも油断しない
31	金	○	名誉挽回できる好機が到来する日

十一月運勢

十一月七日立冬の節より
月命丁亥　二黒土星の月
暗剣殺　西南の方位

思いもしない突発事項が起きそうな月です。日頃から注意深い言動を取りましょう。月の後半は運気が上昇しますので、障害に遭ってもあきらめることなく努力を継続させましょう。口先だけではなく内部の実力をしっかり蓄えておきましょう。事態を正視する勇気を持って冷静に判断すれば、良い方向へ転換することができます。感情に任せて突き進むのが一番良くない方法です。

家の増改築や建て替えや移転の話が出ても今月は控え、来月以降の吉月に回すのが良いでしょう。

手足や腰のケガに注意してください。

11月の方位

今月の吉方位

大吉→東
吉→南、北

1	土	△	トラブルが起きやすい時警戒する
2	日	○	少しの気の緩みが大事起こす要因
3	月	▲	上手に気分転換図り自己啓発する
4	火	▲	眼前の責務を忠実に遂行が最善策
5	水	○	選択の迷いは目的の曖昧さが遠因
6	木	◎	良い人との巡り合わせで幸せ人生
7	金	○	周囲の動きに気を配って同調して
8	土	◎	面倒でも大事なところへ根回しを
9	日	○	他人の目でなく自己の実力信じて
10	月	△	強引なやり方は相手と噛み合わず
11	火	○	体に休養与えるのも必要な健康法
12	水	▲	歯を傷めないよう日頃のケア重要
13	木	▲	突発事項起きても冷静沈着に処理
14	金	○	実践しなければわからぬこと多い
15	土	◎	平静な気持ちで歩んでいけば平穏
16	日	○	その場が良ければの安易さ捨てて
17	月	◎	基本的なことを大事にすれば平穏
18	火	○	人間関係では温かな気持ちが大切
19	水	△	広い教養を身に付ける人間学大事
20	木	○	一事に没頭すればその先が見える
21	金	▲	衰運が過ぎるのを耐える精神力を
22	土	▲	成果を上げようと焦らず努力する
23	日	○	目標を明確に自覚して進んでいく
24	月	◎	本音でぶつかれば道は必ず開ける
25	火	○	地道な仕事ぶりが大きく花開く時
26	水	◎	新規企画あれば全力でぶつかろう
27	木	○	浮気心起こしたりせず責務に邁進
28	金	△	勢いに任せた猛進をせず慎重期す
29	土	○	好きなことに力量発揮できる好日
30	日	▲	事態を正視する真面目な姿勢取る

十二月運勢

十二月七日大雪の節より
月命戊子　一白水星の月
暗剣殺　北の方位

華やかな月となり、自分のやりたい方法で対応することができます。懸案だった事柄の解決の糸口が割合簡単に見つかるかもしれません。迅速に処理するのが良いです。予定にないことが割り込んでくることがあるからです。物事の順番が狂うと、処理に労力と時間がかかってしまいます。後ろ向きの事態が進展を妨げてしまいます。机上の理論を繰り返すより迅速な実行が効果的です。周辺の風評に惑わされず沈着冷静に臨みましょう。

微熱でも油断せず診察を受けましょう。刃物の取り扱いには十分注意しましょう。

12月の方位

今月の吉方位

大吉→東南
中吉→戌、乾

1	月	▲	貯蓄も大事だが義理人情も大切に
2	火	○	情熱の火は最後まで燃やし続ける
3	水	◎	手順の順番正しければ上手くいく
4	木	○	自分の殻に閉じこもらず広く交友
5	金	◎	新たなもの取り入れ新風吹き込む
6	土	○	良いと思ったことは迷わず実行を
7	日	△	人が嫌がることも率先してこなす
8	月	○	信念を貫き自分との戦いに勝とう
9	火	▲	自分の持ち分を忠実に実践しよう
10	水	▲	言動が過激にならないよう警戒を
11	木	○	仕事の合間に雑用も手際良く処理
12	金	◎	運気盛運なれど最後まで油断せず
13	土	○	一方に偏らず公平な見方心掛ける
14	日	◎	万事に積極果敢に取り組んで良い
15	月	○	調子良く立ち回ろうとせず誠実に
16	火	△	石橋を叩いて渡る用心深さが必要
17	水	○	身勝手な行動は後に禍根残す元に
18	木	▲	仕事の手抜きせず過程を重視する
19	金	▲	言葉による誤解招きやすい用心を
20	土	○	落ち着いた平静な気持ちで過ごす
21	日	○	回り道と思っても手堅い方法取る
22	月	▲	歯を傷めないよう日頃の手入れを
23	火	▲	目上の指示に従って進むのが良策
24	水	○	できることを確実にこなしていく
25	木	△	そよ風のような柔軟な思考で進捗
26	金	○	何事も事前準備が大事用意周到に
27	土	◎	良い時は短い時間も有効に活用を
28	日	○	一年の遺漏がないか点検をしよう
29	月	◎	人や物が集まるが新年への準備も
30	火	○	穏やかな気持ちで一日過ごして吉
31	水	▲	緊急時以外は来年への計画とする

九紫火星《きゅうしかせい》

2025年の運勢の変化と指針

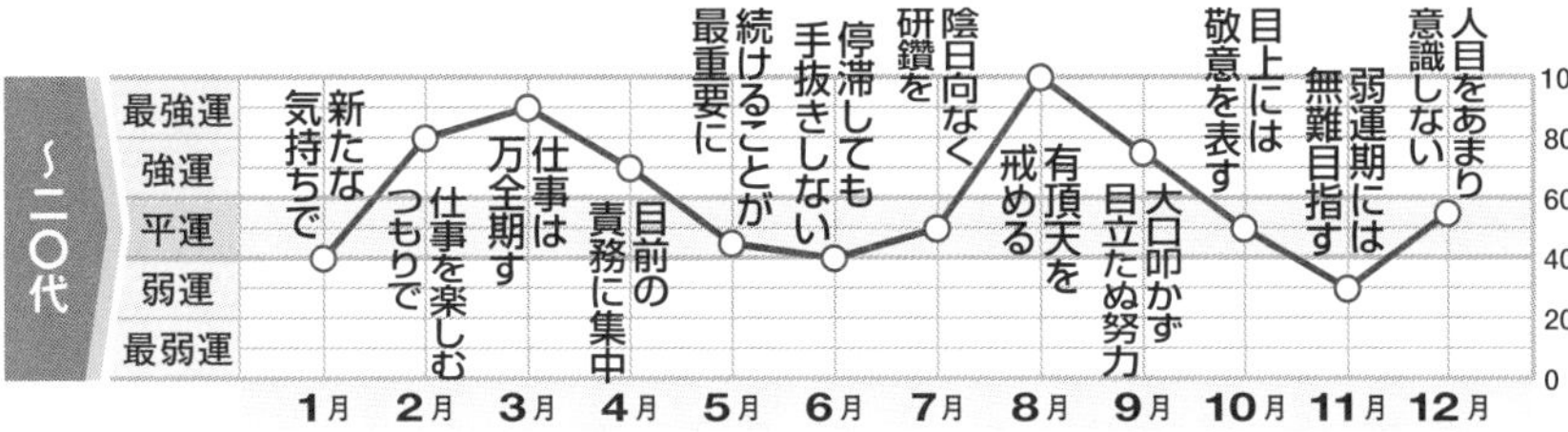
〜二〇代
最強運
強運
平運
弱運
最弱運
100
80
60
40
20
0
1月
2月
3月
4月
5月
6月
7月
8月
9月
10月
11月
12月
新たな気持ちで
仕事を楽しむつもりで
仕事は万全期す
目前の責務に集中
続けることが最重要に
停滞しても手抜きしない
陰日向なく研鑽を
有頂天を戒める
大口叩かず目立たぬ努力
目上には敬意を表す
弱運期には無難目指す
人目をあまり意識しない

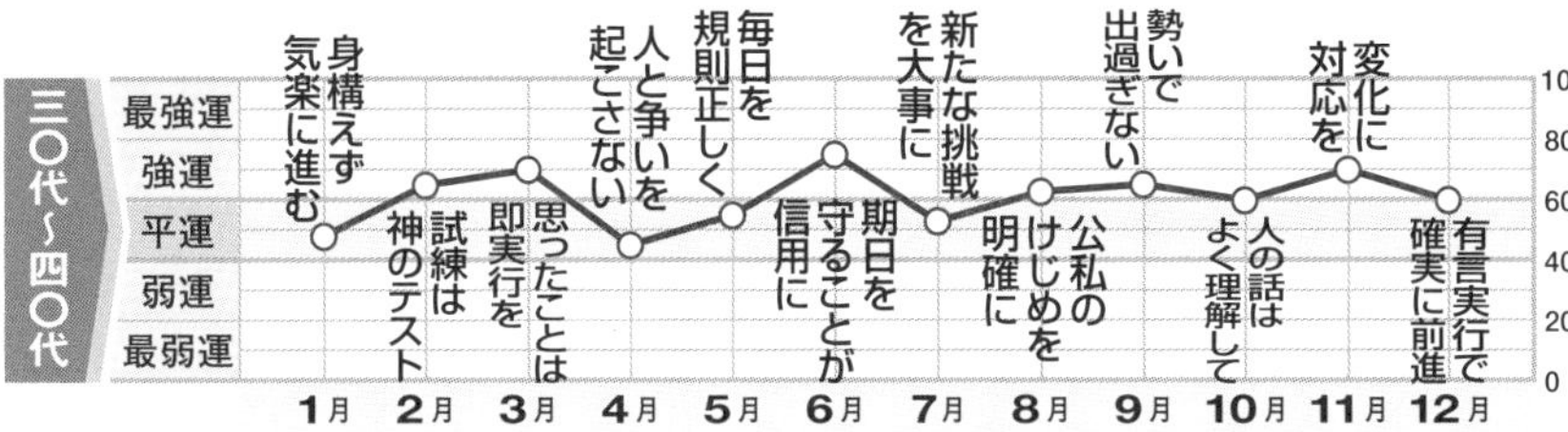
三〇代〜四〇代
最強運
強運
平運
弱運
最弱運
100
80
60
40
20
0
1月
2月
3月
4月
5月
6月
7月
8月
9月
10月
11月
12月
身構えず気楽に進む
試練は神のテスト
思ったことは即実行を
人と争いを起こさない
毎日を規則正しく
期日を守ることが信用に
新たな挑戦を大事に
公私のけじめを明確に
勢いで出過ぎない
人の話はよく理解して
変化に対応を
有言実行で確実に前進

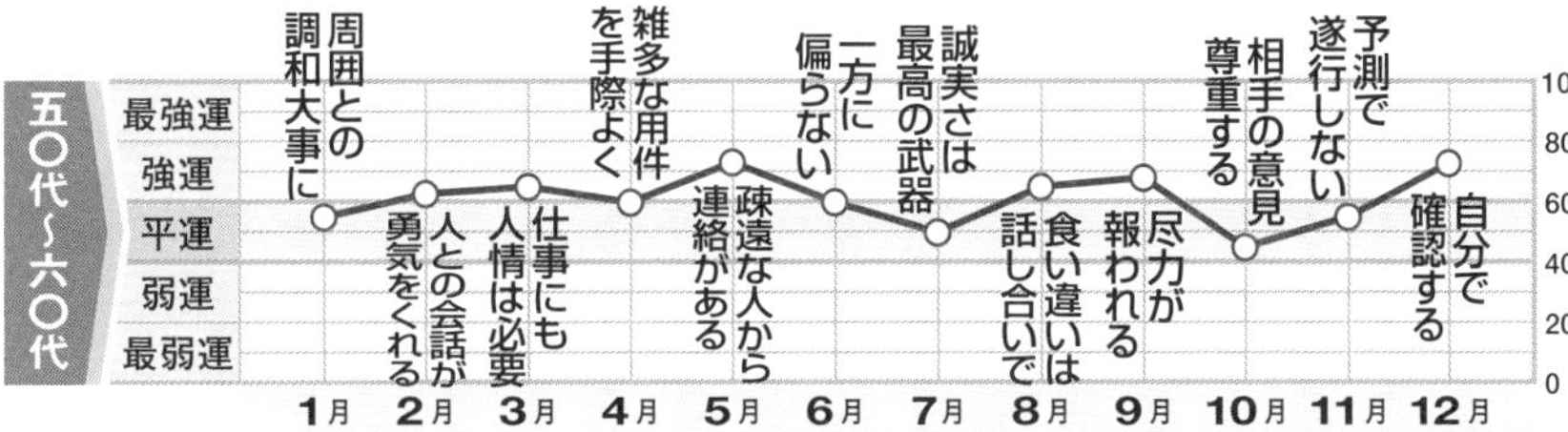
五〇代〜六〇代
最強運
強運
平運
弱運
最弱運
100
80
60
40
20
0
1月
2月
3月
4月
5月
6月
7月
8月
9月
10月
11月
12月
周囲との調和大事に
人との会話が勇気をくれる
仕事にも人情は必要
雑多な用件を手際よく
疎遠な人から連絡がある
一方に偏らない
誠実さは最高の武器
食い違いは話し合いで
尽力が報われる
相手の意見尊重する
予測で遂行しない
自分で確認する

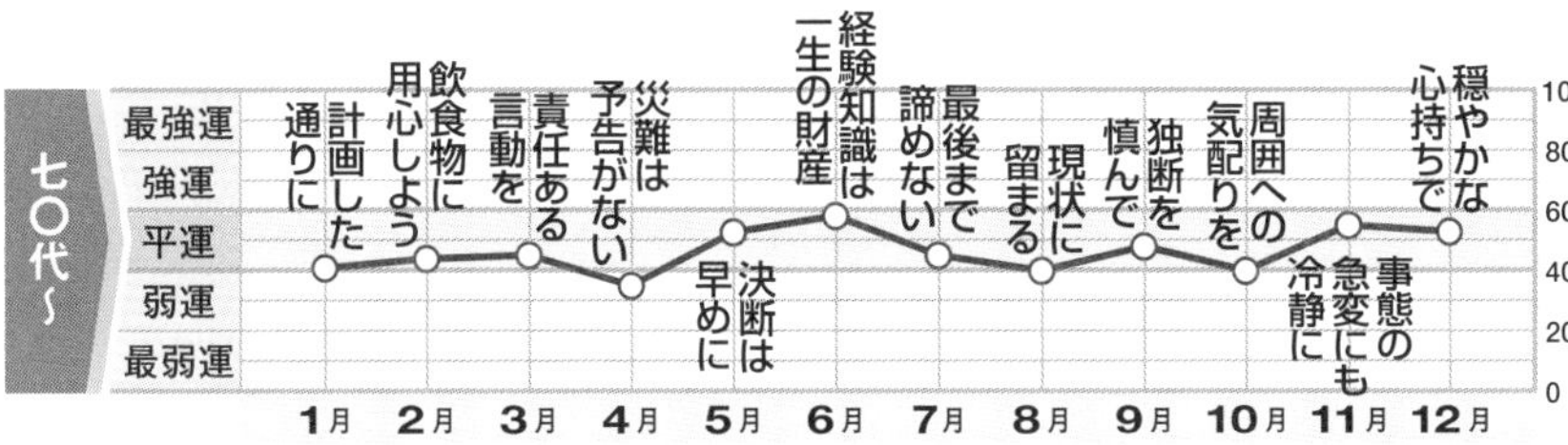
七〇代〜
最強運
強運
平運
弱運
最弱運
100
80
60
40
20
0
1月
2月
3月
4月
5月
6月
7月
8月
9月
10月
11月
12月
計画した通りに
飲食物に用心しよう
責任ある言動を
災難は予告がない
決断は早めに
経験知識は一生の財産
最後まで諦めない
現状に留まる
独断を慎んで
周囲への気配りを
事態の急変にも冷静に
穏やかな心持ちで

九紫火星生まれの人

7歳（平成30年　戊戌）	43歳（昭和57年　壬戌）	79歳（昭和21年　丙戌）
16歳（平成21年　己丑）	52歳（昭和48年　癸丑）	88歳（昭和12年　丁丑）
25歳（平成12年　庚辰）	61歳（昭和39年　甲辰）	97歳（昭和 3 年　戊辰）
34歳（平成 3 年　辛未）	70歳（昭和30年　乙未）	106歳（大正 8 年　己未）

九紫火星

生長期

本年、あなたの本命星である九紫火星は東の震宮《しんきゅう》に回座し、定位置である南の離宮《りきゅう》には六白金星が回座し被同会しています。新しいものへと気移りをします。それだけ活力に満ち満ちているということで、新規事への挑戦には好機です。被同会している六白金星は援助者や目上の人を表しています。その人たちのアドバイスや援助を素直に受けて目的に邁進しましょう。本年は昨年までと違って変化が激しく、早い周期で回転していきますので、決断は迅速にして好機を逃さないようにしましょう。

隠されていた事実が表面化してきます。自分に都合が悪いことでも自分が過去に起こした事柄は自分で決着をつけなければ、いつまでも後を追いかけてきます。表に出てきたことをむしろ喜んで、この際に善処しておくのが今後のためにも良いでしょう。何より、日頃から秘密を作らず不善を働かない生活態度が望ましいものです。

外出する機会が多くなります。家庭内のことは事前に片付けておきましょう。外出した時は心おきなく目前の事柄に向き合うようにするのが最善策です。出先で人におだてられて不相応なことを引き受けてしまわないように注意しましょう。引き受けて実行できなくなってしまっては信用を落とすだけです。

言葉によるトラブルに注意しましょう。気分が高ぶってやる気満々の時に限って、言い過ぎてしまうことがあります。せっかくの援助者や上司のアドバイスも、軽率な一言で台無しになってしまいます。くれぐれも用心して、言葉を慎みましょう。

九紫火星方位吉凶図

適職

政治家、税理士、会計士、裁判官、警察官、学者、文筆業、証券業、美術工芸商、鑑定士、美容師、タレント、モデル、レポーター、シナリオライター、アーティスト等

吉方

本年は相生する三碧木星が回座する西北方位のうち、戌の方位と乾の方位が吉方となります。月別の吉方は毎月の運勢欄をご覧ください。

凶方

本年は五黄土星が回座する東北方位が五黄殺、反対側の八白土星が回座する西南方位が暗剣殺の大凶方位となります。九紫火星が回座する東方位が本命殺、四緑木星が回座する西方位が本命的殺の大凶方位になります。本年の十二支である巳の反対側、亥の方位が歳破で大凶方位です。月別の凶方は毎月の運勢欄をご覧ください。

健康運

活気が出て健康的に過ごすことができます。気力が充実して活気が出ると、つい無理を重ねてしまいます。ちょいと一杯のつもりがはしご酒になりやすくなります。アルコールはあなたには本質的に合わないものですから用心をしましょう。神経が高ぶる時期でもありますのでお酒の上での失敗も健康阻害につながります。肝臓に悪影響を与えますので警戒しましょう。

喘息気味の人は、空気の悪いところへの出入りを避けて、発作に陥らないようにしましょう。神経痛・リウマチなどや打撲によるケガにも用心しましょう。本年は持病のある人は再発の可能性が高いので、事前に用心しておくと良いでしょう。

金銭運

良さそうに見えても実質的実入りは大したことはなさそうです。掛け声倒れになることがあります。見栄を張って消費すると、当てが外れて後で困ることになります。金銭には比較的淡白な人が多い本命星ですが、中には夢のような大金を手にする人がいます。ただしこの本命星の人は貯め込む性質が薄く、あればあるだけ消費してしまうので、将来を考えて少し貯蓄するという意識を持つほうが良いでしょう。

歌手やアナウンサーのように音声で生活をしている人は本年は金回りが良いと言えます。仕事が忙しくなるからです。普段声がかからないようなところから声がかかって忙しくなります。

恋愛運

本年は派手な恋愛をするでしょう。そう聞くとチャンス到来とばかりに不心得を起こす人がいるかもしれませんが、お互いが夢中になって隠しても隠し切れないほどの恋愛という意味です。今年出会う人は賑やかな人かもしれません。明るい華やかな人です。雰囲気に惑わされずに相手をよく観察することが必要です。心に眠っている自尊心が見栄を張りたくなりますが、素直な気持ちで向き合うのが良いでしょう。あなたが素直な気持ちで接すれば、相手も素直な気持ちになれるでしょう。あなたがとことん素直になれれば、相手はあなたにやる気を与えてくれる存在になります。これは大事なことです。美男美女が多い本命星です。恋愛にも謙虚な姿勢が大切です。

九紫火星生まれの運勢指針

❖七歳
普段から動き回っている子供は好調・不調などを意識しないでしょう。具合が悪くなって動けなくなってから初めて具合が悪いと悟ります。こじらせないように周囲の人がよく観察しましょう。

❖十六歳
運気は良好状況にあります。自分の意見や考え方をしっかり持ち、将来どんな道に進むかを考えながら勉強に励むと、気持ちの入り方が違ってくるでしょう。目的のない人生は無意味な時間が流れます。

❖二十五歳
仕事に慣れてくるとつい手を抜きたくなります。慣れたといっても大学生だった時からまだ数年ほどしか経っていないのです。この時点で仕事を覚えた気になるのは取り組みが甘い証拠です。

❖三十四歳
仕事上での交際範囲が広がり、付き合いも多くなります。社交・交友に入れ込み過ぎないように自制をしましょう。何かを手に入れるには何かを犠牲にしなければいけません。バランスを考えて。

❖四十三歳
独断で走らず諸先輩の意見を聞きながら万全を期しましょう。頭脳プレイを得意とするあなたは、つい独善で前進してしまう傾向があります。部下のいる人は、部下が猛進しないように注意しましょう。

❖五十二歳
絶好調と言ってもよいでしょう。企画通りのスケジュールを実行するのが最善策です。自分なりの新しい考えを入れていき、周囲の行動がマンネリに陥らないように気を配りましょう。

❖六十一歳
意気込んで実践する割には成果が上がってこないジレンマに悩むでしょう。案ずることはありません。努力の結果は着実に蓄積されていきます。一年後の春先には開花する兆候が見られます。

❖七十歳
華やかな月で、物事がよく整う時期にあります。お孫さんを持つ人であれば、お孫さんにまつわる嬉しい知らせがあるかもしれません。ご自身も明るい一年を過ごせる星回りです。

❖七十九歳
好感度で人生を切り開いてきたあなたです。これからも周囲との人間関係を良好に保ち、明るい状況を維持しましょう。過去を振り返って殻に閉じこもることだけはしないように気を付けましょう。

❖八十八歳
数えの八十八歳は米寿でめでたいものですが、今年も引き続き年齢は八十八歳です。そんなめでたい気持ちは何回味わっても良いかもしれません。若返る一つのきっかけにして頑張りましょう。

❖九十七歳
もう無理はしなくても、ありのままの自分を出すことが一番大切でしょう。生きている今この瞬間が人生なのだから、生きる証を後続の人たちに知らせるだけでも素晴らしいことです。

❖一〇六歳
大正ロマンを経験したあなたは貴重な存在です。少しでも語り継ぎ、次世代に良い時代の良い雰囲気を伝えてほしいものです。大正ロマンという言葉自体も残していきたいものです。

一月運勢

一月五日小寒の節より
月命丁丑　三碧木星の月
暗剣殺　東の方位

時の流れに沿った計画を立てましょう。時代にそぐわない計画は置き去りにされてしまいます。仕事は趣味とは違うので、現実感のある計画を実行しましょう。目前の状況が目まぐるしく変化していきます。計画通りに進捗しないジレンマに陥りますが、初期の計画を丹念に遂行していくのが良いです。

対人関係には注意を払いましょう。上辺の格好に惹かれた付き合いは壊れやすく危険でもあります。

視野を広く持つと斬新なアイディアが湧いてきます。

1月の方位

今月の吉方位

大吉→亥、乾
吉→東南、北

日	曜	運	内容
1	水	△	表面に出ずに裏方に回るのが良い
2	木	◎	甘い物が食べたくなるが節制する
3	金	○	回りくどくても意思疎通は丁寧に
4	土	◎	やりたいことを明確にした計画を
5	日	○	心静かに仕事初めの手順を考える
6	月	△	目立った動きより地に足着け進む
7	火	▲	難題だが時間が経つと糸口見える
8	水	○	違和感あれば現在地を確認しよう
9	木	△	経験を生かし前に進める原動力に
10	金	△	独走すると危険伴う時協調精神で
11	土	◎	交渉は出方に応じて対処をしよう
12	日	○	大山鳴動して鼠一匹にならぬよう
13	月	◎	他人に尽くすといつか自分に返る
14	火	○	隠し事は露見する正々堂々と進行
15	水	△	物事の白黒はっきりさせられる時
16	木	▲	直線的な見方ではなく広い視野で
17	金	○	調子に乗り羽目を外さないように
18	土	△	意見割れた時は若者の意見を採用
19	日	△	勢いはあるけれど独断すると不利
20	月	◎	時の流れが味方し好結果得られる
21	火	○	自分が中心になり皆を引っ張ろう
22	水	◎	自己主張だけでなく広く意見聞く
23	木	○	親しくても馴れ合いで仕事しない
24	金	△	派手な動きあるが実質内容薄い時
25	土	▲	落ち込んだ時の身の処し方は大事
26	日	○	饒舌になるがしゃべり過ぎはダメ
27	月	△	大事な要点ほど詳細に説明しよう
28	火	△	忙しい時ほど家庭を大事にしよう
29	水	◎	運気は絶好調自身の希望優先して
30	木	○	周囲の雑音に惑わされず初心貫く
31	金	◎	心の故郷便は真心を届ける宅配便

二月運勢

二月三日立春の節より
月命戊寅　二黒土星の月
暗剣殺　西南の方位

物事が活発に動き出すのを感じるでしょう。あなた自身も気力が充実して、やる気が出てきます。自信過剰にならないで奮闘しましょう。目に見えて成果が上がり、名誉も得られる好機です。目標を明確に見据えて進めば問題はありません。有効な手段を用いて進行している時は決断のタイミングがよくわかるものです。あまり手を広げ過ぎないほうが良いです。得意分野や専門分野に的を絞って集中しましょう。

人生は他者との競争ではなく自分との戦いです。謙虚な気持ちで自分と向き合いながら進みましょう。

2月の方位

今月の吉方位

大吉→戌、乾

1土	○	周囲の人と摩擦起こさないように
2日	△	疲労の蓄積による体調不良に注意
3月	▲	気力萎《な》えたらせせらぎの音聞こう
4火	○	実行力と決断力あれば何でも実行
5水	△	年配者に頼られるが損得考えない
6木	△	チャンスは素早く捕まえるのが吉
7金	◎	強烈にアピールできるが奢らずに
8土	○	人に頼り切った方策は不可自力を
9日	◎	自分のやり方を守って妥協しない
10月	○	大風呂敷を広げず小さなことから
11火	△	人のために良いと思うことを率先
12水	▲	独りよがりでは仲間外れにされる
13木	○	どんな仕事も100％の出来要求
14金	△	決めた計画を確実に実行に移そう
15土	△	打つ手が裏目に出てしまう凶日に
16日	◎	掛け声倒れに終わらない慎重さを
17月	○	有効な資料活用し他との差別化を
18火	◎	目指す目標を外さず一直線に進む
19水	○	気分が高揚している時目標定めて
20木	△	地道に一つずつ丁寧に仕上げよう
21金	▲	間口広げず目前の責務を全うする
22土	○	強気一辺倒では目標達成難しい時
23日	△	気になる話は先延ばしせず完結を
24月	△	軽率な言動はトラブル起こす要因
25火	◎	有言実行に徹し成し遂げる精神を
26水	○	結論長引くが大きな成果得られる
27木	◎	ありのままの自分出し好感度上昇
28金	○	名誉だからと軽率に動かないこと

今月の幸運数＝１、３、６　幸運色＝ブルー

三月運勢

三月五日啓蟄の節より
月命己卯　一白水星の月
暗剣殺　北の方位

順調に進んでいく月です。無理をしてでも頑張れる気力体力が発揮できますが、年齢を重ねれば無理は利かなくなるので注意しましょう。人間関係は新たな出会いがあり、大きく広がっていきます。人との出会いは貴重です。大切にしましょう。物事の良否を選択する眼識は日頃からの訓練がものを言います。洞察力を働かせていると自然に目利きができるようになるでしょう。

本命星に被同会している八白土星が、日々の積み重ねが大事だと告げています。根気よく観察眼を養って、人生を正しく進んでいきましょう。

３月の方位

今月の吉方位

大吉→庚、辛
吉→東

日	曜	吉凶	運勢
1	土	△	運動不足にならぬよう体を動かす
2	日	▲	休息の時は仕事忘れて英気養おう
3	月	○	目標は高く持ち継続するのが大事
4	火	△	依頼事は誠意を持って引き受ける
5	水	△	万一の災難に備える意識が肝要に
6	木	◎	背伸びは禁物も忙しさは好運の印
7	金	○	小さな経験たくさん積んで上昇へ
8	土	◎	運気隆盛だが見栄張る言動は不可
9	日	○	規則正しい習慣を付け運気向上を
10	月	△	言わなくても良い一言に用心する
11	火	▲	安請け合いして信頼を裏切らない
12	水	○	猪突猛進する危険を孕《はら》む上昇運気
13	木	△	おだてに乗りできない約束しない
14	金	△	気力と体力が一致しない不安定日
15	土	◎	周囲は敵ばかりではない協調性を
16	日	○	謙虚に学ぶ姿勢を持ち続けて精進
17	月	◎	名誉な出来事があり賞賛を受ける
18	火	○	手順通りに推進すれば平穏な一日
19	水	△	最後まで諦めない不屈の精神力を
20	木	▲	長老からの注文には素直に従おう
21	金	○	気分高揚しても過激な行動しない
22	土	△	穏やかな気持ちで過ごすのが良い
23	日	△	古傷持ち出されても平常心で対応
24	月	◎	他人への奉仕が自分に戻ってくる
25	火	○	一点に集中し深く追求すると大吉
26	水	◎	調子の良い時ほど細部にも注意を
27	木	○	努力の継続は蓄えられ生きてくる
28	金	△	気分転換を上手にして効率上げる
29	土	▲	自分の実力を上昇させる好機の時
30	日	○	計画的に行動し一日を無駄にしない
31	月	△	内部を固め一致協力して進展する

四月運勢

四月四日清明の節より
月命庚辰　九紫火星の月
暗剣殺　南の方位

　今月は営業センスが発揮されて対人関係にも好影響が出ます。営業に携わっている人には比較的吉運の月となります。言葉がスムーズに出て好感を持たれ、営業成績に好結果を及ぼします。結果を急がないやり方が功を奏します。

　物事が自分中心に動いているのではなく、自分が周囲の状況に動かされていることを自覚して進展すると吉運を招きます。自分の領分内で活動するのが良いです。

　独身者には縁談の話が突然舞い込むことがあります。敬遠するのではなく土俵に上がってみるのが良いでしょう。

4月の方位

今月の吉方位

吉→東南、西

日	曜	運	
1	火	△	金銭の出入りが激しくなる注意を
2	水	◎	自分の領分の仕事を全うする心を
3	木	○	実力を過信せずに仲間と協調して
4	金	◎	多少の遅滞あっても実り多い一日
5	土	○	付き合いが派手に出費過多に注意
6	日	△	妨げの材料は早めに切っておこう
7	月	▲	輪の中心になっても自制心を保つ
8	火	○	目前の職責に緊張して取り組んで
9	水	△	波風多く捗らない時腐らずに前進
10	木	△	平穏に見えても突発事項に用心を
11	金	◎	取引は好調に推移するも油断なく
12	土	○	目立ちたいだけの言動は取らない
13	日	◎	万事手堅く推進すれば安泰な一日
14	月	○	親しい仲間との歓談が勇気の源泉
15	火	△	先輩の話は煩わしくても聞くこと
16	水	▲	目的を認識しない言動は無意味に
17	木	○	だらだらと時間を無駄に使わない
18	金	△	社交術を上手に使い仕事に活用を
19	土	△	家庭か仕事かではなく両立させて
20	日	◎	休日でもやるべきことは早く処理
21	月	○	最後の決着つくまで気を緩めずに
22	火	◎	万事に気配りをして万全を期そう
23	水	○	気分にまかせた失言に要注意な日
24	木	△	付和雷同せず自ら行動する精神で
25	金	▲	常套手段用いて奇策など用いない
26	土	○	決めたことは最後までやり抜こう
27	日	△	竜頭蛇尾に終わらせず結果つかむ
28	月	△	根回し忘れると進行の妨げになる
29	火	◎	波に乗れるが目標を外さないこと
30	水	○	決断は勇気のいる事時機を外さず

五月運勢

五月五日立夏の節より
月命辛巳　八白土星の月
暗剣殺　東北の方位

今月は脇目もふらず仕事に邁進しましょう。公的な用事が増えて、外出する機会も多くなります。仕事優先で活動して大きな成果が期待できる強運月です。好調な時だけにおだてに乗りやすくなります。しっかりと自己判断力を身に付けて本業に没頭しましょう。交渉事は積極的に進めて大きな成果が見込めます。また力強い援助者も現れる時です。助言援助は素直に受け、後日自分が援助者となって誰かに恩送りをすれば良いのです。

扁桃腺や気管支に注意してください。喉の疾患は声質に悪影響を与えます。

5月の方位

今月の吉方位

大吉→南、北

1 木	◎	速さより安全確実を優先して遂行
2 金	○	少し派手な服装が吉運を招く元に
3 土	△	羽目を外し過ぎると周囲の反感が
4 日	▲	目上と反目してもいいことはない
5 月	○	雄弁にしゃべり過ぎると逆効果に
6 火	△	手柄は人に譲る気持ちが幸運招く
7 水	△	失敗は隠さず迅速に手を回すこと
8 木	◎	方法論より実行しながら修正する
9 金	○	理屈だけでは周囲は動かぬ認識を
10 土	◎	肩の力を抜き気楽な気持ちで行く
11 日	○	万事に自信を持って進展をさせる
12 月	△	忙しさのあまり安易な約束しない
13 火	▲	他人の援助は有難く受け後で返す
14 水	○	派手な言動が脚光を浴びる節度も
15 木	△	飾らない姿勢が共感を呼び好評に
16 金	△	一度嘘をつくと嘘を重ねる悪循環
17 土	◎	新しい交際や取引が始まる好運日
18 日	○	目前の小利益追わず長い目で考慮
19 月	◎	社交術が冴え人間関係が絶好調に
20 火	○	忙しい中にも息抜きを上手く取る
21 水	△	出先でトラブルに巻き込まれずに
22 木	▲	優柔不断では何事もマイナスへと
23 金	○	良いと思ったことは迷わず実行に
24 土	△	不意の障害にも沈着冷静に対応を
25 日	△	慎重に進展しないとミスを重ねる
26 月	◎	交渉事は積極的に推進して良い時
27 火	○	こだわり持たず柔軟な思考で遂行を
28 水	◎	私生活が明るく楽しい一日になる
29 木	○	請け負い事案は責任持って完遂を
30 金	△	仕事に終わりはないという自覚を
31 土	▲	肝心な時に足をすくわれないこと

六月運勢

六月五日芒種の節より
月命壬午　七赤金星の月
暗剣殺　西の方位

好調そうに感じられますが、今月は要注意の月です。本命星九紫火星に暗剣殺という大凶殺が付いています。規則正しく過ごすことを要求されます。少しでも邪《よこしま》な考えを起こすと大凶殺に狙われます。万事慎重に対処するようにしましょう。

先月とは変わって、今月はプライベートでの楽しい時間が多くなります。仕事の後の息抜きの時間は貴重なひと時です。明日への気力を蓄える時でもあります。人間関係は好調と言えます。誰とでも仲良くするのは良いことですが、見え透いたお世辞は控えましょう。人間性を疑われます。

６月の方位

今月の吉方位

大吉→壬、癸
吉→南、戊、乾

1	日	○	一歩先を読んでの行動が吉運招く
2	月	△	自分一人が先走った動きをしない
3	火	△	公私共に油断のならない日になる
4	水	◎	信頼関係は時間かけて作り上げる
5	木	○	内々での喜びは皆で分かち合おう
6	金	◎	運気は好調な時なので計画通りに
7	土	○	浮かれ気分を引き締め真剣に対応
8	日	△	悪い話は迅速に片付けるのが良策
9	月	▲	交際は相手選ばないと人生の損失
10	火	○	地味な努力は目立たぬが自力養う
11	水	△	上辺ではなく内面の人間学を充実
12	木	△	小さなミスも大きく喧伝される時
13	金	◎	他者へ気配り忘れないのが大事に
14	土	○	意見分かれた時は大勢に任せよう
15	日	◎	人間関係が大きく広がりを見せる
16	月	○	自己満足で周囲から浮上がらぬ事
17	火	△	無謀な猛進せずじっくり腰据えて
18	水	▲	誤解を招く言葉を用いないように
19	木	○	問題の解決には気長に取り組もう
20	金	△	情報収集は偏らないよう気配りを
21	土	△	人生は予想外のことが突然起きる
22	日	◎	強運日でも手堅く進めるのが安全
23	月	○	交渉は誠意を持って当たるのが吉
24	火	○	会食の中から有益な話が出てくる
25	水	◎	焦点絞り一事に集中が大きな成果に
26	木	△	石橋を叩いて渡るくらい用心深く
27	金	△	小さな気の緩みから大きなミスに
28	土	○	古い習慣でも役立つものは活用を
29	日	▲	難問も緩やかに解決方向へ向かう
30	月	△	食べ過ぎて胃腸を壊さないように

今月の幸運数＝5、6、7　幸運色＝シルバー

七月運勢

七月七日小暑の節より
月命癸未　六白金星の月
暗剣殺　西北の方位

変化変動の宮《きゅう》に回座した月を迎えています。五黄土星というこれも変化変動の激しい星に同会しています。変則的な運気に惑うことなく、自己信念でまっすぐ目標に向かいましょう。変化が激しいことを事前に知っていれば、いざという時に慌てず冷静に対処することができます。計画を変更する時は、変動が激しいことを想定に入れて組み替えると実行しやすくなるでしょう。周囲との打ち合わせが争論とならないように目標を明確にしておきましょう。

欲の深追いをすると損失を招いて痛手を被ります。中庸の精神を生かしましょう。

7月の方位

今月の吉方位

大吉→東
吉→西、北

日	曜	運	運勢
1	火	○	押してダメなら引く臨機応変策で
2	水	◎	夢のような結果も期待できる吉日
3	木	○	障害に諦めることなく立ち向かう
4	金	◎	実の伴わない信念にならぬように
5	土	△	突発事項対応できるよう自己研鑽
6	日	△	疲労を蓄積しないよう休息日大切
7	月	○	厳しさに遭遇しても乗り越えよう
8	火	▲	のんびり構えていては足元揺らぐ
9	水	△	楽しく仕事すれば疲労感は少ない
10	木	○	相談事には親切に応えてあげよう
11	金	◎	強い指導力を持ち先頭に立ち進む
12	土	○	良否を見極めてから着手をしよう
13	日	◎	無闇に行動を起こさず目標明確に
14	月	△	基本路線を忠実に進行させていく
15	火	△	特別な何者かにならず素の自分を
16	水	○	中途で投げ出さず完結させる心で
17	木	▲	解決の時を逃すと一層悪い方向へ
18	金	△	自分の実力の向上をまず優先する
19	土	○	二者択一の時は初期計画に戻って
20	日	◎	日頃の研鑽を生かし路線拡張も可
21	月	○	頭脳も疲れること意識して転換を
22	火	◎	大きな目的のために小欲を捨てる
23	水	△	対人関係は相手を尊重する心大切
24	木	△	原理原則は自分を守るための味方
25	金	○	取引は機先を制し一直線に攻める
26	土	▲	なりたい自分をイメージし努力を
27	日	△	言葉巧みに近づく人物に警戒する
28	月	○	流れに沿い下手な駆け引きしない
29	火	◎	大きな希望も初め小さな一歩から
30	水	○	目標は根気よく進めてこそ達成可
31	木	◎	独身者には嬉しい縁談や結婚話が

今月の幸運数＝1、4、9　幸運色＝ホワイト

八月運勢

八月七日立秋の節より
月命甲申　五黄土星の月
暗剣殺　なし

見栄やハッタリを捨てて実力で勝負すると良いでしょう。ありのままの自分を出して対応すれば、相手も安心します。上役の指示や命令には素直に従うのが吉運です。素直に従えば手助けも得られます。逆に部下を持つ人は、部下が本領を発揮できるように慎重に指示すべきです。命令調で指示を出すと、現在の若者からは反発を買います。パワハラとして告発される事態も起きています。

　隠れていた事実が白日の下に晒されることがあります。日頃から公明正大に活動していくことが大切です。

8月の方位

今月の吉方位

大吉→東、東南

1金	△	ミスは起きるもの対処法が重要に
2土	△	斬新なアイディアは現実化させて
3日	○	水が方円の器に従うように柔軟に
4月	▲	働き方に問題あれば自分を変える
5火	△	大勢には従うも自己信念を大切に
6水	○	夢見るのも大事だが現実の直視を
7木	◎	上昇運気の時目標に向かい全力で
8金	○	強引な手段取らずからめ手で進む
9土	◎	強気の時も論理的裏付けを確実に
10日	△	刃物を扱う人はケガせぬよう用心
11月	△	経験値を生かし事の良否見分ける
12火	○	見栄を張っての背伸びは自滅の元
13水	▲	歳月人を待たず時間を有効に使う
14木	△	感情にまかせての解決は後悔する
15金	○	良いと思ったことは迷わずに実行
16土	◎	飛躍した考えせず情勢を見極めて
17日	○	活力湧くが本物でない慎重に動く
18月	◎	大役を受けたら全力で奮闘しよう
19火	△	自分への評価は他人が決めるもの
20水	△	紆余曲折あるが誠実に職務果たす
21木	○	隠れた努力が表面化し結果が出る
22金	▲	一時の気まぐれで事を起こさない
23土	△	遊興でも東方位へ出向かないこと
24日	○	自分の力量わきまえ節度ある活動
25月	◎	遠方からの頼りに朗報ある好運日
26火	○	お山の大将にならず周囲と協調を
27水	◎	強力な援助者の力で大事を遂げる
28木	△	言葉遣い間違えるとトラブル発生
29金	△	目先の利益だけではなく長い目で
30土	○	曖昧な活気に惑わされずに地道に
31日	▲	中途半端に問題の先送りをしない

九月運勢

九月七日白露の節より
月命乙酉　四緑木星の月
暗剣殺　東南の方位

衰運期なのに遊興の機会が多くなりそうです。一方では堅実に働かなければいけないという気持ちが働いてジレンマに陥ります。自制心と遊興癖の戦いなのです。仕事は現状維持を心掛ければ良いでしょう。新規の計画は次月以降に繰り越したほうが無難です。

異性問題には注意を払いましょう。眼識が磨かれていないと、性悪な相手に巡り合った時に不幸を背負い込むことになります。この時期の異性間のトラブルは後々に尾を引きます。

日頃無茶をしている歯を大切に。

9月の方位

今月の吉方位

吉→甲、乙

日	曜	運	内容
1	月	△	言動は控えめにして忍耐強く研鑽
2	火	○	外見や格好を気にせず内容充実を
3	水	◎	穏やかだが運気は好調流れ読んで
4	木	○	公私共に雑多な用事で忙しい一日
5	金	◎	協力的な上司により大事を成せる
6	土	△	言動が裏目に出がち言葉を慎重に
7	日	△	万事に積極策より消極策が良策に
8	月	○	人生は生きている今この時が大事
9	火	▲	無茶な冒険心を抑え地道に努力を
10	水	△	小さな綻びからの大きな損害用心
11	木	○	力量以上の仕事来ても挑戦の意欲
12	金	◎	新しい交際から有利な話出てくる
13	土	○	行き詰まり感じたら経験者に相談
14	日	◎	本音で勝負し最後まで緊張感持つ
15	月	△	目上の人との衝突は極力回避して
16	火	△	軽口が誤解されトラブル発生注意
17	水	○	迷っていたこと実行し良い方向に
18	木	▲	過激な言動自制し穏やかに過ごす
19	金	△	場当たり的対処は後日に禍根残す
20	土	○	口で言うより実績積んで範を示す
21	日	◎	人前に立つことがあっても冷静に
22	月	○	輪の中心に押されても有頂天戒め
23	火	◎	障害を跳ね除けて進む勢いある時
24	水	△	おだてに乗り我を忘れたりしない
25	木	△	人の集まりで賑わうも節度を保つ
26	金	○	着手には万全を期してから実行を
27	土	▲	自説に固執する傾向あり柔軟性を
28	日	△	目立たない縁の下の力持ちに徹す
29	月	○	目下の意見を取り入れ風通し良く
30	火	◎	冒険心を抑えて常套手段が最善策

十月運勢

十月八日寒露の節より
月命丙戌　三碧木星の月
暗剣殺　東の方位

何事も他人任せにしない心掛けが大事です。失敗した時に他人のせいにするのでは進歩がありません。困難に遭遇した時も逃げるのではなく敢然と立ち向かう気構えが重要です。

今月は家庭を意識して大事にしてください。日頃から大事にしているという人も多いかもしれませんが、家庭がしっかりしていないと良い仕事ができないものです。家庭がしっかり保たれていれば、仕事に使命感を持って没頭することができます。

今月は依頼事を受けないほうが無難です。受けるとトラブルに巻き込まれます。

10月の方位

今月の吉方位

大吉→戌、乾
吉→北、巳、巽

日	曜	運	内容
1	水	○	情報は安易に信じず内容確かめて
2	木	◎	好調時に障害は起きても結果は吉
3	金	△	決断の好機を外さない注意力必要
4	土	△	甘い誘惑に負けず自己鍛錬をする
5	日	○	焦らず安全確実な進捗心掛けよう
6	月	▲	外ばかり見ず家庭内の充実を優先
7	火	△	利害のみ追い続けると窮屈になる
8	水	○	一発逆転狙わずコツコツと地道に
9	木	◎	行動に細心の注意払えば安泰の日
10	金	○	本業に専念し他の雑念は忘れよう
11	土	◎	状況に応じた対策取れば成果あり
12	日	△	努力の割には結果が大きくない日
13	月	△	目前の手持ち案件無難にこなそう
14	火	○	良好結果は皆の協力のお陰と感謝
15	水	▲	功を焦ると大きな失敗をしがちに
16	木	△	目立つ動きが注目されるが謙虚に
17	金	○	上手い儲け話には絶対に乗らない
18	土	◎	寛容の精神で接すると大吉運呼ぶ
19	日	○	目移りする時だが一点に集中して
20	月	◎	強運の時こそ強い指導力が有効に
21	火	△	自分の中にある問題を正しく自覚
22	水	△	周囲の流れと自分軸が噛み合わず
23	木	○	計画を自信持って推進するのが吉
24	金	▲	自分の信じた道をまっすぐに貫く
25	土	△	大勢には従うが志を下げないこと
26	日	○	子供時代の素直な気持ちで進行を
27	月	◎	細部にも心配りして幸運をつかむ
28	火	○	事態を過大評価せず正確に読んで
29	水	◎	仕事への使命感持ち全力で尽くす
30	木	△	油断していると手柄横取りされる
31	金	△	強い指導力は日頃の研鑽から生ず

十一月運勢

十一月七日立冬の節より
月命丁亥　二黒土星の月
暗剣殺　西南の方位

努力した分が実績となって現れる盛運月であり好運月です。周囲から注目もされます。期待に沿う努力は、あなたを上昇機運へと導く起爆剤となります。大いに精進しましょう。迷いやためらいをなくし、結果が出るよう全力を尽くすのが良いです。今までの経験・知識や先人から学んだことを駆使して奮闘しましょう。自己の能力を信じて前進するのが吉運です。

取引に当たっては契約内容を十分に把握し、印鑑の扱いには十分注意しましょう。電子契約が多くなったとは言え、印鑑の重要性がなくなったわけではありません。

11月の方位

今月の吉方位

大吉→戌、乾

日	曜	運	
1	土	○	労力が空回りしない工夫を施して
2	日	▲	試練の時の対処法で能力図られる
3	月	△	物事の変化には柔軟な対応が必要
4	火	○	隠し事は禁物露見すると一悶着に
5	水	◎	親戚や周囲の世話で忙しいが幸福
6	木	○	大山鳴動して鼠一匹の結果を警戒
7	金	◎	経験を生かして最大限の実績出す
8	土	△	結論を引き延ばすと破綻する結果
9	日	△	パイオニア精神を発揮して前進を
10	月	○	努力した結果が明確に具体化する
11	火	▲	悪いことも長く続かない我慢強く
12	水	△	他人の漕ぐ船に乗った気分捨てる
13	木	○	我意を張り過ぎず素直な気持ちで
14	金	◎	新たな取引を大事にすると有益に
15	土	○	狭い世界に閉じこもらず情報収集
16	日	◎	血気盛んも自信過剰を戒め慎重に
17	月	△	相手のペースに合わせて利を得る
18	火	△	相互の協力関係が成否に影響する
19	水	○	意見衝突の時は素早く身を引いて
20	木	▲	説得はしゃべり過ぎても良くない
21	金	△	災難遭遇時はひるまず立ち向かう
22	土	○	進んで行き詰まったら後退しよう
23	日	◎	主と従を明確にし緩急つけて進展
24	月	○	利他の心は自利につながると認識
25	火	◎	自信持って全力投球誠実さ忘れず
26	水	△	災厄がいつ起きても準備怠らない
27	木	△	根性論で押し切らず理論武装して
28	金	○	初志貫くのは厳しいが負けないで
29	土	▲	健康に不安がある人は無理しない
30	日	△	周囲から孤立しない気持ちの余裕

十二月運勢

十二月七日大雪の節より
月命戊子　一白水星の月
暗剣殺　北の方位

好調な運気のうちに本年を終えられそうです。本年内に処理しなければいけないことを列記し、遺漏のないように気を配りましょう。ビジネスの上での交渉事は、来年に持ち越しても支障がないと思われるものは焦らず時間をかけても良いです。新たな取引も起こりそうですが、根回しを良くして来年になってから本格的に動き出しても差し障りはありません。

目先の小さな利益に気を奪われず、長期的視野で物事を見ましょう。また、将来のために必要最低限の貯畜をするように心配りをすることも必要でしょう。

12月の方位

今月の吉方位

大吉→西
吉→東

日	曜	運勢
1	月	○勘が冴えて良いアイディアが出る
2	火	◎有利な話は迅速に進め結論早める
3	水	○身内で固まらず広く外に目向ける
4	木	◎良き指導者の下計画を忠実に実行
5	金	△時に寛容に灰色決着も良しとする
6	土	△完璧と思っても念には念を入れて
7	日	○今日は強気で押してみても良い時
8	月	▲トラブルは初期の内の処理が理想
9	火	△言動が裏目に出やすいので警戒を
10	水	○性急な結論求めず時間かけ確実に
11	木	◎周囲と折り合いつけて結果は良好
12	金	○一歩退き大局観持って全体を見る
13	土	◎目的成し遂げ成功体験積み重ねて
14	日	△約束を破られやすいので用心して
15	月	△風聞は柳に風と聞き流す心の余裕
16	火	○好調な一日だがやり過ぎないこと
17	水	▲派手な振る舞いは慎み節度を保つ
18	木	△会食の機会増えても予算案確実に
19	金	○雰囲気に惑わされずに信念を貫く
20	土	◎運気は華やかな時浮かれず自制を
21	日	◎一瞬の輝きに有頂天にならず進む
22	月	○無理を重ね肉体を酷使しないこと
23	火	△小さな気の緩みが事故につながる
24	水	▲車を利用する人は十分な気配りを
25	木	○今一歩の頑張りで年末乗り越えて
26	金	△将来見据えた行動取るのが重要に
27	土	△急いては事を仕損じる過程が大事
28	日	◎人のためは結局自分に返ってくる
29	月	○障害あっても強引な解決策はダメ
30	火	◎良いアイディアでも今は実行せず
31	水	○派手に動かず本年の締め括りする

高島易断開運本暦

実用百科

人相の見方

人相は、骨相・顔相（面相）・体相に分けられ、人の性格、病気（健康状態）、職業、運気などを判断することができます。現在では顔相のことを人相と呼ぶことが多くなっています。

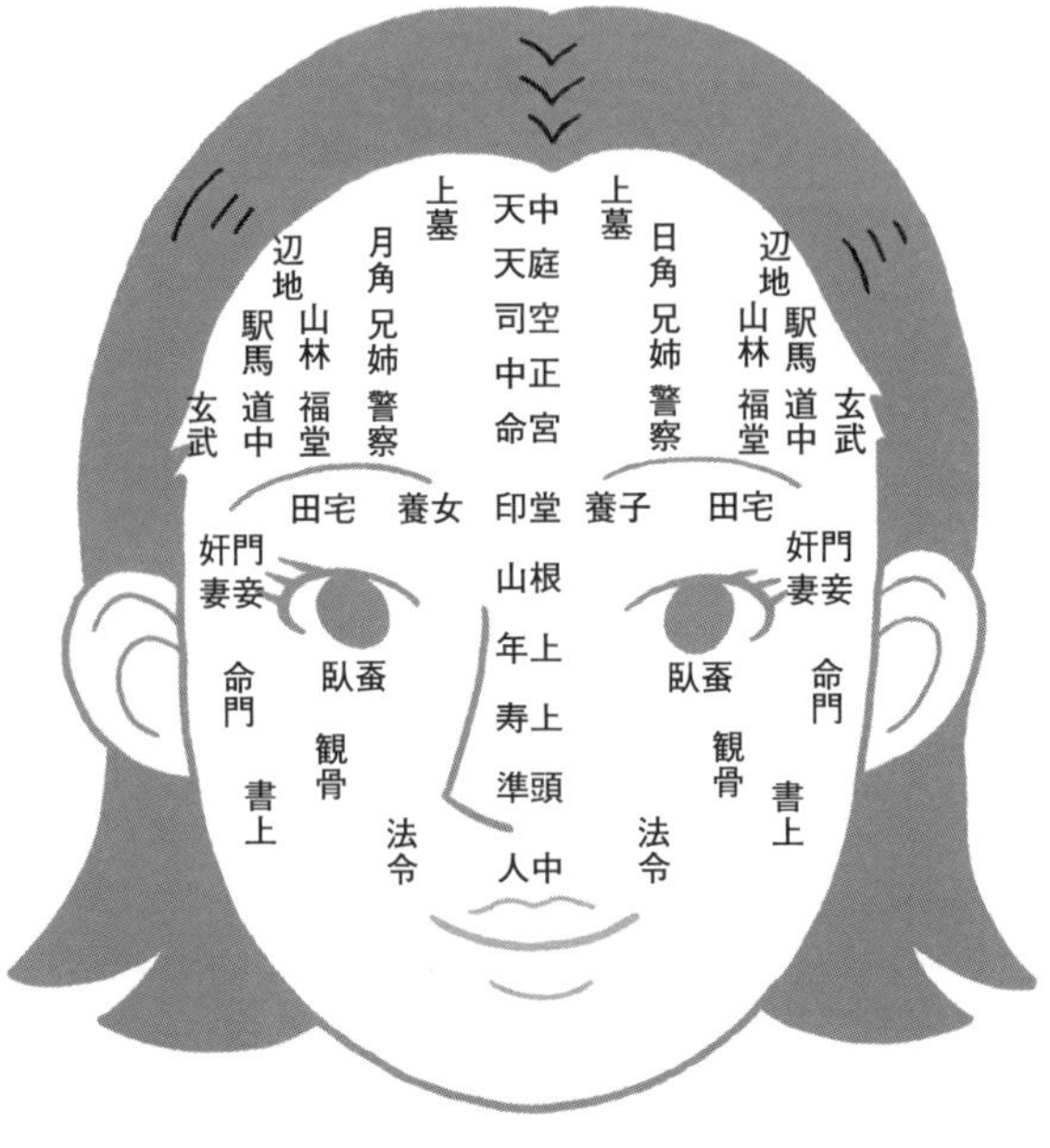

天中《てんちゅう》　神の主座であって、信仰心の表れるところ。物事すべてにおいて正直な心で接すると、美色が出て、一家安泰となる。

天庭《てんてい》**、司空**《しくう》　政府、裁判所、公儀に関することを見るところ。正しい行ないをしていれば万事が都合よく運ぶ。紅潤色か淡い黄色があれば、なお良好。

中正《ちゅうせい》**、命宮**《めいきゅう》**、印堂**《いんどう》　すべて望み事を見る。これらの部位に、つやのある明るい色や新芽のような輝きのある色があれば、望み事が早くかなう。

養子《ようし》**、養女**《ようじょ》　子供のない家庭に他家からの縁談がある場合、この部分がつやのあるよい血色（紅潤色か淡い黄色）だと良縁になる。

警察《けいさつ》　警察に関することを見る。この部位に美色が出ると、協力事などで表彰されることがある。

福堂《ふくどう》　数学の出来不出来を見る部位。美色が出ると手に入れた金銭が身について豊かになる。

駅馬《えきば》**、道中**《どうちゅう》　引っ越し、旅行に関することを見る。普段の色合いの時、あるいはつやのある時は、引っ越し、旅行とも実行して差し障りない。

玄武《げんぶ》　キズなどがなければ、盗難や災厄に遭った時に被害が少ない。また、被害品が手元に戻る。

山林《さんりん》　田畑、土地を見る。切りキズなどをつけないように気を付ける。

■兄姉《きょうだい》 男性は左側が兄、右側が姉のことを表し、女性はその逆。美色なるは、仲がよいことを示す。

■辺地《へんち》 田舎《いなか》に関する吉凶を見る。美色の場合は、田舎に行くと利を得て幸福となるか、よい便りを得る。

■日角《にっかく》 父親との関係を表す。黒くつやのあるホクロがある人は、父子の縁がよい。父親の片腕となり、将来は跡を継ぐ。

■月角《げっかく》 母親との関係を表す。見方は日角と同じ。母子の関係がよくなるように親孝行に努めること。

■上墓《じょうぼ》 神仏、祖先を表す。左側が亡父、神、守護神、右側が亡母または仏のことを表す。仏の法要が行き届いていれば、祖先からの守りあり、無事に暮らすことができる。年忌法要、墓参を忘れずに。

■田宅《でんたく》 この部位広きは、長男の徳あり。次男、三男でも長子としての恩恵があり、独立などに有利。キズがつかないよう注意する。

■臥蚕《がさん》 子供のことを見る。母親に子が宿ると、この部分が水ぶくれのようになる。美色をよしとする。

■妻妾《さいしょう》、奸門《かんもん》 男性は左側が妻のことを表し、右側が女性関係を表す。女性は右側が夫の心を、左側は自分の心を表す。ともに美色をよしとする。

■命門《めいもん》 寿命の長短、疾病の有無を表す。色つやよければ、長寿を保つ。

■書上《しょじょう》 文書、手形、小切手、債券、印鑑、証文などに関することを見る。色つやがよい時は無難だが、暗色が出た時は、紛失や不渡りに遭うことがあるので注意する。

■観骨《かんこつ》 権威、抵抗、寿命、世間などを見る。この部位のつやがよい人は世間の受けがよい。

■山根《さんこん》 鼻の根元のこの部位の色つやがよい人は、夫婦仲むつまじく過ごすことができる。

■年上《ねんじょう》 養子、養女の部位と併せ、色つやがよいと、よい養子に恵まれる。

■寿上《じゅじょう》 寿命を見るところ。肉付きが豊満なのがよい。

■準頭《じゅんとう》 肉が厚く、丸くむっくりとしている人は、徳義ありやさしい人柄で、世間の信用もあり、財産を成す。

■人中《じんちゅう》 山海の通路とみなし、鼻を山、口を海にたとえる。人中が長いと寿命も長い。ただし、長すぎると好色となる。

■法令《ほうれい》 寿命と仕事運、部下運を見る。長く大きいのは大人の格とされ、事業が栄える。

あまり良くないといわれる相が出ていても、必要以上に心配することはありません。何事にも公明正大な心掛けで臨めば、悪いところは是正できるといわれています。正しく強い心で暮らすようにしましょう。

手相の見方

人間の過去、現在、未来の運命はすべて手相に表れているといわれます。手相学には、手型による性格判断と掌線による運命判断という二つの部門があります。

手相を見る方法としては、いわゆる利き手に重点を置き、左右両手の特徴を見ながら柔軟に判断していきます。

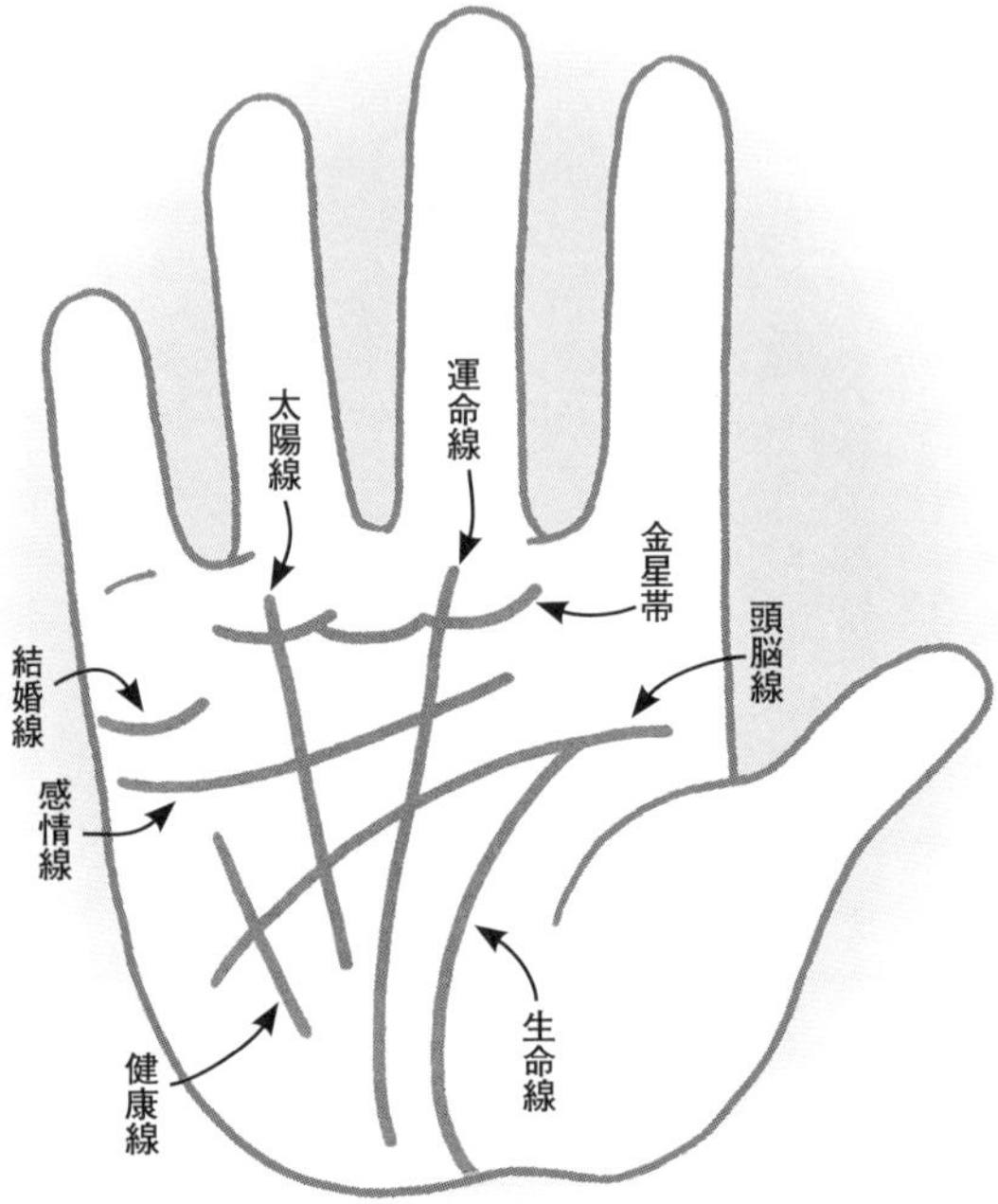

そして各部、各線の肉付き具合、血色の良し悪し、キズなどによって過去、現在、未来を判断します。

手型には七種類の型があり、掌線には生命線、頭脳線、感情線のいわゆる三大線と運命線、太陽線、健康線、結婚線があります。これらの掌線は、先天的あるいは後天的性質や才能、環境や訓練によって変化します。

手型の中に刻まれている掌線の説明

■生命線

寿命の長短や健康状態を示すもので、三大重要線の一つです。太く、深く、長くはっきりと伸びていて、途中に乱れや切れ目がなく、美しい淡紅色を最上とします。この相の人は健全な生活力をもって無事に長生きする人です。

生命線の短い人は、原則として短命とみますが、他に良好な線がある時は、その限りではありません。

■頭脳線

その人の能力や頭脳の働きを示します。知恵、判断力、直感力、才能、知能の働きを示し、生活力にも大きな影響を与えます。切れ目がなくはっきりした線は、他の線の悪いところをある程度補います。

■感情線

その人の感情や家庭運、結婚運を表す重要な線です。

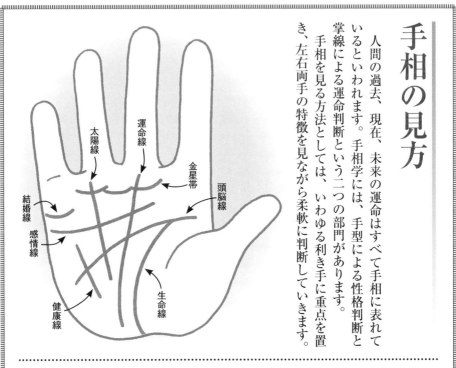

別名「愛情線」とも呼ばれます。社会で生活していくうえで最も大切な横の絆、愛情を示し、深く明瞭に刻まれて、乱れがないのを良相とします。

長いほど情に厚く嫉妬心や独立心が強く、短い人は淡白で情けに動かされない性格といえます。

■運命線

手首の上から中指のつけ根へ、太くまっすぐに力強く走っているのが吉相です。さらに、主要三大線（生命線・頭脳線・感情線）が良好な状態を示していれば、最上の相です。運命線は、その線だけを独立して見るのではなく、生命線、頭脳線、感情線と併せて見ることが大切です。

吉相の持ち主は、「智情意」に恵まれ、力強い発展力と実行力によって、その運命は、素晴らしい上昇を続けます。

■太陽線

社会的地位や信用、人気、魅力、そしてその人の幸不幸を示し、運命線の欠陥を補う重要な役割を持っています。

また、運命線と表裏一体の関係を持っており、運命線が幹ならば、太陽線は花といえます。大きな幹があってこそ、初めて美しい花が咲きます。太陽線と運命線は切っても切れない深い関係にあり、両方をよく見て総合的に判断します。

■健康線

生命線と併せて健康状態を見る線で、出ていないのがよいとされます。また、健康線が他の線を横切った場合、健康状態に異状があります。

■結婚線

結婚、恋愛、愛情などを示す線です。深く明瞭に紅色の線が出ているのが吉相です。

また、他の線（生命線・頭脳線・感情線・運命線など）とよく併せて見ることが大切です。たとえば生命線で不健康な相が出ていたり、頭脳線にあまりに知能が高い相が出ていたりする場合の結婚は再考が必要です。

■金星帯

中指と薬指のつけ根を囲む方形の筋で、一般的には、切れ切れに出ます。この筋のある人は、恋愛に対する興味が強く早熟です。

また、神経が細やかで、美的感覚も豊かな芸術家タイプです。しかし、神経過敏で気分に支配されやすい傾向があります。

■障害線

主要な掌線を横切る線を障害線といいます。これは、基本的に運勢の乱れを示しており、マイナスの意を生じます。

生命線上の障害線は、怪我や病気、結婚線上の障害線は、失恋や離婚などを表す場合もあります。

生まれ年（九星）による性格と運勢

人は生まれ年によりその人特有の運命を持ちます。その性質や運勢を表したものが九星です。「吉凶悔吝《かいりん》は動より生じる」という易の言葉があります。人は動くことにより吉運、凶運が生まれます。九星気学は良い時に良い方向に動いて吉運をつかみ、悪い運を未然に防ぐことができます。

生まれた時に受けたあなたの生気と相性の良い気の流れに乗ると吉運を得ることができます。反対に、相性の悪い気の流れに乗ってしまうと凶運を呼び込んでしまいます。このページは吉運気をつかむヒントになる九星の性格と運勢を記したものです。

ここに記されている九星とは天体の星ではありません。五行《ごぎょう》に配された木、火、土、金、水の気を受けた場所や象意《しょうい》の意味で用いられています。

また各九星の色は時間の経過を表しています。さらに、色の一部はその時間帯の表情や状況を示しています。

あなたの本命星は、表紙の裏ページの年齢早見表や74～75ページをご参照ください。

各星の基本性質

一白水星
基本・水
天候・雨
色合・ブルー
人物・中年男性
味覚・塩辛い
象意・交わり
職業・商売人
人体・腎臓

二黒土星
基本・大地
天候・穏かな日
色合・黒
人物・妻　母
味覚・甘い
象意・従順
職業・副の人
人体・腹部

三碧木星
基本・雷と音
天候・地震と雷
色合・碧
人物・成熟男性
味覚・酸っぱい
象意・伝達
職業・音の仕事
人体・肝臓

四緑木星
基本・木
天候・四季の風
色合・グリーン
人物・長女
味覚・酸っぱい
象意・人物往来
職業・運送外交
人体・腸　神経

五黄土星
基本・土　湿気
天候・四季土用
色合・黄色
人物・長老
味覚・甘い
象意・古い
職業・古物商
人体・大腸

六白金星
基本・金
天候・晴天
色合・白
人物・父　社長
味覚・辛い
象意・動く
職業・宝石商
人体・頭　血圧

七赤金星
基本・沢
天候・荒れ模様
色合・赤
人物・少女
味覚・辛い甘い
象意・笑う
職業・飲食店
人体・気管口中

八白土星
基本・山
天候・曇天急変
色合・白
人物・相続人
味覚・甘い
象意・変わり目
職業・不動産
人体・関節　腰

九紫火星
基本・火
天候・暑気南風
色合・紫
人物・学者
味覚・苦い
象意・発覚発見
職業・役所
人体・頭脳　目

一白水星

易の坎《かん》の卦《か》で「水」を表します。水は大地を潤して命を育て、高い所から低い所へと流れていく性質です。一白水星の人は従順で状況によって形を変える適応性を持っていますが、氾濫する大河のような激しさも併せ持っています。地下を流れる水脈のように秘密事を隠すのが上手です。交わりや繋ぐといった意味があり、商売人や外交員、仲介者に向いている星でもあります。水分、アルコールの象意もあるので、人体では血液や腎臓を表すこともあります。

二黒土星

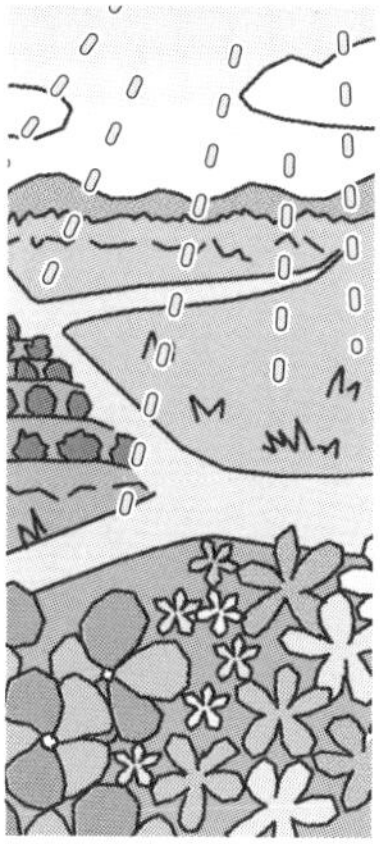

易の坤《こん》の卦《か》で「大地」を表します。母なる大地はすべてを受け入れて育てます。二黒土星の人は優しさと慈しみを持ち勤勉で真面目ですが、優柔不断なところがあります。人物では妻や母を表し、世話を焼くのが好きで、跡継ぎを育成することが上手な人です。トップで動くよりもナンバー2の位置のほうが活躍できる傾向があり、コツコツと努力を積み上げることができる人が多い星です。人体では胃や消化器を指し、ストレスによる胃潰瘍などの象意もあります。

三碧木星

易の震《しん》の卦《か》で「雷」を表します。稲妻は目も眩むような閃光と激しい雷鳴で空気を振動させます。三碧木星の人は若々しく、行動的で活発な性質を持っています。アイディアや発想力に秀で、責任感が強い人が多い星でもあります。雷は正体がないもので、雷鳴は騒がしくも後には何も残らないように、大言壮語する傾向も持っています。人体においては肝臓や舌などに関連があり、肝炎や神経痛などの象意もあります。楽器や音が鳴るものに縁があります。

四緑木星

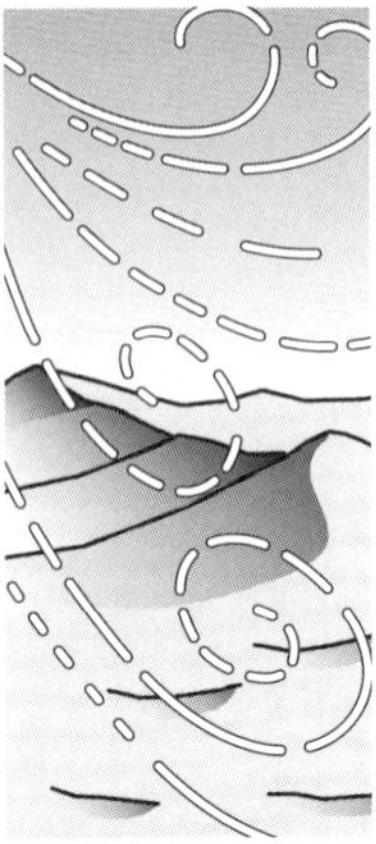

易の巽《そん》の卦《か》で「風」を表します。風は物に従い、小さな隙間でも入り込む性質があります。そのため従順で自由を好み、柔軟な思考を持っています。人の行き交いや出入りといった意味があり、人同士の縁に関わる要素があります。四緑木星の人は世渡り上手で、マイペースな性格で穏やかな人が多いのですが、気まぐれで束縛を嫌い優柔不断な部分があります。人体では気管や呼吸器系、また長い形状の物の象意から腸などを表しています。

五黄土星

易では太極《たいきょく》を指します。他の星とは違い、五黄土星は卦《か》には含まれません。八卦は太極から生じており、根源的な存在にあたります。事象の始まりであり終点でもあるのです。他の八つの星の中央に位置して統べる存在であるため、五黄土星の人は精神的に強靭で頼れる存在といえます。人で表すなら帝王や権力者で、我儘で自信過剰な性質があります。すべてのものは土に還ることから腐敗の意味もあります。人体においては五臓六腑や心臓の意味を持ちます。

六白金星

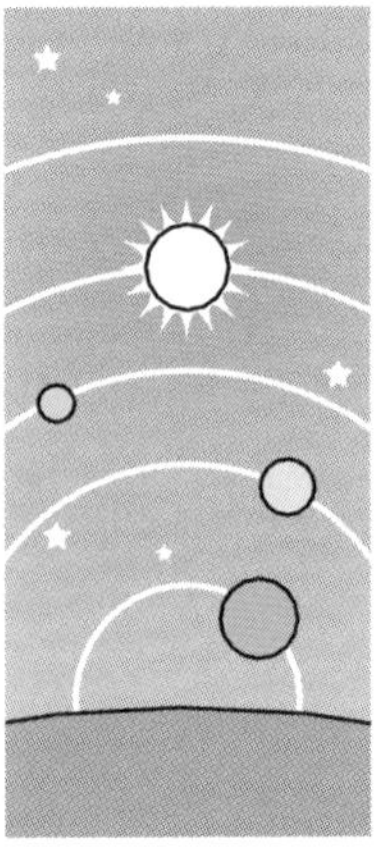

易の乾《けん》の卦《か》で「天」を表します。天は休みなく回り続けて循環するものです。星の運行が停止することはありません。この状態は健全であり完成されたものです。天を意味する六白金星の人は国でいえば君主、一家では家長にあたります。健全に動いてこそ国や家が成り立つ中心人物です。自尊心が高くやや自意識過剰な傾向がありますが、正義感が強く真面目で努力家の人が多い星です。人体では思考の中心である頭や血液を循環させる心臓を表します。

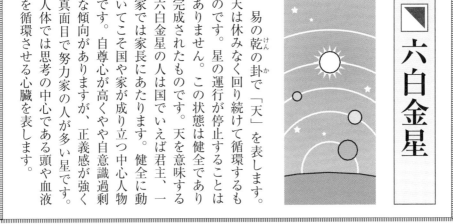

七赤金星

易の兌《だ》の卦《か》で「沢」を表します。沢は湿地帯や渓谷であり、水をたたえている場所です。人に利益をもたらすことを「恩沢《おんたく》」というように、水辺では休息と恩恵が受けられます。遊楽や遊行の意味があり、七赤金星の人は遊びやお喋り好きな傾向があります。少女や芸妓を表し、社交的で人あたりが良く派手好き、浪費家でもあります。人体では口や舌などを表します。遊びに長けていますが満足することは少なく、何かしら不満を持っていることが多いです。

八白土星

易の艮《ごん》の卦《か》で「山」を表します。山は不動のものです。また土が積み重なった様や連峰のように連なったことから積む、重なるといった意味を持ちます。艮は夜から朝に移る丑寅の時間を指してもいるため、変化や繋ぎ目といった意味も持っています。八白土星の人は正直で真面目な性格です。堅実で忍耐強く仕事を遂行します。不動の山であることから決断が遅くて臨機応変さに欠ける部分もあります。繋ぐ象意から人体では関節や骨などを指します。

九紫火星

易の離《り》の卦《か》で「火」を表します。輝く太陽でもあり、眩しく輝く存在です。火の明かりに照らされることは美しさを意味し、光で詳細が明らかになることから知性や頭脳も指します。九紫火星の人は人目を惹く華やかさや明晰な頭脳を持つ人が多いです。名誉にこだわり見栄っ張りで競争心も強いです。目標や競争相手を失うと急激に情熱が消えてしまう燃え尽きタイプが多い傾向もあります。人体においては目や頭部、神経などを表します。

生まれ月による性格と運勢

■一月（丑月）生まれ

この月生まれの人は、厳しい寒さに耐え抜く強い力を持ち、少々のことは苦にしません。粘りがあり、努力も人一倍します。中年期をうまく切り抜けると、晩年に幸運が待っています。

■二月（寅月）生まれ

春立つ節に生を受けたこの月生まれの人は、進取の気質が旺盛で、物質面より精神面で頭角を現す人が多いでしょう。

自身の精神修養で向上を図れば、努力で運気を呼び入れることができますが、反面、波乱が多いので、ムラ気にならないようにすることです。

■三月（卯月）生まれ

気温変化の著しいこの月生まれの人は、才智があり、交際も巧みですが、優柔不断なため、好気を逃すこともあります。気まぐれを慎み、世話事を長続きさせるように心掛けましょう。愛情面に注意して、中、晩年の好期への対策をします。

■四月（辰月）生まれ

若葉が日一日と成長する節となるこの月生まれの人は、力強い躍動に誘われて天地の気を身に受け、くじけぬように意志を強く持ち、チャンスを上手につかむことです。理想は控えめにすれば、希望はかなうでしょう。

■五月（巳月）生まれ

緑の気を恵みいっぱいに受ける節となるこの月生まれの人は、物事の判断を慎重にするように心掛けながら、力強く生きましょう。

内に情熱と底力を秘めていけば、天職を与えられ、事業に成功する確率が高く、晩年まで良運を続けられるでしょう。

■六月（午月）生まれ

子《ね》とともに南北に位置し、地球の軸となる子午線にあたる、大切なこの月生まれの人は、青年期から壮年期になる頃のように、迷い、戸惑いが多いようです。

しかし、それらを捨てて、一つのことに集中し、度胸や勝負運を付けて焦らずに進んでいけば、成功を得ることができるでしょう。

■七月（未月）生まれ

梅雨明けの照りつける太陽のような陽気なこの月生まれの人は、生来の善良な性格で、好機をいち早くつかむでしょう。取り越し苦労はせず決断力を身につけ、生き甲斐を大切にして、蓄財、職務に、堅実型で進みましょう。

■八月（申月）生まれ

残暑の谷間に秋の涼風が吹き来るこの月生まれの人は、口八丁手八丁で社交的です。

また、利発で現実型なのですが、器用貧乏なのが玉に瑕《きず》です。飽きやすい性質を慎み、一つのことに集中しましょう。中年期に盛運のチャンスが訪れますので、その好機を逃さぬようにしましょう。自己主張は控えましょう。

■九月（酉月）生まれ

暑気も一段落するこの月生まれの人は、器用で社交性があります。動くことが好きで、気まめ足まめ、万事に如才ありません。

地域社会にも貢献して信用を得ることができるでしょう。また、新しいことへの挑戦もあり、盛運を招くことができるようです。

■十月（戌月）生まれ

秋深まる節となるこの月生まれの人は、臆病なまでに用心深いようです。他人の言葉を信じられず、それだけに、いったん心に決めたことには責任感が強く、正直な性格そのままです。家庭を大事に、喜び多い一生を築きます。

■十一月（亥月）生まれ

木枯らし吹く節となるこの月生まれの人は、沈着冷静で意志強固な性格ですが、口数が少なく猪突猛進型で、時には失敗もあります。

身近なことをおろそかにせず、他人によく尽くし、晩年の盛運に期待をかけましょう。

■十二月（子月）生まれ

師走は、一年の終わりの月ですが、それと同時に新しく始まるための準備の月でもあります。

この月生まれの人は、新しいものに挑戦したり、進歩的な考えで精力的に行動します。その一方で、強情かつ独断的なので、交友面で支障が出て、よき理解者と反目することもあります。

家相

家相八方位吉凶一覧

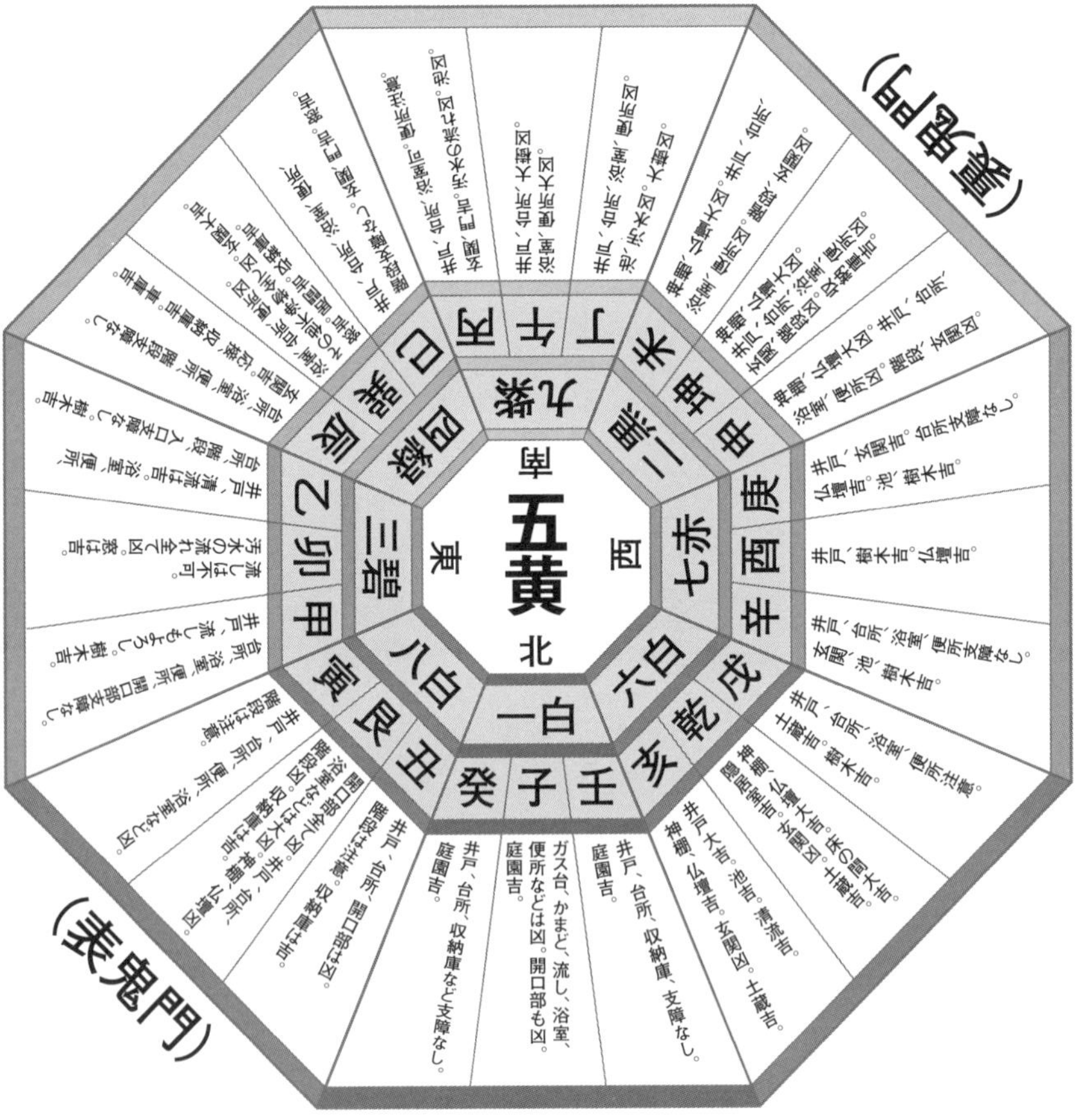

家相盤の用い方

右ページの図が土地、家宅の吉凶を鑑定するのに用いる「家相盤」です。方位をわかりやすく示すために360度を八方位に分け、それぞれを45度とし、それをさらに十干、十二支に分けて15度ずつとし、二十四方位に分割しています。通常、これを二十四山《にじゅうしざん》と称しています。

八方位は易の八卦からきたもので、東・西・南・北の四正《しせい》と、東南・西南・西北・東北の四隅《しぐう》を合わせたものです。

家相盤の用い方は、家の中央となるところに磁石を置き、東西南北を定めます。そして図の線をまっすぐ伸ばした線と線の間にある事物と、盤の中に記されている説明とを対比して、吉凶を鑑定してください。

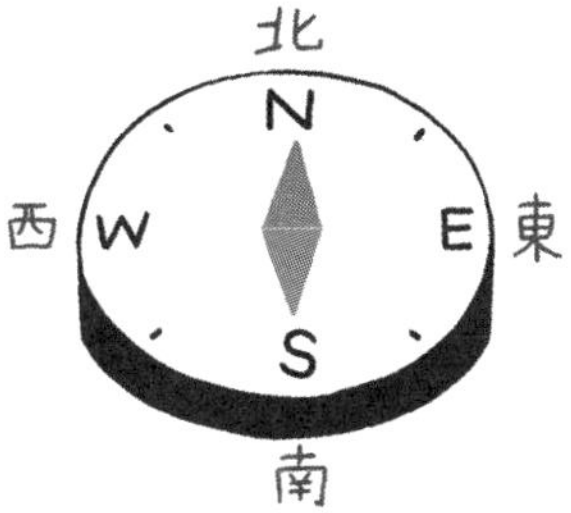

また、古《いにしえ》より八方位に割りあてた吉凶禍福の法則がありますので、次にこれを記します。八方位の法則と二十四山の吉凶を加味して鑑定すれば、家相・土地の吉凶を判断するうえで参考になります。

●八方位の吉凶禍福の法則

東方……万物が発生するところの方位ですから、この方位にあたると、家が富み、子孫も繁栄します。

東南方…陽気が訪れるといわれる方位です。万事活躍の方位で、主として産業盛衰の問題に関係します。

南方……極陽になりますので、万事を育成する方位です。この方位の用い方が正しければ子孫長久です。

西南方…極陽発陰のところで、陰気が盛んにものに逆らい、障りの多い方位です。俗に裏鬼門といって、最も注意を要する方位です。

西方……百物を収穫する徳のある方位ですが、一面には秋風が草木を枯らすという気もあって、これに反した場合は資産も失うといいます。

西北方…天の徳の広大という方位にあたり、万物生成の根本となり、一切の貴福をつかさどる大切な方位です。

北方……一陽来復の気にあたり、最も高貴な方位ですから、その道にかなっていれば、非常な幸福を得ることができます。

東北方…俗に鬼門といわれる方位にあたり、生滅二気の中心にあたるため百害の気も多く、主として病難や相続についての問題に見舞われます。

家相について

家相については、気学によるところの五行（木・火・土・金・水）によって割り振られた方角と、それに対する諸設備との相性によって吉凶を判断し、そこに住む人の吉凶を占います。家はそこに住む人を、風・雨など自然から守るものです。それゆえに、その気候・風土と密接な関係があります。地相では東に青龍として川、西に白虎として道、南に朱雀として平地、北に玄武として丘がある土地を最上といっています。「田地善ければ苗能く茂り、家宅吉相なれば家運栄ゆ」とあります。地相・家相といっても難しいものではありません。自然の法則により我々人間の生活を守り、豊かにしようとするものに他なりません。故に、吉相の土地で吉相の建物に住居すれば、自然の恵みを受け、発展、幸せになるのです。

人間には持って生まれた運命としての先天運と、自分自身の努力や出会った人からの影響で開かれる後天運とがあります。この二つの運気は切り離すことはできません。先天運で恵まれた人でも怠惰であったり、甘えがあったりすれば、せっかくの運気を生かすことはできません。また先天運に弱点のある人でも、それを補うように努力をすれば、仮に逆境にあってもそれを乗り切り、良い運気を掘り起こすことができます。ですから、どんなに良い地相・家相の家に住んでいても、住人が正しくなければ無効です。地・宅と人の気の両方が互いに寄り合って幸せを招くものです。運法は〝地の利は人の和に及ばず〟といっていますが、その人の行ないも大切でしょう。

地相・家相が完全に良い家に住んでいれば、自分はいかに悪い行ないをしていても、いつも家族がそろって健康で幸福に暮らせると思うのは間違った考え方で、良い土地・良い家に住んで、良い行ないをしてこそ、真の幸福が得られるのです。さらに、家相上の欠点を指摘されても気にせず、凶相の家に住み続ける人もいます。また、改築や移転によって凶運気を避け、新しい吉運気を開く人もいます。家相を理解し、それを活用することができるかどうかもまた、その人の持つ運気次第といえるのかも知れません。

家相の吉凶は、その家に住む人との関係によって左右されるということは前述しましたが、それは地相と家相の関係にもいえることです。狭義の家相は、家屋という建物によって吉凶を占いますが、広義の家相はその家の建っている敷地の相、すなわち地相も含んでいます。ですから家相が良いか悪いかは、どのような土地にどのような家が建てられているのか、その家はどのような形か、また部屋の位置、設備その他がどうなっているかといったことから判断します。地相といっても難しく考えることはないのです。現代風に直せば、立地条件といってもよいでしょう。

張り欠けについて

張りとは一部が張り出しているところ、欠けとは一部がへこんでいるところをいいます。基本的にある程度の張りは吉、欠けは凶とみます。張り・欠けの形態は種々の場合があり、その細かい説明は複雑なものになりますので、一応原則としての考え方についてのみ記します。

わかりやすい数字を挙げて説明しますと、張り欠け共に三分の一というのがその基準となります。

建物の一辺の長さの三分の二以内がへこんでいる場合は〝欠け〟とみなし、反対に建物の三分の一以内の長さが出っ張っているものを〝張り〟とみなします。

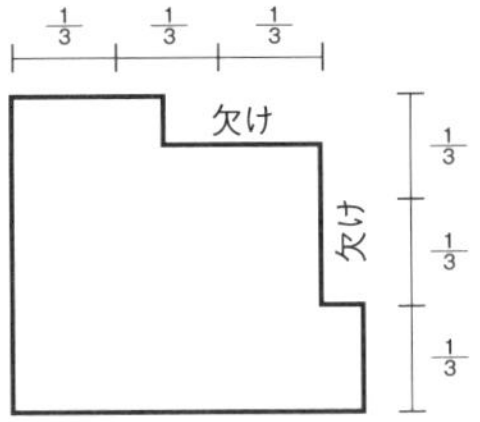

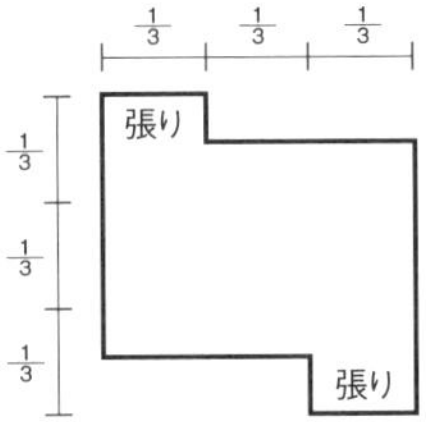

三所三備について

家相では「三所《さんしょ》」と「三備《さんび》」に重点を置いています。三所とは東北方（鬼門）、西南方（裏鬼門）及び中央の三ヵ所を指し、三備とは便所、かまど、井戸（あるいは浴室）の三つの設備を指します。三所は陰気、不潔になることを忌むとします。三備は日常生活に最も大切なところですから、これらの配置や施設を完全にしましょう。

神棚・仏壇の方位について

現在では神棚がほとんどですが、「神間」を設けるのが正式です。神棚は家の中央を避け、高い位置に設けますが、その下を人が通れるような場所は凶とされています。また、他に適当な場所がなく、二階が座敷や押入れの場合は、神棚の天井へ「雲」と書いた紙を貼ります。

神棚の方位

北に設けて南向きは吉。

西北に設けて東南向き、南向き、東向きは吉。

東北、西南の方位は、その方に設けても、向けても凶。

仏壇の方位

仏壇は宗派によってそれぞれ宗旨に合ったものを適切な位置に設けなければなりません。

西北に設けて東南に向けるのは吉。

西に設けて東に向けるのは吉。

北に設けて南向き、西向きは吉。

東に設けて西向き、南向きは吉、北向きは凶。

東北、西南の方位は、その方に設けても、向けても凶。

姓名吉凶の知識

それぞれの国において、ある決められた方式により、各人には姓名というものが定められています。私達日本人も姓名を持ち、その姓名がなければ生きていくことはできません。また、その姓名によって国に届出をし、日本の〝国籍〟を得ているのです。姓名は同音の〝生命〟にも通じるものです。姓名が私達が生活していく上で欠くべからざるものであることは、あえて今さら言うまでもないことです。

姓名は人間の符牒ではありますが、その符牒は一生を通じて、いや死んだ後までも残るものです。「人間の符牒によって運命が左右されるなんて信用できない」といって頭から否定する人もいますが、姓名学は決してそのようないい加減なものではありません。

人間には運命という宿命的なものが作用することがあるようです。先天運は先祖代々の歴史に裏付けられたものですから、その人に対して、その人の運命の根幹をなすものです。

同姓同名の人がいたとしても、その人の先天運までも同じということはまず考えられません。

ですから、同姓同名の人が同じ運命をたどるということはあり得ないということです。姓名は先天運と密接な関係の上にあって、吉凶力を発揮するのです。しかし、その先天運を調べる法則はなかなか複雑で、わかりにくいものです。

人の一生の初めは個人個人が各々違った宿命を持って出発しますが、生まれた時の状態から十年、二十年と経って、その間の努力や健康状態、環境によって、いろいろな変化が起きています。

ですから、たとえ貧しい家に生まれたとしても、一生貧しいとは限りません。

それには姓名に限らずいろいろな要素がありますが、姓名判断の正しい使い方によって、後天運の吉としての要素を作り、できるだけ悪い要素を取り除くために、その人自身に適した名前かどうか調べ、選び抜いて名前を付けるべきです。

容姿が人間の外観の美醜を表すと同じように、文字にも文字の形とその発音によって美醜が感じられます。ですから、画数や五行等の配置が正しくできても、他人に与える感じが悪いという名前はできるだけ避けるべきでしょう。

次に、木性、火性、土性、金性、水性の五つの名目を付し、その相性、相剋と陰陽の配置の状態によって吉凶を判断する「字音五行」という考え方をもとに、「天格、人格、地格、総格、外格」の五格について説明します。

○**天格**とは、姓名の合計画数をいい、その人の祖先運、または先天運となります。

○**人格**とは、苗字の一番下と名前の一番上の字を合わせた画数で、その人の運命に大きく影響を与える力を有します。「人格」を現します。

○**地格**とは、名前の字画数を合わせたもので、人格形成以前の運で、幼少から青年期に入る時期と異性との関係にも影響を与えます。

○**総格**とは、苗字と名前の画数をすべて合わせたもので、主として後年運を判断します。「総」の字の意味から、その人の一生の運を左右する力を持つところです。

○**外格**とは、苗字の上の一字と名前の下の一字を合わせた画数で、外部との関わりに大きく作用を及ぼします。主としてその人の環境などを示し、総格の足りないところを補っています。

姓名学では、以上五格の取り方を姓名判断の基準としています。三字姓名や五字姓名の場合も、下図を参考にして判断してください。

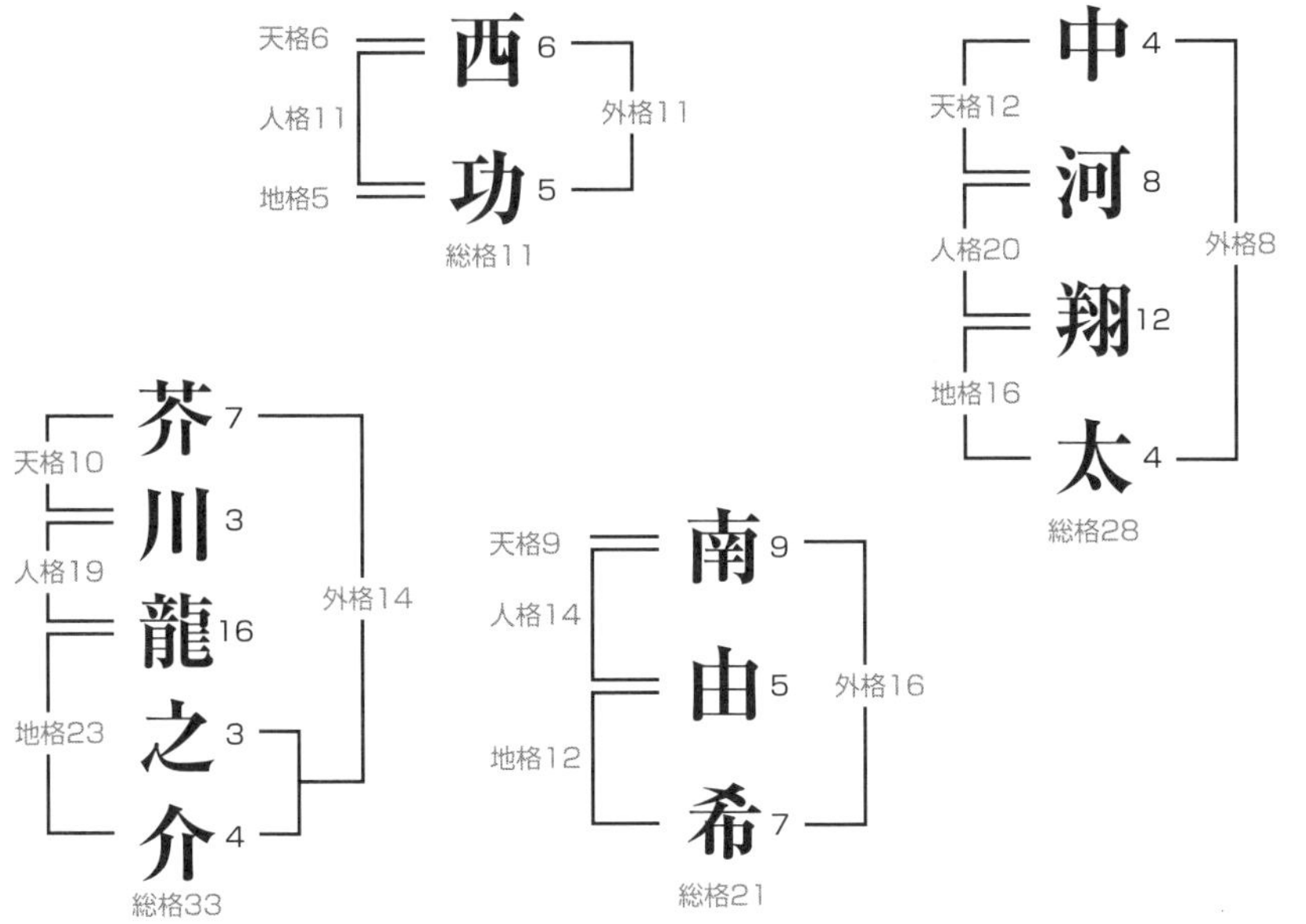

厄年の知識

厄年の歴史

平安時代の「宇津保物語」「源氏物語」「栄華物語」、江戸時代の百科事典といわれる「和漢三才図会」などに載っている「厄年」は、七歳、十六歳、二十五歳、三十四歳、四十三歳、五十二歳、六十一歳です。

明治以降になって定着した「厄年」は、男性二十五歳、四十二歳、女性十九歳、三十三歳となっていて、今でも通念になっています。

厄年の発生は、中国古代の陰陽道に基づいたといわれていますが、その根拠は明確にされていません。しかし当時はもちろん、その後の長い年月にわたって、厄年は大きな影響を人間生活に与え、今日でもある意味では科学的事実といえます。

現在の「厄年」は、数え歳で男性四十二歳、女性三十三歳の大厄を指すのが一般的です。

前厄・本厄・後厄

方位気学は、本命星が坎宮に回座した年を、運気停滞して多事多難、衰極の凶運年としています。つまり、「厄年」です。厄年とは「天運味方せず」の時であり、仕事、事業、商売上のことも個人的な悩み事も多発する傾向となります。特に、病魔潜入の暗示があり、健康管理が極めて大事です。

坎宮回座の前年は、本命星が離宮に回座し、吉凶交互、運気不順、いわば衰運に向かっていく年で、これが前厄です。また、坎宮回座の翌年は、本命星が坤宮に回座して、前年までの停滞運気の延長線上にあり、これが後厄となります。

つまり、前厄・本厄・後厄三年間の処し方に誤りがあってはいけないのです。慎重さと「他力本願」の方針が無事安泰の鍵となります。長年の体験からみても、相談にみえる多くの方々の実例の中に、適合する事例のなんと多いことかと驚いているのが実情です。

皇帝四季の占い

春生まれは立春から立夏の前日まで、夏生まれは立夏から立秋の前日まで、秋生まれは立秋から立冬の前日まで、冬生まれは立冬から立春の前日までの生まれです。

春生まれ

夏生まれ

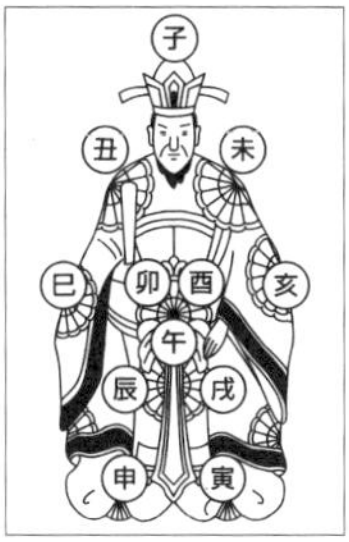

秋生まれ

冬生まれ

■皇帝の頭部にあたる生まれ……素質が上品かつ優雅で、人望厚く衆人に慕われます。上位の引き立てにあい、出世し、世に出ては頭領となるでしょう。運気に満ちあふれ、一生を苦労なく過ごし、寿命長きを祝されます。女性は言動が穏やかで、名を上げます。人の上位に立つ人柄の男性との縁があります。

■皇帝の肩にあたる生まれ……若年までは苦労がありますが、正しい行ないと信念を持てば、数々の厄災から逃れられるでしょう。成年とともに安楽に過ごせる吉運が強いようです。また、大地に親しむことがよく、耕作や牧畜業が適職で大成するでしょう。ただし、親族との縁が薄いようです。女性は衣食住に不自由せず、目上に縁があるでしょう。

■皇帝の手にあたる生まれ……諸芸を好み、そのことに天分の器があります。物腰が柔らかく、人付き合いが上手なようです。また、派手な性質があり、色情に溺れやすいので、身を慎めば後年栄誉に輝きます。女性は芸能関係の人との安楽な生活が営め、芸に生き甲斐を見ることがあるでしょう。

■皇帝の腹にあたる生まれ……経済関係に強い運、財産が自ずとわく性質を持ちながら、人一倍苦労が絶えず、家庭的にも不穏が多いようです。心中穏やかに中庸を保ち慎めば、厄難も少なくなるでしょう。女性は家庭を大事に、如才ない社交性で愛嬌よく振る舞い、嫉妬を慎めば運気良好となるでしょう。

■皇帝の股《また》にあたる生まれ……運気を早くつかみ取れば、出世も早いですが、親の都合で左右されることもあります。酒を慎み、移り気や気迷いなく、祖先を尊べば、良き妻と巡り合えて力づけられ、やがては富貴となるでしょう。女性は家庭を守れば子女に恵まれ、裕福な一生を過ごせることになります。

■皇帝の膝《ひざ》にあたる生まれ……持続性がなく、中年までは落ち着きがありません。修養に励み、親孝行をすることが運気の開ける道となるでしょう。よく自己を顧みると大成し、晩年運が安泰となり楽に過ごせます。保身を図って持続性を持ちましょう。女性は理性を持ち、良縁に恵まれますが、下半身の疾病に注意しましょう。

■皇帝の足にあたる生まれ……自由奔放な生き方で、生まれ故郷では飽きたらず、他郷に出て出世の道を開く糸口を見出します。肉親との縁が薄く、夫婦縁も淡く、再婚することが多いようです。あるいは妻との縁で出世をすることがあります。女性は神仏を敬い、信心をして、良縁の兆しがあります。

毎日の株式相場高低判断

十干十二支

きのえ	ね	急騰暗示
きのと	うし	利食い千人力
ひのえ	とら	買い出動
ひのと	う	人気にならない
つちのえ	たつ	乱高下注意
つちのと	み	買うところ
かのえ	うま	暴落予告
かのと	ひつじ	ガラガラ落ちる
みずのえ	さる	上下に小動き
みずのと	とり	まだまだ上がる
きのえ	いぬ	だまって買う
きのと	い	買いチャンス
ひのえ	ね	恐いが買う
ひのと	うし	目つむって買う
つちのえ	とら	ジリ貧
つちのと	う	ここからジリ高
かのえ	たつ	見切って乗り換え
かのと	み	下押しする
みずのえ	うま	大下落の危険
みずのと	ひつじ	整理場面
きのえ	さる	買ってよし
きのと	とり	売り準備
ひのえ	いぬ	見送る
ひのと	い	軟弱
つちのえ	ね	当分相場なし
つちのと	うし	泥沼　見切る
かのえ	とら	にわかに急騰
かのと	う	売るところ
みずのえ	たつ	売り待ちに戻りなし
みずのと	み	買い場近し
きのえ	うま	戻り売り
きのと	ひつじ	小動きに終始
ひのえ	さる	見送る
ひのと	とり	売りに利あり
つちのえ	いぬ	休むも相場
つちのと	い	買うところ
かのえ	ね	なりゆき買い
かのと	うし	買い方堅持
みずのえ	とら	買いひとすじ
みずのと	う	買いに利あり
きのえ	たつ	買い安心
きのと	み	買い一貫
ひのえ	うま	高値追い注意
ひのと	ひつじ	買って大利
つちのえ	さる	往来相場
つちのと	とり	急騰予告
かのえ	いぬ	弱きに推移
かのと	い	大相場の序曲
みずのえ	ね	もちあい
みずのと	うし	模様ながめ
きのえ	とら	売り一貫
きのと	う	中段もみあい
ひのえ	たつ	反発急騰あり
ひのと	み	売りは急ぐ
つちのえ	うま	強気を通せ
つちのと	ひつじ	動かない
かのえ	さる	意外高あり
かのと	とり	動きなし
みずのえ	いぬ	押し目買い
みずのと	い	もちあいばなれ

くじ運、金運に強い日の選び方

人はそれぞれ生まれた時に、その年によって、十二支のうちの一支、九星のうちの一星を得るとされています。九星はその配置により、相互にさまざまな吉凶を生じます。その考えを元にすれば、日の九星と自分の生まれ年の九星の関係から、くじ運、金運に強い日を選ぶことができます。

■九星による、くじ運、金運に強い日

●生まれ年の九星	●吉日					
一白水星……	八白	九紫	二黒	四緑	三碧	六白
二黒土星……	九紫	一白	三碧	五黄	四緑	七赤
三碧木星……	一白	二黒	四緑	六白	五黄	八白
四緑木星……	二黒	三碧	五黄	七赤	六白	
五黄土星……	三碧	四緑	六白	八白	七赤	一白
六白金星……	四緑	五黄	七赤	九紫	八白	二黒
七赤金星……	五黄	六白	八白	一白	九紫	三碧
八白土星……	六白	七赤	九紫	二黒	一白	四緑
九紫火星……	七赤	八白	一白	三碧	二黒	五黄

例えば、一白水星生まれの人は八白の日、二黒土星の人は九紫の日、三碧木星の人は一白の日となります。上の表中の「吉日」欄のうち、最初に書いてある日が最強で、下にいくにつれやや弱くなります。また、傍線の付いた赤文字の日は、くじ運、金運は強くても、障害がつきまとう日なので、注意が必要です。

なお、自分の生まれ年の九星は、表紙裏の「年齢早見表」を、日の九星は、48ページからの「行事・祭事」欄の上から四段目、「九星」欄を参照してください。

また、生まれ年の十二支と日の十二支によって、くじ運、金運に強い日を選ぶこともできます。

■十二支による、くじ運、金運に強い日

子《ね》年生まれの人……申《さる》、辰《たつ》、丑《うし》、亥《い》、午《うま》の日
丑《うし》年生まれの人……巳《み》、酉《とり》、寅《とら》、子《ね》、未《ひつじ》の日
寅《とら》年生まれの人……午《うま》、戌《いぬ》、卯《う》、丑《うし》、申《さる》の日
卯《う》年生まれの人……亥《い》、未《ひつじ》、辰《たつ》、寅《とら》、酉《とり》の日
辰《たつ》年生まれの人……申《さる》、子《ね》、巳《み》、卯《う》、戌《いぬ》の日
巳《み》年生まれの人……酉《とり》、丑《うし》、午《うま》、辰《たつ》、亥《い》の日
午《うま》年生まれの人……寅《とら》、戌《いぬ》、未《ひつじ》、巳《み》、子《ね》の日
未《ひつじ》年生まれの人……亥《い》、卯《う》、申《さる》、午《うま》、丑《うし》の日
申《さる》年生まれの人……子《ね》、辰《たつ》、巳《み》、卯《う》、寅《とら》の日
酉《とり》年生まれの人……巳《み》、丑《うし》、戌《いぬ》、申《さる》、卯《う》の日
戌《いぬ》年生まれの人……寅《とら》、午《うま》、亥《い》、酉《とり》、辰《たつ》の日
亥《い》年生まれの人……卯《う》、未《ひつじ》、子《ね》、戌《いぬ》、巳《み》の日

三土の年の調べ方

人生にはいろいろな変化があります。良いほうに向かっている時は良いのですが、悪い時にはなぜだろうと悩むことでしょう。

去年まで万事順調に効果的な動き方をしていたのに、今年は初めから物事につまずき通しで、厄病神にでもつかれたのではないかと悩むことがあります。反対に、思いもかけない抜擢を受けて昇進したり、大儲けをすることもあるでしょう。なぜこのようになるのでしょうか。

下の八角形の図を見てください。

八方に分けた所に中央を加えた九つの場所に、それぞれ一歳から百歳までの年齢（数え歳）が記されています。そして、艮《ごん》（丑寅《うしとら》）、中央（中宮）、坤《こん》（未申《ひつじさる》）の三方を貫く斜線があります。この線上にある場所を傾斜宮（三《さん》土《と》）と呼び、土星がつかさどります。この三土に入った年は、運命的に変化が起こる年といわれ、悪くも良くもなるものなのです。

土は万物を変化させる性質を持っています。気学では、土性宮に入る人は、土性により運命の変化をもたらされる年となるとされています。

この土性の年に、作家の太宰治氏が玉川上水に入水自殺（四十歳）、国鉄総裁の下山定則氏が事故死（四十九歳）など、実例は枚挙にいとまがありません。

現在のように情勢変化の激しい時代を泳ぎきるには、運命の変化を先取りして凶運を吉運に切り替える方法を考え、万全を期すことが望ましいのです。

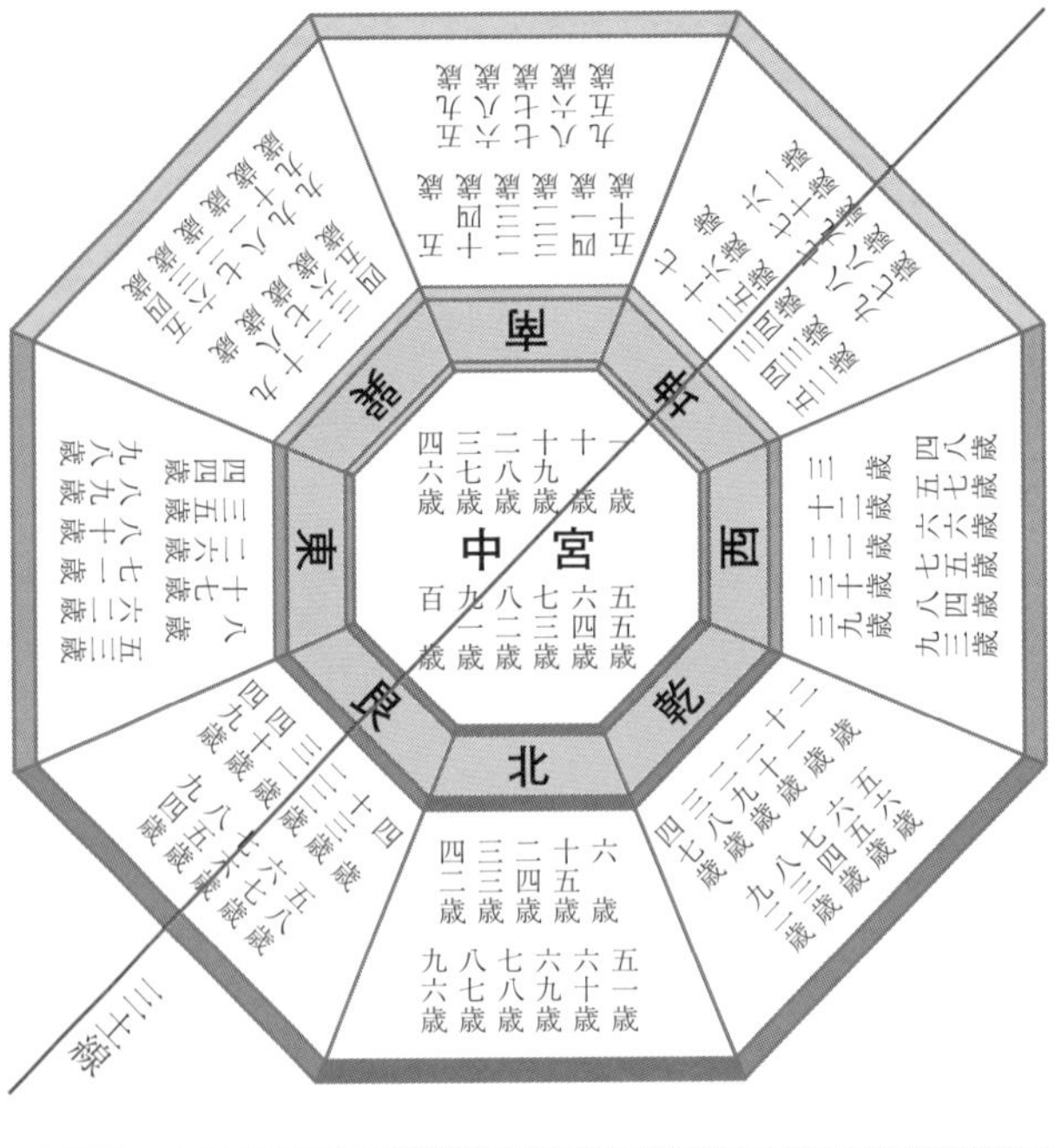

六三除け

病院でも原因が判明せず、薬も役に立たず、鍼灸でも治らず、症状が長引くような時、六三《ろくさん》にかかっていることが多い場合があります。

六三であるかそうでないかの判別法は、病にかかった年の数え歳を九で割って、割り切れずに残った数を下図にあてはめます。割り切れた場合は下図の九になります。

例えば、数え歳四十九歳の時に体調が悪くなったとします。四十九を九で割ると四が余ります。下図は男性用と女性用とがあるので、間違いのないように、性別によって四の場所を見つけます。男女共、四の場合は腹の部分なので、その部分が悪ければ、六三ということになります。

六三除けの方法は、まず、八つに割れている八つ手の葉を探します。葉の数は九つでも七つでもだめで、正しく八つあるものを使います。その葉を原因不明の病の場所に、一日に二、三回、押しあてます。

葉が枯れてきたら、赤の絹糸を茎の部分に七回巻いて、陰干しにしておきます。干し上がったら、細かく切って燃やして灰にします。

その灰を、「我が身をさまたげる古神や、ここ立ち去れや、千代ら、見よらん」と三回唱えながら、大きな木の根元に埋めてください。

神社の大きな木の根元に埋めれば、なお良いでしょう。埋める時刻は午前中が良いでしょう。

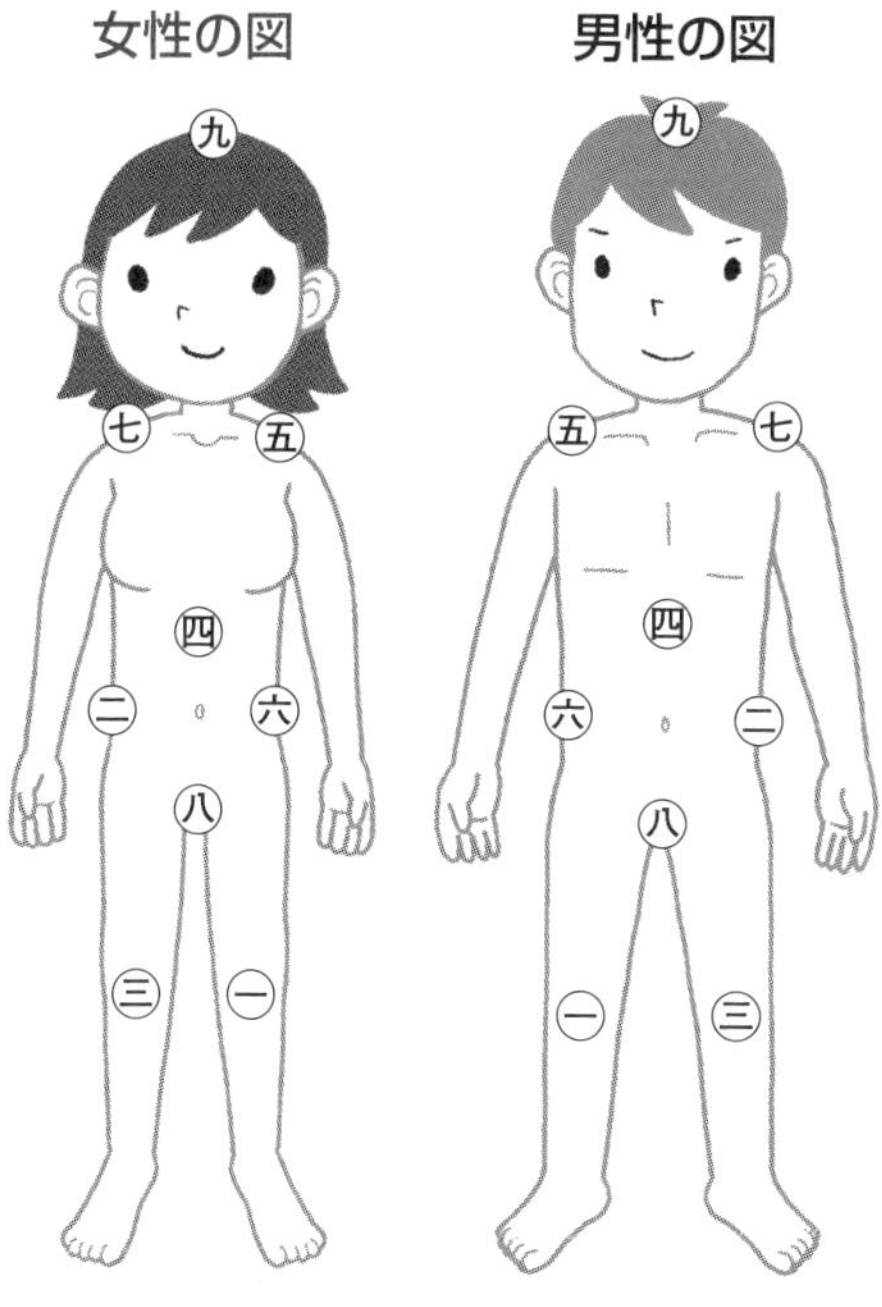

護符を使うお呪《まじな》い

思うことをかなえる秘符

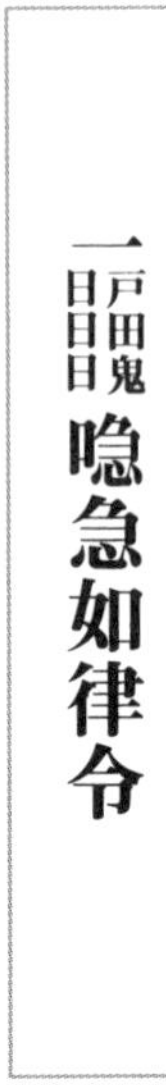

右の文字を墨で半紙一枚に書き、小さくたたんで胸のポケットなどに入れ、いつも身に着けておく。夜は枕の下に入れると効果大。

家内安全息災延命の秘符

右の文字を半紙に筆で書き、玄関など出入口に貼る。

長寿のお呪い

元日の朝に右の文字を半紙に書き、それを丸めてくみたての清水で飲み込む。ミネラルウォーターで代用も可。

金運のお呪い

白い紙に右の文字を墨で書き、乾いたらすぐポケットに入れ、身に着けておく。

賭事に勝つお呪い

半紙か和紙に右の図形と文字を書き、勝負の日に胸元にしのばせて行く。

商売繁昌の護符

半紙に墨で右の文字を書き、店の入口に貼る。朝早く店先を掃除すると効果大。

●怨みを避けるお咒い

國　國
國
國　國

鬼喼急如律令

白紙に右の文字を同じ位置に書き、いつも身に着けておく。入浴時もそばに置く。

●男女互いに思いを通じるお咒い

戸田鬼
日日日
喼急如律令

半紙と筆を用意し、その年の恵方に向かって右の文字を書き、枕の下に置く。毎晩寝る時、恵方に向かい正座し、「虎と見て石にたつ箭《や》のためしありなどか思ひのとほらざらまし」と三回唱える。

●男女の仲を裂くお咒い

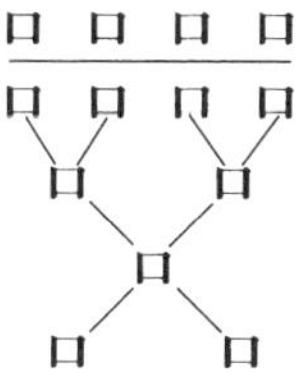

喼急如律令

恋人を他に取られた時などに用いるが、遊び半分でやると自分がひどい目に遭う。半紙に上の文字を書き、念を込めつつ、いつも身に着けておくこと。人に知られると効果なし。

●盗難よけのお咒い

そわか
とつ犬しみん
中たい

家の表側に立ち、家に向かって右の護符を小声で唱えながら、その言葉を指先に書くまねをする。さらに家の裏側に立ち、前と同じく行なう。ただし、他人に気付かれると効果なし。

●虫歯の痛みをやわらげるお咒い

天鬼喼急如律令

半紙に墨で右の文字を書き、それを細かく折って痛む歯に差し挟む。誠意がないと効果は望めない。

冠の常識

冠とは冠礼のことで、古くは元服を意味し、奈良時代の初めの頃から唐の礼を取り入れて行なわれました。十二～十六歳の男の子が大人になったことを表すために、衣服を改め髪を結い、冠を身に着けた儀式です。

貴族の間で始まったこの行事も、武家そして庶民へと広がりました。平安から室町時代には、女の子の場合も成人に達した儀式と共に髪型や服装の変化でこれを示し、今日では成人式がこれにあたります。

このように人が生まれてから死ぬまで、一生の間にその成長に応じて行なわれる〔個人的な祝賀行事（祝い事）〕全般を冠礼、すなわち冠と考えてよいでしょう。

●個人的な祝賀行事

①出産関係の諸行事（着帯のお祝い・お七夜のお祝い・出産祝いの贈答・お宮参り・お食い初めなど）
②節句（特に初節句）
③誕生日（特に一年目の初誕生日祝い）
④七五三のお祝い
⑤入学・卒業など学業関係の祝賀行事
⑥成人式
⑦就職・栄転など就職関係
⑧結婚記念日（特に銀婚式・金婚式などのお祝い）
⑨賀寿（長寿のお祝い…還暦・古稀・喜寿・米寿などのお祝い）

初節句・七五三・成人式などは年中行事として祭に分類しがちですが、その人にとっては、それぞれ特定の年齢に達して初めて祝えるのです。一生に一度のことですから、冠として考えるほうがよいでしょう。

この他、新築祝い・開店祝い・開業祝いなども個人的なお祝い事といえますが、これらは一般的な礼儀としての常識と考えてよいでしょう。

❶出産関係の諸行事

1 着帯のお祝い

日本では妊娠五ヵ月になると、〔岩田帯〕といって腹帯を巻く習慣があり、妊婦が五ヵ月目の戌《いぬ》の日に巻くのがしきたりです。犬は多産でお産が軽いため、それにあやかって戌の日が良いとされました。

2 出産のお祝い

無事赤ちゃんが生まれたら、最初に双方の両親に知らせます。赤ちゃんの性別・体重・母子の健康状態を報告し安心させます。仲人や親戚・友人への知らせはお七夜を目安にします。

病院での出産の場合、退院時にお世話になった医師や看護師にお礼をします（五千円～一万円）。
死産の場合は、のし紙を付けずに同程度の金品を渡します。

生後七日目の夜に赤ちゃんの名前を披露して、健やかな成長を願うのがお七夜です。赤ちゃんが生まれて最初に行なう儀式で、命名書を飾り、祝いの膳を囲みます。

3 お宮参り・お食い初めのお祝い

お七夜のお祝いに続いて赤ちゃんの出産を祝う行事には、お宮参り・お食い初めがあります。

お宮参りは、赤ちゃんが生まれてから初めて産土《うぶすな》の神に参詣することをいい、昔は氏神に対して氏子として仲間入りを認めてもらうという意味を持っていましたが、今日では昔のしきたりに従って赤ちゃんの健やかな成長を祈るためにお参りするという意味でとらえられています。

お食い初めは、赤ちゃんに初めて飯を食べさせる儀式で〈はし初め・はしぞろい・はし立て・真魚《まな》初め・魚味の祝〉ともいいます。昔は〈五十日《いか》〉〈五十日《いか》の賀《が》〉などともいって、五十日目に餅をついて祝うしきたりがありましたが、今は百二十日目に行なうのが一般的です。

❷ 節句（特に初節句）

毎年三月三日は女の子の節句、五月五日は男の子の節句として子供の健やかな成長を祈るならわしがありますが、赤ちゃんにとっての初節句は一生に一度のことなので、家族だけでなく近い親戚や知友なども贈り物をして祝意を表すしきたりがあります。一般にはひな人形や鯉のぼりなどを贈りますが、一式をどの程度でそろえるか計画して、率直に贈る人贈られる人とが話し合って、贈り物が重複したり無駄にならないように、その内容や方法を考えたほうが実質的なお祝いとなります。

❸ 誕生日（特に一年目の初誕生日）

誕生日を祝う風習は明治以降に欧米から伝わってきたものですが、生後一年目の初誕生日だけは日本でも昔から家族・親戚が集まって祝うしきたりがありました。立ち餅とか力餅などといって餅をついて祝ったり、赤ちゃんが誕生日前から歩き始めると、成長して家から遠く離れて暮らすようになるとして、大きな鏡餅を背負わせてわざと倒れさせる「ぶっ倒れ餅」のならわしがある地方もあります。

いずれにしても、病気に負けない強い子に育ってほしいという願いを込めて、祝い餅を背負わせたり足で踏ませたりして祝います。

❹七五三のお祝い

数え歳三歳と五歳の男児及び三歳と七歳の女児に晴着を着せ、十一月十五日にお宮参りにつれて行くならわしです。七五三の起こりは江戸時代の武家で、数え歳三歳で髪置きの祝い（初めて髪を伸ばす儀式）、五歳又は七歳で袴着の祝い（初めて小袖に袴をはく儀式）、また女児も三歳で髪置きの祝い、七歳で紐落としの祝い、帯解きの祝い（付け紐をやめ、初めて本式の帯を用いる儀式）を行ない、これが今日の七五三になっています。

❺入学祝い・卒業のお祝い

幼稚園の入園から小学校、中学校、高校、大学の入学と卒業は、当人はもちろん、親達にとっても一生のうちで最も感動的な慶祝すべき行事といえます。

家族はもとより、親戚や親しい友人の家庭に入園・入学あるいは卒業の喜びを迎える子弟がある時は、その親しさの度合いに応じてしかるべき贈り物などして、励ましを込めて祝意を表したいものです。

❻成人式のお祝い

「国民の祝日に関する法律」によって毎年一月十五日は「成人の日」と定められました。現在ではその法律が一部改正され、毎年一月の第二月曜日が、「成人の日」です。その主旨は「おとなになったことを自覚し、みずからが生き抜こうとする青年を祝いはげます」となっています。なお、令和四年に成人年齢が満二十歳から満十八歳に変わりました。市町村の役所や職場などを中心としてお祝いの式典が実施されますが、家族としては誕生日に祝ってあげるのも一つの方法です。

❼就職祝い

入試、就職、結婚は、人生の三大関門だといわれるほど重要なことです。ですからお祝いは、親しさの度合いにもよりますが、盛大に行ないましょう。当人も初月給をもらったら、たとえささやかでもお礼をしましょう。

❽結婚記念日

結婚後二十五年目の記念日を〈銀婚式〉、五十年目を〈金婚式〉と呼びます。これを祝う風習は、明治以降欧米から入ってきたものですが、知友を集めてパーティーを開いてもいいし、夫婦が互いに感謝をこめて贈り物を贈って、二人きりで祝うのもよいでしょう。

婚の常識

婚姻とは

婚姻については、令和四年に「民法」が改正されました。第七三一条に「婚姻は、十八歳にならなければ、することができない」と明記され、成人年齢が十八歳になったことで、未成年の婚姻に関する「民法」七三七条は削除されました。

お見合いの常識

お見合いで心得ておきたいことは日取りと場所です。縁起をかつぐわけではありませんが、暦の上の吉凶をもとにして双方の家風も十分に考慮し、お互い（両家）のより良い日を選ぶべきです。一般の風潮としては結婚式の場合と同じく、暦の中段の、なる・たいら・たつ・さだん、六輝の大安の日が選ばれているようです。

場所も普通は紹介者の自宅、ホテル、レストラン、料亭、劇場などが使われていますが、なるべく当事者がリラックスできるような場所を選ぶようにすべきです。

結納についての心得

日本では古くから婚約の固めを結納という形式で行なってきました。これによって婚約が成立します。この場合両家の間に正式に仲人（媒酌人）を立てて、さらに結婚式へと進めるのが一般的です。

結納のやり方は、地方によってそれぞれのならわしがあり様々ですが、近年は簡略化・現代化されています。やはり日柄を大切にすることから、暦の中段の、なる・みつ・おさん、六輝の大安・友引の日を吉日にしています。最近ではほとんどの人たちが市販の結納飾りにセットされている目録と受け書を使うようになっています。男性側から贈る金包を「帯料」、女性側からのものが「袴料」で金包の内容が結納金です。普通は帯料の半額程度を袴料としていますが、決まりはなく、また地方によってならわしも違いますので、周囲の方と相談して手落ちのないように心掛けてください。

結婚式の心得

挙式の日取りは、大切な「縁」を築く日ですから、できれば大安吉日、あるいは暦の中段の、なる・たいら・たつ・さだん・みつの日が吉です。正式な仲人がいる場合は、仲人が両家の意向を確かめたうえで最良の日を決めますが、昨今は現代的に当人同士が相談して日程・会場まで決めることが多いようです。

日取りが決定したら、披露宴の世話人の人選です。司会者は披露宴の雰囲気を左右する大役ですから、しっかりした話し上手な人に依頼します。受付は新郎・新婦双方から一名ずつ選べばよいでしょう。会計は親族から選ぶのが無難です。スピーチや余興の依頼は招待状の発送時などに、前もってしておくことが大切です。

招待状は遅くとも挙式一ヵ月前には参列者の手元に届くように発送し、二週間前には返事がもらえるようにするべきでしょう。体裁よりも失礼にならない内容にすること、略図、電話番号、駐車場の有無などを書くのが礼儀です。

御祝儀・チップなど

御祝儀はお祝い事の時の心付けです。例えば結婚式のお手伝いの方や、建前の時の棟梁・大工さんへと、種類はいろいろとありますが、労をねぎらい感謝の心で渡すものです。金額は場合により異なりますが、周囲の方とよく相談して、タイミングよく渡すことが大切です。

来賓の祝詞

披露宴の来賓者のなかで祝詞をお願いする方には、関係者が話し合い、少なくとも一週間前には、何らかの方法で連絡し依頼します。

司会者は、宴の前に祝詞をいただく方の出席を確認し、順番、時間などをお伝えして、失礼のないように十分注意しなければなりません。順番は、新郎側主賓、新婦側主賓に祝詞をいただいた後、食事に入り、徐々にテーブルスピーチをお願いするのが自然です。

来賓客の装い

来賓の方の装いはお祝いの気持ちを最大限に表現すると同時に、自分の役割をわきまえたものであることが第一です。

披露宴に招かれた男性の一般的な服装は、ブラックスーツかダークスーツです。ダブル、シングルどちらでもよいでしょう。勤務先からビジネススーツで出席する場合には、ネクタイを替えてポケットチーフを飾るなど華やかな雰囲気を心掛けてください。

女性は和装の場合は未婚、既婚により決まりがあります。既婚女性の正礼装は留袖ですが、現代では年配の身内の方以外は避けたほうが無難です。格式の高い席で正式な礼装が必要な場合は、色留袖がよいでしょう。未婚女性の場合には振袖が一般的ですが、新婦より格を下げて中振袖を着るのがエチケットです。

洋装は未婚既婚の区別はありませんが、基本的に昼はアフタヌーンドレスで普通丈のもの、夜はイブニングドレスで光沢のある素材を選びましょう。

いずれにしても主役の二人を引き立て、上品にそして華やかに喜びの気持ちを表す服装を心掛けることが、何よりも大切です。

葬の常識

葬儀についての心得

葬儀の前後は、遺族は気も動転し取り乱していますから、親戚や会社の人、近所の知人など葬儀の経験豊かな人に世話役（葬儀委員長）になってもらい、その人と遺族が相談して、通夜・告別式・火葬場にいたるまでの葬儀の手配一切を取り仕切るようにします。

喪主は原則として故人に一番近い人か法律上の相続人がなるのが常識ですが、夫が亡くなった時、相続人がまだ幼児である場合は、亡くなった夫の妻が喪主になるのが自然です。葬儀はできる限り故人の信仰に従って行ないますが、一般的に、通夜・葬儀・告別式・出棺・火葬という順序で葬送の儀式が行なわれます。

弔問と応対のマナー

臨終を知らされた時は、近親者（血族）、親戚（近い姻族）は何をおいてもすぐ駆けつけて、まずお悔やみを述べ遺族を慰めます。そのまま喪家にとどまって手伝いができるなら遺族に申し出ますが、人の手が足りているようなら、お悔やみを述べるだけにして焼香し、すぐに辞去します。服装は、この段階では地味なものなら何でもよいです。

香典は、故人の霊を供養する香や花などの供物に代わる金銭です。表書きは宗教により違いますが「御霊前」ならどの宗教にも使えます。香典を持参する時期に特別な決まりはありませんが、通夜の時がよいでしょう。通夜に出席しないなら、告別式の時に持参するようにします。

焼香の順序

告別式や法事での焼香の順序は、以下のとおりです。

一、喪主（配偶者または長男）
二、配偶者または長男（喪主にならないもの）
三、両親（父が先）
四、長男の嫁・次男・次男の嫁の順に
五、孫（年齢順、同配偶者）
六、おじ・おばとその配偶者・その兄弟
七、故人と血縁順の親戚
八、故人の先輩・友人・知人・近所の人・手伝いの人

故人の冥福を祈り、霊を慰め死を惜しむ心を伝えるのが焼香ですから、順番にこだわらず皆の納得する順にするのがよいでしょう。線香をたむける時は炎は必ず手であおぐようにして消します。口で吹いて消すのは、不浄の息を吹きかけることになりますので、絶対にしてはいけません。

仏式の焼香では、順番がきたら次席に目礼して数珠を

左手に持って立ち、祭壇の少し手前で僧侶と遺族に一礼し、前に進み、遺影・戒名を正視してから合掌します。次に右手の親指と人さし指・中指で香をつまみ静かに額の高さまでおしいただいてから香炉にくべます。

香は仏法僧三回献じるのが正式ですが、宗派やその時の事情で一回ないし二回の時もあります。再び合掌し最後に僧侶、遺族に一礼して席に戻ります。

葬儀やその他の儀式が神式で行なわれる場合は、神前に玉串《たまぐし》を捧げます。キリスト教の葬儀では、焼香にあたる儀式として、献花が行なわれます。

●喪服についての心得

葬儀・告別式では、喪主・故人の遺族・近親者・世話役は正式な喪服を着ます。一般の会葬者は、できれば略式の喪服にしますが、平服でもかまいません。

略式の服装は、男性の場合、黒・濃紺・グレーの無地で女性の場合は、和服なら黒か茶の地味なもので、三つ紋か一つ紋、帯・ぞうりも黒っぽいもの。洋服の場合は、黒・グレーの長袖スーツかワンピースにします。

●後始末から法要まで

○礼状

現在では、葬儀・告別式の参列者が帰る時、出口で手渡すようになっています。

○お礼

僧侶に読経をお願いするのは、枕経・通夜・葬儀・火葬場・遺骨が帰ってきてからの還骨勤行と何回もありますが、そのお礼は多くの場合一括して包みます。普通は菩提寺の僧侶にお願いするので最後まで同じ僧侶ですからまとめてお礼します。表書きは「御布施」とし、読経料に戒名料を加えた金額になります。菩提寺の場合でも金額がわからない時は葬儀社の方と相談しましょう。

●香典返しは

仏式では、故人が亡くなって四十九日を過ぎると故人の霊は六道のいずれかに輪廻すると考え、この四十九日を忌明《きあ》けといいます。この日の法要をすませ、納骨を行ないます。この忌明けに、挨拶状と共に香典返しをしますが、最近では早いほうがいいということから、三十五日を目安にすることが多くなっています。

●法要についての心得

仏式での法要は、亡くなった日を入れて七日目ごと、初七日《しょなのか》・二七日《ふたなのか》・三七日《みなのか》・四七日《よなのか》・五七日《いつなのか》・六七日《むなのか》・七《なな》七日《なぬか》と月忌（一ヵ月後の命日）、百ヵ日ですが、普通は初七日、三十五日（五七日）、四十九日（七七日）、一周忌、さらに三回忌、七回忌というふうに奇数年に営みます。一般的に三十三回忌までが行なわれています。

祭の常識

正月を祝う

正月とは、もともと新しい年に天から降りてこられる「年神様」、別名「お正月様」を迎えて豊作を祈願する行事のことです。正月飾りはその「年神様」を迎えるために作られたものでした。現在では簡略化されている部分も多いのですが、伝統的なしきたりを大切にしながら、一年の健康と幸福を願うようにしたいものです。

正月飾りは、十二月二十六日から三十日の間に飾るのが一般的です。ただし、二十九日は「苦の日」として避けるのが賢明です。また、三十一日の大晦日は「一夜飾り」として避けるのが普通です。

初詣と年始回り

除夜の鐘が鳴り終わると神社やお寺は大勢の初詣の人々でにぎわいます。初詣は正月三が日だけに限らず、七日の松の内まで、または十五日頃までにすませればよいでしょう。神社に参詣する時は、正式には手水で身を清め、さい銭を納めて鈴を鳴らし、二礼・二拍手・一礼をします。

年始回りは、三が日、遅くとも松の内にはすませます。ただし、元日は避けること。時間も午前十一時頃から明るいうちに訪問し、玄関先で挨拶をすませます。

事始め

初夢は元日の夜から二日の朝にかけてみる夢です。「一富士二鷹三茄子」といわれる縁起のよい夢をみるように、宝船の絵を枕の下に敷いて寝る風習がありました。

書き初めは、正月二日に初めて文字を書いて、書の上達を願う儀式のことをいいます。弾き初め、歌い初め、初釜などの稽古事も同様に行なわれます。

御用始めは、昔は二日からでしたが、今では四日というケースがほとんどです。

大晦日

いよいよ年越しと正月です。昔は十二月十三日の正月事始めから正月の準備に取り掛かっていたようですが、今は二十五日を過ぎた頃から始めるのが一般的になりました。

年賀状は十二月に入ったら書き始めます。二十日を過ぎたら冷蔵庫・食器棚などの掃除をしておきましょう。

やがて大晦日を迎え、除夜の鐘を聞きながら年越しそばを食べ、過ぎてゆく一年の出来事を思い出して反省し、来るべき新年を心新たに迎える準備をします。除夜の「除」とは、旧年を除くという意味です。百八の鐘の百七までは旧年に、最後の一つは新年につきます。

占いの名門!!
高島易断の運命鑑定・人生相談

読者の方のご相談に経験豊富な鑑定師が親切・丁寧にお答えします

①本年の運勢　一件につき五千円
特にご希望があればその旨お書き添えください。

②移転、新築　一件につき五千円
現住所と(移転先)新築場所・希望地を示した地図。
家族の氏名・生年月日を明記してください。

③家相、地相、墓相　一件につき五千円
建築図、地形図に北方位を明示したもの。
家族の生年月日を明記してください。

④命名、撰名、改名　一件につき三万円
誕生の生年月日、性別、両親の氏名と生年月日。
氏名にはふりがなをつけてください。

⑤縁談　一件につき五千円
当事者双方の氏名、生年月日などを明記してください。
相手方の両親との相性を希望する場合はその旨明記してください。

⑥就職、適性、進路　一件につき五千円
当事者の氏名、生年月日を明記してください。
決まっている所があればお書きください。

⑦開店、開業　一件につき壱万円
代表者の氏名、生年月日、開業場所の住所を明記してください。

⑧会社名、社名変更(商号、屋号、芸名、雅号含む)**一件につき五万円**
業種、代表者氏名、生年月日を明記してください。

■面談鑑定お申し込みに際してのご注意
面談鑑定は予約制です。鑑定ご希望の場合は必ず事前に連絡して予約を入れてください。

■通信鑑定お申し込みに際してのご注意
お申し込みは申込書に相談内容の記入漏れがないようはっきりご記入のうえ、必ず鑑定料を添えて現金書留でお送りください。

●お問い合わせ、お申し込み先
〒108-0073　東京都港区三田2-7-9 サニークレスト三田B1
高島易断協同組合　鑑定部
フリーダイヤル0800-111-7805
電話03-5419-7805　FAX03-5419-7800

申込日　　年　　月　　日

鑑定申込書

生年月日	氏名	住所	相談内容（ご相談内容はできるだけ簡単明瞭にお書きください）
大正・昭和 平成・令和 年 月 日生	ふりがな	〒□□□－□□□□	
性別	電話番号		
男・女			
年齢			
歳			

☆ご相談内容は、すべて秘密として厳守いたします。ご記入いただいた個人情報は、運命鑑定以外の目的には使用しません。

高島易断の暦は
いつも、あなたのそばにあり。
毎月・毎日の好運の指針として、
きっとお役に立てることでしょう……。

令和七年 高島易断開運本暦

蔵　版　高島易断
編　著　高島易断協同組合
発行所　株式会社ディスカヴァー・トゥエンティワン
〒102-0093
東京都千代田区平河町2-16-1
平河町森タワー11F
電　話　03・3237・8321（代表）
FAX　03・3237・8323

印刷製本　中央精版印刷株式会社
DTP　株式会社 T&K
発行日／2024年7月19日　第1刷
ISBN　978-4-7993-3059-3

定価は裏表紙に表示してあります。
乱丁・落丁本は小社にてお取替えいたしますので、
小社「不良品交換係」まで着払いにてお送りください。

■本書の記載内容についてのお問い合わせは、
つぎの所へお願いします。

高島易断協同組合
〒108-0073
東京都港区三田2-7-9 サニークレスト三田B1
電　話　03・5419・7805
FAX　03・5419・7800